POUILLÉ

DU

DIOCÈSE DE VERSAILLES

PAR

L'abbé GAUTHIER

CURÉ DES CLAYES ET AUMONIER DE L'ASILE DÉPARTEMENTAL DES PETITS-PRÉS,
MEMBRE DE LA SOCIÉTÉ DES SCIENCES MORALES, DES LETTRES ET DES ARTS DE SEINE-ET-OISE,
DE LA SOCIÉTÉ DE L'HISTOIRE DE PARIS ET DE L'ILE DE FRANCE,
DE LA SOCIÉTÉ ARCHÉOLOGIQUE DE RAMBOUILLET,
ET DE PLUSIEURS AUTRES SOCIÉTÉS SAVANTES.

AVEC APPROBATION DE MONSEIGNEUR L'ÉVÊQUE

SOCIÉTÉ GÉNÉRALE DE LIBRAIRIE CATHOLIQUE

PARIS	BRUXELLES
VICTOR PALMÉ	G. LEBROCQUY
DIRECTEUR GÉNÉRAL	DIRECTEUR DE LA SUCCURSALE
25, RUE DE GRENELLE, 25	5, PLACE LOUVAIN, 5

1876

POUILLÉ

DU

DIOCÈSE DE VERSAILLES

VERSAILLES. — L. RONCE, IMPRIMEUR
Rue du Potager, 9.

POUILLÉ

DU

DIOCÈSE DE VERSAILLES

PAR

L'ABBÉ GAUTHIER

CURÉ DES CLAYES ET AUMONIER DE L'ASILE DÉPARTEMENTAL DES PETITS-PRÉS,
MEMBRE DE LA SOCIÉTÉ DES SCIENCES MORALES, DES LETTRES ET DES ARTS DE SEINE-ET-OISE,
DE LA SOCIÉTÉ DE L'HISTOIRE DE PARIS ET DE L'ILE DE FRANCE,
DE LA SOCIÉTÉ ARCHÉOLOGIQUE DE RAMBOUILLET,
ET DE PLUSIEURS AUTRES SOCIÉTÉS SAVANTES.

AVEC APPROBATION DE MONSEIGNEUR L'ÉVÊQUE

PARIS
CHEZ VICTOR PALMÉ, LIBRAIRE
25, rue de Grenelle, 25

—

1876

Droits de reproduction réservés.

A Sa Grandeur

MONSEIGNEUR L'ÉVÊQUE DE VERSAILLES

Monseigneur,

Le diocèse de Versailles, créé par le Concordat de 1801, à la suite de la sanglante tourmente révolutionnaire en France, avait été mis au dernier rang pendant plusieurs années par l'opinion publique, à cause de la difficulté qu'il avait de recruter des prêtres pour l'exercice du saint ministère. Mais, fidèles imitateurs du divin Maître et des Apôtres, les honorables Pontifes qui vous ont précédé l'ont élevé à un rang supérieur. Ayant suivi la voie des uns et des autres, vous avez continué leur œuvre, vous l'avez fait grandir autant par votre piété que par vos vastes connaissances.

Ce noble exemple, Monseigneur, devait exercer une heureuse influence sur votre clergé, et concourir puissamment à lui donner cette belle réputation qu'il s'est acquise. Le plus précieux témoignage qu'on puisse en obtenir sur la terre m'en a été donné personnellement par le Souverain-Pontife Pie IX, dans l'audience qu'il me fit l'honneur de m'accorder au Palais du Vatican, à Rome, le neuf du mois d'octobre, en la fête de saint Denis, de l'année mil huit cent soixante-neuf, en me demandant à quel diocèse j'appartenais. Sur ma réponse, il me dit : Versailles, excellent évêque, très-bon clergé.

AVANT-PROPOS

Les études historiques, si chères à l'insatiable curiosité humaine, sont surtout pleines de charme pour ceux qui se consacrent à la propagation des féconds enseignements qu'elles nous offrent. Depuis un demi-siècle, les historiens interrogent avec plus d'ardeur que jamais les anciennes chroniques, compulsent patiemment les vieux manuscrits, secouent la poussière des trésors archéologiques, et parviennent en quelque sorte à faire revivre les âges qui nous ont précédés, en ressuscitant les personnages qui les ont illustrés. Mais lorsque les recherches concernent le pays que nous habitons, l'intérêt devient plus vif, et il augmente quand on peut, sur les lieux mêmes qui nous environnent, préciser les événements qui s'y sont passés et faire connaître les saints ou les hommes dont les vertus, les talents, et les bienfaits y ont laissé un souvenir qu'il importe de conserver à la postérité.

Les membres du clergé, entraînés vers la science par leur sublime vocation : « *Les lèvres du prêtre seront dépositaires de la science, Labia sacerdotis custodient scientiam* » (Malach., c. II, v. 7), ne sauraient rester en arrière de ce mouvement, et dans ce siècle comme dans les précédents, ils sont encore la lumière du monde : « *Vos estis lux mundi* » (Matth., ch. V, v. 14). On rencontre dans beaucoup de presbytères de riches bibliothèques qui ne sont pas là pour la vue, mais bien pour l'usage de ceux qui les possèdent.

Parmi les ouvrages qui doivent entrer dans ces bibliothèques, avec l'Écriture-Sainte, la Théologie, le Droit canon, les saints Pères, etc., il convient, selon nous, de mettre, sinon au premier rang, du moins à une place importante, celui qui ferait connaître la topographie ecclésiastique du diocèse avant sa création, en même temps que sa topographie actuelle. Ce genre d'ouvrage, désigné sous le nom de *Pouillé* dans les siècles précédents, a cessé de paraître, sauf quelques exceptions, depuis la nouvelle organisation des circonscriptions ecclésiastiques en France. Le Concordat de 1801, en apportant d'immenses modifications dans les circonscriptions diocésaines, a laissé une lacune que nous avons essayé, pour notre part, de combler. Nous avons donc entrepris ce travail avec l'assentiment de Monseigneur l'Évêque, nous le publions sous son patronage et avec son agrément, en lui maintenant le nom de *Pouillé*, espérant que ce titre, tombé en désuétude, quoique parfaitement français, ne sera pas de nature à effrayer les lecteurs.

Plusieurs fois on nous a demandé ce que c'est qu'un Pouillé ? *Un Pouillé, c'est un état général des bénéfices ecclésiastiques, abbayes, Prieurés, cures, paroisses, annexes, chapelles, etc.*

Avant la révolution, le Pouillé de chaque diocèse avait un intérêt d'autant plus grand, qu'il était plus récent, et que les établissements religieux étaient plus nombreux, à cause des modifications incessantes qui avaient lieu. Aujourd'hui ce n'est plus qu'un document de statistique et de géographie, qui tire sa véritable valeur de la multiplicité et de l'exactitude des renseignements qu'il contient.

La nomenclature des principales divisions du nôtre permettra facilement de s'en rendre compte.

1° Population primitive du diocèse, les noms des diverses localités en trois langues, les divisions anciennes, les collégiales, abbayes, prieurés, commanderies et maladreries;

2° Le diocèse actuel, sa formation, ses divisions, son organisation et ses évêques;

3° Les saints, les patrons et les monuments historiques;

4° Les cures titulaires, les paroisses et annexes, les vicariats, les chapelles et oratoires;

5° Les maisons d'éducation religieuse, les hôpitaux et hospices, enfin les établissements de bienfaisance.

Nous présentons donc au lecteur cet ouvrage qui nous a demandé de nombreuses et persévérantes recherches, comme un travail aussi consciencieux que désintéressé. Ce que nous avons cherché avant tout, c'est la clarté. Aussi avons-nous suivi autant que possible l'ordre alphabétique dans le classement. Pour ne pas surcharger notre livre de citations qui auraient été beaucoup plus longues que le texte, nous avons préféré indiquer les ouvrages et les chroniques que nous avons consultés. Si nous n'avons pas complètement atteint le but que nous nous sommes proposé, nous espérons que le lecteur voudra bien nous tenir compte de nos efforts, et surtout de la bonne volonté que nous avons eue d'être utile. N'aurions-nous à offrir aux amis de l'histoire locale que la nomenclature des noms et le relevé de l'état du diocèse au moyen âge, avec l'érection des paroisses, il nous semble avoir bien mérité de la science et de ceux qui la cultivent.

Cependant, nous devons réclamer l'indulgence pour notre travail. On y touvera des erreurs qui ont pu nous échapper, elles sont inévitables dans un ouvrage de ce genre. Parmi celles que nous avons découvertes, nous prévenons le lecteur que l'arrivée de saint Pierre à Rome eut lieu le 25 avril de l'an 42 au lieu du 15 juillet et qu'il avait un second compagnon, saint Apollinaire, avec saint Marc, page 28. Guibeville a été inscrit Guiberville par erreur, page 109. Saint Hubert a été attribué au Perray, cette ancienne paroisse appartient aux Essarts-le-Roi, page 120. Les patrons des chapelles de Champrosay et Mainville sont bien saint Pierre, patron de la Paroisse, mais elles sont : celle de Champrosay, sous l'invocation de saint Honoré, et celle de Mainville, sous l'invocation de sainte Hélène, page 110. Plusieurs historiens ayant parlé de la visite de saint Thomas de Cantorbéry à l'abbaye d'Abbecour, nous les avons suivis. Mais il y a une difficulté fort grave, attendu que l'abbaye ne fut fondée que dix ans après sa mort. M. Octave Noël, historien de Poissy, met la visite en 1191, ce qui est une erreur grave, puisqu'il avait été martyrisé en 1170 ou 1171. Ce qui nous paraît plus probable, c'est qu'il y avait dès cette époque un monastère qui, notablement agrandi en 1180, prit le nom d'abbaye, et que ce serait dans ce monastère que serait venu saint Thomas de Cantorbéry, page 156. Si quelques personnes découvraient d'autres erreurs, nous les prions de vouloir bien nous les signaler, car nous faisons ici l'aveu qu'en nous mettant à l'œuvre, nous avons moins consulté nos forces que le désir de doter le diocèse d'un *Pouillé* qui servira de première assise à une histoire détaillée que nous appelons de tous nos vœux.

Avant de terminer, qu'il nous soit permis d'offrir l'expression de notre gratitude à toutes les personnes qui ont bien voulu s'associer à ce travail, en nous communiquant avec un empressement dont nous sommes honoré, les manuscrits et documents qu'ils avaient en leur possession. Nous mentionnerons d'une manière spéciale : Mgnor Ardin, chanoine titulaire, camérier de Sa Sainteté et secrétaire général de l'évêché, M. l'abbé Martin, pro-secrétaire ; M. l'abbé Chaudé, curé de Fontenay-le-Fleury ; M. l'abbé Ricbourg, vicaire d'Arpajon, et M. Mercier, vérificateur des poids et mesures à Versailles.

Il nous reste à faire connaître les sources où ont été puisés les renseignements, indiquant seulement les principales :

Acta sanctorum, in-fol., édition Palmé.

Annuaire de Seine-et-Oise, 1864-1874.

Archives de la préfecture.

Bullarium pontificale, x° siècle et suivants.

Bulletin religieux de Versailles, 1862-1876.

Cartes géographiques de Cassini, de M. Mercier, etc.

Cartulaires de Meulan, de Morigny, de la Roche, des Vaux de Cernay, etc.

Commanderies du grand-prieuré de France, par E. Mannier.

Gallia Christiana.

Histoire du diocèse de Paris, par l'abbé Lebeuf.

Histoire littéraire de France, par Dom Rivet et Paulin Paris, édition de M. Palmé, in-4°.

Histoires d'Angerville, de Dourdan, Etampes, Longjumeau, Luzarches, Juziers, Magny, Mantes, Marcoussis, Maule, Meulan, Montfort, Montgeroult, Morigny, Poissy, Pontoise, Rambouillet, Rueil, Saint-Germain-en-Laye, Versailles, etc.

Notes manuscrites de feu l'abbé Bourlon.

Ordo du diocèse.

Pouillés d'Alliot, de Chartres, de Paris et de Rouen.

Recueil des historiens des Gaules et de France, par Dom Bouquet

Supplément aux Antiquités de du Breul, par Malingre.

Topographie ecclésiastique de la France, par Desnoyers.

Travaux de la Société des sciences morales, des lettres et des arts de Seine-et-Oise.

Travaux de la Société Archéologique de Rambouillet.

Travaux de MM. Cocheris et Dutilleux, dans l'Annuaire départemental de 1874.

Vies des Saints, par Ribadeneira, le Père Giry, Siméon Métaphraste, Godescard, etc.

Voyage en France, par Piganiol de la Force.

Enfin un grand nombre d'autres ouvrages et renseignements qui nous ont été donnés par écrit et de vive voix.

POUILLÉ

DU

DIOCÈSE DE VERSAILLES

POUILLÉ

DU

DIOCÈSE DE VERSAILLES

CHAPITRE PREMIER

Population primitive du diocèse de Versailles. — Etat général des Paroisses et autres lieux au moyen-âge avec leurs noms en langue française, latine, celtique et romane.

Le pays que nous habitons paraît avoir été peuplé, après le Déluge, par les descendants de Gomer, fils de Japhet. Lors de la confusion des langues et de la dispersion des peuples, dont la date remonte à la Tour de Babel, vers l'an 1931 de la création, les familles, selon l'ordre de Dieu, se dispersèrent et s'établirent dans les diverses parties du monde. Les tribus qui se dirigèrent vers nos contrées étaient nombreuses et vivaient des ressources que pouvaient leur offrir les pays qu'elles traversaient. En continuant leur marche dans la même direction, elles se virent arrêtées par l'Océan. Ne pouvant aller au-delà, ces peuplades primitives revinrent sur leurs pas, s'implantèrent dans la Gaule et se fixèrent dans les endroits qui leur assuraient le plus de ressources, soit dans les vallées pour jouir des avantages que procurent les cours d'eau, soit sur les points culminants des coteaux pour être mieux à même de se défendre en cas d'attaque. Les agglomérations qu'elles fondèrent devinrent plus tard, les unes des hameaux et les autres des bourgs ou des villes.

Ces peuplades, dans le principe, menaient une vie patriarcale et s'entendaient dans une langue commune, — peut-être la langue celtique; — elles avaient déjà leurs usages, leurs lois et une religion grossière qui était une espèce de polythéisme superstitieux.

Lorsque les Romains firent la conquête des Gaules, ils y apportèrent avec eux la langue latine ; les nombreuses familles romaines qui vinrent s'y fixer en continuèrent l'usage.

L'invasion des Franks et des barbares au v° siècle y introduisit une troisième langue qui ne se mélangea pas aux deux premières, en raison, sans doute, du sentiment de répulsion que les Gaulois éprouvaient à l'égard des hommes du Nord. La langue latine, qui était la plus usitée parmi les savants et les chrétiens, et la langue celtique, qui s'était déjà beaucoup modifiée, furent les deux langues de la Gaule pendant plusieurs siècles.

Cet état de choses, jusqu'au ix° siècle, ne subit que peu de modifications; l'impulsion donnée aux sciences par Charlemagne et les écrits qui parurent après lui apportèrent de grands changements dans le langage. Le latin de cette époque était mélangé d'une foule de locutions nouvelles; on commençait même à écrire dans la langue romane, formée des divers idiomes celtiques et du latin. Au siècle suivant, qu'on a qualifié de barbare, faute de le bien connaître, mais plutôt à cause de l'oppression féodale et des invasions normandes, le mouvement devint plus accentué. Enfin au xii° siècle le latin resta la langue des savants, mais il ne fut plus en usage dans les rapports ordinaires de la vie.

En considérant les différentes dénominations de nos paroisses, il est facile, le plus souvent, de se rendre compte de leur étymologie et de leurs changements successifs. L'origine de ces dénominations, en général, est fort simple ; quelques-unes ont conservé leur origine celtique ou gauloise : *Andelu, Banthelu, Bézu, Epône, Brueil, Us* ou *H's, Wy*, ce sont les plus anciennes ; d'autres l'origine latine, c'est le plus grand nombre. Ainsi nous voyons beaucoup de noms commencer ou finir par *ville, villa ;* c'étaient ceux d'une habitation importante : *Angerville, Méréville, Franconville, Villecresnes, Villepreux ;* les noms, commençant ou finissant par *court,* rappellent une ferme ou une habitation du second ordre, comme *Ballancourt, Bessancourt, Gassicourt, Tessancourt, Courances, Courdimanche ;* ceux qui, au moyen-âge, finissaient par *cum,* indiquaient un domaine considérable. A chacun de ces noms est souvent uni celui du premier propriétaire ou de sa situation, etc., comme *Arnouville ;* la ville d'*Arnoult, Abbéville,* la ville de l'*Abbé ; Richarville,* la ville de *Richard ; Guyancourt,* la cour de *Guy ; Montainville,* la ville du *Mont.* Beaucoup rappellent le souvenir des eaux, *aquæ ;* des fontaines, *fons ;* des bois, *nemus* ou *boscus ;* des arbres, des plantes, des professions, des produits du sol, de la situation géographique : vallées, collines, montagnes. Un certain nombre n'ont pas actuellement d'autres noms que ceux de leurs saints Patrons : *Saint Brice, saint Chéron, saint Clair, saint Gervais,* etc. Ces noms de saints, donnés aux paroisses, en ont remplacé d'autres plus anciens ; il en est quelques-uns que nous n'avons pu retrouver, faute de documents.

La nomenclature qui suit de toutes les paroisses et autres lieux du Diocèse de Versailles fait connaître leurs noms actuels avec l'indication de leur origine latine, celtique ou romane. Nous avons trouvé un grand nombre de ces noms dans les notes manuscrites laissées par feu M. l'abbé Bourlon, curé des Essarts-le-Roi ; ils sont, à quelques exceptions près, les mêmes que ceux donnés par M. Cocheris dans l'*Annuaire départemental de Seine-et-Oise* pour l'année 1874.

DÉNOMINATIONS DES PAROISSES ET AUTRES LIEUX DU DIOCÈSE DE VERSAILLES.	ORIGINES	
	LATINE	CELTIQUE ET ROMANE
Abbecour, abbaye	Alba curia, 1180	
Abbeville	Abbatis villa, Abbavilla	
Ableiges	Ablegiacum, Ablegum, Ablinguæ	Ableges.
Ablis	Ableiæ	Abluyes, XIIIᵉ s. Abluis, 1261, Abluys.
Ablon	Ablonium, Ablunum	Ablun, 1112.
Achères	Acheriæ, XIIIᵉ s	Achères-en-Pinserais.
Adainville	Adtani villa, Adeinvilla, XIIIᵉ s. Adanevilla	Adainville, 1382.
Aigremont	Ætricus Mons, 768. Acrimons, 1254. Acermons, XIIIᵉ s	
Aincourt	Agani curtis, Aincurtis	Ayencort, Laencourt, Aincort, 1249.
Allainville	Alleni villa, IXᵉ s. Alenvilla, Aleinvilla, XIIIᵉ s	
Alluets-le-Roi (les)	Allodia, 1107. Allodia Regis, XIIIᵉ s	
Ambleville	Amblevilla, 1277	Amblainville, Ambreville.
Amenucourt	Amenum curtis	Beauregard.
Andelu		And-leg.
Andilly	Andiliacum, 1174. Andeliacum, 1193	Andelis, 1125. Andilli, 1151.
Andrésy	Andresiacum, 1190. Andrisiacum, Undresiacum	Andresi.
Angerville	Angervilla Gasta	Angerville-la-Gaste.
Angervilliers	Angeri villare, Angeriliacum	Angelviler.
Argenteuil	Argentoialum, 697. Argentogilum, 824. Argentolium, 828	Argenteul.
Arnouville	Arnoni villa, IXᵉ s. Arnulphi villa, Arnonvilla	
Arnouville-lès-Gonesse	Villa Ermain, Xᵉ s. Ermenovilla, 1124. Hermenonis villa	Ermenonville, 1137. Ernouville.
Arpajon	Castra, Castra vico, Castrinse territorium, Castra Arpajonis, XVIIIᵉ s	Chastres, Châtres.
Arrancourt	Arrencuria	
Arronville	Aar..nis villa, Arundinum villa	
Arthies	Artegiæ, 690. Arteiæ, Ardicia, Altia, Artegia	Artie.
Arthieul	Arthegium, Artheiolum	Arthieulle.
Asnières-sur-Oise	Asinariæ, Asneriæ, 1166	Anières, 1256.
Athis-Mons	Atheiæ, 1163. Arthegiæ, 1155. Arthiæ, 1280. Athysium	Atis, 1273. Athis-s.-Orge.
Attainville	Attini villa, Atenvilla, Attivilla	Atenville, 1191. Atainville, 1204.
Attonville	Wastonis villa	Hattonville.
Aubergenville	Aubergenvilla, 1163. Obergenvilla, XIIIᵉ s	Obergenville.

DÉNOMINATIONS DES PAROISSES ET AUTRES LIEUX DU DIOCÈSE DE VERSAILLES.	ORIGINES	
	LATINE	CELTIQUE ET ROMANE
Auffargis	*Ulfrasiagæ*, 768. *Ulfarciagæ*, 1268. *Aufergiæ*	Oferges, 1197. Offergis, xiiie s. Lefargis, 1382.
Auffreville	*Aufredi villa*	
Aulnay-lès-Bondy	*Alnetum, Anetum, Aneyum*	Aunay.
Aulnay-sur-Mauldre	*Alnetum, Alnetum supra Meldam*	
Auteuil	*Altogilum*, ixe s. *Autolium*, 1180	Auteil.
Authon-la-Plaine	*Altonum, Auto*	Auton.
Autouillet	*Autoletum, Autoilletum*, 1159. *Autoliolum*	
Auvernaux	*Auverniacum*, 1171	Auverniaus, Auverneau, Auvergniau.
Auvers-saint-Georges	*Alversium, Auversium*	Auvers, 1132. Alvers, Auverse.
Auvers-sur-Oise	*Alverni supra Isaram*	Auvers, 1164.
Avernes	*Avænæ, Alvernæ*	
Avrainville	*Evrinivilla*, 1070. *Aurenvilla*, xiiie s. *Avrainvilla*, 1450	Avrinville.
Baillet	*Balliolum*, 862. *Bailletum*	Baalai, Baalei, Baalli.
Bailly	*Balliacum*, xiiie s. *Bailletum*	Baali, Baalle, 1207.
Ballainvilliers	*Balenivillare, Ballani villare*	Balenviler, Berlenviller.
Ballancourt	*Beleni curtis, Balleni curtis*	
Banthelu	*Bantellutum*, 1249	Banterlu, Bantarlu.
Baulne	*Belna*, 842	
Bazainville	*Baisenvilla*, 1208. *Basainvilla, Baseinvilla*, xiiie s.	
Bazemont	*Bacimons*, 1176	Bazemont, 1180. Basemont, xiiie s.
Bazoches	*Basochiæ*, xiiie s.	Basoches-en-Pincerais.
Beaumont-sur-Oise	*Bellus mons*, 1170. *Bellus supra Ysaram*, 1261	
Béhoust	*Behodium*	Behout, xiiie s.
Bellay (le)	*Belleyum*	Baalai, 1123.
Bellefontaine	*Bellafontana*, 1174. *Bellus fons*, 1220	
Belloy	*Bedolitum*, 832. *Beloyum*, 1343. *Belletum in Francia, Belleyum*	Balay, Baalay, 1223.
Bennecourt	*Bannecuria*, xie s.	
Bernes	*Bayerna*, 789. *Baierna*, 1110. *Baerna*, 1122. *Baenna*, 1223	Baenne.
Berville	*Behervilla*, 1161	Berville-sur-Auceron.
Bessancourt	*Bercencuria, Bercendicuria*, 1259. *Bessanicurtis*	Bercencort.
Bethemont	*Bethemons*, 1180. *Bethemontium*	Betemont, 1276.

DÉNOMINATIONS DES PAROISSES ET AUTRES LIEUX DU DIOCÈSE DE VERSAILLES.	ORIGINES	
	LATINE	CELTIQUE ET ROMANE
Beynes............	*Nibarnium*, IXe s. *Bania, Bayna, Deyna*, 1224......	Beine.
Bezons............	*Bisunciæ, Vesunnum*...............	Bezuns, Bezons, XVe s.
Bièvres............	*Bevria*, 1150. *Bevra*, XIIIe s. *Bievra*, 1450. *Beveriæ*.....	Biesvres, 1196. Bevre, XIIIe s.
Blanc-Mesnil (le)......	*Mansionile-Blaun*, 1130. *Album Mesnilium*.........	Blanc-Meny, 1453. Blanc-Ménil.
Blandy............	*Blandiacum*................	
Blaru.............	*Barrulus, Blasrutum*, 1157. *Blarutum*, 1268........	Blarru. .
Boigneville.........	*Boenvilla*..................	
Boinville...........	*Bovais villa*, IXe s. *Bovanivilla*, IXe s. *Boinvilla*, XIIIe s. ...	Boinville-en-Pincerais.
Boinville-le-Gaillard....	*Begonis villa, Boenvilla, Bouenvilla*, 1252........	
Boinvilliers.........	*Boinvilla*...................	
Bois-d'Arcy.........	*Sylva de Arsitio*, 1169. *Nemus Arsitii*, XIIIe s. *Boscus Arcisii*, 1458..............	Le Bois d'Arsy.
Boisemont..........	*Boscimons, Bosomons*, 1163.............	Boissemont, 1193.
Bois-Herpin.........	*Boscus Herpiensis*...............	
Boissets...........	*Boisselium, S. Hylarius les chans*, XIIIe s.........	
Boissière (la)........	*Boixeria Heraudi, Buxoria*............	
Boissy-l'Aillerie......	*Bussiacum Lalheri*, 1202.............	Boissi-l'Ailleri.
Boissy-la-Rivière.....	*Bussiacum*..................	
Boissy-le-Cutté......	*Bussiacum*..................	
Boissy-le-Sec........	*Bussiacum, Bossiacum siccum*, 1216. *Busseum siccum*, XIIIe s................	
Boissy-Mauvoisin.....	*Buxeus*, VIIe s. *Buxidus*, 847. *Boisseium de Malovicino, etc*.	
Boissy-saint-Léger.....	*Bossiacum, Boissiacum*, XIIIe s.	
Boissy-sans-Avoir.....	*Boissiacum sine censu, Buxitum*, IXe s. *Boissiacum*, 1159 .	
Boissy-sous-saint-Yon...	*Buxiacum, Buxeium, Busciacum*, XIIIe s. *Boissiacum*, 1488...	
Bondoufle..........	*Bunduflum*, 1136. *Bondofla, Bandufla*, XVe s.......	Bondoufles, 1466.
Bonnelles..........	*Bonella*, XIIIe s. *Bonnella*.............	Boonel, 1223.
Bonneuil...........	*Bonogilum*, 832. *Bonolium in Bria*..........	Bonnel, XIIIe s. Bonneu il-en-France, 1516.
Bonnevaux	*Begnovilla, Bonavallis*.............	
Bonnières..........	*Bonneriæ*..................	
Bordes (les)........	*Bordæ*...................	
Bouafle............	*Boaflum*, 1163. *Boafra*, XIIIe s..........	Boafle.
Bouffémont.........	*Beffus mons, Buffonis mons, Boffemons*.........	Bofesmont.

DÉNOMINATIONS DES PAROISSES ET AUTRES LIEUX DU DIOCÈSE DE VERSAILLES.	ORIGINES	
	LATINE	CELTIQUE ET ROMANE
Bougival	*Beudechisolovalle*, 697. *Burgivallis*, 1186. *Bougivallis*, XIVe s.	Bogival, XIIIe s. Bogeval.
Boullay-les-Troux	*Boolcium de Trocis*.	Boucloy, 1291.
Bouqueval	*Boscivallis, Bocunvallis*.	Boconval, XIIIe s. Bouconval.
Bouray	*Bosreium, Borretum*, 1120.	
Bourdonné	*Burdoniacum*, 768. *Burdinetum*, XIIIe s. *Bordanetum*.	
Boussy-saint-Antoine	*Butiacum villa*, IXe s. *Buciacum*, 1224.	Boucy, Boucy-St-Antoine.
Boutervilliers	*Bertholdi villare, Botervillaris*.	Boutervillier, XIIe s.
Boutigny	*Botiniacum, Boutigniacum*.	
Bouville	*Bovilla, Bouvilla*.	
Bray et Lû	*Braium et Lulum*.	
Bréançon	*Breantinum*.	Brienchon.
Brétigny	*Bretiniacum*, 1146. *Bretigniacum*, 1548.	Breteigny, 1268.
Breuil-Bois-Robert (le)	*Brogilum Mansio Roberti*.	Braolet.
Breuillet	*Braioletum*.	Brouillet.
Breux	*Brolium*.	Breuil.
Bréval	*Beheri vallis*, IXe s. *Breevallis*, 1192. *Brevallis, Brevis vallis*, XIIe s.	Brehevel.
Bréviaires (les)	*Breveriæ, Buvreriæ*, XIIIe s.	
Briche (la)	*Brichia*.	
Brières-les-Scellés	*Brueriæ-les-Scelees*, XIIIe s.	
Brignancourt	*Berecionis curtis, Brignencuria*, 1240.	
Briis-sous-Forges	*Bragium*, 768. *Briæ*, 1284. *Briæ ad forgias*.	Bries, XIIIe s. Bris, 1318.
Brouy	*Bruacum*.	
Brueil	*Brogilum*.	
Brunoy	*Braunate*, 635. *Braunadum*, 638. *Brennacum*, 1147. *Brunayum*.	Bronai, Brunai, Brounay, Broni.
Bruyères	*Brocaria*, 670. *Brueriæ*, 1467.	
Bruyères-le-Chatel	*Brocaria*, 670. *Brueri castrum*, 1204. *Bruceti castellum*.	Brières, Bruyères-le-Chastel.
Buc	*Buccum*, 1223. *Buscum, Bucum*, 1458.	
Buchelay	*Buschalide*, IXe s. *Buschelidum*, 1080.	
Buhy	*Buhiacum*.	Bui, 1249. Buhui.
Bullion	*Bualone*, VIIe s. *Boelium*, XIe s.	Boolun, Boolin, 1347. Bollon.
Buno	*Bunocum*, XIIe s. *Bunetum castrum*, 1263.	Bunot.

DÉNOMINATIONS DES PAROISSES ET AUTRES LIEUX DU DIOCÈSE DE VERSAILLES.	ORIGINES	
	LATINE	CELTIQUE ET ROMANE
Bures............	*Buriæ*............	
Carrières-saint-Denis....	*Carreriæ*............	
Carrières-sous-Poissy....	*Carreriæ*............	
Celle-les-Bordes (la).....	*Cella S^{ti}-Germani*, 774. *Cella Æqualina*, IXe s. *Cella ultra Sarnoium*, XIIIe s...	
Celle-saint-Cloud (la).....	*Villare*, IXe s. *Cella juxta Bogival. Cellæ*, 1459. *Cella ad S. Clodoaldum*.	
Cergy...........	*Cirgiacum*, 1144. *Cergiacum*, 1198.....	Cergi.
Cernay-la-Ville.......	*Sarnetum*, 768. *Serneium*, 1218. *Sarnaium*, XIIIe s. *Sarnaia*........	Sarnei, Sarnec, Sairnay.
Cerny...........	*Serniacum*, 1247............	Serny.
Châlo-saint-Mars......	*Chalotum*, 1085. *Chalotum S^{ti}-Medardi*, XIIIe s.....	Challo-St-Mards.
Chalou-la-Reine......	*Calau*, IXe s. *Chalotum Regine*.....	Chalou-la-Reine, Chalo-la-Royne.
Chamarande, 1686.....	*Butnæ*, XIe s. *Bona*, XIIe s.........	Bonnes, Bounes, Bones, Chamarante.
Chambourcy........	*Camborciacum*, IXe s. *Camburciacum*, 1150. *Camborciacum*	Chamborcy, XIIIe s. Chamboutz.
Champagne........	*Campaniæ*, 1223...........	Champaignes, 1382.
Champcueil........	*Campolium*............	Chamqueille, Chancueille.
Champigny........	*Campigniacum*............	
Champlan.........	*Pladanum*, 670. *Campus planus*, 1218. *Campi plantum*, XIIIe s...	Champlant, 1151.
Champmotteux......	*Campus globosus*..........	Champ Monteux.
Chanteloup........	*Cantus Lupi*............	
Chapelle (la)........	*Capella*, 1218...........	
Chapet..........	*Cuppa, Chapelum*, 1235. *Chapet*, 1238.....	Chappet, Chappette.
Charmont.........	*Carus mons*............	
Chars...........	*Charsium*............	Charz, 1176, 1244.
Châteaufort........	*Castrum forte*, 1270........	Chateau-Fort.
Chatenay.........	*Castanetum*, 1097. *Castanedum, Castaneum*, 1119.....	Chatenay-en-France.
Châtignonville.......	*Opatinacum*, 531. *Captunacum*, 541. *Centenovilla, Centegnovilla*	Chantignonville.
Chatou..........	*Catonaco, Captunacum, Casteliolum, Catho*	Chato, Chatou, 1234.
Chauffour.........	*Calcifurnum, Cauforium*......	Chaufor, XIIe s.
Chaufour.........	*Calidus furnus*, 1290........	Chaufour, 1281.
Chaumontel........	*Calidus Montellus, Calvus Montellus*.....	Chaumontel, 1202.
Chaussy..........	*Cussiacum, Calceia, Calciacum*, 854. *Calceium*, 1163....	Chauci, 1249.
Chauvry..........	*Chauveriacum, Calvariacum*......	Chauveri.

DÉNOMINATIONS DES PAROISSES ET AUTRES LIEUX DU DIOCÈSE DE VERSAILLES	ORIGINES	
	LATINE	CELTIQUE ET ROMANE
Chavenay	*Cavenoilus*, 1007. *Chavenolium, Chainvolium*, xiii⁰ s.	Chavenoil, Chaveneil, 1383.
Châville	*Cativilla*, 1129. *Calida villa, Calivilla, Chavilla*, 1459.	Villa-Chat.
Chennevières-les-Hameaux	*Canaberiæ in Francia, Chenveriæ, Chaneveriæ*.	Chenevière en France.
Chennevières-sur-Marne	*Canaveriæ*, 1163. *Canaberiæ, Cheneveriæ*. xiii⁰ s.	
Cheptainville	*Catainvilla, Captavilla, Chetenvilla*, xiii⁰ s. *Chatenvilla*.	Chatenville.
Chérence	*Carencia*, 1141. *Clarentum*.	
Chesnay (le)	*Quercetum, Canoilum*, 1122. *Cheneium, Chesnetum*, xiii⁰ s.	Le Chenay.
Chevannes	*Cabanæ*.	
Chevreuse	*Cabrosia*, 1208. *Caprosia*, xiii⁰ s. *Caprosium, Capræsiæ*.	Chevrose, Chevrosse.
Chilly-Mazarin	*Calliacum*, 1187. *Chilliacum, Challiacum*, xiii⁰ s. *Chaliacum*, 1458.	Chailly, Challi.
Choisel	*Soiseium*, xiii⁰ s. *Soisellum, Soiseum, Casellum*.	Soisey, xiii⁰ s. Soisay, 1225. Soisei.
Choisy-aux-bœufs	*Choisiocum ad boves*.	
Civry-la-Forêt	*Sivericurtis*, 1030. *Sibriacum, Sivreum*, xiii⁰ s.	Sivri.
Clairefontaine	*Clarus fons*. 1102.	Clerefontaine.
Clayes (les)	*Cloiæ*, 1118.	Esclois, xiii⁰ s. Esclais, Escloix, Cloix.
Cléry	*Cleriacum*, viii⁰ s. *Clari*.	
Clichy	*Clippiacum superius*, 635. *Clippiacum*.	Clichy-en-l'Aunois.
Coignières	*Cotonariæ*, 768. *Coigneriæ*, xiii⁰ s.	Cognères, Coignères-le-Chatel.
Commeny	*Calidum Masnilium, Commeniacum*, 1249.	
Condé-sur-Vesgre	*Condate*, 768. *Condatum*, 771. *Condetum, Condedum*.	Condé-sur-Vesgre.
Condécourt	*Gondolfi curtis*.	Condecort.
Conflans-sainte-Honorine	*Confluentii Stæ Honorinæ, Confluentium*, 1225.	Conflans, 1256.
Congerville	*Congervilla*, xiii⁰ s.	
Corbeil	*Corboilum*, 1006. *Corborium, Curbuilum*, 1067. *Corbolium*, 1184.	Corbeuil.
Corbreuse	*Corborosa, Curberosa, Corberosa*, xiii⁰ s.	
Cormeilles-en-Parisis	*Cormeliæ*, 1221. *Cormelliæ, Cormolium*.	Cormeilles.
Cormeilles-en-Vexin	*Curmeliaca, Cormeliæ, Curmeliæ*.	
Coubron	*Curtis Breonis*, xiii⁰ s. *Corbero*, 1474.	Curtbreun, xiii⁰ s. Corberon, Corbreon.
Coudray-Monceaux (le)	*Cotridum, Cotritum*, ix⁰ s. *Coldreyum*, xiii⁰ s. *Codraium*, 1272.	Codroi, xiii⁰ s. Codrot, 1271. Couldray.
Courances	*Corencyæ*.	
Courcelles	*Curtis cella, Curcellæ*, 1127. *Corcellæ*, 1248.	

DÉNOMINATIONS DES PAROISSES ET AUTRES LIEUX DU DIOCÈSE DE VERSAILLES	ORIGINES	
	LATINE	CELTIQUE ET ROMANE
Courcouronnes	*Cors coronæ, Corcorona*, XIIIᵉ s.	
Courdimanche	*Curtis Dominici, Curia Dominica*, 1249.	Cour de Mange, 1248.
Courdimanche-sur-Essonnes	*Curtis Dominica*.	Cour de Mange.
Courgent	*Viceni curtis*, IXᵉ s.	Curgent, XIIIᵉ s. Corgent, Courgeant.
Courson-l'Aunay	*Alnetum cursonis, Aunetum*.	L'Aunay-Courçon.
Craches	*Crechiæ*.	Crèches, XIIIᵉ s.
Cravent	*Craventio*.	
Crespières	*Crisperiæ*, 918. *Cresperiæ*, 1180.	Crepières.
Croissy	*Crociacum, Croceium*, 1207. *Cruciacum, Crociacum*, 1244.	Croci, Croissy-s.-Seine.
Crosne	*Crona*, XIIIᵉ s. *Cronea*.	Crone.
Dammartin	*Domnus Martinus*, 1030, 1082, 1168, 1177.	
Dampierre	*Dameri petra, Donna petra*, XIIIᵉ s. *Dampna petra*, 1458.	
Dannemarie	*Domna Maria*, 1079. *Dominica Maria*.	Dapnemarie, 1382.
Dannemois	*Danorum Mansio*.	Danmeis.
Davron	*Davero*.	Daveron, XIIIᵉ s.
Denisy	*Dynisiacum*.	
Deuil	*Diogilum*, 862. *Diolo*, IXᵉ s. *Doguillum, Dulium*.	Dueil.
D'Huison	*Duisonnum*.	Duyson.
Domont	*Dolomons, Dosmontium, Domuntum, Domons*.	Daumont.
Dourdan	*Dortenco, Dordengum*, 986. *Dordanum*, 1222. *Durdanum*.	Dourdain, Dordan, 1174. Dordam, 1257.
Draveil	*Draverno, Dravernum*, 635. *Dravellum, Dravolium*.	Dravel, 1196. Dravern, Drevet.
Drocourt	*Droconis curtis*.	Drocort, 1249. Droucourt.
Eaubonne	*Acqua bona, Aqua bona*, 1193.	Yeaubonne, 1293. Aubonne.
Echarcon	*Scarconium, Escharconium, Escerco, Escirco*.	Eschercum, 1200. Escharcon, 1453.
Ecouen	*Iticinascoa*, 637. *Esconium, Eschovium, Esconæum*.	Escuem.
Ecquevilly	*Fraxinæ*, 1162. *Frenæ*, 1170. *Frauxinæ*, 1247. *Ecquorum villa*.	Fresnes, XIIIᵉ s.
Egly	*Agliæ, Egliæ*, XIIᵉ s. *Adgiæ*, XIIᵉ s. *Egliarum*.	Eglies, Alglies.
Elancourt	*Elencuria*, XIIᵉ s.	Elaencourt.
Emancé	*Amanciacum, Amenceyum, Emenseium, Vallis Amence*.	Amancei, Amanci, XIIIᵉ s.
Enghien-les-Bains		Aenghien.
Ennery	*Aneriacum*.	

DÉNOMINATIONS DES PAROISSES ET AUTRES LIEUX DU DIOCÈSE DE VERSAILLES	ORIGINES	
	LATINE	CELTIQUE ET ROMANE
Epiais-et-Rhus	*Speriæ*, 1150. *Espieriæ, Espierii*.	Espieu, 1175. Espier, xiv⁰ s. Epies.
Epiais-lès-Louvres	*Spieriæ, Espieriæ*, xii⁰ s.	Epiers, Espiers.
Epinay-Champlâtreux	*Fontanella, Spinetum campum Plastrosum*, xii⁰ s.	Epinay-le-Sec.
Epinay-sous-Sénart	*Spinolium*, 637. *Espinolium*, 1298. *Cepinoletum*, xiii⁰ s.	Epiney.
Epinay-sur-Orge	*Spinogilum*, 637. *Espinolium*, 1136. *Spinetum ad Urbiam*.	
Epône	*Spedona, Spedotenum*, vi⁰ s. *Espona*, 1163	Espone, xiii⁰ s.
Eragny	*Erigniacum, Eragniacum, Erinniacum*.	Erigni.
Ermont	*Viculus Ermedonis*, 835. *Herimontium*.	Ermon, Ormont, Hermont, Ermeron, xii⁰ s.
Essarts-le-Roi (les)	*Essarta, Esserta Regis*, 1248. *Essars Regis*, xiii⁰ s.	Les Essars-le-Roi, xiii⁰ s.
Essonnes	*Exsond vico, Exona*, 832. *Essonia*, 1124. *Essona*, 1210.	
Estouches	*Toschetum*.	
Etampes	*Stampæ*, vii⁰ s. *Stampæ veteres, Stambæ*.	Estampes.
Etang-la-Ville (l')	*Stagnum*, 1150. *Stagnum villa, Stannovilla*, 1626.	
Etiolles	*Atiolæ*, 1228. *Atheiolæ, Athegiolæ*, xiii⁰ s. *Estivellum*.	Ethioles, Athioles, 1324.
Etréchy	*Estorciacum, Estorchiacum*, 1458. *Strepiniacum*, 1120.	Etréchy-le-Larron.
Evecquemont	*Episcopi mons, Vesquemons*, 1163.	Evesquemont.
Evry-sur-Seine	*Ayvreum*, 1058. *Avriacum, Evriacum supra Secanam*.	Dresvy-sur-Seine.
Ezanville	*Ezani villa, Ezenvilla*, 1234. *Eszanvilla*.	
Falaise (la)	*Falesia*.	
Favrieux	*Faverili, Paverilli villa*.	Faveriz, 1221. Faverieux.
Ferté-Alais (la)	*Firmitas, Aalapidis, Adelaidis, Ales*, 1222. *Balduini*.	La Ferté-Baudouin.
Feucherolles	*Felcherolis villa*.	Foucherolles.
Flacourt	*Flaacuria, Flaicuria*.	
Fleury-Mérogis	*Fluriacum*, 1093. *Floriacum, Floriacum Merogii*.	Fleury-Merongis, Flori, 1300.
Flexanville	*Flarsane villa*, ix⁰ s. *Flesseinvilla*, xiii⁰ s.	
Flins	*Fiolinæ*, ix⁰ s. *Felinæ*.	Felins, xiii⁰ s. Flins-sur-Seine.
Flins-Neuve-Eglise	*Felins nova Ecclesia*.	
Follainville	*Follani villa, Folinvilla, Folævilla*, 1249.	
Fontaine-la-Rivière	*Fontanæ*, 1115.	
Fontenay-le-Fleury	*Fontanetum*, xiii⁰ s. *Fontinetum, Fonteniacum*.	Fontenei.
Fontenay-lès-Briis	*Fontanetum*, 670. *Fontanetum ad Brias*.	Fontenoy-s.-Forges.

DÉNOMINATIONS DES PAROISSES ET AUTRES LIEUX DU DIOCÈSE DE VERSAILLES	ORIGINES	
	LATINE	CELTIQUE ET ROMANE
Fontenay-lès-Louvres....	Fontanidum, 832. Fontanetum, 1119. Fontaneum, XIIe s..	Fontenet, Fontenet-s-Louvres.
Fontenay-le-Vicomte....	Fontanedum, 829. Fontanetum vice-comitis, 1286	
Fontenay-Mauvoisin....	Fontanilum, IXe s. Fontanetum, Fontanitum de Malovicino.	
Fontenay-saint-Père....	Fontenedum S. Petri, 974. Fontanetum, Fonteniacum....	
Fontenelles........	Fontanellæ..............................	
Forêt-le-Roi (la)......	Poretta, Foresta Regis, XIIIe s...............	
Forêt-sainte-Croix (la) . . .	Foresta sanctæ Crucis..................	
Forges........	Forgiæ, 1151.......................	
Fosses.........	Fossæ........................	
Fourqueux........	Filcusæ, IXe s. Fulcosium, XIIe s. Fulcosa, XIIIe s. Fourqueusa.	Fourques, Fourqueux.
Franconville.......	Franconis villa, Franconvilla, Francorum villa, XIIe s. . .	Franconville-la-Garenne.
Frémainville.......	Firmini villa, Fremevilla.................	
Frémécourt........	Fremecuria.......................	Fremecort, 1249.
Freneuse.........	Fraxinosum, Fraxinosa, Fraxinetum...........	
Frépillon........	Frepilio, Frepillio, 1276. Frepillionum...........	
Frette (la)........	Freta, Fresta, Fretum................	
Frouville........	Farulphi villa, Frovilla..................	
Gadancourt.......	Vadonis curtis, Wadincurtis...............	Gadencort, Gadengort, 1249.
Gagny..........	Cavaniacum, 632. Vadiniacum, Ganiacum, Gaigniacum..	Guegny, XIIIe s. Guengui.
Gaillon.........	Gallio............................	Gallon, 1204.
Galluis.........	Varleium, Galeæ, 1159.................	Galluys, 1382. Gallees.
Gambais.........	Gamapium, Camapium, 751. Gambesium, Gambeiæ....	Gambeis, Gambès, XIIIe s. Gambez, 1382.
Gambaiseuil.......	Gambesiolum.....................	Gambeseuil.
Garancières......	Warenceræ, 774. Garenceriæ, XIIIe s............	
Garches........	Garsiachus, 1063. Gargiæ.............	
Gargenville.......	Gargenvilla, 1249.................	Gigenville, 1265. Gargenville, 1449.
Garges.........	Bigargium, 635. Garchiæ, Gargæ, Jargium.......	Garges, XIIe s. Garches-Gonesse.
Gassicourt.......	Gacicuria, XIIIe s............	Gacicort, 1252.
Gazeran........	Gaserannum, Gazerannum...............	Gaseran, 1204. Gaseren, Gaserent.
Genainville......	Genesvilla, 1186...................	Geneth-ville, 658. Genesville.
Génicourt........	Genicuria, 1161.................	

— 13 —

DÉNOMINATIONS DES PAROISSES ET AUTRES LIEUX DU DIOCÈSE DE VERSAILLES	ORIGINES	
	LATINE	CELTIQUE ET ROMANE
Gérocourt.	Geraldi curtis.	
Gif.	Gitum, IX° s. Giffum, 1458.	Gif, 1177.
Gironville.	Gisoni villa, IX° s.	Gironville-sous-Bruno.
Gometz-la-Ville	Comitis villa, Gomed villa, XIII° s.	Gomet, Gomer.
Gometz-le-Châtel	Gomethiacum, 1068. Gumethum, 1071. Gomed castrum, Gomez castrum, 1261.	Gomez, Gometh-St-Clair.
Gommecourt	Gomeri curia.	Gomercourt.
Gonesse.	Gaunissa, 832. Gonesa, 1110. Gonessa, 1226.	
Goupillières.	Gulpilleriæ.	Goupillières, XIII° s.
Gournay-sur-Marne	Gornaicum, Gornacum, 1119. Gornaium, 1122. Gornaii castrum, 1147.	
Goussainville	Gunsanevilla, 862. Gunsevilla, 1137. Gosseynvilla, 1221. Gousenvilla.	Gosseinville.
Goussonville.	Gousonvilla, XIII° s. Goussonvilla.	
Gouzangrez.	Godengrissa.	Gouzengrès, 1164. Gorengrei, 1249.
Grand-Champ, abbaye	Grandis campus, 1214.	
Granges-le-Roi (les)	Grangiæ, 1220. Granchia, XIII° s. Granchiæ Regis.	La Grange-Nevelon, La Grange-le-Roi.
Gressey.	Gresseyum	Gresee, XIII° s.
Grigny.	Grigniacum, XII° s.	
Grisy.	Vadrisiacum, Grisiacum, 1249.	
Gros-Bois.	Grossion Nemus. Grossum Nemus, Grossus Boscus	
Groslay.	Graulidum, 862. Grolidum, Grolaium, Groleyum.	Groloi, 1293.
Grosrouvres.	Grossum Robur, 768.	
Guernes.	Warnæ, 1141. Gronniacum.	Garnes, Crênes.
Guerville.	Guiardi villa, Guerrevilla, XIII° s.	
Guibeville.	Guidonis villa, Gibbosi villa, Guibervilla, Guibevilla.	
Guigneville.	Gunii villa, Guinevilla.	
Guillerval.	Guillervilla.	Guillerval.
Guiry.	Wadriacum, Guiriacum	
Guitrancourt	Morsioni villare, Guistrancuria.	Guitrancort, Guidrencort.
Guyancourt	Guidonis curtis, Guidonis curia.	Guiencort.
Haravilliers.	Warnharii Villarium	Haraviler.
Hardricourt.	Halderici curtis, Hardicuria, 1249.	Hardricurt, 1163.
Hargeville	Argevilla, Archivilla, Hargevilla	Archeville.

DÉNOMINATIONS DES PAROISSES ET AUTRES LIEUX DU DIOCÈSE DE VERSAILLES	ORIGINES	
	LATINE	CELTIQUE ET ROMANE
Haute-Isle............	*Altigia*...................	
Hauteville (la).......	*Charmeia*, XIIIᵉ s. *Altavilla*.............	La Charmoie.
Heaulme (le).........	*Galea*....................	
Hédouville...........	*Hilduini villa, Hodevilla*, 1223.........	
Herbeville............	*Herbevilla*, XIIIᵉ s............	
Herblay..............	*Erbleium, Herbleium*, 1207. *Herbuletum*......	
Hérivaux, abbaye....	*Herivallis*, 1260................	
Hermeray............	*Hermolitum*, 768. *Helmoretum*, 774.........	Helmere.
Hérouville...........	*Heroaldi villa, Herovilla, Herouvilla*, 1249......	
Houdan..............	*Houdanum*..................	Hosdenc, Houdenc, 1120.
Houilles.............	*Hullium, Houlliæ*................	Holles.
Igny.................	*Iniacum, Igniacum*, 1458............	
Isle-Adam (l')........	*Insula*, 1206. *Insula-Adam*, 1223. *Insula Ade*, 1261....	Ille (l')
Issou................	*Villa Sociacum*, 690...............	Icot, 1190. Icou, 1190.
Itteville.............	*Steovilla, Theovilla*, 1200. *Istavilla, Itevilla*.....	
Jagny................	*Johanniacum*, 1224. *Jehenniacum*, 1227. *Janiacum*....	Gehenni, 1271. Jaigny.
Jambville............	*Jacobi villa, Imbevilla*, 1249. *Jambevilla*........	
Janvry...............	*Genevriæ*, XIIIᵉ s. *Janveriacum*, 1473. *Januariacum*....	Genvries, 1389. Genvry, Janvrys.
Jarcy, abbaye........	*Jarciacum, Garcicum*, 1260............	Gercy.
Jeufosse.............	*Jeufredi fossa*.................	Giboufosse, XIIIᵉ s. Gieffosse, 1382. Gieufosse, 1420.
Jouars-Pontchartrain.	*Jovis ara, Diodurum, Joreium Pons Carnotensis*.....	
Jouy-en-Josas........	*Gaugiacum*, XIᵉ s. *Joïacum in valle Galliæ*, 1498.....	Joi, XIIIᵉ s. Joe, Jouy, 1466.
Jouy-le-Comte.......	*Joiacum villa, Joiacum*, 1200............	
Jouy-le-Moutier.....	*Joiacum, Joiaci Monasterium*............	Joy, 1195.
Jouy-Mauvoisin......	*Joiacum de Malovicino*, XIIIᵉ s.	Jois.
Joyenval, abbaye.....	*Gaudium vallis*, 1221...............	
Jumeauville..........	*Fleomodi villa*, IXᵉ s. *Jomevilla*, XIIIᵉ s.........	Jumeauville, 1382.
Juvsy-sur-Orge......	*Gevesiacum, Givisiacum*, 1351. *Juvisiacum*.......	
Juziers..............	*Gisiacum*, 1180. *Giseum*, 1210. *Giseium, Jusiacum*....	Gisseir, Gizer, Giset.
Labbeville...........	*Abbatis villa*, 1184. *Labevilla*, 1249..........	
Lainville............	*Allani villa, Ledis villa, Linvilla*...........	

DÉNOMINATIONS DES PAROISSES ET AUTRES LIEUX DU DIOCÈSE DE VERSAILLES	ORIGINES	
	LATINE	CELTIQUE ET ROMANE
Lanluets et Sainte-Gemme.	*Lanlo et sancta Gemma*............	
Lardy............	*Larziacum*, **980**. *Lardiacum*, XIIIᵉ s........	
Lassy............	*Lachiacum, Laciacum*............	Laci, Lacy.
Layes (les).........	*Layæ, Lacus*...............	
Leudeville.........	*Ludedis vico*, VIIᵉ s. *Odonis villa*, **1180**. *Lodovilla*, **1198**. *Leudevilla*, XIIIᵉ s........	Leddeville, Leteville, Litteville.
Leuville...........	*Lupivilla, Lugevilla, Lunevilla*, XIᵉ s.	
Lévy-saint-Nom.....	*Luviciæ*, **744**. *Rupes Levis, Leviciæ S. Nummius*......	Livies, Levees, Levies, Levis.
Limay...........	*Limaium*, **1249**. *Limayum, Limagium*........	Limai, **974**.
Limeil-Brevannes.....	*Limolium*..................	Limuel-Bevrane.
Limetz...........	*Limetæ*...................	Limez, **1249**.
Limours..........	*Lemausum*, **697**. *Limosium*, XIIIᵉ s. *Lemurium, Limoæ*...	Limors, **1091**. Limos, **1208**. Limoux.
Linas............	*Linaiæ*, **936**. *Linæ, Linesium, Linoyum*.........	Linais, Linois, Linax, **1384**. Linays.
Lisses............	*Liciæ*, xᵉ s. *Lites*.............	Lices.
Livilliers..........	*Linivillarium, Linvillare*, **1251**.............	Linviler, **1249**.
Livry.............	*Liberiacum, Livriacum*, **1210**............	Livry-en-l'Aulnois, XIIIᵉ s.
Loges-en-Josas (les)....	*Lorgiæ, Logiæ*, **1201**. *Locagiæ*, XIVᵉ s........	Loges-en-Josas.
Lommoye..........	*Lomazia, Lomaisia, Lomaia*............	
Longjumeau........	*Noiomellum*, XIᵉ s. *Mons Gemellus, Longus Gemellus*....	Nojomel, Longimel, Mongimel.
Longnes..........	*Laoniæ*, **1030**. *Laogniacum*.............	Loaignes, XIIIᵉ s. Lognes.
Longpont..........	*Longus Pons*................	
Longuesse.........	*Longuersa, Longuessa*, **1163**.............	Longuesse, **1249**.
Longvilliers........	*Longus villaris, Longum villare*, **1136**........	
Louveciennes.......	*Mons Lupicinus*, **862**. *Lupicenæ*, XIIIᵉ s. *Lupicernæ*....	Loaceines, Luciennes.
Louvres...........	*Luvera*, **632**. *Lupera*, **1150**. *Loveriæ*, **1197**. *Lupara*, XVᵉ s.	Lovres, Lure.
Luzarches..........	*Luzareca*, **680**. *Luzarca*, **692**. *Luzarchiæ, Luzarchæ*...	
Maffliers..........	*Maflaris*..................	Maflers, **1159**. Mafflers, **1208**.
Magnanville........	*Maingna villa, Magnavilla*............	
Magny-en-Vexin.....	*Magniacum, Maigniacum*, **1249**. *Magneium*.......	Magny.
Magny-les-Hameaux....	*Magniacum*, **1195**. *Malliacum*, **1204**. *Magneium*, XIIIᵉ s...	Magny-l'Essart.
Maincourt..........	*Mani curtis, Mediacuria*, XIIIᵉ s. *Meencuria*.......	Maencourt, Maincort.
Maisons-sur-Seine.....	*Mansionis villa*, IXᵉ s. *Mansiones*, **1136**. *Mesoniæ*......	Mesuns, **1187**. Mesons, XIIIᵉ s. Maisons-Laf.

DÉNOMINATIONS DES PAROISSES ET AUTRES LIEUX DU DIOCÈSE DE VERSAILLES	ORIGINES	
	LATINE	CELTIQUE ET ROMANE
Maisse	*Massia*.	Mees, Messe.
Mandres	*Mendreæ*, 1136. *Nandræ*, 1248.	
Nantes	*Medanta*, IXᵉ s. *Medunta, Medonta castrum*.	
Mantes-la-Ville	*Medunta*, 1133. *Medunta villa*.	
Marche (la)	*Marchio*.	
Marcoussis	*Marcocinctum*, 845. *Marcusiacum*.	Marcouchies, 704. Marcouci.
Marcq	*Marca, Marcum, Marchum*.	Mark.
Mareil-en-France	*Marolium*, 704.	Marul, 1150. Mareuil, Mareuil-en-Fr.
Mareil-le-Guyon	*Marolium Guidonis*, XIIIᵉ s.	Mareuil-le-Guyon.
Mareil-Marly	*Marolium*, 704.	Mareuil.
Mareil-sur-Mauldre	*Marolum*, IXᵉ s. *Marolium Johannis*, XIIIᵉ s.	Mareuil, Mareuil-s.-Maudre.
Margency	*Meiassinum, Margenciacum*, 1519.	Migasin, Mijassin, 1293.
Marines	*Marinæ*, 1164.	
Marly-la-Ville	*Marlacum*, 573. *Malliacum*, XIIIᵉ s. *Malliacum villa juxta Luperas*, 1266.	
Marly-le-Roi	*Marleium*, 1087. *Marliacum*, 1202. *Malliacum, Malletum*.	Marli, Marli-le-Chastel, Marly-le-Bourg.
Marnes	*Marna. Materna*, 1626.	
Marolles	*Matriolæ*.	Merroles.
Marolles-en-Brie	*Matriolæ*, Xᵉ s. *Maierolæ, Maioriolæ*, 1097. *Mairolæ*.	
Marolles-en-Hurepoix	*Matriolæ*, Xᵉ s. *Merolæ, Meroliæ*, 1203. *Maroliæ*.	
Massy	*Massiacum, Maciacum*, IXᵉ s.	Machi, Macy.
Maubuisson, abbaye	*Malodunum*, 1241.	
Mauchamps	*Malus campus*, 1192.	
Maudétour	*Malum diversorium, Maldestor*, 1258.	Maldestor, 1186. Mondetour, Maudestor, 1556.
Maule	*Manla, Manlia*, 1224. *Maula*.	
Maulette	*Manlia parva*.	Maule-le-Chamberill, XIIIᵉ s.
Maurecourt	*Mauricuria, Maur-curte*, 711.	Morcort.
Maurepas	*Malus Repastus*, XIIIᵉ s.	Malrepast.
Médan	*Magedon*.	Meden, 1213.
Ménerville	*Minervæ villa. Minardi villa*.	Menardville, Menerdville.
Mennecy	*Maneciacum*, 1479. *Manessiacum*.	
Menouville	*Maynuldis villa*.	

DÉNOMINATIONS DES PAROISSES ET AUTRES LIEUX DU DIOCÈSE DE VERSAILLES	ORIGINES	
	LATINE	CELTIQUE ET ROMANE
Menucourt.	*Ermenoaldi curtis*.	Menucort.
Méré.	*Meriacum*.	
Méréville.	*Meresvilla, Merevilla*, 1262.	
Méricourt.	*Mederici curtis*.	
Mériel.	*Meriellum*.	
Mérobert.	*Mansus Roberti*.	Mein-Robert, xiiie s.
Méry-sur-Oise.	*Meriacum*.	Mairi.
Mesnil-Aubry (le).	*Mansionile Alberici, Mesnillum Alberici*, xve s. *Maisnilum Auberti*.	Menil-Aubry.
Mesnil-le-Roi (le).	*Mansio Regis*, xiiie s.	
Mesnil-Renard (le).	*Mansio Renuardi, Mesnilium*.	Mesnil-Regnard.
Mesnil-saint-Denis (le).	*Mennilium*, 1152. *Mansionile S. Dyonisii*, 1199.	Le Mênil-saint-Denis.
Mesnuls (les).	*Mansio Symonis*.	
Mespuits.	*Monspodium*.	
Meudon.	*Meodum, Moldonium*, xiiie s. *Meudo, Meodunum*.	Meudun, 1208. Modun, Moudon.
Meulan.	*Mellens, Mellentum, Mullentum, Meulanum*.	Meullent, 1106. Meullan, Mollent.
Mézières, (Mantes).	*Maceriæ*, 980.	
Mézières, (Pontoise).	*Maceriæ*, 1245.	
Mézy.	*Mesiacus*.	Mesi, 1420.
Millemont.	*Malimons*, xiiie s.	
Milly.	*Mauriliacum, Melliacum*, 667. *Milliacum*, 1267.	
Milon-la-Chapelle.	*Mellonis Capella*.	
Mittainville.	*Mittani villare, Mittani villa*, xiiie s.	
Moigny.	*Mogniacum*.	
Moisselles.	*Muscellæ, Moisellæ*.	Moisseles.
Moisson.	*Messis*, ve s.	
Molières (les).	*Moleriæ*, 1186. *Molleriæ, Mollariæ*, xiiie s.	Esmolières, 1648.
Monceaux.	*Monticelli*, 1122. *Moncelli*.	
Mondeville.	*Mundonis villa, Mundevilla*, 1215.	
Mondreville.	*Mondrevilla*.	
Monnerville.	*Monarvilla*, 635.	Monerville.
Montainville.	*Montis villa*, ixe s. *Montainvilla*.	

DÉNOMINATIONS DES PAROISSES ET AUTRES LIEUX DU DIOCÈSE DE VERSAILLES	ORIGINES	
	LATINE	CELTIQUE ET ROMANE
Montalet-le-Bois.	*Mons Alethis*, 1023.	Montelet.
Montchauvet.	*Mons calvus, Mons calvulus, Mons calveti*, XIIIᵉ s.	
Montesson.	*Mons Axonis, Mons Tessonis*.	
Montfermeil.	*Mons fermeolus*, 1196. *Mons firmolium*, 1221. *Mons firmiolus*, 1248.	Monsfermoil, 1200. Montfermeil, 1209.
Montfort-l'Amaury.	*Mons fortis*, XIIIᵉ s. *Monfortis Amalarici*.	Montifors.
Montgeron.	*Mons Gisonis, Mons Gironis*.	Mongiron.
Montgeroult.	*Mons gerulphi*, 1197.	
Montigny-le-Bretonneux.	*Montigneium, Montigniacum*, XIIIᵉ s. *Montiniacum*.	
Montigny-les-Cormeilles.	*Montigniacum*, 1207. *Montiliacus, Montiniacus*.	
Montlhéry.	*Ætricus Mons*, 798. *Mons Lethericus*, 1146. *Mons Lehericus*.	Mont-le-Hery.
Montlignon.	*Molignum*, XIIIᵉ s. *Molennium*, XIVᵉ s.	Monlignon, Molinons, 1271. Molignon.
Montmagny.	*Mons Magniacus*, 1116. *Monsmegnia, Mons menia*.	Monmagnie, 1243. Montmeignie.
Montmorency.	*Morenciagi curtis*, 845. *Morentiacum villa*, 1153. *Mons Morenciacus*.	Emile, 1792.
Montreuil-sur-Epte.	*Munsterolium, Monstrolium*.	Mosterul, Monsteruel.
Montsoult.	*Mons Cereris*.	
Morainvilliers.	*Moroni villaris, Moroinvillaris*.	Morenvillier, 1163.
Morangis.	*Louncium, Loencium, Louancium*.	Loand, Louane, Loanz, 1230.
Morigny.	*Morigniacum*.	
Morsang-sur-Orge.	*Murcinctus*, Xᵉ s. *Meurcinctum*, 1268.	Morcent, Murcent, 1159.
Morsang-sur-Seine.	*Murcinctum*, IXᵉ s. *Morcentum*, 1481. *Morsantum*.	Morcent, Morsan, Morcenc.
Mory.	*Moriacum*.	
Moulineux.	*Molendina nova*.	
Mours.	*Murnum*, 1170. *Morum*, 1289. *Murcium, Mourcium*.	Mor, 1210. Celle-St-Denis.
Mousseaux.	*Moncelli*.	
Moussy.	*Musseium, Mousseium*.	
Mulcent.	*Morceneto*, IXᵉ s. *Melcsencum, Mulsanum*.	Mulcent, XIIIᵉ s.
Mureaux (les).	*Murelli*, XIIIᵉ s. *Murelli juxta Mellentum*.	Mureaus, 1223.
Neauphle-le-Château.	*Nielfa castrum*, 1118. *Nealpha castrum, Nidalfa petrosa*.	Nealfe-le-Chastel, Nealfle, Neaufle.
Neauphle-le-Vieux.	*Nealfa vetus, Nealfa aquosus, Nealfa veteres*, XIIIᵉ s.	Neauphle-l'Aivieux.
Neauphlette.	*Nealphletula*, XIIIᵉ s. *Nealfleta, Neuflata*.	
Nerville.	*Nigra villa, Nervilla*.	

DÉNOMINATIONS DES PAROISSES ET AUTRES LIEUX DU DIOCÈSE DE VERSAILLES	ORIGINES	
	LATINE	CELTIQUE ET ROMANE
Nesles-en-Vallée	*Nialla, Nigella*, 1205.	
Neuilly-en-Vexin	*Nobiliacum, Nueliacum*, 1218.	Neulli-en-Vexin.
Neuilly-sur-Marne	*Nobiliacum*, 1195. *Nulliacum*, 1351.	Nully, xiiie s.
Neuville	*Nova villa*.	
Nézel	*Nuziacum, Nigellum*.	Nezee.
Nogent-sur-Oise	*Novigentum*, xiie s.	
Nointel	*Nucistella*, 1153. *Nointellum*, 1222. *Noiantellum*.	
Noiseau	*Noisellum*, xiiie s. *Nosellum, Nocetus, Noisellum*.	Noisieu-les-Ambouaile.
Noisy-le-Grand	*Noisiacum*, 1089. *Nuseium*, 1142. *Nusiacum*, 1150. *Noisiacum magnum*.	
Noisy-le-Roi	*Noisiacum, Nusiacum*, xiii^e s.	Noisi, 1173. Noisy-en-Cruye.
Noisy-sur-Oise	*Nocitum villa*, 692. *Noisiacum*, 1173.	Nuisi.
Nonneville	*Nonnæ villa*.	
Norville (la)	*Norvilla*, 1175. *Lanorvilla*, 1230.	Lanorville.
Nozay	*Noereiz*, 1015. *Noorium*, 1150. *Nucerum*, xiii^e s. *Nogeium*, 1626.	Nogen, 1626. Noeroie.
Nucourt	*Nudacuria*, 1249.	
Oinville	*Audoeni villa, Adoeni villa, Oenis villa, Ouenvilla*.	Ouinville, Ointville, Ouenville.
Ollainville	*Aolini villa*, 690. *Doleinvilla*, 1200.	
Omerville	*Omervilla*, 1249.	
Oncy	*Onchiæ*.	
Orangis	*Orengiacum*, 1151. *Aurengiacum*.	Orangi.
Orcemont	*Ursimons*.	
Orgerus	*Bisconcella*, ixe s.	Besconceles, Beconceles.
Orgeval	*Aureæ vallis, Hordeæ vallis, Orgivallis*, 1180.	
Ormesson	*Ambaella, Ulmicium*.	Amboile.
Ormoy	*Gormeium, Ulmetum, Ulmeium, Urmeium*.	
Ormoy-la-Rivière	*Ulmetum*, 1115.	Ulmey.
Orphin	*Urfinum, Orphinum*.	Ofins, Orfin, Orphyn, Ourphin.
Orsay	*Orscacum*, ixe s. *Orceyum, Orceum, Urcetum*.	Orcay-les-Hameaux, Orcé, Orceis.
Orsonville	*Ursione villare*, 768. *Orsonvilla*, xiiie s.	
Orvilliers	*Ursvillare*, ixe s.	Orvillers.
Osmoy	*Ulmidum*, ixe s. *Ulmetum*, xiiie s. *Ossa mea?*	

DÉNOMINATIONS DES PAROISSES ET AUTRES LIEUX DU DIOCÈSE DE VERSAILLES	ORIGINES	
	LATINE	CELTIQUE ET ROMANE
Osny.	*Wodiniacum, Ooniacum,* 1249.	
Palaiseau.	*Palatiolum,* IXe s. *Palesolium.*	Paleisol, Palesel, Palleisel, 1205.
Paray.	*Paretum.*	
Paray-Douaville.	*Paretum, Pareium.*	
Pecq (le).	*Alpicum,* VIIe s. *Alpiacum,* 833. *Alpecum,* 1170. *Aupicum,* XIIIe s.	Aupec, 1194. Le Port-au-Pecq, 1709.
Pecqueuse.	*Piscosæ,* 1151. *Pescusa,* XIIIe s. *Pecosa.*	
Perchay (le).	*Percheium,* 1268.	Le Percheil.
Perdreauville.	*Prodreinvilla,* XIIIe s.	
Périgny.	*Parriniacum,* 1200. *Parrigniacum,* XIIIe s.	
Perray (le).	*Moriacum,* 1284. *Paretum, Perretum, Pareyum.*	Péré, Pairé.
Persan.	*Parcentum,* 1194. *Persanum.*	Parchenc, 1237. Parcent, Parcenc.
Pierrelaye.	*Petra lata,* 1207.	
Piscop.	*Piscopium.*	Pissecocq.
Plaisir.	*Placitium, Placitum,* 771.	Plesiz, XIIIe s.
Plessis-Bouchard (le).	*Plexitium Buccardi.*	
Plessis-Gassot (le).	*Plesseium Gassonis,* 1450.	Le Plessis-Gasse.
Plessis-le-Comte.	*Plesseium comitis Rodulphi.*	
Plessis-Luzarches (le).	*Plessiacum ad Luzarchiam.*	
Plessis-Pâté (le).	*Plesseium,* XIIIe s.	Pleisseiz, 1136.
Poigny.	*Pugneium,* 1159.	Pognies, 1197. Poiers.
Poissy.	*Pissiacum,* 1201.	
Ponthévrard.	*Pons Ebrardi,* 1162. *Pons Evrardi.*	
Pontoise.	*Pontisara,* 1174. *Pontesia,* 1189. *Pons Isaræ,* 1195.	
Porcheville.	*Porchariorum villa,* 690. *Porchevrevilla,* 1249.	Porchereuville.
Portes et Nainville.	*Portæ et Nainvilla,* 1200.	
Port-Marly (le).	*Portus Marliaci.*	
Port-Royal, abbaye.	*Portus Regalis,* 1204.	
Port-Villez.	*Portus Villaris.*	
Prestes.	*Prataria, Pratellæ,* 1223. *Praslæ, Præriæ,* XIIIe s.	Praières, 1236.
Prunay.	*Prunetum,* XIIIe s.	Prunoy.
Prunay-le-Temple.	*Prunetum,* XIIIe s. *Prunidum.*	

DÉNOMINATIONS DES PAROISSES ET AUTRES LIEUX DU DIOCÈSE DE VERSAILLES	ORIGINES	
	LATINE	CELTIQUE ET ROMANE
Prunay-sous-Ablis	*Pruneium, Prunetum*	
Puiselet-le-Marais	*Pusellum*	
Puiseux	*Puteolæ, Pusiacum*	Puiseus, 1253.
Puiseux-les-Louvres	*Puteoli*, 1119	Puseaux, XIIIe s. Piseux, Puteoles, 1626.
Pussay	*Puccium*, XIIIe s.	Pucei.
Queue-en-Brie (la)	*Cauda in Bria*, 1147	
Queue-Galluis (la)	*Cauda de Galeis*, 1159	
Quincy	*Quintiacum*, 1242	
Raincy (le)	*Rinsiacum*, 1238. *Reinsiacum*, XIIIe s.	Le Raimsis, XVIIe s. Rainsy.
Raiseux	*Retiacula*	
Rambouillet	*Rumbellitum*, 768. *Ramboilletum, Remboulletum*	Rumboillet, Rambuillet.
Rennemoulin	*Ranarum molendinum, Ranæ molendinum*, 1208	Regne-molin, 1286. Renemolin.
Retz	*Retiaculum*	
Richarville	*Richardi villa, Braolium de Donna Maria*, XIIIe s.	Le Breuil de Dannemarie.
Richebourg	*Regalis villa, Ricmari villa*, XIe s. *Richeri villa*	Richeborch.
Ris	*Regis*, IXe s. *Reyæ*, 1142. *Riæ, Risus*, 1601	Reys, Ries.
Rochefort	*Ruppes fortis, Ruppis fortis*, XIIIe s.	Rupifors, 1196. Rochefort, 1261.
Roche-Guyon (la)	*Rupes, Rupes Guidonis*, 1274	
Roche (la, abbaye)	*Rocha*, 1190	
Rocquencourt	*Roccon curtis*, 691. *Rocconis curtis*, 862. *Roquencuria*	Rocencort, 1209. Roquencort, 1230.
Roinville	*Rodani villa, Roinvilleta*	
Roinvilliers	*Roinvillare*	
Roissy	*Russiacum*, 1142. *Rossiacum, Roissiacum*	Royssi, 1196.
Rolleboise	*Rollonis Buscus, Rosbacium, Rolebessa*	Rolleboise, Roelleboisse, XIIIe s.
Ronquerolles	*Runcherolæ*, 1153. *Runcoroliæ*, 1165	Roncherolles, 1177.
Rosay	*Roselum*	
Rosny	*Rodonium, Ronetum, Rooniacum, Rodoniacum*, 1204	Roony, Rosny-sur-Seine.
Royaumont, abbaye	*Regalis Mons*, 1227	
Rueil	*Rotoiale villa*, 550. *Riogilum*, 873. *Ruellum*, 1113. *Rotolium*	Ruol, XIIIe s. Rueuil, 1308.
Saclas	*Saiclitæ*, 637. *Sacliolita, Sarclitæ*	
Saclay	*Sarcleyum*, 1232. *Sacleyum*	Sacli, Sarcloi.

DÉNOMINATIONS DES PAROISSES ET AUTRES LIEUX DU DIOCÈSE DE VERSAILLES	ORIGINES	
	LATINE	CELTIQUE ET ROMANE
Sagy	Sagiacum.	
Sailly.	Salliacum, Saliacum.	
Saintry	Sintreium, 1029. Santeriacum, Santriacum.	Sintry, Sentry, XIIIe s. Saintery, 1538.
Sandrancourt	Alexandrini curtis.	Sandrancort.
Sannois.	Captonacum, Centum nuces.	Cent noys.
Santeny.	Centeniacum, 1140. Centigniacum, XVe s.	Centeny, Senteny.
Santeuil.	Xantolium, Santolium.	
Sarcelles.	Cercerillæ, Sarcellæ, Sarsela, 1165. Sercellæ.	Sercelles, 1262.
Sartrouville.	Sacrovilla, Satorvilla, 1007. Sartrovilla, Saturivilla.	
Saulx-les-Chartreux.	Salix, VIIe s. Salices, XIIe s.	Saud, XIIIe s. Saux.
Saulx-Marchais.	Saumarcheiæ.	Saumarches, XIIIe s. Saumarchais.
Savigny-sur-Orge.	Savigniacum, 1151. Saviniacum, 1307.	
Senlisse.	Sindeliciæ, Cenliciæ, 1208. Senliciæ, XIIIe s.	Senlices.
Septeuil.	Septoilum, IXe s. Septulia, 1177. Septolia, XIIIe s. Septulium.	Septuelle, Stueil.
Seraincourt.	Severini curtis.	Serincurt, 1218. Serincort.
Sermaise.	Sarmesia, XIIIe s.	Sarmèse, Sergmès, XVIe s.
Seugy.	Saciagum.	
Sevran.	Ciperente, VIIIe s. Sevrannum.	Cevren, XIIIe s. Cevran, XVIIIe s.
Sèvres.	Sevara, VIe s. Separa, XIIIe s. Sepera, Sevra.	Sièvre.
Soindres.	Soendrinæ.	Soandre, XIIe s.
Soisy-sous-Etiolles.	Soisiacum, Soseium, Sociacum ad Estivellum.	
Soisy-sous-Montmorency.	Sociacum, Choisiacum, Susiacum in Francia.	Soisi, Sosoi, 1293. Soisy-s.-Enghien.
Soisy-sur-Ecole.	Soisiacum juxta Scholam, 1186.	
Sonchamp.	Suncantum, Suus campus, XIIIe s.	Souchand, 1186.
Souzy.	Sanceyum, Souziacum, 1120.	
Sucy.	Sulciacum, 826. Suciacum, XIIIe s.	Sucy-en-Brie.
Survilliers.	Sordidavilla, Sordevillaris, Sorvillare.	Sorviles, 1185. Sorvillers.
Saint-Arnoult.	S. Arnulphus in Aquilina, XIIIe s.	S. Arnould-en-Iveline.
Saint-Aubin (Gif).	S. Albinus, XIIIe s.	
Saint-Aubin (Neauphle).	S. Albinus.	
Saint-Brice	S. Bricius.	

DÉNOMINATIONS DES PAROISSES ET AUTRES LIEUX DU DIOCÈSE DE VERSAILLES	ORIGINES	
	LATINE	CELTIQUE ET ROMANE
Saint-Chéron	S. Caraunus.	S. Chéron, Montcouronne.
Saint-Clair-sur-Epte	S. Clarus ad Eptam.	
Saint-Cloud	Novientum villa, 692. Novigentum, 765. S. Clodoaldus, 1222.	S. Cloot, Pont-la-Montagne, 1793.
Saint-Corentin, abbaye	S. Corentinus, 1210.	
Saint-Cyr-en-Arthies	S. Ciricus.	S. Cir.
Saint-Cyr-la-Rivière	S. Ciricus, S. Ciriacus.	
Saint-Cyr-l'École	S. Ciriacus, S. Ciricus.	
Saint-Cyr-sous-Dourdan	S. Ciricus.	
Saint-Escobille	S. Scuphilus, XIII° s. S. Scubilius.	S. Escobile.
Saint-Forget	S. Ferreolus.	
Sainte-Geneviève-des-Bois	Sienii Villare, X° s. Sta Genovefa de nemore, 1209.	
Saint-Germain-de-la-Grange	S. Germanus de Moreviila.	S. Germain de Morainville.
Saint-Germain-en-Laye	Lida, IX° s. Ledia, XII° s. S. Germanus, 1124. S. Germanus in Laya, 1124.	
Saint-Germain-lès-Arpajon	S. Germanus de Castris.	
Saint-Germain-lès-Corbeil	S. Germanus Veteris Corboili.	S. Germain, faub. de Corbeil, 1709.
Saint-Germain-lès-Étampes	S. Germanus ad Stampas, 1247.	
Saint-Gervais	S. Gervasius.	
Saint-Gratien	S. Gratianus.	
Saint-Hilaire	S. Hilarius.	
Saint-Hilarion	S. Hilario.	
Saint-Illiers-la-Ville	S. Islaris villa.	
Saint-Illiers-le-Bois	S. Islaris lucus.	
Saint-Jean-de-Beauregard	Mons falconis.	Montfaucon, S. Jean de Montfaucon.
Saint-Lambert	S. Lambertus.	
Saint-Léger-en-Yvelines	S. Leodegarius in Aquilina, XIII° s.	
Saint-Léger-en-Laye	S. Leodegarius in Laya.	
Saint-Leu	S. Lupus, S. Lupus de Taberniaco, 1201.	S. Leu-Taverny, Napoléon-St-Leu, 1852.
Saint-Martin-de-Bretencourt	S. Martinus prope Corberosam.	S. Martin-Bretucourt.
Saint-Martin-de-Pontoise, ab.	S. Martinus ad Vionam, 1069.	
Saint-Martin-des-Champs	Elevilla, XIII° s. S. Martinus.	
Saint-Martin-du-Tertre	S. Martinus de colle, 1170.	

DÉNOMINATIONS DES PAROISSES ET AUTRES LIEUX DU DIOCÈSE DE VERSAILLES	ORIGINES	
	LATINE	CELTIQUE ET ROMANE
Saint-Martin-la-Garenne...	S. Martinus, 1141.	
Saint-Maurice.......	S. Mauricius, XIIIᵉ s.	S. Maurice-Montcouronne.
Sainte-Mesme.......	Sta Maxima.	
Saint-Michel-sur-Orge....	S. Michael, XIIIᵉ s. S. Michael ad Urbiam.	
Saint-Nom-la-Bretèche...	Breteschia, S. Nummius de Brethesca, S. Nonnius.	
Saint-Ouen-l'Aumône....	S. Audoenus juxta Pontisaram, S. Audoenus ad Eleemosynas.	
Saint-Pierre-du-Perray...	Paredum, Pareium, S. Petrus-Corboili.	
Saint-Prix.........	Turnus, Hturnus, S. Præjectus de Turno.	S. Priet, Tour, Torn, 1193. Thou, 1691.
Saint-Remy-des-Landes, ab..	S. Remigius de Landis, 1160.	
Saint-Remy-les-Chevreuse..	S. Remigius de Bello loco, 1300. Bellus locus.	
Saint-Remy-l'Honoré....	S. Remigius, XIIIᵉ s.	
Saint-Sulpice-de-Favières..	Faveriæ, XIIIᵉ s. S. Sulpicius Faverium, 1483.	
Saint-Vrain.........	Scortiacum, Escorciacum, 1380. S. Veranus de Scoriaco.	Escorchy, Escorcy, Saint-Vrain d'Escocy, 1369.
Saint-Witz.........	Mons Melianus.	
Saint-Yon.........	S. Ionius, 1186. S. Ivonius.	S. Ion.
Tacoignères........	Taconeriæ, XIIIᵉ s. Tacogneriæ.	Taconnières.
Tartre-Gaudran (le).....	Collis Goderani.	Tertre Godram, Tertre Goderani.
Taverny..........	Taberonacus, 754. Taverniacum, Taverneium.	
Tertre-saint-Denis (le)....	Collis S. Dyonisii, XIIIᵉ s. Tetricium S. Dionysii.	
Tessancourt........	Thessancuria, Tessancuria, 1203. Tesencuria, 1256.	Tessancort, Tessencurt, 1204.
Théméricourt.......	Themeriaci curtis.	Tericort, Temericort, 1138.
Theuville.........	Theodulfi villa.	
Thiessonville........	Thiessonvilla.	
Thillay (le)........	Tilleium, Telleium, XIIᵉ s. Tilliacum, XIIIᵉ s.	Tilley, 1251. Tellay, 1273. Tifloy, 1587.
Thionville, (Houdan)....	Theodonis villa, Taignunvilla, XIIᵉ s. Tyonvilla, XIIIᵉ s.	Thianville.
Thionville-sur-Opton....	Theonis villa.	
Thiverval.........	Tyvarvallis, Tyvervallis.	Theverval.
Thoiry..........	Torreium.	
Tigery..........	Tesreiacum, 1095. Tigeriacum, XIIIᵉ s.	
Tilly...........	Telleium, XIIIᵉ s. Tylliacum, 1333. Tilliacum.	
Torfou..........	Tolfolium, 1134. Tortofagus.	Torfolz, XVIIᵉ s.

DÉNOMINATIONS DES PAROISSES ET AUTRES LIEUX DU DIOCÈSE DE VERSAILLES	ORIGINES	
	LATINE	CELTIQUE ET ROMANE
Toussus.	*Tussium*, xe s.	Toisus.
Trappes	*Trapæ*, 1003. *Trappæ*.	Trapes, xIII^e s.
Tremblay	*Trimlidum*, IXe s. *Tremblacum, Trembleium*.	Trembley.
Tremblay (le)	*Trembleyum, Trembleium*.	
Trianon	*Triasnum*.	
Triel.	*Triollum*.	Trel, 1173.
Troux (les)	*Trociæ, Trocæ, Troci*.	Les Troues, 1621.
Vallangoujard	*Vallis Angojard*, 1165. *Vallis Engeujard*, 1194. *Vallis Engelgardi*.	
Valenton	*Valentonium*.	Valenton, 1093. Valenton, 1256.
Valmondois	*Vallis munda*, 1161.	Vaulmondoys, 1498.
Valpuiseaux	*Valles Puteoli*, 1112.	Val de Puiseaux.
Val-saint-Germain (le) . .	*Vallis S. Germani*, xIII^e s.	
Val-sainte-Marie (le), abbaye.	*Vallis Stæ Mariæ*, 1125	
Varennes	*Varenna*.	
Vaucresson	*Vallis Crisonis*, xII^e s. *Vallis Cressonis*.	Val de Cresson.
Vaud'herland	*Vallis Dellandi*, 1202. *Vallis Hermelandi, Vallelandi*, 1450.	
Vaugrigneuse	*Vallis grinosa*, 1271. *Vallis grignosa*, xve s. *Vallis graniosa*.	
Vauhallan	*Vallis Hellandi*, xIII^e s. *Vallis Halani*.	
Vaujours	*Vallis jocosa*, 1202. *Vallis gaudii*, xIII^e s. *Vallis Jovis*. . . .	Valjoue, Vaujoust, 1351. Vaujou.
Vauréal	*Locus, Loci, Vallis Regia*	Leus, Lieux, Vauréal.
Vaux	*Valles*.	Vaux de Jouste Mullent.
Vaux-de-Cernay(les), abbaye.	*Valles Sernaiæ*, 1118.	
Vayres	*Veriæ, Variæ*.	Veres.
Velanne	*Velanæ*.	
Velisy	*Uncinæ*, 1084. *Urxinæ, Oxina*, xIII^e s. *Vilisiacum*, 1286. . .	Ocines, Orchines, xIII^e s. Uncines.
Vémars	*Vemarcium*, xIII^e s.	Avemart, 1182. Vaulmar.
Verneuil	*Vernogilum, Vernugilum, Vernolium*.	
Vernouillet	*Vernoliolum, Vernoletum*, xIII^e s.	
Verrière (la)	*Vorraria*.	La Voirrerie, 1730.
Verrières-le-Buisson . . .	*Vedrariæ, Vedzariæ*, 1027. *Vitreriæ*, xIII^e s.	Voerrières, xvI^e s.
Versailles	*Versaliæ*, 1095. *Versalliæ*.	

4

DÉNOMINATIONS DES PAROISSES ET AUTRES LIEUX DU DIOCÈSE DE VERSAILLES	ORIGINES	
	LATINE	CELTIQUE ET ROMANE
Vert...	Ver...	
Vert-le-Grand...	Ver, 1151. Ver magnum, XIIIe s. Ver Majus...	Valgrand.
Vert-le-Petit...	Ver parvum, 1315. Ver Minus...	Valpetit, 1590.
Vésinet (le)...	Visinolum, Visinolium...	
Vétheuil...	Vetulum, Vetolium, Vetholium...	
Viarmes...	Virmæ...	Wirmes, 1225.
Vicq...	Vicus...	
Videlles...	Videllæ...	
Vieille-Eglise...	Vetus Ecclesia, 768...	
Vienne...	Vienna...	
Vigneux...	Vicus novus, 1206. Vignolium, 1249...	
Vigny...	Vinetum, Vigniacum...	
Villabé...	Villa-Abbatis, 1138...	
Villaines...	Villanæ, Villena...	Villennes.
Villebon...	Villa bona, XIIe s...	
Villeconin...	Villa conani, 1185. Villa conaii, XIIIe s...	
Villecresnes...	Villa cranea, 1159. Villa crana, 1235. Villa crani...	
Ville-d'Avray...	Villadavreti, Villa d'Avren, 1200. Villa Davrea, 1460...	Ville-davrai, 1249. Villedavré.
Ville-du-Bois (la)...	Villa Bosci...	
Villejust...	Villa juxta, XIIe s. Villa justa, XIIIe s. Villa juste...	
Villemoisson...	Villa Messis, Villa Moissun, 1120. Villa Messionis, XVe s...	
Villeneuve-en-Chevrie (la)...	Villa nova in Anfractu, Villa nova Chevrie, XIIIe s...	
Villeneuve-le-Roi...	Villanova, 1112. Villanova Regis, 1238...	
Villeneuve-saint-Georges...	Villanova, VIIIe s. Villanova S. Georgii...	
Villeneuve-sur-Auvers...	Villanova supra Auvers...	
Villennes...	Villena, 1007. Villanæ...	
Villepinte...	Villa picta, XIe s...	
Villepreux...	Villa porcorum, 866. Villa pirosa, Villa pirorum, Villa petrosa...	Villaperour, Villaperor, Villapereur, 1274.
Villeron...	Villerolum, Villeronium, Vilero, XIIIe s...	Villerun, 1174. Villeron, 1219.
Villeroy...	Villa Regis...	
Villers-en-Arthies...	Villare, Villerium, 1060...	

DÉNOMINATIONS DES PAROISSES ET AUTRES LIEUX DU DIOCÈSE DE VERSAILLES	ORIGINES	
	LATINE	CELTIQUE ET ROMANE
Villette.	*Villetta, Villula.*	
Villiers, abbaye.	*Villarium, Villerium,* 1220.	
Villiers-Adam.	*Villare Adami, Villare Adæ.*	
Villiers-le-Bâcle.	*Villare Baculi, Villaria.*	Villers-le-Bascle.
Villiers-le-Bel.	*Villare Bellum,* 1202.	Vellers-le-Bel, 1283.
Villiers-le-Mahieu.	*Villare, Villare Matthei.*	
Villiers-le-Sec.	*Villaris,* 832. *Villare siccum,* xve s.	
Villiers-saint-Frédéric.	*Villaris.*	
Villiers-sur-Marne.	*Villarium,* xiiie s. *Villare ad Matronam.*	
Villiers-sur-Orge.	*Villaris.*	
Viroflay.	*Offoni villa,* 1162. *Viroflidum.*	Vil Offen, xiiie s. Viroflain, 1295.
Viry-Châtillon.	*Viriacum,* 1169.	
Voisins-le-Bretonneux.	*Vicini,* 1250.	
Voisins-saint-Hilarion.	*Vicini Nova Capella.*	
Wissous.	*Vicovium,* 1196. *Villa Cereris, Villedopum.*	Viceor, Viceours, Vicooz, 1250. Vissous.
W's ou Us.	*Opia.*	
Wy.	*Vicus.*	
Yerres.	*Edera,* 1235. *Hedera,* 1238. *Hesdera,* 1248. *Hietra,* 1630.	Hierre.

CHAPITRE II

Anciens diocèses, leur origine, leurs limites. — Parties qui en ont été détachées pour former celui de Versailles, avec le Tableau de leurs Paroisses respectives avant 1789.

Le 15 juillet de la 42ᵉ année de l'ère chrétienne, deux hommes venus d'Antioche, après s'être arrêtés en Sicile et à Naples, entraient dans Rome pour la première fois. Vêtus comme les sujets de l'Empire, ils ne furent pas l'objet de l'attention publique, et cependant ces deux hommes, avec l'aide de leurs coopérateurs, allaient bientôt changer la religion de l'Occident, lutter contre le paganisme et verser leur sang pour le témoignage de la vérité. Ces deux hommes étaient saint Pierre et son disciple saint Marc.

Accueillis favorablement dans une honorable famille, ils passèrent six mois à étudier cette grande cité, et parvinrent à éclairer du flambeau de la foi les yeux du sénateur Pudens et ceux de quelques-uns de ses amis. Le 18 janvier suivant, saint Pierre établissait sa chaire à Rome et annonçait l'Évangile, dont les progrès devenaient chaque jour plus sensibles. Il détacha saint Marc et l'envoya à Alexandrie, troisième capitale de l'Empire, et quelques disciples dans les principales villes d'Italie. Saint Paul vint à Rome rejoindre saint Pierre et travailla avec la même ardeur à la conquête des âmes : comme il possédait de vastes connaissances, sa parole éloquente et persuasive ne tarda pas à lui attirer un nombre considérable d'auditeurs.

Mais cet enseignement sublime devait bientôt franchir les limites de l'Italie. La Germanie, la Gaule et l'Espagne, contrées alors très-florissantes, attirèrent leurs regards ; ces contrées semblaient leur demander des ouvriers évangéliques.

Eusèbe nous raconte avec quelle ardeur les Apôtres s'empressèrent de les satisfaire. Saint Paul eut la pensée de passer en Espagne (*Ep. aux Rom.* xv, 24), projet qu'il mit à exécution suivant le témoignage de saint Clément. Il passa ensuite dans les Gaules et dans la Grande-Bretagne. Cet apôtre envoya saint Crescent, son disciple, à Vienne, et saint Pierre en envoya d'autres dans les villes principales.

Saint Isidore de Séville nous apprend que saint Philippe a prêché le Christ aux Gaulois et que des nations barbares plongées dans les ténèbres de l'idolâtrie, et comme perdues dans un océan agité, ont été par sa voix ramenées à la lumière et au port du salut. (*De vita sanctorum*, p. 71.)

Les églises de la Grande-Bretagne admettent d'un commun accord que le même apôtre leur a prêché l'Évangile après avoir quitté la Gaule et s'être embarqué au port de Genoriacum, *Boulogne*.

Saint Epiphane nous affirme que saint Luc, conformément aux ordres de saint Paul, a parcouru les Gaules, l'Italie, la Dalmatie et la Macédoine.

Les Apôtres, en envoyant des missionnaires, leur assignaient pour résidence les grandes villes et les territoires qui en dépendaient.

Notre diocèse fut évangélisé par les soins de saint Clément, troisième successeur de saint Pierre, qui envoya saint Denis et ses compagnons à Paris, saint Lucien à Beauvais, saint Nigaise avec ses compagnons à Rouen, saint Santin à Chartres et à Meaux, et saint Rieul à Senlis.

La foi ne fit d'abord que des progrès assez lents, il fallait lutter contre de nombreux préjugés, contre les passions et surtout contre les prêtres des idoles qui avaient une grande autorité. Les persécutions survinrent. On sait combien elles furent cruelles ; souvent les missionnaires étaient moissonnés par le martyre, aussitôt après leur arrivée.

Après trois siècles de tourmente, en 312, Constantin accorda la paix à l'Eglise : ce fut alors qu'elle se développa et établit des diocèses, qui plus tard furent divisés en archidiaconnés et subdivisés en doyennés ruraux.

Notre diocèse étant formé de parties des anciens diocèses de Paris, de Senlis, de Beauvais, de Rouen, d'Evreux, de Chartres et de Sens, nous allons sommairement faire connaître chacune de ces fractions d'anciens diocèses.

1° DU DIOCÈSE DE PARIS.

Le diocèse de Paris comprenait deux Archiprêtrés et trois Archidiaconnés, divisés en doyennés ruraux.

Les deux Archiprêtrés situés dans la partie centrale du diocèse comprenaient la ville de Paris et le territoire de sa banlieue, *civitas et banleuca Parisiensis, vel suburbium Parisiensis*.

L'Archiprêtré de Paris, ainsi nommé au XIII° siècle et plus tard Archiprêtré de la Madeleine, *Archipresbiteratus Parisiensis; postea Beatæ Mariæ Magdalenæ*, sur la rive droite de la Seine, et l'Archiprêtré de saint Séverin, *sancti Severini*, sur la rive gauche.

Les trois Archidiaconnés étaient :

1° Le grand Archidiaconné, autrement dit Archidiaconné de Paris ou de Parisis, *Archidiaconatus Major, vel Archidiaconatus Parisiensis*, situé dans l'Ile-de-France sur la rive droite de la Seine et assis sur le pays qui portait le nom de Parisis, *pagus Parisiensis*. Il comprenait le doyenné de Gonesse nommé plus tard de Sarcelles et depuis le XIV° siècle de Montmorency, *Decanatus de Gonessa, al. de Gonessiis* (XIII° siècle); *postea de Sarcellis, al. de Cercerillis; postea Decanatus de Montemorenciaco*; et le doyenné de Montreuil-sur-Bois nommé plus tard de Montfermeil, puis et plus généralement de Chelles, *Decanatus de Musterolio* (XIII° siècle) *al. de Musteriolo; al. de Monasteriolo ad vicenas; postea de Monte Firmelio, vel Fermolio; postea Decanatus de Cala*.

2° L'Archidiaconné de Josay ou de Josas, et au XIIIᵉ siècle de Paris en Heripois (*Hurepoix*), situé également dans l'Ile-de-France sur la rive gauche de la Seine et assis sur le petit pays connu sous le nom de Hurepoix, *Pagus Heripensis*, subdivisé, en pays de Josas au S. O. *pagus Jauciasensis vel Gaujiacensis*, et en pays de Châtres au S. E. *pagus Castrensis vel Castrisus*. Il comprenait le doyenné de Châteaufort antérieurement nommé de Massy, *Decanatus de Castro-Forte, vel de Maciaco, al. de Massiaco ;* et le doyenné de Montlhéry depuis et successivement nommé de Linas, d'Essonnes et de Longjumeau, *Decanatus de Monte-Lerico, al. de Monte-Letherico ; postea de Linais, al. de Linaio, de Essona (Exona), vel Montis-Gemelli*.

3° L'Archidiaconné de Brie, *Archidiaconatus de Bria*, situé à l'est des précédents, dans la Brie parisienne, *Bregius Parisiensis*, dont le lieu le plus important est Brie-Comte-Robert, *Briæ Comitis Roberti*. Il comprenait trois doyennés : le doyenné de Moissy-l'Evêque, nommé ensuite de Presles et enfin de Vieux-Corbeil, *Decanatus Mossiaci, al. Musciaci, in Bria ; postea de Praeriis, al. de Pratellis ; postea de Veteri Corbolio ;* le doyenné de Lagny, *Decanatus de Latigniaco, al. Latiniacensis ;* et enfin le doyenné de Champeaux, *Decanatus de Campellis*, qui était enclavé dans le diocèse de Sens.

Telles étaient les divisions et les subdivisions du diocèse de Paris avant la révolution.

On verra dans les tableaux suivants que la plus grande partie appartient aujourd'hui à notre diocèse, et qu'elle comprend presqu'en entier les doyennés de Montmorency, de Châteaufort et de Montlhéry, le quart environ de ceux de Chelles et du vieux Corbeil, et six paroisses seulement de celui de Lagny.

2° DU DIOCÈSE DE SENLIS.

Le diocèse de Senlis, *Silvanectensis*, situé au nord de celui de Paris, assis sur une petite partie du Valois, *Pagus Valesiensis*, et du Senlissois, *Pagus Silvanectensis*, ne formait qu'un seul Archidiaconné, celui de Senlis, *Archidiaconatus Silvanectensis*, qui comprenait huit doyennés, au nombre desquels était celui de Mortefontaine, *Decanatus de Mortuo-Fonte*, qui ne nous a donné qu'une seule paroisse, celle de Survilliers.

3° DU DIOCÈSE DE BEAUVAIS.

Le diocèse de Beauvais, *Bellovacensis*, situé également au nord de celui de Paris, comprenait le Beauvoisis, *Pagus Belvacensis*, et le Chambliois, *Pagus Cameliacensis*, et était divisé en trois Archidiaconnés, subdivisés en dix doyennés ruraux.

1° L'Archidiaconné de Bray, *Archidiaconatus Braiensis, vel Braiacensis*, situé dans la partie nord-ouest, comprenait trois doyennés.

2° L'Archidiaconné de Clermont, nommé depuis grand Archidiaconné de Beauvais, *Archidiaconatus Major, seu Bellovacus; olim Claromontensis*, situé dans la partie centrale et méridionale du diocèse, comprenait trois doyennés, entre autres celui de Beaumont, *Decanatus de Bellomonte*, duquel dépendaient les paroisses du diocèse de Beauvais qui aujourd'hui appartiennent à celui de Versailles.

3° L'Archidiaconné de Breteuil, puis de Beauvaisis, *Archidiaconatus Britoliensis; postea Bellovacensis*, situé dans la partie nord-est du diocèse et qui comprenait quatre doyennés.

4° DU DIOCÈSE DE ROUEN.

Le diocèse de Rouen, *Rothomagi*, l'un des plus vastes du royaume, qui nous a fourni un assez grand nombre de paroisses au nord, comprenait dans sa circonscription le Vexin français, *Pagus Vulcassinus, seu Wilcassinus Franciæ*. Il formait un Archidiaconné qui se subdivisait en quatre doyennés : celui de Chaumont, *Decanatus de Calvomonte*; celui de Magny, *Decanatus de Magniaco*; celui de Meulan, *Decanatus de Mellento*; et celui de Pontoise, *Decanatus de Pontisara*.

5° DU DIOCÈSE D'ÉVREUX.

Le diocèse d'Évreux, *Ebroicensis*, qui ne nous a donné que quatre de ses anciennes paroisses, aujourd'hui réduites à trois, comprenait dans le pays d'Évreux, *Pagus Ebroicensis*, l'Archidiaconné du même nom; le doyenné de Vernon, *Decanatus Vernonensis*, et dans le pays de Madrie, *Pagus Madriacensis*, le doyenné de Pacy-sur-Eure, *Decanatus de Paceyo*.

6° DU DIOCÈSE DE CHARTRES.

Le diocèse de Chartres, *Carnotensis*, qui nous a donné un grand nombre de paroisses à l'ouest, comprenait dans la Beauce, *Belsia*, le pays Chartrain, *Pagus Carnotensis*, le grand Archidiaconné, ou Archidiaconné de Chartres, *Archidiaconatus Major, vel Carnotensis*, lequel se subdivisait en doyenné d'Epernon, *Decanatus Sparnonensis;* dans une portion du Hurepoix, *Pagus Huripensis*, et petite portion du Pays-de-Madrie, *Pagus Madriacensis*, le doyenné de Rochefort, *Decanatus Rupifortensis, vel Rupifortis;* dans le Pincerais ou Pissois, *Pagus Pinciacensis*, l'Archidiaconné du Pincerais, lequel comprenait le doyenné de Poissy, *Decanatus Pisciacensis*, et dans le Mantois, *Pagus Meduntensis*, ainsi qu'une portion du pays de Madrie, le doyenné de Mantes, *Decanatus Meduntensis*.

7° DU DIOCÈSE DE SENS.

Le diocèse de Sens, *Senonensis*, dont le territoire nous a donné un certain nombre de paroisses au sud, comprenait trois pays : le Gâtinais, *Pagus Wastinensis*, qui formait l'Archidiaconné du même nom, où se trouvait le doyenné de Milly, *Decanatus de Miliaco;* l'Etampois, *Pagus Stampensis*, et une petite portion du Hurepoix. Ils formaient l'Archidiaconné d'Etampes, *Archidiaconatus Stampensis*, et le doyenné du même nom, le Melunois, *Pagus Miglidunensis, vel Melodunensis*, qui formait l'Archidiaconné et le doyenné du même nom, *Decanatus Melodunensis*.

Les *Pagi*, ou cantons, sont d'origine gauloise, et remontent à la plus haute antiquité. Sous ce nom, on comprenait une ville ou portion de ville, avec ses environs, un Archidiaconné, cantonnement, centurie et vicairie.

ÉTAT DES PAROISSES

PAR DIOCÈSES, ARCHIDIACONNÉS ET DOYENNÉS

AVANT 1789

STATUS PAROCHIARUM

PER DIŒCESES, ARCHIDIACONATUS ET DECANATUS

ANTE ANNUM 1789

I

DIOCÈSE DE PARIS
ARCHIDIACONNÉ DE PARISIS. — DOYENNÉ DE MONTMORENCY

DIŒCESIS PARISIENSIS
ARCHIDIACONATUS PARISIENSIS. — DECANATUS MONTISMORENCIACI

PAROISSES	PAROCHIÆ	PRÉSENTATEURS ET COLLATEURS
Montmorency	Monsmorentiacus	Les Pères de l'Oratoire.
Andilly	Andeliacum	L'Archevêque de Paris.
Andrésy	Andresiacum	Le Chapitre de Paris.
Argenteuil	Argentolium	L'Archevêque de Paris.
Arnouville	Arnovilla	Le Prieur de Saint-Martin-des-Champs.
Attainville	Attenvilla	Le Prieur de Saint-Martin-des-Champs.
Baillet	Bailletum	L'Archevêque de Paris.
Bellefontaine	Bellus fons	L'Abbé d'Hérivaux.
Belloy	Belleyum	L'Archevêque de Paris.
Bessancourt	Bercencuria	L'Abbé de Saint-Martin de Pontoise.
Bethemont	Bethemons	Le Prieur de Conflans-sainte-Honorine.
Bezons	Bisunciæ	L'Archevêque de Paris.

PAROISSES	PAROCHIÆ	PRÉSENTATEURS ET COLLATEURS
Bouffémont	Boffemons	L'Archevêque de Paris.
Bouqueval	Bocunvallis	L'Archevêque de Paris.
Chatenay	Castaneum	Le Prieur de Saint-Martin-des-Champs.
Chatou	Catonacum	L'Abbé de Coulombs.
Chaumontel	Calvus Montellus	Le Chapitre de Luzarches.
Chauvry	Chauveriacum	Le Prieur de Conflans-sainte-Honorine.
Chenevières	Canaberiæ	L'Archevêque de Paris.
Conflans-sainte-Honorine	Confluentii Sanctæ-Honorinæ	Le Chancelier de l'Église de Paris.
Cormeilles	Cormeliæ	L'Archevêque de Paris.
Croissy	Croissiacum	Le Prieur de Saint-Léonard-de-Noblet.
Deuil	Diogilum	L'Abbé de Saint-Florent de Saumur.
Domont	Domontium	Le Prieur de Saint-Martin-des-Champs.
Eaubonne	Acqua bona	L'Archevêque de Paris.
Ecouen et Ezanville	Eschovium et Ezenvilla	Le Prieur de Saint-Martin-des-Champs.
Epiais	Espieriæ	L'Archevêque de Paris.
Eragny	Eragniacum	Le Prieur de Saint-Martin-des-Champs.
Ermont	Herimontium	L'Archevêque de Paris.
Fontenay-les-Louvres	Fontaneum	Le Prieur de Saint-Martin-des-Champs.
Fosses	Fossæ	L'Abbé d'Hérivaux, ou l'Archevêque de Paris.
Franconville	Franconvilla	L'Archevêque de Paris.
Frépillon	Frepillio	L'Archevêque de Paris.
Garges	Bigargium	L'Archevêque de Paris.
Gonesse, saint Pierre	Gonessa, S. Petrus	Le Prieur de Deuil.
Gonesse, saint Nicolas	Gonessa, S. Nicolaus	Le Prieur de Deuil.
Goussainville	Gousenvilla	L'Abbé du Bec-Helloin.
Groslay	Grolaium	Le Prieur de Deuil.
Herblay	Herbleyum	L'Archevêque de Paris.
Houilles et Carrières	Hullium et Carreriæ	L'Archevêque de Paris.
Jagny	Janiacum	L'Archevêque de Paris.
Jouy-le-M. et Maurecourt	Joiaci M. et Mauricuria	Le Chapitre de Paris.
Lassy	Lassiacum B. M.	Le Chapitre de Luzarches.
Lieux ou Vauréal	Loci, seu Vallis Regia	Le Chapitre de Paris.

PAROISSES	PAROCHIÆ	PRÉSENTATEURS ET COLLATEURS
Louvres, saint Justin....	Lupara, S. Justinus.....	Le Prieur de Saint-Martin-des-Champs.
Louvres, saint Rieul....	Lupara, S. Regulus.....	Le Prieur de Saint-Martin-des-Champs.
Luzarches.........	Luzarchiæ.........	Le Chapitre de Luzarches.
Margency.........	Margentiacum......	Le Seigneur du lieu.
Mareil-Marly.......	Marollium Marlacum....	L'Archevêque de Paris.
Marly-la-Ville.......	Malliacum villa......	L'Abbé d'Hérivaux.
Mériel..........	Meriellum.........	L'Abbé du Bec-Helloin.
Méry...........	Meriacum.........	L'Archevêque de Paris.
Mesnil-Aubry (le).....	Masnilium Alberici.....	L'Archevêque de Paris.
Moisselles.........	Moissellæ.........	L'Archevêque de Paris.
Montesson.........	Mons Tessonis.......	L'Archevêque de Paris.
Montigny et la Frette....	Montigniacum et Freta....	L'Archevêque de Paris.
Montmagny........	Mons Magniacus......	L'Archevêque de Paris.
Montsoult.........	Mons Cereris.......	L'Archevêque de Paris.
Pierrelaye.........	Petra lata.........	L'Archevêque de Paris.
Piscop..........	Piscopium.........	L'Abbé de Saint-Victor de Paris.
Plessis-Bouchard (le)....	Plesseium Bucardi.....	L'Abbé de Saint-Martin de Pontoise.
Plessis-Gassot (le).....	Plesseium Gassoti.....	L'Archevêque de Paris.
Thiessonville, annexe....	Thiessonvilla.......	Le Prieur de Saint-Martin-des-Champs.
Plessis-Luzarches (le)....	Plesseium parvum.....	Le Chapitre de Luzarches.
Puiseux..........	Puteolæ..........	L'Archevêque de Paris.
Roissy..........	Roissiacum........	Les Chanoines de Sainte-Geneviève de Paris.
Sannois..........	Centum nuces......	L'Archevêque de Paris.
Sarcelles.........	Sarcellæ.........	L'Archevêque de Paris.
Sartrouville........	Sartrovilla........	L'Archevêque de Paris.
Soisy-sous-Montmorency..	Choisiacum in Francia...	L'Archevêque de Paris.
Saint-Brice........	Sanctus Brictius.....	L'Abbé de Saint-Victor de Paris.
Saint-Gratien.......	Sanctus Gratianus....	L'Abbé du Bec-Helloin.
Saint-Leu-Taverny.....	Sanctus Lupus de Tabernaco.	L'Abbé de Saint-Martin de Pontoise.
Saint-Ouen-l'Aumône....	Sanctus Audoenus ad Eleemosynam........	L'Archevêque de Paris.
Saint-Prix et Montlignon..	Turnus et Molignum...	L'Abbé de Saint-Martin de Pontoise.
Saint-Witz.........	Mons Melianus......	L'Archevêque de Paris.

PAROISSES	PAROCHIÆ	PRÉSENTATEURS ET COLLATEURS
Taverny.	*Taverniacum.*	L'Abbé de Saint-Martin de Pontoise.
Thillay (le).	*Tilloyum.*	L'Archevêque de Paris.
Vaud'herland	*Vallelandi.*	Le Prieur de Deuil.
Vémars.	*Vemarcium.*	L'Archevêque de Paris.
Villaines	*Villanæ.*	L'Archevêque de Paris.
Villeron.	*Villerolum.*	L'Archevêque de Paris.
Villiers-Adam.	*Villaris Adæ.*	L'Abbé du Bec-Helloin.
Villiers-le-Bel	*Villare bellum*	L'Abbé de Saint-Victor de Paris.
Villiers-le-Sec.	*Villare siccum.*	L'Archevêque de Paris.

DOYENNÉ DE CHELLES
DECANATUS CALLÆ

Aulnay-les-Bondy.	*Alnetum.*	L'Abbé de Cluny.
Blanc-Mesnil.	*Album Mesnilium.*	Le Prieur de Deuil.
Bonneuil.	*Bonolium*	Le Chapitre de Notre-Dame de Paris.
Clichy-en-l'Aunoy.	*Clippiacum in Alneto.* . . .	L'Abbé de Livry.
Coubron.	*Corbero*	L'Archevêque de Paris.
Gagny.	*Ganiacum.*	L'Archevêque de Paris.
Livry-en-l'Aunoy.	*Liveriacum in Alneto.* . . .	Le Prieur de Saint-Martin-des-Champs.
Montfermeil.	*Mons Firmolius.*	L'Archevêque de Paris.
Neuilly-sur-Marne.	*Nulliacum ad Maternam.* . .	L'Archevêque de Paris.
Nonneville.	*Nonnavilla.*	Le Prieur de Saint-Martin-des-Champs.
Sévran	*Sebranum.*	Le Prieur de Saint-Martin-des-Champs.
Tremblay, saint Médard . .	*Trembleium, S. Medardus.* .	L'Abbé de Saint-Denis.
Tremblay, saint Pierre . . .	*Trembleium, S. Petrus.* . .	Le Curé de Saint-Médard, dit Grand-Tremblay.
Vaujours.	*Vallis jocosa.*	Les Chanoines de Saint-Victor de Paris.
Villepinte.	*Villa picta.*	L'Abbé de Saint-Denis.

ARCHIDIACONNÉ DE JOSAS — DOYENNÉ DE MONTLHÉRY
ARCHIDIACONATUS GAUGIACENSIS. — DECANATUS MONTIS LHERICI

Montlhéry, Sainte-Trinité. .	*Mons Ihericus, SS. Trinitas.*	Le Prieur du lieu.
Montlhéry, Notre-Dame . .	*Mons Ihericus, B. V. M.* . .	Le Prieur de Longpont.

PAROISSES	PAROCHIÆ	PRÉSENTATEURS ET COLLATEURS
Montlhéry, saint Pierre	Mons lhericus, S. Petrus	Le Prieur de Longpont.
Arpajon.	Castra Arpajonis.	L'Archevêque de Paris.
Athis.	Athysium.	L'Abbé de Saint-Victor de Paris.
Avrainville.	Avrinvilla.	L'Abbé de Saint-Germain-des-Prés.
Ballainvilliers.	Ballani Villare.	L'Archevêque de Paris.
Boissy-sous-saint-Yon	Boissiacum.	Le Prieur de Longpont.
Bondoufle.	Bondufla.	Le Prieur de Longpont.
Brétigny, saint Pierre	Bretigniacum, S. Petrus.	L'Archevêque de Paris
Brétigny, saint Philbert	Bretigniacum, S. Philibertus.	L'Archevêque de Paris.
Chamarande.	Bona.	L'Abbé de Morigny.
Cheptainville.	Chetenvilla.	L'Archevêque de Paris.
Chilly-Mazarin.	Chaliacum.	L'Archevêque de Paris.
Corbeil, saint Spire	Corboilum, S. Exuperius.	Le Seigneur du lieu.
Corbeil, Notre-Dame.	Corboilum, B. V. M.	Le Chapitre de Notre-Dame de Paris.
Corbeil, saint Guénault.	Corboilum, S. Guanaitus.	L'Abbé de Saint-Victor de Paris.
Courcouronnes.	Corscorona.	L'Abbé de Saint-Victor de Paris.
Echarcon	Escharconium	L'Archevêque de Paris.
Epinay-sur-Orge.	Spinolium ad Urbiam.	L'Archevêque de Paris.
Essonnes	Exona.	Le Prieur de Gournay.
Evry.	Evriacum.	L'Archevêque de Paris.
Fleury-Mérogis.	Fleuriacum.	Le Prieur de Longpont.
Fontenay-le-Vicomte.	Fontanetum Vice Comitis.	L'Archevêque de Paris.
Grigny.	Griniacum.	L'Archevêque de Paris.
Guibeville.	Guibervilla.	Le Seigneur du lieu.
Juvisy.	Juvisiacum.	Le Prieur de Notre-Dame-des-Champs.
Lardy.	Lardiacum.	L'Archevêque de Paris.
Leudeville.	Leodevilla.	L'Archevêque de Paris.
Leuville.	Lunvilla.	L'Archevêque de Paris.
Linas.	Linaix.	Le Chapitre du lieu.
Lisses.	Liciæ.	L'Archevêque de Paris.
Longjumeau.	Longus Gemellus.	L'Archevêque de Paris.
Longpont.	Longus Pons.	Le Prieur du lieu.

PAROISSES	PAROCHIÆ	PRÉSENTATEURS ET COLLATEURS
Marolles-en-Hurepoix....	Maroliæ in Herepensis....	L'Archevêque de Paris.
Mauchamps.........	Malus Campus.......	L'Archevêque de Paris.
Mennecy et Villeroy....	Menessiacum et Villa Regis..	Le Seigneur de Villeroy.
Morangis..........	Louancium.........	L'Archevêque de Paris.
Mousseaux.........	Monticelli.........	L'Archevêque de Paris.
Norville (la)........	Lanorvilla.........	L'Archevêque de Paris.
Orangis..........	Orengiacum........	Le Prieur de Longpont.
Ormoy-en-Josas......	Ulmeium..........	Le Chapitre de Corbeil.
Paray...........	Paretum..........	L'Abbé de Saint-Germain-des-Prés.
Plessis-le-Comte (le)....	Plesseium Comitis......	L'Abbé de Saint-Germain-des-Prés.
Plessis-Pâté (le)......	Plesseium Argogiæ.....	Le Seigneur de Brétigny.
Ris............	Risus...........	L'Archevêque de Paris.
Savigny et Villemoisson..	Savigniacum et Villa Messis.	L'Archevêque de Paris.
Sainte - Geneviève-des-Bois et Morsang.......	Sta Genovefa de N. et Morsantum..........	L'Archevêque de Paris.
Saint-Germain-d'Arpajon..	S. Germanus de Castris...	L'Archevêque de Paris.
Saint-Michel-sur-Orge....	S. Michael ad Urbiam....	L'Archevêque de Paris.
Saint-Sulpice-de-Favières..	S. Sulpitius de Faveriis...	L'Archevêque de Paris.
Saint-Vrain........	Escorciacum........	L'Archevêque de Paris.
Saint-Yon.........	Sanctus Ionius.......	Le Prieur du lieu.
Torfou..........	Tortofagus.........	L'Archevêque de Paris.
Vert-le-Grand.......	Ver Majus.........	L'Archevêque de Paris.
Vert-le-Petit........	Ver Minus.........	L'Archevêque de Paris.
Villabé..........	Villa Abbatis........	L'Abbesse d'Yères.
Villeneuve-le-Roi......	Villa nova Regis......	L'Archevêque de Paris.
Villiers-sur-Orge......	Villare ad Urbiam.....	Le Prieur de Longpont.
Viry-Chatillon.......	Viriacum Castellionis....	L'Archevêque de Paris.
Wissous..........	Viceorium.........	Le Chapitre de Notre-Dame de Paris.

DOYENNÉ DE CHATEAUFORT
DECANATUS CASTRIFORTIS

Châteaufort, Sainte-Trinité.	Castrum forte, SS. T. ...	L'Archevêque de Paris.
Châteaufort, saint Chrystop.	Castrum forte, S. Christoph.	L'Abbé de Bourgueil.

PAROISSES	PAROCHIÆ	PRÉSENTATEURS ET COLLATEURS
Bièvres............	Bevria............	L'Archevêque de Paris.
Bois-d'Arcy........	Boscus Arcisii........	L'Abbé de Marmoutiers.
Bougival...........	Bougivalle.........	L'Archevêque de Paris.
Briis-sous-Forges......	Briæ ad Forgias......	L'Archevêque de Paris.
Bruyères-le-Chatel.....	Brocaria Castelli......	Les Religieuses de la Saussaye.
Buc...............	Buccum............	L'Archevêque de Paris.
Bures..............	Buriæ.............	L'Archevêque de Paris.
Celle (la) et les Bordes....	Cella ad Bordas.......	L'Archevêque de Paris.
Celle-saint-Cloud (la)....	Cella ad sanctum Clodoaldum.	L'Abbé de Coulombs.
Cernay-la-Ville.......	Cernayum villa.......	L'Archevêque de Paris.
Champlan..........	Campus planus.......	Le Prieur de Longpont.
Chaville...........	Cativilla..........	L'Archevêque de Paris.
Chesnay (le) et saint-Antoine	Quercetum et S. Antonius..	Le Chapitre de Saint-Benoît.
Chevreuse..........	Caprosiæ..........	L'Abbé de Bourgueil.
Choisel............	Casellum...........	L'Abbé de Bourgueil.
Courson-l'Aunay......	Alnetum Cursonis......	Le Seigneur du lieu.
Dampierre..........	Damni petra........	L'Archevêque de Paris.
Etang-la-Ville (l').....	Stagnum villa.......	L'Archevêque de Paris.
Fontenay-les-Briis.....	Fontanetum ad Brias....	L'Archevêque de Paris.
Forges.............	Forgiæ............	Le Prieur de Longpont.
Garches............	Gargiæ............	Le Chapitre de Saint-Cloud.
Gif................	Giffum............	L'Archevêque de Paris.
Gometz-la-Ville.......	Comitis villa........	Le Prieur de Saint-Clair.
Gometz-le-Châtel.....	Gomethiacum castrum...	Le Prieur de Saint-Clair.
Guyancourt.........	Guidonis curia.......	L'Archevêque de Paris.
Igny..............	Igniacum..........	L'Archevêque de Paris.
Janvry.............	Janvriacum........	L'Archevêque de Paris.
Jouy-en-Josas.......	Joiacum...........	L'Archevêque de Paris.
Layes (les).........	Lacus.............	L'Archevêque de Paris.
Lévy-saint-Nom......	Leviciæ sancti Nummii...	L'Archevêque de Paris.
Limours............	Limosium..........	L'Abbé de Bourgueil.
Loges (les).........	Logiæ............	L'Archevêque de Paris.

PAROISSES	PAROCHIÆ	PRÉSENTATEURS ET COLLATEURS
Louveciennes............	*Lupicenæ*............	L'Archevêque de Paris.
Magny-les-Hameaux.....	*Magneium*...........	L'Archevêque de Paris.
Maincourt.............	*Manicuria*...........	L'Archevêque de Paris.
Marcoussis............	*Marcusiacum*.........	L'Abbé de Saint-Vandrille.
Mareil-Marly..........	*Marolium Marliacum*...	L'Abbé de Coulombs.
Marly-le-Roi..........	*Marliacum*...........	Le Roi.
Marnes...............	*Marna*..............	Le Chapitre de Saint-Cloud.
Massy................	*Massiacum*..........	L'Archevêque de Paris.
Mesnil-saint-Denis (le)...	*Mansionile S^i Dionysii*...	L'Archevêque de Paris.
Meudon...............	*Meodunum*...........	L'Archevêque de Paris.
Milon-la-Chapelle......	*Mellonis Capella*......	L'Archevêque de Paris.
Molières (les).........	*Moleriæ*............	Le Prieur de Saint-Clair.
Montreuil.............	*Monstrolium*.........	L'Archevêque de Paris.
Nozay et la Ville-du-Bois..	*Nucerum et Villa Bosci*...	Le Prieur de Longpont.
Orsay................	*Orceyum*............	Le Prieur de Longpont.
Palaiseau.............	*Palatiolum*..........	Le Prieur du lieu.
Pecq (le).............	*Alpicum*............	L'Abbé de Saint-Vandrille.
Pecqueuse............	*Pecosa*.............	Le Prieur de Longpont.
Port-Marly (le)........	*Portus Marliaci*......	Le Curé de Marly nommait un Vicaire.
Rennemoulin..........	*Ranarum molendinum*...	L'Abbé d'Hermières.
Roquencourt..........	*Roquencuria*.........	L'Archevêque de Paris.
Rueil................	*Rotolium*...........	L'Archevêque de Paris.
Saclay et Vauhallan....	*Sarcleyum et Valle Helandi*..	L'Archevêque de Paris.
Saulx-les-Chartreux....	*Salices Carthusianorum*...	Le Prieur du lieu.
Senlisses.............	*Senliciæ*...........	L'Archevêque de Paris.
Sèvres...............	*Separa*............	L'Archevêque de Paris.
Saint-Aubin...........	*Sanctus Albinus*......	L'Archevêque de Paris.
Saint-Cloud...........	*Sanctus Clodoaldus*...	Le Chapitre du lieu.
Saint-Forget..........	*Sanctus Ferreolus*.....	L'Archevêque de Paris.
Saint-Germain-en-Laye...	*Sanctus Germanus in Laya*..	Le Roi.
Saint-Jean-de-Beauregard.	*Mons Falconis*.......	Le Seigneur du lieu.
Saint-Lambert.........	*Sanctus Lambertus*....	L'Abbé de Bourgueil

PAROISSES	PAROCHIÆ	PRÉSENTATEURS ET COLLATEURS
Saint-Nom-la-Bretèche...	Sanctus Numinius de Bretechia............	L'Abbé de Marmoutiers.
Saint-Remy-les-Chevreuse.	Sanctus Remigius ad Capro.	Le Prieur du lieu.
Toussus-le-Noble......	Tusseium........	L'Archevêque de Paris.
Troux (les).........	Trociæ..........	L'Archevêque de Paris.
Vaucresson.........	Vallis cressonis.......	L'Abbesse de Saint-Cyr et l'Abbé de Saint-Germain, altern.
Vaugrigneuse.......	Vallis grinosa.......	L'Archevêque de Paris.
Velizy...........	Velisiacum........	L'Archevêque de Paris.
Verrière (la).......	Verraria.........	Le Seigneur du lieu.
Verrières.........	Vedrariæ.........	L'Abbé de Saint-Germain-des-Prés.
Versailles, Notre-Dame...	Versaliæ, B. V. M.....	Les Missionnaires de Saint-Lazare.
Versailles, saint Louis...	Versaliæ, S. Ludovicus....	Les Missionnaires de Saint-Lazare.
Villebon..........	Villa bona........	Le Seigneur du lieu.
Ville-d'Avray.......	Villa Davreti.......	L'Archevêque de Paris.
Villejust..........	Villa justa........	Le Prieur de Saulx-les-Chartreux.
Villepreux.........	Villa petrosa.......	L'Abbé de Marmoutiers.
Villiers-le-Bâcle......	Villare baculum......	L'Archevêque de Paris.
Viroflay..........	Viroflidum........	L'Archevêque de Paris.
Voisins...........	Vicinæ...........	L'Archevêque de Paris.

ARCHIDIACONNÉ DE BRIE. — DOYENNÉ DU VIEUX CORBEIL.

ARCHIDIACONATUS BRIÆ. — DECANATUS VETERIS CORBOILI.

Corbeil, saint Germain...	Corboilum, S. Germanus...	L'Archevêque de Paris.
Corbeil, saint Jacques....	Corboilum, S. Jacobus....	Le Curé de Saint-Germain.
Boissy-saint-Léger......	Boissiacum S^ti Leodegarii...	L'Abbé de Saint-Maur-des-Fossés.
Boussy-saint-Antoine....	Buciacum.........	L'Abbé de Chaulmes.
Brunoy...........	Brunayum.........	L'Archevêque de Paris.
Coudray (le)........	Coldreium........	L'Archevêque de Paris.
Crosnes...........	Crona...........	L'Abbé de Saint-Germain-des-Prés.
Draveil...........	Dravellum........	L'Archevêque de Paris.
Epinay et Quincy.....	Spinolium et Quintiacum..	L'Abbé de Sainte-Geneviève de Paris.
Etiolles..........	Atheiolæ.........	L'Archevêque de Paris.
Gercy et Varennes.....	Garciacum et Varennæ....	L'Archevêque de Paris.

PAROISSES	PAROCHIÆ	PRÉSENTATEURS ET COLLATEURS
Limeil-Brevannes	Limolium	L'Archevêque de Paris.
Mandres	Mandræ	L'Abbé de Chaulmes.
Marolles	Marolium	L'Archevêque de Paris.
Montgeron	Mons Gironis	L'Archevêque de Paris.
Morsang-sur-Seine	Morsantum	L'Archevêque de Paris.
Noiseau	Noisellum	Le Chapitre de Notre-Dame de Paris.
Ormoy	Ulmeium	Le Chapitre de Corbeil.
Périgny	Periniacum	L'Archevêque de Paris.
Saintry	Sinteriacum	Le Chapitre de Saint-Marcel de Paris.
Santeny	Santeniacum	L'Archevêque de Paris.
Soisy-sous-Etiolles	Soisiacum ad Estivellum	Le Chapitre de Saint-Frambourg de Senlis.
Sucy	Suciacum	Le Chapitre de Notre-Dame de Paris.
Saint-Pierre-du-Perray	Sanctus Petrus Paredi	Le Chapitre de Saint-Marcel de Paris.
Valenton	Valentonum	L'Abbé de Saint-Germain-des-Prés.
Vigneux	Vignolium	L'Abbé de Saint-Victor de Paris.
Villecresnes	Villa Cronea	L'Archevêque de Paris.
Villeneuve-saint-Georges	Villanova Sancti Georgii	L'Abbé de Saint-Germain-des-Prés.
Yerres	Hedera	L'Abbesse d'Yerres.

DOYENNÉ DE LAGNY.

DECANATUS LATINIACI.

Chennevières-sur-Marne	Canaberiæ ad Maternam	L'Abbé d'Hiverneau.
Gournay-sur-Marne	Gornayum ad Maternam	Le Prieur du lieu.
Noisy-le-Grand	Noisiacum magnum	Le Prieur de Saint-Martin-des-Champs.
Ormesson	Amboella	L'Archevêque de Paris.
Queue-en-Brie (la)	Cauda in Bria	L'Archevêque de Paris.
Villiers-sur-Marne	Villare ad Maternam	L'Archevêque de Paris.

II

DIOCÈSE DE SENLIS

ARCHIDIACONNÉ DE SENLIS. — DOYENNÉ DE MORTEFONTAINE.

DIŒCESIS SYLVANECTENSIS

ARCHIDIACONATUS SYLVANECTENSIS. — DECANATUS MORTUIFONTIS.

PAROISSES	PAROCHIÆ	PRÉSENTATEURS ET COLLATEURS
Survilliers	*Sorvillare*	Le Prieur de Saint-Martin-des-Champs.

III

DIOCÈSE DE BEAUVAIS

ARCHIDIACONNÉ DE CLERMONT. — DOYENNÉ DE BEAUMONT.

DIŒCESIS BELLOVACENSIS

ARCHIDIACONATUS CLARIMONTIS. — DECANATUS BELLIMONTIS.

PAROISSES	PAROCHIÆ	PRÉSENTATEURS ET COLLATEURS
Beaumont-sur-Oise	*Bellus mons*	Le Prieur de Nointel.
Asnières-sur-Oise	*Asinariæ*	L'Abbé de Saint-Denis.
Bernes	*Baierna*	L'Évêque de Beauvais.
Bruyères-sur-Oise	*Brocaria*	L'Évêque de Beauvais.
Champagne	*Campaniæ*	Le Prieur de Saint-Leu-d'Esserent.
Fontenelle	*Fontanella*	L'Évêque de Beauvais.
Frouville	*Farulphi villa*	L'Évêque de Beauvais.
Hédouville	*Hilduini villa*	L'Évêque de Beauvais.
Isle-Adam (l')	*Insula Adæ*	L'Abbé de Saint-Martin de Pontoise.
Jouy-le-Comte	*Joiacum*	L'Évêque de Beauvais.
Maffliers	*Maflaris*	L'Abbé de Saint-Denis.
Mours	*Mourcium*	L'Abbé de Saint-Denis.
Nerles	*Nialla*	L'Évêque de Beauvais.
Nointel	*Noiantellum*	L'Abbé de Saint-Germer-de-Fly.

PAROISSES	PAROCHIÆ	PRÉSENTATEURS ET COLLATEURS
Noisy-sur-Oise.	*Nocitum villa.*	L'Abbé de Saint-Denis.
Persan.	*Persanum.*	Le Prieur de Nointel.
Presles.	*Prataria.*	Le Prieur de Saint-Martin-des-Champs.
Ronquerolles.	*Runcherola.*	L'Abbé de Saint-Martin de Pontoise.
Seugy.	*Saciagum.*	Le Prieur de Saint-Martin-des-Champs.
Saint-Martin-du-Tertre.	*Sanctus Martinus in colle.*	L'Abbé de Saint-Denis.
Viarmes.	*Virmæ.*	Le Prieur de Saint-Martin-des-Champs.

IV
DIOCÈSE DE ROUEN
ARCHIDIACONNÉ DU VEXIN FRANÇAIS. — DOYENNÉ DE CHAUMONT.

DIŒCESIS ROTHOMAGENSIS

ARCHIDIACONATUS VULCASSINI. — DECANATUS CALVIMONTIS.

PAROISSES	PAROCHIÆ	PRÉSENTATEURS ET COLLATEURS
Arronville.	*Arundinum villa.*	L'Abbé de Saint-Martin de Pontoise.
Berville.	*Behervilla.*	Le Prieur des Deux-Amants.
Haravilliers.	*Warnhari villarium.*	L'Archevêque de Rouen.

DOYENNÉ DE MAGNY.
DECANATUS MAGNIACI.

Magny.	*Magniacum.*	Le Prieur de Magny.
Aincourt.	*Aincurtis.*	L'Abbé du Bec-Helloin.
Ambleville.	*Amblevilla.*	L'Archevêque de Rouen.
Amenucourt.	*Amenum curtis.*	Le Prieur de Saulceuse.
Arthies.	*Arthegiæ.*	L'Archevêque de Rouen.
Banthelu.	*Bantellutum.*	L'Abbé de Saint-Martin de Pontoise.
Bellay (le).	*Belleyum.*	L'Abbé de Saint-Martin de Pontoise,
Bennecourt.	*Bannecuria.*	L'Archevêque de Rouen.

PAROISSES	PAROCHIÆ	PRÉSENTATEURS ET COLLATEURS
Bray et Lu.	Braium et Lutum.	L'Archevêque de Rouen.
Brueil.	Brogilum.	L'Abbé de la Croix-saint-Leufroy.
Buhy.	Buhiacum.	L'Archevêque de Rouen.
Chapelle (la).	Capella.	L'Abbé de Saint-Evroult de Lisieux.
Chaussy et Villarceaux. . .	Cussiacum et Villarcella. . .	L'Abbé de Saint-Vandrille.
Chérence.	Carencia.	L'Abbé du Bec-Helloin.
Cléry.	Cleriacum.	L'Abbé de Saint-Martin de Pontoise.
Commeny.	Calidum Masnilium.	L'Archevêque de Rouen.
Drocourt.	Droconis curtis.	L'Abbé de Fécamp.
Follainville.	Follani villa.	L'Archevêque de Rouen.
Fontenay-saint-Père. . . .	Fontanetum.	L'Abbé de Saint-Pierre-en-vallée.
Gargenville.	Gargenvilla.	Les Jésuites du Collége de Paris.
Génainville.	Genesvilla.	Les Chartreux de Gaillon.
Gommecourt.	Comitis curia.	Le Seigneur du lieu.
Guernes.	Gronniacum.	L'Abbé du Bec-Helloin.
Guitrancourt.	Guistrancuria.	L'Abbé du Bec-Helloin.
Guiry.	Wadriacum.	L'Archevêque de Rouen.
Hardricourt.	Halderici curtis.	L'Abbé du Bec-Helloin.
Haute-Isle.	Alligia.	Le Seigneur du lieu.
Issou.	Sociacum villa.	Le Roi.
Jambville.	Jambevilla.	L'Abbé de Saint-Germer-de-Fly.
Juziers.	Jusiacum.	L'Abbé de Saint-Pierre-en-vallée.
Lainville.	Linvilla.	L'Abbé de Coulombs.
Limay.	Limayum.	L'Archevêque de Paris.
Limetz.	Limetæ.	L'Archevêque de Rouen.
Maudétour.	Malum diversorium.	L'Abbé de Saint-Martin de Pontoise.
Mézy.	Mesiacum.	L'Abbé du Bec-Helloin.
Montalet.	Mons Alethis.	L'Abbé de Coulombs.
Montreuil.	Monstrolium.	L'Archevêque de Rouen.
Moussy.	Mousseium.	L'Abbé de Saint-Martin de Pontoise.
Nucourt.	Nudacuria.	L'Archevêque de Rouen.
Omerville.	Omervilla.	L'Archevêque de Rouen.

PAROISSES	PAROCHIÆ	PRÉSENTATEURS ET COLLATEURS
Oinville............	Audoeni villa........	L'Abbé de Saint-Pierre-en-vallée.
Porcheville........	Porchariorum villa.....	L'Abbé de Marmoutiers.
Roche Guyon (la)......	Rupes Guidonis.......	L'Abbé de Fécamp.
Sailly............	Salliacum..........	L'Abbé de la Croix-saint-Leufroy.
Saint-Clair-sur-Epte....	Sanctus Clarus ad Eptam..	L'Abbé de Saint-Denis.
Saint-Cyr-en-Arthies....	Sanctus Cyricus in Arthegia.	Le Seigneur du lieu.
Saint-Gervais........	Sanctus Gervasius......	L'Abbé de Saint-Germer-de-Fly.
Saint-Martin-la-Garenne..	Sanctus Martinus Varennæ.	L'Abbé du Bec-Helloin.
Vétheuil...........	Vetholium..........	L'Abbé de Fécamp.
Villers-en-Arthies.....	Villare in Arthegia.....	L'Abbé de Saint-Germain-des-Prés.
Wy, dit Joli-Village....	Vicus............	Les deux Chanoines prébendés du lieu.

DOYENNÉ DE MEULAN.
DECANATUS MELLENTI.

Meulan, Notre-Dame....	Mellentum, B. V. M.....	L'Abbé du Bec-Helloin.
Meulan, saint Nicolas....	Mellentum, S. Nicolaus...	L'Abbé du Bec-Helloin.
Ableiges...........	Ablegiacum.........	L'Abbé de Saint-Denis.
Auvers-sur-Oise.......	Alverni ad Isaram.....	L'Abbé de Saint-Vincent de Senlis.
Avernes...........	Avœnæ...........	Le Prieur de Saulceuse.
Boisemont..........	Bosci mons.........	L'Abbé de Ressons.
Boissy-l'Aillerie......	Buciacum Allariæ......	L'Abbé de Saint-Denis.
Bréançon...........	Breantinum.........	L'Archevêque de Rouen.
Brignancourt........	Berecionis curtis......	L'Archevêque de Rouen.
Chars et Bercagny.....	Charsium et Berkenium...	L'Abbé de Saint-Denis, ou le Seigneur.
Condécourt.........	Gondolphi curtis......	L'Abbé du Bec et l'Abbé de Coulombs, alternativement.
Cormeilles-en-Vexin....	Curmeliæ..........	L'Abbé de Saint-Denis.
Courcelles..........	Curtis cella........	L'Archevêque de Rouen.
Courdimanche........	Curtis Dominici.......	L'Abbé du Bec-Helloin.
Epiais et Rhus.......	Pexeium et Rhus......	L'Abbé de Saint-Quentin de Beauvais.
Frémainville.........	Firmini villa........	L'Archevêque de Rouen.
Frémécourt.........	Fremecuria.........	L'Archevêque de Rouen.
Gadancourt.........	Wadonis curtis.......	Le Prieur de Saint-Lô de Rouen.

PAROISSES	PAROCHIÆ	PRÉSENTATEURS ET COLLATEURS
Gaillon.............	Gallio.............	L'Abbé de Saint-Pierre-en-vallée.
Géraucourt..........	Geraldi curtis......	L'Archevêque de Rouen.
Gouzangrez..........	Godengrissa........	L'Abbé de Saint-Vincent de Senlis.
Grisy.............	Wadrisiacum........	L'Abbé de Saint-Martin de Pontoise.
Heaulme (le)........	Galea.............	L'Archevêque de Rouen.
Hérouville..........	Heroaldi villa......	L'Archevêque de Rouen.
Labbeville..........	Labevilla..........	L'Abbé du Bec-Helloin.
Longuesse..........	Longuersa.........	L'Abbé de Saint-Germain-des-Prés.
Marines...........	Marinæ...........	L'Abbé de Saint-Vincent de Senlis.
Menouville.........	Maynuldis villa.....	L'Archevêque de Rouen.
Menucourt..........	Ermenoaldi curtis....	L'Abbé de Fécamp.
Mézières...........	Maceriæ...........	L'Abbé de Saint-Martin de Pontoise.
Montgeroult.........	Mons Gerulphi......	L'Abbé de Saint-Denis.
Neuilly-en-Vexin.....	Nobiliacum in Vulcassino..	L'Archevêque de Rouen.
Perchay (le).........	Perchetum..........	Le Seigneur du lieu.
Pontoise, Notre-Dame...	Pontisara, B. V. M....	L'Abbé de Saint-Martin de Pontoise.
Pontoise, saint Martin...	Pontisara, S. Martinus....	L'Abbé de Saint-Martin de Pontoise.
Sagy.............	Sagiacum..........	L'Abbé de Saint-Denis.
Santeuil...........	Santolium..........	L'Archevêque de Rouen.
Seraincourt.........	Severini curtis......	L'Abbé de Saint-Josse d'Amiens.
Tessancourt.........	Tessancuria........	L'Abbé du Bec-Helloin.
Théméricourt........	Themeriaci curtis....	Les Religieux de Saint-Lô de Rouen.
Triel, Carrières et Chanteloup............	Triollum, Carreriæ et Cantus lupi............	L'Abbé de Fécamp.
Vallangoujard.......	Vallis Engelgardi....	L'Abbé de Saint-Martin de Pontoise.
Valmondois.........	Vallis munda.......	L'Abbé de Saint-Martin de Pontoise.
Vaux.............	Valles............	L'Archevêque de Rouen.
Vigny............	Vinetum...........	Les Religieux de Fécamp.
Villeneuve (la) saint-Martin.	Villanova sancti Martini...	L'Archevêque de Rouen.
Ws ou Us..........	Ogia.............	L'Archevêque de Rouen.

DOYENNÉ DE PONTOISE
DECANATUS PONTISARÆ

PAROISSES	PAROCHIÆ	PRÉSENTATEURS ET COLLATEURS
Pontoise, saint Mellon	Pontisara, sanctus Mellonus.	Le Duc de Bouillon.
Pontoise, saint Maclou	Pontisara, sanctus Maclovius.	Le Chapitre de Saint-Martin de Pontoise.
Pontoise, saint André	Pontisara, sanctus Andreas.	Le Chapitre de Saint-Mellon.
Pontoise, saint Pierre	Pontisara, sanctus Petrus.	L'Abbé du Bec-Helloin.
Cergy et la Chapelle	Cergiacum et Capella.	L'Abbé de Saint-Denis.
Ennery	Aneriacum.	L'Archevêque de Rouen.
Génicourt	Genicurtis.	L'Abbé de Saint-Martin de Pontoise.
Livilliers	Linivillarium.	L'Abbé de Saint-Martin de Pontoise.
Osny	Wodiniacum.	L'Archevêque de Rouen et le Chapitre de Saint-Jean de Beauvais.
Puiseux	Puteolæ.	L'Abbé de Saint-Martin de Pontoise.

V
DIOCÈSE D'ÉVREUX
ARCHIDIACONNÉ D'ÉVREUX. — DOYENNÉ DE VERNON
DIŒCESIS EBROICENSIS
ARCHIDIACONATUS EBROICENSIS. — DECANATUS VERNONENSIS

PAROISSES	PAROCHIÆ	PRÉSENTATEURS ET COLLATEURS
Blaru	Blarustum.	L'Abbé de la Croix-saint-Leufroy.
Port-Villez	Portus Villaris.	Le Seigneur du lieu.

DOYENNÉ DE PACY
DECANATUS PACEYI

Cravent	Craventio	L'Abbé de Coulombs.
Saint-Illiers-le-Bois	Sanctus Islaris Nemoris.	Le Commandeur de Chanu.

VI
DIOCÈSE DE CHARTRES
GRAND ARCHIDIACONNÉ. — DOYENNÉ DE ROCHEFORT
DIŒCESIS CARNOTENSIS
ARCHIDIACONATUS MAJOR. — DECANATUS RUPIFORTIS

PAROISSES	PAROCHIÆ	PRÉSENTATEURS ET COLLATEURS
Rochefort.	*Rupes fortis.*	Le Seigneur du lieu.
Ablis.	*Ableis.*	L'Abbé de Josaphat.
Allainville.	*Alleni villa.*	Le grand Archidiacre.
Angerville.	*Angervilla Gasta.*	Le grand Archidiacre.
Angervilliers.	*Angeriliacum.*	Le grand Archidiacre.
Attonville.	*Wastonis villa.*	Le grand Archidiacre.
Authon.	*Attonum.*	L'Abbé de Saint-Benoît-sur-Loire.
Boinville-le-Gaillard.	*Boeni villa.*	L'Abbé de Bonneval.
Boissy-le-Sec.	*Busseium siccum.*	L'Abbé de Clairefontaine.
Bonnelles.	*Bonella.*	Le grand Archidiacre.
Boutervilliers.	*Botervillaris.*	Le Seigneur du lieu et l'Abbé de Josaphat, alternativ.
Breuillet.	*Braioletum.*	Le grand Archidiacre.
Breux.	*Brolium.*	Le grand Archidiacre.
Briche (la).	*Brichia.*	Le grand Archidiacre.
Brières-les-Scellés.	*Brueriæ.*	Le grand Archidiacre.
Bullion.	*Boeleium.*	Le grand Archidiacre.
Chalo-saint-Mars.	*Chalotum sancti Medardi.*	L'Abbé de Josaphat.
Chalou-la-Reine.	*Chalotum Reginæ.*	Le Chapitre de Saint-Aignan d'Orléans.
Chatignonville.	*Castaneum villare.*	Le grand Archidiacre.
Clairefontaine.	*Clarus fons.*	L'Abbé du lieu.
Congerville.	*Congervilla.*	Le grand Archidiacre.
Corbreuse.	*Corberosa.*	Le Chapitre de Notre-Dame de Paris.
Craches.	*Crechiæ.*	Le grand Archidiacre.
Dourdan, saint Germain.	*Durdanum, S. Germanus.*	L'Abbé de Saint-Chéron.
Dourdan, saint Pierre.	*Durdanum, S. Petrus.*	L'Abbé de Morigny.

PAROISSES	PAROCHIÆ	PRÉSENTATEURS ET COLLATEURS
Forêt-le-Roi (la)	Foresta Regis	Le grand Archidiacre.
Granges-le-Roi (les)	Grangiæ Regis	L'Abbé de Saint-Chéron.
Guillerval	Guillervilla	Le grand Archidiacre.
Longvilliers	Longum villare	L'Abbé de Josaphat.
Mérobert	Mansus Roberti	L'Abbé de Clairefontaine.
Monnerville	Monarvilla	Les Bénédictins de Saint-Denis en France.
Moulineux	Molendina nova	Le Chapitre de Saint-Aignan d'Orléans.
Orsonville	Orsonvilla	Le Prieur de Saint-Martin-des-Champs.
Paray-Douaville	Parctum	L'Abbé de Clairefontaine.
Ponthévrard	Pons Evrardi	L'Évêque de Chartres.
Prunay	Pruneium	Le grand Archidiacre.
Pussay	Puceium	Le grand Archidiacre.
Richarville	Richardi villa	Le grand Archidiacre.
Roinville	Roinvilleta	Le grand Archidiacre.
Sermaise	Sarmesia	Le grand Archidiacre.
Sonchamp	Suncantum	L'Abbé de Saint-Benoit-sur-Loire.
Souzi	Sanceyum	L'Abbé de Morigny.
Saint-Arnoult	Sanctus Arnulphus	L'Archevêque de Paris.
Saint-Chéron	Sanctus Caraunus	Le grand Archidiacre.
Saint-Escobille	Sanctus Scophilus	Le grand Archidiacre.
Saint-Hilaire	Sanctus Hilarius	Le Prieur du lieu.
Saint-Martin-de-Brett	Sanctus Martinus de Bret	L'Évêque de Chartres.
Saint-Maurice	Sanctus Mauritius	Le Prieur de Saint-Arnoult.
Sainte-Mesme et Denisy	Sancta Maxima et Denisiacus	L'Abbé de Josaphat.
Thionville-sur-Opton	Theonis villa	Le grand Archidiacre.
Val-saint-Germain (le)	Vallis sancti Germani	Le grand Archidiacre.
Villeconin	Villa Conaii	Le Commandeur de Saint-Jean-de-Latran à Paris.

DOYENNÉ D'ÉPERNON
DECANATUS SPARNONENSIS

Emancé	Amanciacum	Le Chapitre de Chartres.
Gazeran	Gaserannum	Le Prieur d'Épernon.

PAROISSES	PAROCHIÆ	PRÉSENTATEURS ET COLLATEURS
Hermeray.	Hermolilum	Le Prieur d'Épernon.
Orcemont.	Ursimons.	Le grand Archidiacre.
Orphin	Urfinum.	Le grand Archidiacre.
Poigny.	Pugneium.	L'Abbé de Saint-Magloire et l'Archevêque de Paris.
Raizeux, succ. de Hanches .	Reliacula.	Le Prieur d'Épernon.
Rambouillet.	Ramboillelum.	Le Prieur d'Épernon.
Saint-Hilarion et Voisins. . .	Sanctus Hilario et Vicini . .	Le grand Archidiacre.

ARCHIDIACONNÉ DE PINCERAIS. — DOYENNÉ DE POISSY
ARCHIDIACONATUS PISCIACENSIS. — DECANATUS PISCIACI

PAROISSES	PAROCHIÆ	PRÉSENTATEURS ET COLLATEURS
Poissy	Pisciacum.	Le Chapitre et le Seigneur du lieu.
Achères.	Acheriæ.	Le Chapitre de Poissy.
Aigremont	Acer mons.	L'Abbé de Saint-Jean.
Alluets-le-Roi (les).	Allodia Regis.	L'Archidiacre du Pincerais.
Aubergenville.	Obergenvilla.	L'Archidiacre et l'Abbé de Josaphat, alternativement.
Auffargis	Ulfarciagæ.	Le Prieur de Longpont.
Auteuil.	Autolium.	L'Abbé de Neauphle-le-Vieux.
Autouillet.	Autoillelum	L'Abbé de Saint-Magloire.
Bailly.	Balliacum	L'Archidiacre du Pincerais.
Bazoches et les Mesnuls. . .	Basochiæ et Mansio Symonis.	L'Abbé de Saint-Magloire.
Bazemont.	Bacimons.	L'Abbé de Neauphle-le-Vieux.
Béhoust.	Behodium.	L'Abbé de Coulombs.
Beynes	Beina.	L'Abbé de Saint-Magloire.
Boissy-sans-Avoir	Boissiacum sine censu. . . .	L'Abbé de Saint-Magloire.
Bouafle.	Boafra.	Les Abbés de Jumièges et de Saint-Magloire, alternativ.
Bréviaires (les).	Breveriæ.	L'Abbé de Clairefontaine.
Chambourcy.	Camborciacum	L'Abbé de Saint-Jean en Vallée.
Chavenay.	Chavenolium.	Le Prieur d'Argenteuil.
Clayes (les)	Cloiæ.	L'Abbesse de Notre-Dame-des-Anges de Saint-Cyr.
Coignières.	Cogneriæ.	L'Abbé de Coulombs.
Crespières.	Cresperiæ.	Le Prieur de Saint-Martin-des-Champs.
Ecquevilly et Chapet. . . .	Ecquorum villa et Chapetum.	L'Abbé du Bec-Helloin.

PAROISSES	PAROCHIÆ	PRÉSENTATEURS ET COLLATEURS
Élancourt.	Elencuria.	Le Prieur d'Argenteuil.
Essarts-le-Roi (les).	Essarta Regis.	L'Abbé de Saint-Magloire.
Feucherolles et Davron. . .	Felcherolis villa et Davero . .	L'Abbé de Josaphat.
Flexanville.	Flessenvilla.	L'Archidiacre du Pincerais.
Flins.	Fiolinæ.	L'Abbé de Josaphat.
Fontenay-le-Fleury.	Fontanetum.	L'Archidiacre du Pincerais.
Fourqueux.	Fulcosium.	L'Abbé de Coulombs.
Galluis.	Warleium.	L'Abbé de Saint-Magloire.
Garancières.	Warenceræ.	Le Prieur de Bazainville.
Garenne.	Varenna.	L'Archidiacre du Pincerais.
Goupillières.	Gulpilleriæ.	L'Abbé de Neauphle-le-Vieux.
Hargeville.	Hargevilla.	Le Seigneur du lieu.
Herbeville.	Herbevilla.	L'Abbé de Coulombs.
Jouars-Pontchartrain. . . .	Joreium Pons carnotensis. . .	L'Abbé de Neauphle-le-Vieux.
Jumeauville.	Jomevilla.	L'Abbé de Saint-Evroult.
Lauluets et sainte-Gemme.	Laulo et sancta Gemma. . .	Le Chapitre de Saint-Cloud.
Maisons-sur-Seine.	Mansionis villa.	L'Abbé de Coulombs.
Marcq.	Marcum.	L'Abbé de Saint-Evroult de Lisieux.
Mareil-le-Guyon.	Marolium Guidonis.	L'Abbé de Saint-Magloire.
Mareil-sur-Mauldre.	Marolium Johannius. . . .	L'Archidiacre du Pincerais.
Maule, saint Nicolas. . . .	Mantla, S. Nicolaus.	L'Abbé de Saint-Evroult.
Maule, saint Vincent. . . .	Mantla, S. Vincentius. . . .	L'Abbé de Saint-Evroult.
Maurepas.	Malus Repastus.	L'Abbé de Neauphle-le-Vieux.
Médan.	Magedon.	L'Abbé de Neauphle-le-Vieux.
Méré.	Meriacum.	L'Abbé de Saint-Magloire.
Mesnil-le-Roi (le).	Mansio Regis.	Le Chapitre de Poissy.
Meulan, saint Jacques. . .	Mellentum, S. Jacobus. . . .	L'Abbé du Bec-Helloin.
Millemont.	Malimons.	L'Archidiacre du Pincerais.
Montainville.	Montis villaris.	L'Archidiacre du Pincerais.
Montfort-l'Amaury.	Mons fortis Amalarici. . . .	L'Abbé de Saint-Magloire.
Montigny-le-Bretonneux. .	Montiniacum.	L'Abbé de Bourgueil.
Morainvilliers.	Moronis villare.	L'Abbé du Bec-Helloin.

PAROISSES	PAROCHIÆ	PRÉSENTATEURS ET COLLATEURS
Mureaux (les).	*Murelli*	L'Abbé du Bec-Helloin.
Neauphle-le-Château. . . .	*Nidalfa Castra*.	L'Abbé de Bourgueil.
Neauphle-le-Vieux.	*Nidalfa Vetus*.	L'Abbé de Neauphle-le-Vieux.
Noisy-le-Roi.	*Noisiacum Regis*.	L'Archidiacre du Pincerais.
Orgeval.	*Orgevallis*.	L'Abbé de Coulombs.
Perray (le) et Vieille-Eglise.	*Villanova Perreio et Vetus Ecclesia*	L'Évêque de Chartres.
Plaisir	*Placitium*.	L'Abbé de Bourgueil.
Retz	*Retiaculum*.	Le Chapitre de Poissy.
Saumarchais	*Saumarcheiæ*.	L'Abbé de Neauphle-le-Vieux.
Saint-Cyr, avec ses annexes	*Sanctus Ciricus*.	L'Abbesse de Saint-Cyr.
Choisy-aux-Bœufs et Trianon	*Choisiacum ad Boves et Triasnum*.	L'Abbé de Sainte-Geneviève de Paris.
Saint-Germain-de-la-Grange.	*Sanctus Germanus de Morevilla*.	L'Archidiacre du Pincerais.
Saint-Hubert.	*Sanctus Hubertus*.	Le Seigneur du lieu.
Saint-Léger-en-Iveline . . .	*Sanctus Leodegarius in Aquil*.	L'Archidiacre du Pincerais.
Saint-Léger-en-Laye. . . .	*Sanctus Leodegarius in Laya*.	Le Prieur d'Hennemont.
Saint-Martin-des-Champs. .	*Ellevilla*.	L'Abbé de Josaphat.
Saint-Remy-l'Honoré. . . .	*Sanctus Remigius*.	Les Religieuses des Hautes-Bruyères.
Thiverval.	*Tyvervallis*.	L'Abbé de Coulombs.
Thoiry	*Torreium*.	L'Abbé de Clairefontaine.
Trappes.	*Trapæ*.	L'Abbé de Saint-Denis.
Tremblay (le)	*Trembleium*	L'Archidiacre du Pincerais.
Verneuil	*Vernogilum*	Le Prieur de Deuil.
Vernouillet	*Vernoletum*	L'Abbé de Saint-Magloire.
Vicq	*Vicus*.	L'Abbé de Saint-Père-en-vallée.
Villennes.	*Villanæ*.	L'Abbé de Neauphle-le-Vieux.
Villiers-le-Mahieu	*Villare sancti Matthei*. . .	L'Abbé de Neauphle-le-Vieux.
Villiers-saint-Frédéric . . .	*Villare sancti Frederici*. . .	L'Abbé de Neauphle-le-Vieux.

DOYENNÉ DE MANTES
DECANATUS MEDANTÆ

Mantes, Notre-Dame. . . .	*Medanta, B. V. M.*	Le Chapitre de Notre-Dame.
Mantes, sainte-Croix	*Medanta, Stæ Crucis*. . . .	Le Comte de Mantes et le Doyen de Saint-Maclou, altern.

PAROISSES	PAROCHIÆ	PRÉSENTATEURS ET COLLATEURS
Mantes, saint Maclou.	Medanta, S. Maclovius.	Le Comte de Mantes.
Mantes, saint Pierre.	Medanta, S. Petrus.	L'Archidiacre du Pincerais.
Adainville.	Adeinvilla.	Le Prieur d'Argenteuil.
Arnouville.	Arnoni villa.	Le Comte de Mantes présentait au Roi, le Roi à l'Archevêque et l'Archevêque à l'Evêque de Chartres.
Bazainville.	Bazenvilla.	Le Prieur du lieu.
Boinville.	Bovani villa.	Le Prieur de Bazainville.
Boinvilliers.	Boinvilla.	Le Comte de Mantes.
Boissets.	Boissetium.	L'Abbé de Coulombs.
Boissière (la).	Boixeria Heraudi.	L'Abbé de Saint-Magloire.
Boissy-Mauvoisin.	Boisseium de malo vicino.	L'Abbé de Fécamp.
Bourdonné.	Burdoniacum.	Le Prieur d'Argenteuil.
Bréval.	Brehevallis.	L'Abbé du Bec-Helloin.
Charmoie ou Hauteville (la).	Charmeia.	L'Abbé de Saint-Magloire.
Chauffour.	Calcifurnum.	L'Abbé de Saint-Vandrille.
Civry-la-Forêt.	Sivreum.	Les Religieuses des Hautes-Bruyères.
Condé-sur-Vesgre.	Condetum.	L'Archidiacre du Pincerais.
Courgent.	Viceni curtis.	L'Archidiacre du Pincerais.
Dammartin.	Domnus Martinus.	L'Abbé de Saint-Germain-des-Prés.
Dannemarie.	Domna Maria.	L'Archidiacre du Pincerais.
Epone, Aunay, Falaise (la), Nezel.	Spedona, Alnetum, Falesia, Nuziacum.	Le Chapitre de Notre-Dame de Paris.
Favrieux.	Faverili villa.	L'Archidiacre du Pincerais.
Flacourt.	Flaicuria.	L'Abbé de Neauphle-le-Vieux.
Flins-Neuve-Eglise.	Felins nova Ecclesia.	L'Abbé de Josaphat ou l'Archidiacre du Pincerais.
Fontenay-Mauvoisin.	Fontanetum de malo vicino.	Le Doyen de Gassicourt.
Fréneuse et Méricourt.	Fraxinosum et Medericicurtis.	L'Archidiacre du Pincerais.
Gambais.	Gambesium.	L'Archidiacre du Pincerais.
Gambaiseuil.	Gambeliolum.	L'Abbé de Grand-Champ.
Gassicourt.	Gacicuria.	Le Doyen de Gassicourt.
Goussonville.	Goussonvilla.	L'Abbé de Neauphle-le-Vieux.
Grand-Champ.	Grandis campus.	L'Abbé du lieu.
Gressey.	Gresseyum.	L'Abbé de Coulombs.
Gros-Rouvres	Grossum Robur.	L'Abbé de Saint-Magloire.

PAROISSES	PAROCHIÆ	PRÉSENTATEURS ET COLLATEURS
Guerville et Senneville...	Guiardi villa et Sennevilla..	L'Abbé de Coulombs.
Houdan...........	Houdanum........	L'Abbé de Coulombs.
Jeufosses.........	Jeufredi fossa.......	L'Archidiacre du Pincerais.
Jouy-Mauvoisin......	Joiacum de malo vicino...	Le Doyen de Gassicourt.
Lommoye..........	Lomazia..........	L'Abbé de Coulombs.
Longnes..........	Laoniæ..........	L'Abbé de Saint-Germain-des-Prés.
Magnanville........	Magnavilla........	Le Seigneur du lieu.
Mantes-la-Ville......	Medanta villa......	Le Comte de Mantes.
Maulette.........	Mantia parva......	L'Archidiacre du Pincerais.
Ménerville........	Menardi villa.......	L'Abbé de Fécamp.
Mesnil-Renard (le) et Bonnières........	Mansio Renardi et Bonneriæ.	L'Archidiacre du Pincerais.
Mézières..........	Maceriæ..........	Le Chapitre de Notre-Dame de Paris.
Mittainville........	Mittani villa.......	L'Abbé de Saint-Père-en-vallée.
Moisson..........	Messis...........	L'Archidiacre du Pincerais.
Mondreville........	Mundrevilla........	L'Abbé de Coulombs.
Montchauvet.......	Mons calvus.......	L'Abbé de Saint-Germain-des-Prés.
Mousseaux........	Moncelli.........	L'Archidiacre du Pincerais.
Mulcent..........	Mulsanum........	L'Archidiacre du Pincerais.
Neauphlette.......	Nealfletula.......	L'Abbé de Saint-Germain-des-Prés.
Orgerus et Béconcelles...	Bisconcella........	Le Prieur de Bazainville.
Orvilliers.........	Ursivillare........	Le Seigneur du lieu.
Osmoy...........	Ulmetum..........	L'Abbé de Josaphat.
Perdreauville.......	Perdreauvilla.......	Le Doyen de Gassicourt.
Prunay-le-Temple.....	Prunetum Templi.....	L'Archidiacre, ou le Seigneur ou l'Abbé de Josaphat.
Richebourg........	Ricmari villa.......	L'Archidiacre du Pincerais.
Rolleboise.........	Rollonis Buscus......	L'Archidiacre ou l'Abbé de Saint-Vandrille.
Rosny et Buchelay....	Rhodoniacum et Buschelidum.	L'Abbé de Saint-Vandrille.
Septeuil..........	Septulium.........	L'Abbé de Saint-Germain-des-Prés.
Soindres.........	Soandræ..........	Le Doyen de Gassicourt.
Saint-Illiers-la-Ville...	Sanctus Islaris villa....	L'Abbé de Coulombs.
Tacoignères.......	Taconiæriæ.......	Le Prieur de Bazainville.
Tertre-saint-Denis (le)...	Collis sancti Dionysii...	L'Abbé du Bec-Helloin.

PAROISSES	PAROCHIÆ	PRÉSENTATEURS ET COLLATEURS
Tertre-Gaudran (le).....	*Collis Goderani*.......	L'Évêque de Chartres.
Thionville.........	*Theodonis villa*......	L'Archidiacre du Pincerais.
Tilly...........	*Telleium*..........	L'Abbé de Coulombs.
Vert...........	*Ver*............	L'Évêque de Chartres.
Villeneuve-en-Chevrie (la)..	*Villanova in Anfractu*....	L'Archidiacre du Pincerais.
Villette et Rosay......	*Villula et Rosetum*......	L'Abbé de Saint-Vandrille.

VII

DIOCÈSE DE SENS

ARCHIDIACONNÉ DU GATINAIS. — DOYENNÉ DE MILLY.

DIŒCESIS SENONENSIS

ARCHIDIACONATUS VASTINENSIS. — DECANATUS MAURILIACI

PAROISSES	PAROCHIÆ	PRÉSENTATEURS ET COLLATEURS
Milly..........	*Mauriliacum*.......	Le Seigneur du lieu.
Bonnevaux.......	*Begnovilla*........	L'Archevêque de Sens.
Buno..........	*Bunetum Castrum*.....	L'Archevêque de Sens.
Oncy..........	*Onchiæ*..........	Les Religieux de Saint-Victor de Paris.

ARCHIDIACONNÉ ET DOYENNÉ D'ÉTAMPES

ARCHIDIACONATUS STAMPÆ, DECANATUS EJUSDEM

Etampes, Notre-Dame...	*Stampæ, B. V. M*.....	Le Duc d'Orléans.
Etampes, saint Basile...	*Stampæ, S. Basilius*....	Le Chapitre de Notre-Dame d'Étampes.
Etampes, saint Gilles...	*Stampæ, S. Ægidius*....	L'Abbé de Morigny.
Etampes, saint Martin...	*Stampæ, S. Martinus*...	L'Abbé de Morigny.
Etampes, sainte-Croix....	*Stampæ, Stæ Crucis*....	Le Chapitre de Sainte-Croix.
Etampes, saint Pierre....	*Stampæ, S. Petrus*.....	L'Abbé de Saint-Benoît-sur-Loire.
Abbeville.........	*Abbatis villa*........	L'Archevêque de Sens.
Arrancourt........	*Arrancuria*.........	L'Archevêque de Sens.

PAROISSES	PAROCHIÆ	PRÉSENTATEURS ET COLLATEURS
Auvers, Notre-Dame....	Auversium, B. V. M....	Le Prieur du lieu.
Auvers, saint Georges...	Auversium, S. Georgius...	Le Prieur du lieu.
Blandy.........	Blandiacum........	Le Doyen de l'Église d'Étampes.
Boigneville.......	Boenvilla.........	Le Chapitre de Sens.
Bois-Herpin.......	Boscus Herpensis.....	L'Archevêque de Sens.
Boissy-la-Rivière.....	Busciacum rivuli.....	L'Archevêque de Sens.
Boissy-le-Cutté......	Busciacum........	L'Abbé de Morigny.
Bouray.........	Bosreium.........	L'Abbé de Morigny.
Bouville.........	Bouvilla.........	L'Archevêque de Sens.
Brouy..........	Bruacum.........	Le Chapitre de Sens.
Cerny..........	Sarnaium.........	L'Abbé de Morigny.
Champigny.......	Campiniacum.......	Le Chapitre de Notre-Dame d'Étampes.
Champmotteux......	Campus globosus.....	L'Archevêque de Sens.
Chaufour........	Calcifurnum.......	Le Commandeur du lieu.
Courdimanche......	Curtis Dominica.....	L'Archevêque de Sens.
D'Huison........	Duysonnum.......	L'Abbé de Fleury.
Estouches........	Toschetum........	L'Archevêque de Sens.
Etréchy.........	Etrecheium........	L'Abbé de Morigny.
Fontaine-la-Rivière....	Fontanæ rivuli......	Le Chapitre de Sainte-Croix d'Orléans.
Forêt-Sainte-Croix (la)...	Foresta Stæ Crucis.....	Le Chapitre de Sainte-Croix d'Orléans.
Gironville........	Gisonis villa.......	L'Archevêque de Sens.
Itteville.........	Steovilla.........	Le Chapitre de Notre-Dame de Paris.
Maisse, Notre-Dame...	Massia, B. V. M.....	Le Prieur de Saint-Éloi de Paris.
Maisse, saint Médard...	Massia, S. Medardus....	L'Abbé de Saint-Lomer de Blois.
Marolles.........	Matriolæ.........	Le Chapitre de Sainte-Croix d'Orléans.
Méréville........	Merari villa.......	L'Archevêque et l'Abbé de Bonneval, alternativement.
Mespuits.........	Monspodium.......	L'Abbé de Saint-Lomer de Blois.
Ormoy-la-Rivière.....	Ulmetum.........	Le Chapitre de Notre-Dame d'Orléans.
Orveau.........	Aurea vallis.......	L'Archevêque de Sens.
Prunay.........	Prunetum.........	L'Archevêque de Sens.
Puiselet-le-Marais....	Pusellum.........	L'Archevêque de Sens.
Roinvilliers........	Roinvillare........	Le Chapitre de Sens.

PAROISSES	PAROCHIÆ	PRÉSENTATEURS ET COLLATEURS
Saclas............	Sarclitæ...........	L'Abbé de Saint-Denis.
Saint-Cyr-la-Rivière.....	Sanctus Ciricus rivuli....	L'Archevêque de Sens.
Saint-Germain........	Sanctus Germanus.....	L'Abbé de Morigny.
Valpuiseaux.........	Valles Puteoli........	L'Archevêque de Sens.
Vayres............	Verix............	Le Chapitre de Sens.
Villeneuve-sur-Auvers ...	Villanova ad Alversium...	L'Archevêque de Sens.

ARCHIDIACONNÉ ET DOYENNÉ DE MELUN
ARCHIDIACONATUS MELODUNENSIS, DECANATUS EJUSDEM

Auvernaux..........	Auverniacum........	Le Commandeur du lieu.
Ballancourt.........	Baleni curtis........	L'Abbé de Morigny.
Baulne............	Belna............	L'Abbé de Morigny.
Boutigny...........	Botigniacum........	Les Chanoines de Saint-Jean de Sens.
Champceuil.........	Campolium.........	L'Archevêque de Sens.
Chevannes..........	Cabanæ...........	L'Archevêque de Sens.
Courances..........	Corencyæ..........	L'Archevêque de Sens.
Dannemois..........	Danorum Mansio.....	L'Archevêque de Sens.
Ferté-Alais (la).......	Firmitas Adelaidis.....	Le Commandeur du Saussay.
Guigneville.........	Gunii villa.........	L'Abbé de Morigny.
Moigny............	Mogniacum.........	L'Archevêque de Sens.
Mondeville..........	Mundevilla.........	L'Archevêque de Sens.
Nainville...........	Nainvilla..........	L'Archevêque de Sens.
Portes............	Portæ............	Le Commandeur du lieu.
Soisy-sur-Ecole.......	Soysiacum ad Scolum...	L'Archevêque de Sens.
Videlles...........	Videllæ...........	L'Archevêque de Sens.

CHAPITRE III

Collégiales.

On appelle église *Collégiale* celle où il n'y a point de siége épiscopal et qui est desservie par des chanoines : *Ecclesia collegialis, collegiata, templum canonicorum collegio celebre*. Saint-Martin de Tours n'était qu'une *église Collégiale*.

Il y avait deux sortes d'églises *Collégiales* : les unes de fondation royale, comme les saintes chapelles dont le Roi conférait les prébendes; les autres de fondation ecclésiastique. Les unes et les autres se réglaient pour l'office divin sur les cathédrales, et même quelques-unes d'elles jouissaient des droits épiscopaux. Quelques collégiales étaient d'anciennes abbayes qui avaient été sécularisées.

« Dans les villes où il n'y avait point d'évêque, dit Bergier en son *Dictionnaire théologique*, le désir de voir célébrer l'office divin avec la même pompe que dans les cathédrales fit établir des églises *Collégiales*, des chapitres de chanoines qui vécurent en commun, et sous une règle comme ceux des églises cathédrales. Un monument de cette ancienne discipline sont les cloîtres qui accompagnent ordinairement ces églises. Lorsque le relâchement de la vie canoniale se fût introduit dans quelques cathédrales, les évêques choisirent ceux d'entre les chanoines qui étaient les plus réguliers, en formèrent des détachements, établirent ainsi des *Collégiales* dans leur ville épiscopale. Insensiblement la vie commune a cessé dans les églises *Collégiales* aussi bien que dans les cathédrales ; c'est ce qui a fait naître les congrégations des chanoines réguliers qui ont continué de vivre en commun. »

Le saint concile de Trente, dans sa session xxiv°, chapitre 12°, *de Reformatione*, a tracé les règles concernant la réception des chanoines, leurs devoirs, obligations, etc.

Indépendamment de plusieurs collégiales qui avaient cessé d'exister, on en comptait quinze dans le territoire actuel du diocèse, au moment où éclata la Révolution en France. La plupart de leurs églises, monuments remarquables, sont devenues paroissiales; les autres ont été détruites, et de quelques-unes même il n'en reste pas de trace.

Le tableau suivant fera connaître ces collégiales et le doyenné de Gassicourt, avec leurs fondateurs.

COLLÉGIALES	PATRONS	FONDATEURS	ÉPOQUES
Corbeil	Saint Spire	Haymon, comte de Corbeil	Vers 950
Étampes	Assomption T. S. V.	Le Roi Robert	1025
Étampes	Sainte-Croix	Le Roi Philippe-Auguste	1182
Linas	Saint Merry	Plusieurs nobles personnes	Vers 1250
Luzarches	Saints Côme et Damien	Jean de Beaumont	Vers 1100
Mantes	Assomption T.-S. V.	La Reine Blanche de Castille	1250
Milly	Assomption T.-S. V.	Louis Mallet de Graville, Amiral de France	1475
Montfort	Saint Pierre	André de Foy, comte de Montfort	1540
Montlhéry	Saint Pierre	Guy, Seigneur de Montlhéry	xii° s.
Montmorency	Saint Martin	Mathieu de Montmorency	Vers 1131
Poissy	Assomption T.-S. V.	Le Roi Philippe Ier	Vers 1100
Pontoise	Saint Martin	Le Roi Philippe-Auguste	xii° s.
Pontoise	Saint Mellon	Le Roi Philippe-Auguste	xii° s.
Saint-Cloud	Saint Cloud	Le Chapitre de Notre-Dame de Paris	Vers 800
Wy	Saint Romain	Le Chapitre de Rouen	xii° s.
Gassicourt	Sainte Anne	Les Évêques de Chartres	xii° s.

CHAPITRE IV

Abbayes.

Sous le nom d'Abbayes, nous entendons les édifices qui servent d'habitation à un abbé et à ses religieux, réunis pour pratiquer les conseils évangéliques, conformément à l'avis du Sauveur : « Si vous voulez être parfait, allez, vendez ce que vous avez.... et suivez-moi : *Si vis perfectus esse, vade, vende quæ habes,.... et veni, sequere me.* » (Saint Matth. xix, 21.)

Peu après la fondation de l'Eglise, il se trouva des personnes qui observèrent ponctuellement ce conseil évangélique. Cependant le premier qui nous soit connu est saint Antoine en Orient. Saint Athanase apporta cette noble coutume en Occident pendant les jours de son exil. L'exemple de ces honorables religieux fut suivi par un grand nombre d'autres qui, réunis en un même lieu, se choisissaient un supérieur pour vivre sous sa conduite. Les Pères de l'Eglise, saint Basile en Orient, saint Augustin et saint Benoît en Occident, donnèrent des règles admirables, qui conduisirent les religieux et les religieuses à une haute perfection.

Les monastères furent fondés généralement dans les lieux inhabités, dans les forêts, où ces hommes de bien, unissant le travail à la prière, transformèrent une terre inculte en un sol fertile. Les Rois concédèrent volontiers des terrains aux religieux, et les riches seigneurs du moyen-âge, marchant sur leurs traces, firent aussi aux monastères d'importantes concessions qui furent augmentées ensuite par celles des particuliers.

Ces monastères portaient différents noms : Abbayes, prieurés, collégiales, couvents, etc. Le supérieur de l'abbaye portait le nom d'Abbé, du mot latin *Abbas*, qui signifie Père; car il était, en effet, le Père spirituel des enfants d'adoption qui se trouvaient sous sa conduite.

Autour des abbayes se groupaient des habitations, car les guerres fréquentes du moyen-âge et l'ambition des seigneurs causaient de nombreux dommages aux paisibles habitants qui trouvaient sécurité et protection auprès des abbés.

Une des occupations les plus ordinaires des religieux était de copier les manuscrits des écrivains anciens, et c'est à eux que nous devons la conservation de ces trésors inestimables. Ceux qui avaient des connaissances plus étendues rédigeaient l'histoire contemporaine et composaient de savants écrits, comme nous le voyons dans les nombreux documents qui sont parvenus jusqu'à nous. Enfin, ceux qui n'avaient aucune connaissance littéraire s'occupaient spécialement de la culture des terres, bien que les autres n'en fussent pas exempts, et c'est à leurs efforts persévérants que nous devons le défrichement des terres incultes et l'amélioration de notre sol.

La Révolution française trouva ces riches abbayes dont elle convoita les biens, et de son autorité privée les supprima, les vendit à vil prix, dispersa leurs riches bibliothèques, trésor immense dont une partie fut perdue.

Notre diocèse a été doté d'un assez grand nombre de ces maisons religieuses dans le cours des siècles. Au moment où la tourmente se déchaîna, il en possédait encore vingt-trois appartenant aux grandes familles des Augustins, A., des Bénédictins, B., des Cisterciens, C. et de l'ordre des Prémontrés, P. Les autres avaient été ou détruites, ou changées de destination, en collégiales et prieurés. Nous dirons un mot de ces anciennes abbayes pour en conserver le souvenir et nous tracerons le tableau de celles qui existaient en 1789. Vingt et une étaient à la collation du Roi; celles de Gif et de Saint-Cyr (Saint-Louis) nommaient la Supérieure au suffrage.

ARGENTEUIL.

Cette abbaye, du titre de Notre-Dame, avait été fondée par Ermenric et son épouse Numance, et approuvée par Clotaire III en 665. Elle reçut de l'empereur Charlemagne la sainte Tunique de Notre-Seigneur. Cette abbaye de femmes fut supprimée sous la célèbre Héloïse, et remplacée par un Prieuré d'hommes qui relevait de celle de Saint-Denis.

BRUYÈRES-LE-CHATEL.

Un monastère de femmes fut fondé à Bruyères en 670 sous le titre de Notre-Dame. L'abbé Lebeuf croit qu'il y eut en même temps un monastère d'hommes, ou bien qu'il aurait succédé à celui de femmes. On ignore à quelle époque il cessa d'exister.

CORBEIL.

Cette ville a possédé trois abbayes dans son sein : Notre-Dame de Corbeil qui existait en 1125; elle fut réunie à Saint-Spire de la même ville en 1601. Cette seconde abbaye, fondée en 950, devint en 1501 une collégiale séculière, sans perdre son premier titre. On y conservait les reliques de saint Exupère et de saint Leu, évêques de Bayeux, lesquelles furent jetées dans la Seine en 1793. L'église Saint-Guenault fut bâtie pour recevoir les reliques de ce Saint, par les soins du comte Haymon. D'abord Abbatiale, elle fut transformée l'an 1134 en simple Prieuré de chanoines réguliers dépendant de l'abbaye de Saint-Victor à Paris.

LINAS.

Le premier document que nous possédions sur cette abbaye est la confirmation de Carloman, en 880, des biens donnés par le comte Adélard et Abbon vassal. Vers le milieu du xiiie siècle, douze chanoines succédèrent aux religieux, et l'église de Saint-Merry devint collégiale. Aujourd'hui elle est paroissiale.

MANTES.

L'abbaye de Mantes, mentionnée dans un titre de 1138, changea de destination comme celle de Linas, et devint une collégiale. La belle église de Notre-Dame qui sert d'église paroissiale fut bâtie par la reine Blanche, mère de saint Louis, vers 1250.

MONTLHÉRY.

Saint-Pierre de Montlhéry avait été fondée au xie siècle. Cette abbaye fut donnée en 1154 par le roi Louis le Jeune aux religieux de Notre-Dame de Longpont et transformée en Prieuré.

MONTMORENCY.

L'abbaye de Saint-Martin fut fondée par Matthieu de Montmorency en 1174. Ce n'était qu'une collégiale; cependant plusieurs chanoines ont pris le titre d'Abbé. Elle subsista jusqu'au xvie siècle, époque de la reconstruction de l'église par Guillaume de Montmorency, chambellan de François Ier.

POISSY.

Cette abbaye existait avant l'an 1100, car nous voyons qu'à cette époque le roi Philippe Ier renvoya les moines pour y mettre des chanoines réguliers, qui furent eux-mêmes remplacés par des chanoines séculiers jusqu'en 1790.

PONTOISE.

L'abbaye de Saint-Mellon fut fondée vers 899, époque de la translation du corps de ce saint en cette ville. Elle fut remplacée par une collégiale dont les traces ont tellement disparu depuis 1793 qu'on ne connaît même pas aujourd'hui son emplacement.

PORT-ROYAL DES CHAMPS, A MAGNY-LES-HAMEAUX.

Cette abbaye de femmes, ordre de Citeaux, fut fondée en 1204 par Eudes de Sully, évêque de Paris, et Mathilde de Garlande, épouse de Matthieu de Marly. Les Seigneurs de Chevreuse, de Neauphle et de Montfort lui firent d'importantes donations. Cette abbaye, devenue le foyer du jansénisme, fut supprimée en 1708 par ordonnance royale, et les bâtiments furent détruits en 1710.

VALPROFOND, A BIÈVRES.

Cette abbaye de filles, ordre de Saint-Benoît, qui avait pour patronne la Sainte Vierge, fut fondée au xie siècle. Elle eut beaucoup à souffrir pendant les guerres de Louis XI. Elle fut transférée à Paris au faubourg Saint-Jacques en 1621. Les bâtiments furent en partie démolis en 1636, et ce qui restait fut vendu en 1639.

ABBAYES	PATRONS	FONDATEURS	ANNÉE	REVENU	ORDRE	SEXE
Abbecour.....	Alba curia...	Sainte Vierge.	Gascou, Seigneur de Poissy...	1180	6,000	P.	H.
Clairefontaine...	Clarus fons...	Sainte Vierge.	Simon de Montfort.......	1102	3,000	A.	H.
Grand-Champ...	Grandis campus	Sainte Vierge.	Simon de Montfort, comte de Narbonne.........	1211	2,600	P.	H.
Gif.......	Giffum.....	Sainte Vierge et S. Révérend.	Maurice de Sully, Évêque de Paris	1138	9,000	B.	F.
Hérivaux.....	Herivallis...	Sainte Vierge.	Ascelin, de Marly-la-Ville....	1160	7,000	A.	H.
Jarcy......	Garciacum..	Sainte Vierge.	Alphonse, comte de Poitiers...	1260	9,000	B.	F.
Joyenval.....	Gaudium vallis.	Saint Barthélemy....	Barthélemy de Roye.......	1221	10,000	P.	H.
Livry......	Livriacum...	Sainte Vierge.	Guillaume de Garlande.....	1186	4,000	A.	H.
Maubuisson....	Malodunum..	Sainte Vierge.	Blanche de Castille.......	1241	25,000	C.	F.
Morigny.....	Morigniacum.	T.-S. Trinité..	Anselme d'Étréchy et de Morigny.	1095	10,000	B.	H.
Neauphle-le-Vieux	Nealfa vetus..	Saint Pierre..	Les Chanoines de Chartres...	1100	4,500	B.	H.
Roche (la)....	Rocha.....	Sainte Vierge.	Guy de Lévis.........	1190	1,500	A.	H.
Royaumont....	Regalis mons..	Sainte Vierge.	Le Roi saint Louis.......	1227	11,000	C.	H.
Saint-Corentin..	Sanctus Corentinus..	Saint Corentin.	Le Roi Philippe-Auguste....	1210	3,500	B.	F.
Saint-Cyr.....	Sanctus Ciricus	N.-D. des Anges	Robert III, Évêque de Chartres.	1156	10,000	B.	F.
Saint-Cyr	Sanctus Ciricus	Saint Louis..	Le Roi Louis XIV.......	1686	167,000	A.	F.
Saint-Martin-de-Pontoise.	S. Martinus ad Vionam...	Saint Martin..	Les comtes d'Amiens et de Pontoise	1069	12,000	B.	H.
Saint-Rémy-des-Landes...	S. Remigius de Landis...	Saint Rémy..	Robert III, Évêque de Chartres.	1160	4,000	B.	F.
Saint-Spire...	Sanctus Exuperius.....	Saint Exupère.	Les comtes de Corbeil....	950	1,000	A.	H.
Val-Sainte-Marie.	Vallis S^{tæ} Mariæ	Sainte Vierge.	Anselme de l'Isle-Adam....	1225	4,500	C.	H.
Vaux-de-Cernay.	Valles Sernaiæ.	Sainte Vierge et S. J.-Baptiste	Simon de Neauphle-le-Château..	1118	7,500	C.	H.
Villiers-aux-Nonains....	Villarium...	Sainte Anne..	Le Roi Philippe-Auguste....	1220	6,000	C.	F.
Yerres......	Hedera....	Sainte Vierge.	Jean d'Étampes et Eustochie de Corbeil..........	1122	10,000	B.	F.

CHAPITRE V

Prieurés.

Les prieurés tirent leur origine de la réunion de plusieurs religieux dans une même maison. Ces derniers appelèrent Prieur, *Prior quasi primus inter pares,* le supérieur des petits monastères. Ils ont la même origine que les abbayes dont ils furent souvent une dépendance.

Avant 1790, on distinguait plusieurs sortes de prieurés : les prieurés séculiers qui étaient possédés par des laïques, lesquels pouvaient être simples, si ceux qui les possédaient n'avaient pas reçu la tonsure, ou doubles si ceux qui les possédaient étaient prêtres, ayant charge d'âmes : *Prioratus cum cura.* Les prieurés réguliers conventuels étaient ceux qui donnaient au prieur la supériorité sur les religieux d'un monastère. Les prieurés réguliers non conventuels étaient ceux que des séculiers tenaient en commende.

Le nombre des prieurés était très-considérable en France et dans notre diocèse en particulier. Le roi se réservait la présentation et même la collation d'un certain nombre parmi les plus riches. Pour les autres, les prieurs étaient nommés par les abbés de qui le prieuré dépendait.

Enfin quelques-uns étaient à la collation de l'ordinaire, ou même à l'élection des Religieux.

Ceux des prieurés qui avaient charge d'âmes ne pouvaient avoir qu'un prêtre à leur tête; ils s'appelaient prieurs-curés, et remplissaient les fonctions de pasteur ou de recteur dans la paroisse. Les autres s'occupaient de l'étude ou du travail manuel, si le domaine du prieuré le permettait. Il n'y avait de différence entre eux et les abbés que sous le rapport hiérarchique et une administration généralement moins étendue. Un assez grand nombre de prieurs nous ont laissé des œuvres remarquables.

Les abbayes, d'où les prieurés dépendaient, étaient souvent situées hors du diocèse; mais cela n'empêchait pas la visite des supérieurs suivant la prescription du concile de Trente, et celle des évêques, à moins que la maison ne fût exempte.

Un certain nombre de prieurés avait cessé d'exister avant 1789: Celui d'Yerres au xiiie siècle; celui d'Avrainville au xive; celui de Boissy-l'Aillerie en 1483; celui des Moulineaux en 1584; celui de Briis-sous-Forges en 1618; celui de Gaillonnet en 1625; celui de la Chaumette à Saint-Leu en 1660; celui de Choisy-aux-Bœufs en 1670; celui de Versailles en 1680; celui de Saint-Quentin à Trappes la même année; celui de Marly en 1682; celui de Saint-Mars-de-Villetain à Jouy-en-Josas en 1690; celui de la Grange-aux-Bois à Luzarches en 1700; celui de Carrières-sous-Poissy en 1716; enfin celui de Triel la même année.

Les autres prieurés furent anéantis par la révolution, comme les abbayes, et leurs biens vendus à vil prix. Les prêtres qui les possédaient furent chassés, exilés, emprisonnés et mis à mort. En 1802, ceux qui avaient échappé au péril se présentèrent aux évêques, et furent nommés curés ou desservants dans la nouvelle organisation diocésaine.

Nous donnerons le tableau des prieurés dans la même forme que celui des abbayes, avec leurs présentateurs et collateurs. Nous aurions été heureux de pouvoir y ajouter l'époque de leur fondation et leurs revenus en 1789, comme nous l'avons fait pour quelques-uns, mais les documents originaux nous ont fait défaut.

PRIEURÉS DU DIOCÈSE	PATRONS		ORDRE	PRÉSENTATEURS ET COLLATEURS	FONDATIONS	REVENU
Ablis.	Ablois.	Saint Epiais et Saint Blaise. .	B.	L'Abbé de Thiron		2,400
Aigremont.	Acer mons. . . .	Saint Eloi. . . .	A.	L'Abbé de Saint-Jean		500
Aincourt, Lessoville.	Lessevilla	Sainte Vierge. .	B.	L'Abbé du Bec-Helloin.		
Argenteuil	Argentolium. . .	Sainte Vierge. .	B.	L'Abbé de Saint-Denis.	665	7,000
Arpajon.	Castra Arpajonis.	Saint Clément. .	B.	L'Abbé de Saint-Maur-des-Fossés . .	1136	
Asnières - sur - Oise, Baillon.	Ballio.	Sainte Vierge. .	C.	L'Abbé de Royaumont	1141	
Athis.	Athysium. . . .	Saint Denis. . .	B.	L'Abbé de Saint-Victor de Paris . .		
Aulnay-les-Bondy. .	Alnetum.	Saint Sulpice . .	B.	L'Abbé de Cluny		
Auvernaux.	Auverniacum. . .	Saint Prix. . . .	B.	Le Commandeur du lieu		
Auvers-saint-Georges.	Auversium. . . .	Sainte Vierge. .	B.	L'Archevêque de Sens		
Auvers-sur-Oise . . .	Alverni ad Isaram	Sainte Vierge. .	B.	L'Abbé de Saint-Vincent de Senlis. .	1205	
Auvers-sur-Oise . . .	Alverni ad Isaram	Saint Martin . .	B.	L'Abbé de Saint-Martin de Pontoise. .		
Avrainville	Avrinvilla. . . .	Sainte Vierge. .	B.	L'Abbé de Saint-Germain-des-Prés. .	XIᵉ s	
Baulne	Belna.	Saint Etienne. .	B.	L'Abbé de Morigny.		
Bazainville.	Basenvilla. . . .	Saint Nicolas . .	B.	Le Roi.	1164	3,500
Bazoches.	Basochiæ. . . .	Saint Jacques. .	B.	L'Abbé de Bonneval.		
Beaumont-sur-Oise. .	Bellus mons. . .	Saint Laurent. .	P.	L'Abbé de Ressons		
Beaumont-sur-Oise. .	Bellus mons . . .	Saint Léonor . .	B.	Le Prieur de Saint-Martin-des-Champs	1182	
Bellefontaine.	Bellus fons. . . .	Saint Nicolas . .	B.	L'Abbé d'Hérivaux.	1222	
Bernes.	Baerna	Saint Denis. . .	B.	L'Évêque de Beauvais		
Blaru.	Blarutum	Saint Hilaire . .	B.	L'Abbé de la Croix-saint-Leufroy. .	1157	1,500
Boisemont	Bosci mons . . .	Saint Cloud. . .	P.	L'Abbé de Ressons		
Boissets.	Boissetium. . . .	Saint Odon . . .	B.	L'Abbé de Coulombs.		300
Boissy-l'Aillerie . . .	Buciacum Allariæ	Saint Léger. . .	B.	L'Abbé de Saint-Denis		
Bonnelles.	Bonella	SS. Gervais et Protais	B.	Le Prieur de Saint-Martin-des-Champs		3,500
Bouafle.	Boafra	Saint Martin . .	B.	L'Abbé de Jumièges		700
Bouffémont , Bois-saint-Père	Nemus S. Petri. .	S. Vierge et Sᵗᵉ Rad.	B.	L'Abbé de Saint-Victor de Paris. . .	1161	
Bourdonné, saint-Jean de Houel	Burdoniacum . .	Saint Jean . . .	P.	L'Abbé de Grand-Champ		150
Bréançon, saint-Nicolas du Rosnel . . .	Breantinum . . .	Saint Nicolas . .	B.	L'Abbé de Saint-Martin de Pontoise. .	1140	
Bréval, Hamel. . . .	Brehevallis. . . .	Sainte Vierge. .	B.	L'Abbé du Bec-Helloin.		
Bréval, Petit-Thiron. .	Tironium	Sainte Vierge. .	B.	L'Abbé de Thiron		650

— 72 —

PRIEURÉS DU DIOCÈSE	PATRONS		ORDRE	PRÉSENTATEURS ET COLLATEURS	FONDATIONS	REVENU
Bréviaires (les)	Breveriæ	Saint Sulpice	A.	L'Abbé de Clairefontaine		
Briis-sous-Forges	Briæ ad Forgias	Sainte Croix	B.	L'Abbé de Saint-Magloire	VIIIe s.	
Brueil	Brogilum	Saint Laurent	B.	L'Abbé de la Croix-saint-Leufroy		
Bruyères-le-Châtel	Brucceti Castellum	Saint Didier	B.	L'Abbé de Saint-Florent	1070	600
Carrières	Carreriæ	Saint Pierre	B.	L'Abbé de Coulombs		800
Carrières-sous-Poissy	Carreriæ	Saint Blaise	P.	L'Abbé de Macheroux		
Chalo-saint-Mars . F.	Chalotum S. Med.	Saint Hilaire	B.	L'Abbesse de Villechasson		395
Chalo-saint-Mars	Chalotum S. Med.	Saint Médard	B.	L'Abbé de Josaphat		450
Chambourcy	Camborciacum	Saint Saturnin	A.	L'Abbé de Saint-Jean		1,500
Châteaufort	Castrum forte	Saint Christophe	B.	L'Abbé de Bourgueil	1066	800
Chauffour	Cauforium	Saint Sauveur	B.	L'Abbé de Saint-Vandrille	XIIe s.	850
Chaussy, Thiron	Tironium	S. Jean-Baptiste	B.	L'Abbé de Thiron		
Chaussy, Villarceaux F	Villarcella	Saint Julien	B.	L'Abbesse de Saint-Cyr	1180	
Chennevières-s -Marne	Canaberia ad M.	Saint Pierre	A.	L'Abbé d'Hivernaux	XIIe s.	
Chevreuse	Caprosiæ	Saint Saturnin	B.	L'Abbé de Bourgueil	Xe s.	
Chilly, Val-saint-Eloi	Vallis S. Eligii	S. Catherine de P.	A.	Les Chan. Reg. de la Cong. de France	1234	
Choisy - aux - Bœufs, Saint-Cyr	Choisiacum ad boves	Saint Pierre	B.	L'Abbé de Sainte-Geneviève de Paris	1163	
Conflans - sainte - Honorine	Confluentii S. Hon.	Sainte Honorine	B.	L'Abbé du Bec-Hellouin	1070	4,000
Corbeil	Corboilum	Saint Guenault	B.	L'Abbé de Saint-Victor de Paris	870	2,000
Corbeil	Corboilum	Saint Jean	B.	L'Abbé de Saint-Maur-des-Fossés	1040	
Corbeil	Corboilum	S. Jean en l'Isle	A.	Les Religieux nommaient le Prieur	1223	
Coudray (le)	Coldreium	Saint Léonard	A.	L'Abbé de Clairefontaine		200
Courances	Corencyæ	Saint Etienne	C.	L'Archevêque de Sens		
Cravent	Craventio	Saint Nicolas	B.	L'Abbé du Bec-Hellouin		
Croissy	Crociacum	Saint Léonard	C.	Le Prieur de Saint-Léonard-du-Noblet	1584	
Davron	Davero	Sainte Madel. et Sainte Blaise	B.	L'Abbé de Josaphat	XIIe s.	4,000
Deuil	Diogilum	Saint Eugène	B.	L'Abbé de Saint-Florent de Saumur	1060	3,000
Domont	Domontium	Sainte Vierge	B.	Le Prieur de Saint-Martin-des-Champs	1108	4,000
Dourdan	Durdanum	Saint Germain	B.	L'Abbé de Saint-Chéron		1,200
Dourdan	Durdanum	Saint Pierre	B.	L'Archidiacre de Chartres		200
Draveil	Dravellum	Sainte Vierge	A.	L Abbé d'Hivernaux	XIIe s.	

PRIEURÉS DU DIOCÈSE	PATRONS		ORDRE	PRÉSENTATEURS ET COLLATEURS	FONDATIONS	REVENU
Draveil, l'Hermitage.	*Dravellum*. . . .	Notre-Dame de la Consolation.	B.	L'Archevêque de Paris.	1300	
Epinay-sous-Senart. .	*Spinoletum* . . .	Sainte Geneviève	B.	L'Abbé de Sainte-Geneviève	XIIe s.	
Essonnes.	*Exona*.	Sainte Vierge. .	B.	L'Archevêque de Paris..	1111	4,000
Étampes.	*Stampæ*.	Saint Martin . .	B.	L'Archevêque de Sens.		
Étampes.	*Stampæ*.	Saint Pierre. . .	B.	L'Archevêque de Sens		
Étampes.	*Stampæ*.	T.-S.-Trinité. . .	B.	L'Archevêque de Sens		
Étang (l')-la-Ville, Chevaudeau.	*Gevaldeum*. . . .	Saint Michel. . .	B.	L'Abbé de Saint-Germain-des-Prés..	XIIIe s.	
Étréchy.	*Etrecheium* . . .	Saint Etienne. .	B.	L'Archevêque de Sens.	XIIe s.	
Evêquemont.	*Episcopi mons* . .	Sainte Vierge. .	B.	L'Abbé de Fécamp.		
Ferté-Alais (la). . . .	*Firmitas Adelaidis*	Assomption Très-Sainte Vierge.	B.	L'Abbé de Morigny		
Feucherolles.	*Felcherolis villa*. .	Sainte Gemme. .	B.	L'Abbé de Coulombs.	1030	
Flacourt.	*Flaacuria*	Saint Clair . . .	B.	L'Abbé de Neauphle-le-Vieux. . . .		200
Fontenay-le-Fleury. .	*Fontoniacum*. . .	N.-D.-du-Noyer .	B.	L'Archidiacre du Pincerais.		
Forges	*Forgiæ*	Sainte Vierge. .	B.	Le Prieur de Longpont.	1111	150
Fosses.	*Fossæ*.	Saint Etienne P.	B.	L'Abbé d'Hérivaux.		
Freneuse, Valguyon .	*Vallis Guidonis*. .	Sainte Vierge. .	B.	L'Abbé de Bellosane.		450
Frouville, Tour du Lay.	*Turris Laci* . . .	Sainte Vierge. .	B.	L'Abbé du Bec-Helloin.	1180	
Gagny.	*Ganiacum*. . . .	Saint Fiacre. . .	B.	L'Abbé de Saint-Faron de Meaux. .		
Gargenville	*Gargenvilla* . . .	Sainte Vierge. .	J.	Les Jésuites de Paris.		
Gassicourt.	*Gacicuria*	Saint Sulpice . .	B.	L'Abbé de Cluny.		6,000
Gometz-le-Châtel. . .	*Gomethiacum Castrum*. . . .	Saint Clair . . .	B.	L'Abbé de Saint-Florent de Saumur.	1070	
Gonesse.	*Gonessia*.	Saint Maurice. .	B.	Le Prieur de Deuil.		
Gournay-sur-Marne .	*Gornacum ad M*.	Sainte Vierge. .	B.	Le Prieur de Saint-Martin-des-Champs	1060	
Goussainville	*Goussainvilla*. . .	Saint Thibault. .	B.	L'Abbé de Bourgueil.		850
Gouzangrez	*Godengrissa* . . .	Sainte Catherine.	B.	L'Abbé de Saint-Vincent de Senlis. .	1120	
Granges-le-Roi (les), L'ouye.	*Loya*	N.-D.-de-Louye.	G.	Le Roi.	1163	3,200
Granges-le-Roi (les) .	*Granchiæ Regis*. .	Saint Léonard. .	A.	L'Abbé de Saint-Chéron.		800
Guerville, Saint-Germain-de-Secval. . .	*Guervevilla*. . . .	Saint Germain. .	P.	L'Abbé d'Abbecour	1271	100
Herbeville.	*Herbevilla*. . . .	Sainte Vierge. .	B.	L'Abbé de Coulombs.		600
Houdan.	*Houdanum*	Saint Jean . . .	B.	L'Abbé de Coulombs.		1,000
Isle-Adam (l')	*Insula Adæ* . . .	Sainte Vierge. .	B.	Le Prieur de Saint-Martin-des-Champs, ensuite le Roi.		

PRIEURÉS DU DIOCÈSE	PATRONS		ORDRE	PRÉSENTATEURS ET COLLATEURS	FONDATIONS	REVENU
Jambville	Jambevilla	Sainte Vierge	B.	L'Abbé de Saint-Germer-de-Fly		
Jouy-en-Josas, Saint-Mars de Villetain	Joiacum	Saint Médard	B.	L'Abbé de Chaulmes	1118	
Juvisy	Juvisiacum	Saint Nicolas	B.	Le Prieur de Saint-Martin-des-Champs	XIIe s	
Juziers	Jusiacum	Saint Jacques	B.	L'Abbé de Saint-Père-en-vallée	978	
Lévy - saint - Nom, Yvette	Juneta	Saint Pierre	B.	L'Abbé de Saint-Maur-des-Fossés	1249	
Limours	Lemurium	Saint Pierre	B.	L'Abbé de Bourgueil	1091	
Linas	Linaiæ	Saint Méry	B.	Le Prieur de Longpont	1100	
Longjumeau	Longus gemellus	Saint Martin	A.	L'Abbé de Sainte-Geneviève		
Longpont	Longus pons	Sainte Vierge	B.	Le Roi	1060	8,000
Luzarches, Grange-au-Bois	Grangiæ Nemoris	Saint Nicolas	B.	L'Abbé d'Hérivaux	1217	
Maffliers, Bons-Hommes	Maflaris	Sainte Vierge	G.	L'Abbé de Grandmont	1170	
Magny-en-Vexin	Magniacum	Sainte Vierge	B.	Le Prieur de Saint-Jean-de-Limoges		
Magny-en-Vexin	Magniacum	Sainte Anne	B.	L'Archevêque de Rouen	1061	
Magny-en-Vexin, Hodent	Magniacum	Sainte Marguerite	B.	Le Prieur de Saint-Jean-de-Limoges		
Maisons-sur-Seine	Mansionis villa	Saint Germain	B.	L'Abbé de Coulombs		1,000
Maisse	Massia	Saint Médard	B.	L'Archevêque de Sens		
Mantes	Medanta	Saint Georges	B.	Le Roi		1,550
Mantes	Medanta	Saint Julien-de-la-Croix	P.	L'Évêque de Troyes	1211	400
Mantes	Medanta	Sainte Madeleine	B.	L'Abbé de Coulombs		1,200
Mantes	Medanta	Saint Martin	B.	Le Roi		800
Marcoussis	Marcusiacum	Sainte Madeleine	B.	L'Abbé de Saint-Vandrille	XVe s.	1,500
Marcoussis	Marcusiacum	Saint Vandrille	B.	L'Abbé de Saint-Vandrille	704	
Marly-la-Ville	Malliacum villa	Saint Etienne P.	B.	L'Abbé d'Hérivaux		
Marly-le-Roi	Marliacum	Sainte Vierge	B.	L'Abbé de Coulombs	1087	600
Marolles-en-Brie	Marolium in Bria	Saint Julien	B.	Le Prieur de Saint-Martin-des-Champs	XIe s.	3,500
Maule	Manlia	Saint Nicolas	B.	L'Abbé de Saint-Evroult		
Médan	Magedon	Saint Germain	B.	L'Abbé de Neauphle-le-Vieux		
Méréville	Merari villa	Saint Pierre	B.	L'Abbé de Bonneval		
Meulan	Mellentum	Saint Côme et S. Damien	B.	L'Abbé de Coulombs	1025	700
Meulan	Mellentum	Saint Nigaise	B.	L'Abbé de Neauphle-le-Vieux	1067	4,000
Milly	Milliacum	Saint Laurent	B.	Le Prieur de Longpont		

PRIEURÉS DU DIOCÈSE	PATRONS	ORDRE	PRÉSENTATEURS ET COLLATEURS	FONDATIONS	REVENU
Milly..........	Milliacum....		Sainte Madeleine	B.	L'Archevêque de Sens.......		
Montceaux.......	Moncelli.....	Sainte Radegonde	B.	L'Abbé de Thiron.........	1384	2,000
Montchauvet....	Mons calvus...	Sainte Madeleine	B.	L'Abbé de Pontlevoy.......	1077	400
Montfermeil.....	Mons firmolius..	Sainte Vierge..	B.	L'Abbé de Saint-Victor de Paris...	1221	
Montfort.......	Mons fortis....	Saint Laurent..	B.	L'Abbé de Saint-Magloire.....		1,300
Montfort.......	Mons fortis....	Saint Nicolas..	B.	Le Seigneur du lieu.........		150
Montlhéry......	Mons lethericus..	T.-S.-Trinité et Saint Pierre..	B.	Le Prieur de Longpont.......	1153	200
Montigny-le-Bretonn.	Montiniacum...	Saint Gilles...	B.	Le Roi............		300
Neauphle-le-Château.	Nidalfa castrum.	Saint André...	B.	L'Abbé de Bourgueil........		800
Neauphlette.....	Nealfletula....	Saint Blaise, à la Brosse...	B.	L'Abbé de Josaphat........		975
Nointel........	Noiantellum...	Saint Denis...	B.	L'Abbé de Saint-Germer-de-Fly...	1178	800
Orgeval........	Orgevallis....	Saint Gilles...	B.	L'Abbé de Coulombs........		200
Orsay.........	Orceyum.....	Saint Laurent..	B.	Le Prieur de Longpont.......	1151	1,500
Osmoy.........	Ulmetum.....	Saint Cloud...	B.	L'Abbé de Josaphat........		320
Palaiseau.......	Palatiolum....	Saint Martin...	B.	L'Abbé de Bourgueil........	1205	1,200
Paray-Douaville...	Paretum.....	Saint Pierre...	A.	L'Abbé de Clairefontaine......		
Plaisir.........	Placitium....	Sainte Vierge et Saint Pierre..	B.	L'Abbé de Bourgueil........	vııı^e s.	2,500
Poigny, Moulineaux..	Molinelli.....	Sainte Vierge..	G.	L'Abbé de Grandmont.......	1160	
Poissy.........	Pisciacum....	Saint Louis...	D.	Le Roi............	1304	60,000
Pontoise........	Pontisara....	Saint Aubert..	B.	L'Abbé du Bec-Helloin.......		
Pontoise........	Pontisara....	Saint Nicolas..	A.	Le Duc de Bouillon........		
Pontoise........	Pontisara....	Saint Pierre...	R.	L'Abbé du Bec-Helloin.......		
Prunay-sous-Ablis, Villiers-Landoue...	Villarium....	Saint Laurent..	B.	L'Abbé de Saint-Père-en-vallée...	1200	350
Raincy (le).....	Rinsiacum....	Saint Blaise...	B.	L'Abbé de Thiron.........	xııı^e s.	400
Rennemoulin....	Ranarum molendinum....	Saint Nicolas..	P.	L'Abbé d'Hermières........	xııı^e s.	
Roche-Guyon (la)..	Rupes Guidonis..	T.-S.-Trinité...	B.	L'Abbé de Fécamp.........		
Roinville.......	Roincilleta....	Saint Pierre...	B.	Le Prieur de Saint-Martin-des Champs		1,300
Roissy........	Rosciacum....	Saint Eloi....	B.	Les Chanoines de Sainte-Geneviève.	xıı^e s.	
Ronquerolles....	Runcherolæ...	Saint Georges..	B.	L'Abbé de Saint-Martin de Pontoise.	1142	
Rosny.........	Rosneium....	Sainte Vierge..	B	L'Abbé de Jumièges........		1,000
Rosny.........	Rosneium....	Saint Etienne..	B.	L'Abbé de Jumièges........		45

PRIEURÉS DU DIOCÈSE	PATRONS	ORDRE	PRÉSENTATEURS ET COLLATEURS	FONDATIONS	REVENU
Rosny. . . . . . F.	*Rosneium* . . .		Saint Antoine. .	B.	L'Abbesse de Saint-Cyr.		300
Sailly, Montcian-Fontaine.	*Salliacum*. . . .	Sainte Vierge. .	G.	L'Abbé de Grandmont.		
Sailly, Saint-Sulpice de Failly.	*Salliacum*. . . .	Saint Sulpice . .	B.	L'Abbé de la Croix Saint-Leufroy. .	1040	
Saulx-les-Chartreux .	*Salices Carthusianorum*. . . .	Sainte Vierge . .	B.	L'Abbé de Saint-Florent de Saumur.	1100	
Saulx-Marchais . . .	*Saumarcheiæ*. . .	Sainte Vierge. .	B.	L'Abbé de Saint-Florent de Saumur.		1,000
Septeuil.	*Septulium*. . . .	Saint Martin. . .	B.	L'Abbé de Saint-Germain-des-Prés. .	XIIIᵉ s.	
Seraincourt, Gaillonnet	*Severini curtis*. .	Saint Pierre. . .	B.	Le Prieur de Dammartin.		
Sermaises	*Sarmesia*	Sainte Vierge. .	B.	L'Abbé de Coulombs.		
Saint-Arnoult	*Sanctus Arnulphus*	Saint Arnoult. .	B.	L'Abbé de Saint-Maur des Fossés. .		1,000
Saint-Chéron	*Sanctus Caraunus*	Saint Evroult . .	B.	L'Abbé de Saint-Evroult.		
Saint-Clair-sur-Epte .	*S. Clarus ad Eptam*.	Saint Clair. . .	B.	L'Abbé de Bourgueil.		
Saint-Cyr-sous-Dourdan.	*Sanctus Ciricus*. .	Saint Cyr. . . .	B.	Le Grand Archidiacre de Chartres. .		
Saint-Germain-en-Laye.	*S. Germanus in Laya*	Saint Germain. .	B.	L'Abbé de Coulombs.	1090	600
Saint-Germain-en-Laye, Hennemont .	*Ennex mons*. . .	S. Jean-Baptiste.	A.	L'Abbé du Val-des-Ecoliers-S. Cath.	1308	2,000
Saint-Illiers-la-Ville. le Pelleret.	*Pelleretum*. . . .	Saint Hilaire . .	B.	L'Abbé de Coulombs.		
Saint-Illiers-le-Bois. .	*S. Islaris lucus*. .	T.-S.-Trinité . .	M.	Le Commandeur de Chanu.		
Saint-Leu, Chaumette	*Sanctus Lupus*. .	Sainte Vierge et S. J.-Baptiste.	B.	L'Abbé de Sainte-Geneviève	1343	
Saint-Martin-de-Bret.	*Sanctus Martinus*.	Saint Martin. . .	B.	L'Abbé de Marmoutiers.		1,000
Saint-Martin-la-Garenne.	*S. Mart. Varennæ*.	Saint Martin. . .	B.	L'Abbé du Bec-Helloin.	1140	
Sainte-Même, Saint-Vincent-du-Bois . .	*Sancta Maxima*. .	Saint Vincent. .	B.	L'Abbé de Bonneval.		
Saint-Prix.	*S. Præjectus* . . .	SS. Prix et Fiacre	B.	L'Abbé de Saint-Martin de Pontoise.	1095	3,000
Saint-Rémy, Hautes-Bruyères. . . . F.	*Altæ Brueriæ*. . .	Sᵗᵉ Anne et S. Prix	F.	L'Abbé confirm. l'élect. faite par les R.	1078	13,000
Saint-Rémy-L'Honoré	*Sanctus Remigius*.	Saint Rémy. . .	F.	La Prieure des Hautes-Bruyères. . .		
Saint-Rémy-les-Chevreuses, Beaulieu. .	*S. R. de bello loco*.	S. Rémy, Sᵗᵉ Avoie	B.	L'Abbé de Saint-Florent de Saumur.	1070	500
Saint-Rémy-les-Che. Saint-Paul-de-Launé	*S. Paulus de Alnetis*	Sᵗᵉ Vierge, S. Paul	B.	L'Abbé de Saint-Victor de Paris . .	1122	2,000
Saint-Vrain	*Sanctus Veranus*. .	Saint Vrain. . .	B.	L'Abbé de Saint-Maur des Fossés. .	XIᵉ s.	
Saint-Yon.	*Sanctus Ionius*. .	Saint Yon. . . .	B.	L'Abbé de la Charité-sur-Loire. . .		
Taverny	*Taverniacum*. . .	Sainte Vierge . .	B.	L'Abbé de Saint-Martin de Pontoise.	XIIIᵉ s.	
Thoiry	*Torreium*	Saint Martin. . .	A.	L'Abbé de Clairefontaine.		
Trappes, Saint-Quentin	*Trapæ*.	Saint Quentin. .	B.	L'Abbé de Marmoutiers.		
Triel	*Triollum*	Saint Michel. . .	B.	Réuni à l'Hôpital.		

PRIEURÉS DU DIOCESE	PATRONS		ORDRE	PRÉSENTATEURS ET COLLATEURS	FONDATIONS	REVENU
Triel.	Triollum . . .	Saint Blaise. . .	B	L'Abbé de Macheroux.	1716	
Valmondois.	Vallis munda. . .	Saint Quentin. .	B.	L'Abbé de Saint-Martin de Pontoise.		
Valpuiseaux.	Valles puteoli. . .	Sainte Vierge. .	B.	L'Abbé de Saint-Victor de Paris. . .	1112	
Val-Saint-Germain (le)	Vallis S. Germani	Sainte Julienne .	B.	Le Grand Archidiacre de Chartres. .	XIIIᵉ s.	
Vaucresson, Jardies..	Jardrium. . . .	S. Jean-Baptiste.	B.	L'Abbé de Thiron.	1120	
Vaujours.	Vallis jocosa. . .	Saint Nicolas . .	B.	Les Chanoines de Saint-Victor de Paris.	1130	
Velannes	Velanæ	Saint Nicolas . .	B.	Le Seigneur du lieu.		
Versailles.	Versaliæ. . . .	Saint Julien de Brioude. . . .	B.	L'Abbé de Marmoutiers . . : . . .	1084	
Vigny, chap. du Bord-Haut	Capella Burdi . .	Sᵗᵉ Marie-Madel.	B.	L'Abbé de Saint-Evroult..		
Villennes.	Villanæ. . . .	Saint Nicolas . .	B.	L'Abbé de Coulombs		850
Villepreux.	Villa petrosa. . .	Saint Nicolas . .	B.	L'Abbé de Marmoutiers.	1169	2,000
Villers-en-Arthies . .	Villarium in Arthegia. . . .	S. Léger-du-Bois.	B.	L'Abbé de Saint-Germain-des-Prés. .		
Villiers-le-Bel. . . .	Villare bellum . .	Saint Didier. . .	B.	L'Abbé de Saint-Victor.	1124	
Ws, Saint-Blaise du Cornouillet. . . .	Sanctus Blasius. .	Saint Blaise. . .	B.	L'Abbé de Josaphat.		
Yerres.	Hedera.	Saint Nicolas . .	B.	L'Abbesse d'Yerres	XIIᵉ s.	

CHAPITRE VI

Commanderies.

La Terre-Sainte a toujours attiré les regards de l'univers et principalement de l'Europe par ses précieux souvenirs. De nombreux pèlerins ont visité fréquemment le tombeau du Sauveur. Pendant le onzième siècle les pèlerinages devinrent encore plus fréquents, malgré les exactions des Sarrasins qui s'étaient rendus maîtres de la Palestine. Au milieu de ce siècle, des marchands Italiens de la ville d'Amalfi, victimes de la dureté des barbares et même des Grecs, conçurent le projet de donner aux pèlerins d'Europe, dans la ville de Jérusalem, un asile où ils n'eussent rien à craindre. Ils demandèrent et obtinrent du Calife la permission de bâtir un hospice près du Saint-Sépulcre. Le Gouverneur leur assigna une portion de terrain où ils élevèrent une modeste chapelle sous le nom de Sainte-Marie *La Latine,* qui fut desservie par des Religieux de l'Ordre de Saint-Benoît. On construisit près du couvent deux hospices pour y recevoir les pèlerins de l'un et de l'autre sexe ; les aumônes recueillies en Italie suffisaient à leurs besoins. Ces deux hospices furent pillés en 1065, après la prise de Jérusalem par les Turcs, et ils auraient disparu si les

— 79 —

barbares n'avaient craint de tarir la source des exactions qu'ils commettaient envers les Chrétiens.

En 1099, Jérusalem étant tombée au pouvoir des Croisés, Godefroy de Bouillon fonda dans l'église du Saint-Sépulcre un chapitre de chanoines latins de l'Ordre de Saint-Augustin et un autre, peu après, dans l'église du Temple qui servait de Mosquée aux infidèles. Le Prince aimait beaucoup à visiter la maison hospitalière de Saint-Jean, où se trouvaient un grand nombre de croisés que leurs blessures retenaient en ce lieu. Comme ils n'avaient qu'à se louer des soins qu'ils recevaient du pieux Gérard, le directeur, et de ses frères, plusieurs, après leur guérison, renonçant à leur patrie, se consacrèrent au service des pauvres. Godefroi de Bouillon, pour venir en aide à ces religieux, leur donna la seigneurie de Montboire en Brabant, avec ses dépendances. La plupart des Princes et Seigneurs suivirent son exemple, et la maison se trouva enrichie d'un assez grand nombre de terres en Europe et en Palestine. Les Hospitaliers prirent un habit régulier, qui consistait en une robe noire, sur laquelle était attachée du côté du cœur une croix blanche à huit pointes. Le Patriarche de Jérusalem, après les avoir revêtus de cette robe, reçut les trois vœux solennels qu'ils prononcèrent, au pied du Saint-Sépulcre, en y ajoutant celui de porter les armes pour la défense de l'Église ; et le Pape Pascal II approuva cet Institut.

La sage administration de Gérard, qui venait de bâtir une magnifique église en l'honneur de saint Jean-Baptiste, utilisa les maisons et les terres pour y recevoir les pèlerins qui se rendaient à Jérusalem, et leur procurer tous les secours dont ils avaient besoin. Ce fut l'origine des commanderies où il y avait toujours un ou plusieurs prêtres pour les services religieux.

Les Sarrasins étant redevenus maîtres de Jérusalem, les Hospitaliers firent en 1309 la conquête de l'île de Rhodes où ils s'établirent. Chassés de nouveau en 1522 par les Turcs, ils se retirèrent dans l'île de Candie, et, en 1530, l'empereur Charles-Quint leur donna l'île de Malte, dont ils ont porté le nom depuis cette époque. En 1798, le général Bonaparte s'en empara, consentit à une indemnité de six cent mille francs en faveur de l'Ordre, trois cent mille francs de pension annuelle pour le Grand-Maître, et sept-cents francs pour chaque Chevalier. Mais ce traité ne reçut jamais son exécution, en sorte que la prise de Malte fut un acte déloyal. Aujourd'hui cette île est une possession anglaise.

L'Ordre, ayant besoin de secours pour subvenir aux dépenses des guerres, les trouva dans la libéralité des fidèles et la réunion des biens des Templiers qui lui furent donnés par le Pape Clément V, en 1312, après la suppression de ces derniers. Chaque maison devant fournir une certaine somme, les commissions ou obédiences chargées de percevoir cet argent portaient en tête le mot *Commendamus*. L'administration de chaque maison prit le nom de *Commendataire*, d'où est venu le nom de *Commanderie* et de *Commandeur*.

Il y avait, en 1790, cinquante commanderies dans la région nord-ouest du royaume de France. Nous ne relatons que celles situées dans le territoire actuel du Diocèse, avec leurs Annexes.

La principale Commanderie était celle du Temple à Paris; elle avait pour Annexes : Clichy-en-l'Aunoy, Balisy, Fromont et Puiseux-en-Parisis, auxquelles se trouvaient annexées des maisons moins importantes.

Venaient ensuite : Saint-Jean-de-Latran, à Paris, qui avait pour Annexe le Déluge et trois maisons; les Loges, Saclay et Chaufour.

Corbeil, qui avait pour Annexes : Savigny-le-Temple et Melun, au diocèse de Meaux actuel.

Chalou-la-Reine et Étampes.

Le Saussay, sur la paroisse d'Itteville, qui avait pour succursales : Auvernaux et plusieurs en dehors du diocèse.

Louviers et Vaumion, qui avaient pour succursales : la Villedieu-les-Maurepas à Elancourt, la Brosse et Cernay, avec plusieurs maisons.

Ivry-le-Temple, qui avait pour succursales : Messelan et Bernes, avec plusieurs autres.

Enfin Chanu, qui avait pour succursales : Prunay-le-Temple et autres maisons hors du diocèse.

Trois Commanderies avaient cessé d'exister avant 1789 : celle de Montmorency en 1318; celle de Fontenay-les-Louvres au xv° siècle, et celle de Fromont en 1574.

Parmi les autres, il n'en reste plus une seule; elles ont été supprimées en 1790, leurs biens saisis et vendus à vil prix par le gouvernement révolutionnaire de cette époque.

Nous allons donner le tableau des Commanderies *C.* et de leurs Annexes *A.*, avec leurs fondateurs, l'époque de leur fondation et leurs revenus en 1757 et autres années.

COMMANDERIES DU DIOCÈSE		TITRE	FONDATEURS	ANNÉE	REVENUS	EN
Auvernaux.	*Auverniacum.*	C.	Par acquisition	1156	200	1757
Balisy, Longjumeau	*Balisiacum.*	C.	Par acquisition	1288	4,000	1757
Nosay ou Noray.	*Nogaretum.*	A.	Hébert Lemaistre de Montlhéry.	1246		
Orangis	*Orengiacum.*	A.	Fouques d'Orangis et Renault son frère.	1194	800	1783
Bornes.	*Baerna.*	C.	Par acquisition	XIIIᵉ s.	3,800	1783
Cernay, Ermont.	*Sarnayum..*	C.	Jehan de Cernay.	1269	8,000	1783
Rubelles, Saint-Prix.	*Vicum bellum.*	A.	Gauthier de Rubelles.	1271	1,500	1783
Sarcelles.	*Cercellæ.*	A.	Par acquisition	XIIIᵉ s.	1,000	1783
Jouy-le-Comte.	*Joiacum comitis.*	A.	Bouchard de Stains.	XIIᵉ s.	1,000	1783
Chalou-Moulineux.	*Chalotum Reginæ.*	C.	Alix, Reine de France.	1185	4,235	1788
Clichy-en-Launoy.	*Clichiacum in Alneto.*	C.	Par acquisition	1261	1,700	1783
Gonesse.	*Gonessia.*	A.	Pétronille du Change.	1284		
Montmorency.	*Monsmorentiacus..*	A.	Le Seigneur de Montmorency.	1192		
Château-du-Mail, Franconville.	*Castellum de Mallio.*	A.	Par acquisition	1198	400	1783
Déluge (le), Marcoussis.	*Dilugium.*	C.	Les Seigneurs du lieu.	1183	7,000	1783
Chaufour.	*Calidum Furnum.*	A.	Par cession de l'Abbaye de Morigny.	XIIIᵉ s.	1,100	1783
Etampes.	*Stampæ.*	C.	Le Roi Louis VII.	1159	2,800	1788
Chesnay (le), Etampes.	*Quercetum.*	A.	Les Comtes d'Etampes.	1374		
Fromont, Ris-Orangis.	*Fortismons.*	C.	Gaudry de Savigny.	1173		
Santeny et le Plessis-Pommeraye.	*Centeniacum.*	A.	Jeanne, comtesse de Blois et de Brie.	1290	1,900	1783
Louvières, Omerville.	*Loveriæ.*	C.	Par acquisition	1212	2,100	1783
Messelan, Frouville.	*Messerant.*	C.	Par acquisition	XIIIᵉ s.	1,800	1782
Prunay-le-Temple.	*Pruneium.*	C.	Simon d'Anet.	1189	4,000	1783
Puiseux-les-Louvres.	*Puselli ad Luparam.*	C.	Par acquisition	1233	8,000	1783
Fontenay-les-Louvres.	*Fontanetum ad Luparam*	A.	Par acquisition	XIIIᵉ s.		
Saint-Jean-en-l'Ile, Corbeil.	*Corboilum in Insula.*	C.	Thierry Galeran.	1176	21,000	1783
Tigery.	*Tigeriacum.*	A.	Guerrier de Montaigu.	1228	500	1757
Saussay (le), Itteville.	*Saucoium.*	C.	Par cession de l'Abbaye de Morigny.	1159	3,600	1783
Vaumion, Ambleville.	*Vallemion.*	C.	Godefroy d'Ambleville.	1181	1,200	1783
Ville-Dieu-les-Maurepas (la), Elancourt	*Villa Dei de malo repastu*	C.	Par acquisition	1206	2,000	1757
Boullay-les-Troux.	*Booleium.*	A.	Simon de Chevreuse.	1190	1,200	1783
Brosse (la), Saint-Lambert.	*Brocia.*	A.	Les Seigneurs de Chevreuse.	XIIᵉ s.	1,400	1783
Saint-Aubin.	*Sanctus Albinius.*	A.	Jehan, Seigneur d'Issy.	1239	750	1757
Loges (les), Ann. de St-Jean-de-Latran	*Logiæ.*	A.	Valleran Vestrion.	1199	1,590	1763
Saclay, Id.	*Sarcleium.*	A.	Par acquisition	1194	3,000	1757

CHAPITRE VII

Ordres religieux.

Nous entendons par Ordres religieux un corps de Réguliers qui ont fait profession de vivre sous une règle approuvée par l'Eglise.

La vie religieuse commença sous l'Ancienne Loi, dans la personne des Prophètes et de leurs disciples. Elle se développa sous la Nouvelle avec saint Antoine en Orient, et fut apportée par saint Athanase en Occident. Semblable au grain de senevé de l'Evangile, petite dans ses commencements, elle grandit, et embrassa bientôt tout l'univers, produisant de nombreux fruits de salut. Ce fut principalement dans les Gaules qu'elle fit sentir son action bienfaisante; car à mesure que croulait l'Empire Romain, elle opposait aux Barbares une barrière infranchissable, et les civilisait. Ne pouvant la suivre dans le cours des siècles, car cette étude appartient à l'Histoire Ecclésiastique et ne rentre pas dans notre cadre, nous passons à la fin du xviiie. La tourmente révolutionnaire, comme une mer en furie qui brise tout ce qu'elle rencontre, anéantit les Ordres religieux établis sur le territoire de notre diocèse, dont ils faisaient l'édification. Depuis qu'ils ont été supprimés, toute une génération a passé, et peu de personnes parmi les vieillards se souviennent d'en avoir entendu parler. Encore quelques années et la trace en sera complétement perdue. Nous avons pensé qu'en les réunissant dans ce travail, aussi complétement que possible, ce serait les sauver de l'oubli, les faire revivre par la pensée, et porter nos cœurs à remercier la Providence de tous les bienfaits qu'ils ont rendus à nos pères. Leur nombre était considérable et leur fondation remontait pour la plupart assez haut dans le cours des siècles. Les documents nous faisant défaut, nous ne pouvons donner l'époque de cette fondation. En ce qui concerne leur suppression, elle date de l'année néfaste 1790, qui fut témoin de celle des collégiales, abbayes, prieurés, commanderies, etc.

Le plus grand nombre des maisons appartenaient aux Ordres de Saint-Augustin, de Saint-Benoît, de Saint-François et de Saint-Dominique.

L'Ordre de Saint-Augustin avait été fondé par l'illustre évêque d'Hippone en 395, et sa noble famille avait pris une extension prodigieuse. Sa Règle était suivie en Occident, comme celle de saint Basile l'était en Orient. Il possédait dans le diocèse trois Maisons de Célestins : à Mantes, à Marcoussis et à Rueil (Buzenval) ; trois Maisons de Mathurins : à Etampes, à Montmorency et à Pontoise ; deux Maisons d'Augustines : à Argenteuil et à Montlhéry ; six Maisons d'Ursulines : à Argenteuil, à Magny, à Mantes, à Poissy, à Pontoise et à Saint-Germain-en-Laye ; enfin un couvent des Dames-de-la-Croix à Rueil.

L'Ordre de Saint-Benoît avait été fondé en 529 au mont Cassin. La Règle qu'il donna à ses Religieux fut approuvée par saint Grégoire le Grand en 595. Elle fut reçue par les Moines d'Occident, et un grand nombre d'Ordres religieux la suivirent. Il possédait un couvent de Religieux de Marmoutiers à Juvisy-sur-Orge, un couvent de Camaldules à Pontoise, un collége à Saint-Martin-des-Champs, et un couvent de Religieux de la Congrégation de Saint-Maur à Saint-Vrain, une Maison de Religieux à Arpajon, enfin six Maisons de Bénédictines, à Magny (Villarceaux), à Mantes, à Pontoise, à Ronquerolles, à Saint-Cloud et à Videlles (Retolu).

L'Ordre de Saint-François d'Assise fut fondé en 1208, approuvé par le quatrième concile de Latran en 1215, et confirmé par Honorius III.

Il se compose d'un grand nombre de familles, et notre diocèse en possédait plusieurs. Aujourd'hui encore une famille de cet Ordre existe à Versailles depuis 1849, sur le boulevard de la Reine, n° 1. Elle a été appelée par Mgr Gros de sainte mémoire. Il possédait six Maisons de Capucins : à Etampes, à Limay, à Meudon, à Montfort, à Poissy et à Pontoise ; six couvents de Cordeliers : à Corbeil, à Etampes, à Magny, à Mantes, à Noisy-le-Roi et à Pontoise ; quatre couvents de Récollets : à Corbeil, à Saint-Germain-en-Laye, à Saint-Martin du Tertre et à Versailles ; quatre Maisons de Pénitents blancs : à Bruyères-le-Chatel, à Limours, à Luzarches et à Meulan ; enfin des Hospitalières à Mantes et à Saint-Germain-les-Arpajon.

L'Ordre de Saint-Dominique, ou des Frères-Prêcheurs, fut fondé à Bologne d'abord, puis à Toulouse en 1215, approuvé par Innocent III, et confirmé par Honorius III. Cet Ordre, avec le précédent, ont soutenu le monde chancelant au XIIIe siècle, l'un par la pauvreté et l'autre par la parole. Il possédait deux Maisons : à Gonesse et à Poissy.

Nous ne donnerons pas l'origine des autres Ordres, mais seulement leur énumération.

Les Religieux de la Congrégation possédaient trois Maisons : à Etampes, à Houdan et à Montfort.

Les Pères Jésuites, deux colléges : à Marines et à Pontoise.

Les Minimes de Saint-Roch, une Maison à Beaumont.

Les Camaldules, une Maison à Boissy-Saint-Léger, (Gros-Bois).

Les Annonciades, deux Maisons : à Meulan et à Versailles.

Les Filles de Sainte-Catherine, une Maison à Arpajon.

Les Religieux de l'Union chrétienne de Chaumont, une Maison à Mantes.

Les Religieux de Saint-Thomas de Villeneuve, une Maison à Saint-Germain-en-Laye.

Les Religieux de la Mission de Saint-Vincent de Paul, une Maison à Saint-Cloud.

Enfin il y avait trois séminaires tenus par des séculiers : à Cerny, à Ecquevilly et à Evry-sur-Seine.

Deux nouvelles Maisons religieuses avaient été fondées parmi nous dans d'anciennes abbayes : à Royaumont et à Saint-Cyr ; mais elles n'ont eu qu'une existence éphémère.

Les Pères Oblats de Marie se sont installés à Royaumont en 1865 et ont quitté, en 1869, après un séjour de quatre années.

Les Pères Maristes se sont installés à Saint-Cyr dans l'ancienne Abbaye de Notre-Dame-des-Anges en 1866, et l'ont vendue en 1872 après un séjour de six années.

Les Religieux Bénédictins de Solesmes avaient établi une succursale de leur Maison à Bièvres en 1844, laquelle a disparu peu après.

CHAPITRE VIII

Maladreries.

Ce nom qu'on prononçait autrefois Maladerie était un lieu fondé pour recueillir et assister les malades atteints de la peste. *Nosocomium valetudinarium leprosorum, Nosocomium leprosorum.* Il y avait en France un très-grand nombre de Maladreries dédiées à saint Lazare, à sainte Marthe et à sainte Marie-Madeleine. On sait que la lèpre apportée d'Orient au temps des croisades était très-commune dans nos contrées. Elle diminua peu à peu, et au xvie siècle il n'y avait plus qu'un très-petit nombre de personnes atteintes de ce mal. Les abus ne tardèrent pas à s'y introduire, et souvent de faux lépreux s'y faisaient admettre pour vivre dans l'oisiveté. Ces maisons avaient été enrichies d'abord par les fondateurs, et ensuite par les nombreux bienfaits de personnes charitables.

Le Roi Louis XIII, au commencement de son règne, en 1612, fit une ordonnance par laquelle chaque lépreux devait être visité, et s'il était reconnu atteint de cette maladie, séparé du peuple, et avec les cérémonies ecclésiastiques accoutumées, être reçu dans une Léproserie sur le vu d'un Bulletin du Grand Aumônier de France. Depuis cette époque, elles furent réunies à l'Ordre de Saint-Lazare et du mont Carmel par édit du Roi Louis XIV, au mois d'avril 1664, qui n'eut son effet que le 18 mai 1669. Les Maladreries, dont quelques-unes étaient possédées par des usurpateurs, furent retirées de leurs mains. On en fit des commanderies qui furent données à l'Ordre de Saint-Lazare. Enfin par un autre édit de 1672, le Roi confirma l'union et l'administration des Maladreries et Léproseries à l'ordre du Mont-Carmel et de Saint-Lazare. Elles furent désunies par un édit du Roi de l'an 1693, au mois de mars. Mathieu Paris dit dans son histoire qu'il y avait dix-neuf mille Léproseries dans la chrétienté.

Tous les établissements qui se trouvaient en France ont été détruits par la révolution, et leurs biens vendus à vil prix. Quelques-uns de ces biens non vendus ont été attribués aux Hospices et Hôpitaux pour le soulagement des malades ou infirmes.

Nous donnerons ici les noms de toutes les Maladreries et Léproseries qui sont à notre connaissance et qui existaient avant 1789 dans les Paroisses du Diocèse.

Ablis, Argenteuil, Arpajon, Arthies, Baillet, Beaumont, Bièvres, Boissy-Saint-Léger, Gros-Bois, Bouray, Bray et Lu, Champigny, Chars, Châteaufort, Chevreuse, Chilly-Mazarin, Corbeil, Cormeilles-en-Vexin, Courcouronne, Dourdan, Essonnes, Etampes, Etréchy, Ferté-Alais (la), Fontenay-les-Briis, Franconville, Garancières, Génicourt, Gif, Gonesse, Gournay-sur-Marne, Houdan, Isle-Adam (l'), Juvisy, Linas, Longjumeau, Longpont, Louvres, Luzarches, Magny, Maisse, Mantes, Marolles, Milly, Montfort, Montgeron, Montlhéry, Montmorency, Noisy-le-Grand, Poissy, Pontoise, Queue-en-Brie (la), Rochefort, Roissy, Rueil, Saclas, Saint-Brice, Saint-Leu-Taverny, Verneuil, Vetheuil, Viarmes, Vieux-Corbeil, Villeneuve-Saint-Georges, Villepreux et Villiers-le-Bel.

CHAPITRE IX

Diocèse.

Après la tourmente révolutionnaire qui avait tout bouleversé en France, le premier consul Napoléon Bonaparte conclut avec le Souverain Pontife Pie VII le concordat du 15 juillet 1801 (26 messidor an IX). Le 15 août suivant, fête de l'Assomption de la Très-Sainte-Vierge, patronne de la France, ce concordat fut ratifié à Rome, et le Pape donna pour ce sujet la Bulle *Ecclesia Christi*. Le même jour il adressa un Bref pour demander aux Evêques leur démission. Le 29 novembre, il publia la Bulle *Qui Christi Domini*, laquelle prescrivait l'exécution du concordat. Par cette Bulle, il anéantit toutes les églises Archiépiscopales et Episcopales, divisa la France en dix Métropoles et cinquante Évêchés. Le Corps législatif adopta le concordat comme loi de l'Etat le 5 avril 1802. Enfin le jour de Pâques suivant, 18 du même mois, l'Eglise catholique en France, ressuscitée par la grâce de Dieu et du Saint-Siége Apostolique, célébra sa résurrection à Notre-Dame de Paris avec une grande joie et une grande pompe.

Paris conserva son titre de Siége Métropolitain dont il jouissait depuis 1622, et eut comme suffragants huit évêchés : Meaux, Amiens, Arras, Cambray, Soissons, Orléans, Troyes et Versailles qui avait pour territoire les départements de Seine-et-Oise et d'Eure-et-Loir : *Provincia Sequanæ et OEsiæ, Eburæ et Liderici*.

Un nouveau concordat conclu entre Louis XVIII, Roi de France, et le même Souverain-Pontife Pie VII le 11 juin 1817, rétablit plusieurs Siéges supprimés en 1801, parmi lesquels se trouva celui de Chartres, et le diocèse de Versailles fut définitivement renfermé dans les limites du département de Seine-et-Oise.

Ce diocèse (1), qui n'existait pas avant 1801, n'a pu être érigé qu'aux dépens des anciens diocèses de Paris, de Senlis, de Beauvais, de Rouen, d'Evreux, de Chartres, et de Sens, comme nous l'avons vu au chapitre II. En effet, la partie nord provient des diocèses de Rouen, de Beauvais et de Senlis. Ce dernier ne nous a donné qu'une paroisse, Survilliers. Celle du centre et de l'est, de celui de Paris. Celle de l'ouest, de celui de Chartres, autrefois un des plus grands de la chrétienté, et d'Evreux, qui nous a donné trois paroisses seulement : Blaru, Cravent et Saint-Illiers-le-Bois ; enfin celle du sud, du diocèse de Sens.

Tel qu'il est constitué le diocèse de Versailles est le seul à qui sa configuration donne une double ligne de limites, l'une extérieure, et l'autre intérieure. A l'extérieur, il est borné au nord par le diocèse de Beauvais (*Oise*) ; à l'est par celui de Meaux (*Seine-et-Marne*) ; au sud par celui d'Orléans (*Loiret*) ; et enfin à l'ouest par ceux de Chartres, (*Eure-et-Loir*) et d'Evreux (*Eure*). A l'intérieur il circonscrit le diocèse de Paris.

Sa plus grande longueur du nord au sud, c'est-à-dire de Berville à Angerville est d'environ 100 kilom. (25 lieues) ; sa largeur moyenne de l'est à l'ouest, c'est-à-dire de Houdan à la Queue-en-Brie, est de 72 kilom. (18 lieues).

Il est assis sur la totalité ou partie de six petits pays, jadis connus sous le nom de Vexin français, de Beauvoisis, de l'Isle-de-France, proprement dite, de Mantais, de Hurepoix et de la Brie française qui dépendaient du Gouvernement général de l'Isle-de-France ; sur une partie du Gâtinais qui appartenait à l'Orléanais et enfin de la Beauce.

Ce diocèse est arrosé par trois rivières navigables : la Seine, la Marne

(1) La notice suivante est empruntée au savant travail de M. Mercier sur la carte diocésaine.

et l'Oise, et par plusieurs cours d'eau inférieurs, affluents de ces trois rivières, dont les principaux sont : l'Epte, la Vaucouleur, la Maudre, la Bièvre, l'Yvette, l'Orge, la Juine, l'Essonne, etc.

Sous le rapport des voies de communication, il est le mieux doté des diocèses de France. De nombreux chemins de fer et de belles routes le traversent et convergent vers la capitale : quantité de routes départementales et communales le sillonnent en tous sens.

Son territoire très-productif en toutes sortes de grains, fourrages, fruits et légumes, fournit avec abondance à l'approvisionnement de Paris. La culture déjà très-perfectionnée fait chaque jour de nouveaux progrès : tous les genres d'industrie y sont en pleine activité; à leur tête se place la Manufacture nationale de Sèvres qui jouit d'une réputation universelle justement méritée.

On y voit de belles forêts, dont les plus importantes sont celles de Montmorency, de Saint-Germain-en-Laye, de Marly, de Rambouillet, d'Yvelines, de Senard et de Bondy. Viennent ensuite celles d'une étendue secondaire, telles que les forêts de Carnelles, de l'Isle-Adam, de Rosny, de Dourdan, etc., etc., et les bois avoisinant Versailles et Meudon qui fournissent en été de frais et délicieux ombrages.

Le diocèse est divisé en deux Archidiaconnés. Le premier, sous le titre de Saint-Louis, se compose des arrondissements de Versailles, Mantes et Pontoise ; le second, sous le titre de Notre-Dame, comprend ceux de Corbeil, Etampes et Rambouillet.

Chaque arrondissement est subdivisé en doyennés correspondant aux cantons civils, excepté Angerville, Beaumont, Marcoussis et Saint-Arnoult.

1° Versailles qui en compte 10 : Argenteuil, Marly-le-Roi, Meulan, Palaiseau, Poissy, Saint-Germain-en-Laye, Sèvres et les trois doyennés de Versailles.

2° Mantes qui en compte 5 : Bonnières, Houdan, Limay, Magny et Mantes.

3° Pontoise qui en compte 7 : Beaumont-sur-Oise (*le canton de l'Isle-Adam*), Ecouen, Gonesse, Luzarches, Marines, Montmorency et Pontoise.

4° Corbeil qui en compte 4 : Arpajon, Boissy-Saint-Léger, Corbeil et Longjumeau.

5° Etampes qui en compte 4 : Angerville (*Le canton de Méréville*), Etampes, la Ferté-Alais et Milly.

6° Rambouillet qui en compte 6 : Chevreuse, Dourdan, Marcoussis (*le canton de Limours*), Montfort-l'Amaury, Rambouillet et Saint-Arnoult (*le canton de Dourdan sud*).

Il existe dans le diocèse, dont la population est de 580,180 habitants (1872), 15 cures de 1re classe ; 48 de 2e classe, 522 succursales, 59 vicariats rétribués par le Trésor, une chapelle communale et 9 chapelles de secours.

Le tableau suivant fera connaître ces divisions, en commençant par l'arrondissement de Mantes selon l'usage adopté dans les premières années du siècle.

ÉTAT DES PAROISSES DU DIOCÈSE

PAR ARRONDISSEMENTS ET CANTONS

STATUS PAROCHIARUM DIOECESIS

PER REGIONES ET DECANATUS

ARRONDISSEMENT DE MANTES. — CANTON DE BONNIÈRES.

REGIO MEDANTÆ. — DECANATUS BONNERIARUM.

PAROISSES		PATRONS ET TITULAIRES	
Bonnières.........	*Bonneriæ.*.........	Sainte Vierge.......	*Nativitas B. M. V.*
Mesnil-Renard (le), annexe.	*Mansio Renardi.*.....	Sainte Vierge.......	*Assumptio B. M. V.*
Bennecourt........	*Bannecuria.*........	Saint Ouen........	*S. Audoenus.*
Blaru............	*Blarustum.*........	Saint Hilaire.......	*S. Hilarius.*
Port-Villez, annexe.....	*Portus villaris.*......	Saint Pierre, Ap......	*S. Petrus.*
Boissy-Mauvoisin......	*Boisseium de malo vicino.*	Saint Pierre, Ap......	*S. Petrus.*
Ménerville, annexe.....	*Menardi villa.*......	Saint Caprais.......	*S. Caprasius.*
Bréval...........	*Brehevallis.*........	Saint Laurent.......	*S. Laurentius.*
Cravent..........	*Craventio.*.........	Sainte Vierge.......	*Nativitas B. M. V.*
Chauffour.........	*Calcifurnum.*.......	Notre-Seigneur J.-C....	*Transfiguratio.*
Fontenay-Mauvoisin....	*Fontanetum de malo vicino.*	Saint Nicolas.,......	*S. Nicolaus.*
Favrieux, annexe......	*Faverili villa.*.......	Sainte Vierge.......	*Nativitas B. M. V.*
Freneuse..........	*Fraxinosum.*.......	Saint Martin.......	*S. Martinus.*
Gommecourt.......	*Comitis curia.*......	Saints Crépin et Crépinien..	*SS. Crispinus et Crispinianus.*
Jeufosses.........	*Jeufredi fossa.*......	Sainte Vierge.......	*Assumptio B. M. V.*
Jouy-Mauvoisin.....	*Joiacum de malo vicino..*	Sainte Foi........	*S. Fides.*
Limetz...........	*Limetæ.*..........	Saint Sulpice.......	*S. Sulpitius.*
Lommoye.........	*Lomazia.*.........	Saint Léger........	*S. Leodegarius.*
Méricourt.........	*Mederici curtis..*.....	Sainte Vierge.......	*Nativitas B. M. V.*

PAROISSES		PATRONS ET TITULAIRES	
Moisson..........	Messis...........	Saint Léger........	S. Leodegarius.
Moussoaux........	Moncelli.........	Saint Léger........	S. Leodegarius.
Neauphlette........	Nealphletula........	Saint Martin........	S. Martinus.
Perdreauville.......	Perdreauvilla.......	Saint Martin........	S. Martinus.
Rolleboise.........	Rollonis buscus......	Saint Michel........	S. Michael.
Saint-Illiers-la-Ville....	Sanctus Islaris Villa....	Saint Iliers.........	S. Islaris.
Saint-Illiers-le-Bois....	Sanctus Islaris Nemoris..	Très-Sainte Trinité.....	SS. Trinitas.
Villeneuve-en-Chevrie (la)..	Villanova in Anfractu....	Saint Nicolas........	S. Nicolaus.
CANTON DE HOUDAN. — DECANATUS HOUDANI.			
Houdan...........	Houdanum.........	Saint Jacques Maj......	S. Jacobus.
Dannemarie, annexe....	Domna Maria........	Sainte Anne.........	S. Anna.
Thionville, annexe.....	Theodonis villa.......	Saint Nicolas........	S. Nicolaus.
Adainville.........	Adeinvilla.........	Saint Denis.........	S. Dionysius.
Bazainville........	Bazenvilla.........	Saint Nicolas........	S. Nicolaus.
Bourdonné.........	Burdoniacum........	Saint Martin........	S. Martinus.
Condé-sur-Vesgre, annexe..	Condetum.........	Saint Germain d'Aux....	S. Germanus, A.
Civry-la-Forêt.......	Sivreum..........	Saint Barthélemy......	S. Bartholomæus.
Mulcent, annexe......	Mulsanum.........	Saint Etienne, 1er M....	S. Stephanus.
Dammartin.........	Domnus Martinus.....	Saint Martin........	S. Martinus.
Gambais..........	Gambesium........	Saint Aignan........	S. Anianus.
Gressey..........	Gresseyum.........	Saint Pierre, Ap......	S. Petrus.
Haute-Ville (la)......	Charmeia.........	Sainte Madeleine......	S. Magdalena.
Grand-Champ, annexe...	Grandis campus......	Saint Blaise........	S. Blasius.
Tertre-Gaudran (le), annexe.	Collis Goderani......	Saint Pancrace.......	S. Pancratius.
Longnes..........	Laoniæ..........	Saint Pierre, Ap......	S. Petrus.
Tertre-saint-Denis (le), ann.	Collis sancti Dionysii...	Saint Laurent........	S. Laurentius.
Maulette..........	Mantia parva.......	Saint Pierre, Ap......	S. Petrus.
Montchauvet........	Mons calvus........	Sainte Madeleine......	S. Magdalena.
Mondreville........	Mundrevilla........	Saint Christophe......	S. Christophorus.
Orvilliers.........	Ursvillare.........	Saint Martin........	S. Martinus.
Prunay-le-Temple.....	Prunetum Templi.....	Saint Martin........	S. Martinus.

PAROISSES		PATRONS ET TITULAIRES	
Richebourg.	Ricmari villa.	Saint Georges.	S. Georgius.
Septeuil.	Septulium.	Saint Nicolas	S. Nicolaus.
Courgent, annexe. . . .	Viceni curtis	Saint Cloud.	S. Clodoaldus.
Saint-Martin-des-Champs. .	Ellevilla	Saint Martin	S. Martinus.
Osmoy, annexe.	Ubmetum	Saint Cloud.	S. Clodoaldus.
Tilly.	Telleium	Sainte Vierge.	Nativitas B. M. V.
Boissets, chapelle vicariale.	Boissetium.	Saint Hilaire	S. Hilarius.
Flins-Neuve-Eglise, annexe.	Felins Nova Ecclesia. . .	Saint Denis.	S. Dionysius.

CANTON DE LIMAY. — DECANATUS LIMAYI.

Limay	Limayum.	Saint Aubin.	S. Albinus.
Beueil	Brogilum	Saint Denis.	S. Dionysius.
Drocourt	Droconis curtis	Saint Denis.	S. Dionysius.
Follainville.	Follani villa.	Saint Martin.	S. Martinus.
Fontenay-Saint-Père. . . .	Fontanetum S. Petri. . .	Saint Denis.	S. Dionysius.
Gargenville.	Gargenvilla.	Saint Martin	S. Martinus.
Guernes.	Gronniacum	Sainte Vierge.	Assumptio B. M. V.
Guitrancourt.	Guistrancuria	Saint Ouen	S. Audoenus.
Issou.	Sociacum villa	Saint Martin.	S. Martinus.
Jambville.	Jambevilla	Sainte Vierge.	Assumptio B. M. V.
Juziers	Jusiacum.	Saint Michel	S. Michaël.
Lainville	Linvilla.	Saint Martin	S. Martinus.
Montalet-le-Bois.	Mons Alethis Bosci. . . .	Sainte Vierge.	Nativitas B. M. V.
Oinville.	Audoeni villa.	Saint Séverin	S. Severinus.
Porcheville	Porcariorum villa. . . .	Saint Séverin	S. Severinus.
Sailly.	Salliacum.	Saint Sulpice	S. Sulpitius.
Saint-Martin-la-Garenne . .	S. Martinus Varennæ . . .	Saint Martin	S. Martinus.

CANTON DE MAGNY. — DECANATUS MAGNIACI.

Magny	Magniacum.	Sainte Vierge.	Nativitas B. M. V.
Arthieul, annexe.	Artheiolum	. . . .	
Blamecourt, chapelle. . .	. . . .	Saint Jacques.	S. Jacobus.

— 96 —

PAROISSES		PATRONS ET TITULAIRES	
Charmont, annexe.	Carus mons.	. . . .	
Hodent, chapelle.	. . . .	Sainte Marguerite.	S. Margarita.
Velannes, chapelle.	Velanæ.	Saint Gilles.	S. Ægidius.
Aincourt.	Aincurtis.	Saint Martin.	S. Martinus.
Ambleville	Amblevilla	Saints Donatien et Rogatien	SS. Donatianus et Rogatianus
Amenucourt.	Amænum curtis.	Saint Léger.	S. Leodegarius.
Arthies.	Arthegiæ.	S. Aignan.	S. Anianus.
Bray et Lu.	Braium et Lutum	Sainte Vierge.	Nativitas B. M. V.
Buhy.	Buhiacum	Saint Saturnin.	S. Saturninus.
Chaussy	Cussiacum	Saints Crépin et Crépinien	SS. Crispinus et Crispinianus
Chérence	Carenciæ.	Saint Denis.	S. Dionysius.
Génainville.	Genesvilla.	Saint Pierre, Ap.	S. Petrus.
Maudétour.	Malum Diversorium	Sainte Vierge.	Assumptio B. M. V.
Montreuil.	Monstrolium	Saint Denis.	S. Dionysius.
Omerville.	Omervilla	Saint Martin.	S. Martinus.
Roche-Guyon (la).	Rupes Guidonis.	Saint Samson.	S. Sampson.
Haute-Isle, annexe.	Altigia.	Sainte Vierge.	Annunciatio B. M. V.
Saint-Clair-sur-Epte	S. Clarus ad Eptam.	Saint Clair.	S. Clarus.
Saint-Cyr-en-Arthies.	S. Ciricus in Arthegia.	Saint Cyr.	S. Ciricus.
Saint-Gervais.	S. Gervasius	Saint Gervais.	S. Gervasius.
Chapelle (la), annexe.	Capella.	Saint Nicolas.	S. Nicolaus.
Vétheuil	Vetholium	Sainte Vierge.	Nativitas B. M. V.
Vienne, annexe.	Vienna.	Saints Joseph et Jean Evang.	SS. Joseph et Joannes.
Villers-en-Arthies.	Villare in Arthegia	Saint Martin	S. Martinus.
Wy, dit Joli-Village.	Vicus	Saint Romain de Rouen.	S. Romanus.
CANTON DE MANTES. — DECANATUS MEDANTÆ.			
Mantes.	Medanta	Sainte Vierge.	Assumptio B. M. V.
Mantes, annexe.	Medanta	Sainte Croix	S. Crux.
Mantes, annexe.	Medanta	Saint Maclou	S. Maclovius.
Mantes, annexe.	Medanta	Saint Pierre, Ap.	S. Petrus.
Arnouville	Arnoni villa	S. Aignan.	S. Anianus

PAROISSES		PATRONS ET TITULAIRES.	
Hargeville, annexe	Hargevilla	Saint André	S. Andreas.
Boinville	Bovani villa	Saint Martin	S. Martinus.
Boinvilliers	Boinvilla	Saint Clément	S. Clemens.
Flacourt, annexe	Plaicuria	Saint Clément	S. Clemens.
Breuil-Bois-Robert (le)	Brogilum Mansio Roberti	Saint Gilles	S. Ægidius.
Buchelay	Buschelidum	Saint Sébastien	S. Sebastianus.
Epône	Spedona	Saint Béat	S. Beatus.
Falaise (la)	Falesia	Sainte Vierge	Nativitas B. M. V.
Gassicourt	Gacicuria	Sainte Anne	S. Anna.
Goussonville	Goussonvilla	Saint Denis	S. Dionysius.
Guerville	Guiardi villa	Saint Martin	S. Martinus.
Senneville, chapelle	Sennevilla	Saint Jean-Baptiste	S. Joannes Baptista.
Jumeauville	Jomevilla	Saint Pierre, Ap.	S. Petrus.
Mantes-la-Ville	Medanta villa	Saint Etienne, 1er M.	S. Stephanus.
Brasseuil(le) et Auffreville, an.	Braccolum et Aufredi villa	Saint Barthélemy	S. Bartholomæus.
Mézières	Maceriæ	Saint Nicolas	S. Nicolaus.
Rosny	Rodoniacum	Saint Lubin	S. Leobinus.
Soindres	Soandræ	Saint Martin	S. Martinus.
Magnanville, annexe	Magnavilla	Saint Jacques	S. Jacobus.
Vert	Ver	Saint Martin	S. Martinus.
Villette	Villula	Saint Martin	S. Martinus.
Rosay, annexe	Rosetum	Sainte Anne	S. Anna.

ARRONDISSEMENT DE PONTOISE. — CANTON D'ÉCOUEN.

REGIO PONTISARÆ. — DECANATUS ESCHOVII.

PAROISSES		PATRONS ET TITULAIRES	
Ecouen	Eschovium	Saint Acceul	S. Acceolus.
Ezanville, annexe	Ezenvilla	Sainte Vierge	Assumptio B. M. V.
Attainville	Attenvilla	Saint Martin	S. Martinus.

PAROISSES		PATRONS ET TITULAIRES	
Baillet	Bailletum	Saint Martin	S. Martinus.
Bouffémont	Boffemons	Saint Georges	S. Georgius.
Bouqueval	Bocunvallis	Saint Jean-Baptiste	S. Joannes Baptista.
Plessis-Gassot (le), annexe	Plesseium Gassoti	Sainte Vierge	Assumptio B. M. V.
Thiessonville, annexe	Thiessonvilla	Saints Leu et Gilles	SS. Lupus et Ægidius.
Châtenay	Castaneum	Saint Martin	S. Martinus.
Domont	Domuntium	Sainte Madeleine	S. Magdalena.
Fontenay-les-Louvres	Fontaneum ad Luparam	Saint Aquilin	S. Aquilinus.
Maffliers	Maflaris	Sainte Vierge	Assumptio B. M. V.
Mareil	Marollium	Saint Martin	S. Martinus.
Mesnil-Aubry (le)	Masnilium Alberici	Sainte Vierge	Nativitas B. M. V.
Moisselles	Moisellæ	Saint Maclou	S. Maclovius.
Montsoult	Mons Cereris	Saint Sulpice	S. Sulpitius.
Piscop	Piscopium	Sainte Vierge	Assumptio B. M. V.
Puiseux-les-Louvres	Puteolæ ad Luparam	Sainte Geneviève	S. Genovefa.
Sarcelles	Sarcellæ	Saints Pierre et Paul	SS. Petrus et Paulus.
Saint-Brice	Sanctus Brictius	Saint Brice	S. Brictius.
Villiers-le-Bel	Villare Bellum	Saint Didier	S. Desiderius.
Villiers-le-Sec	Villare siccum	Saint Thomas de Cantorbéry	S. Thomas Cant.
Epinay-Champlatreux, ann.	Spinetum campum Plastrosum	Saint Eutrope	S. Eutropius.

CANTON DE GONESSE. — DECANATUS GONESSÆ.

Gonesse	Gonessa	Saint Pierre, Ap.	S. Petrus.
Gonesse, annexe	Gonessa	Saint Nicolas	S. Nicolaus.
Arnouville	Arnovilla	Saint Denis	S. Dionysius.
Aulnay-les-Bondy	Alnetum	Saint Sulpice	S. Sulpitius.
Blanc-Mesnil, annexe	Album Mesnilium	Sainte Vierge	Annuntiatio B. M. V.
Nonneville, annexe	Nonna villa	Saint Jean-Baptiste	S. Joannes Baptista.
Bonneuil	Bonolium	Saint Martin	S. Martinus.
Coubron	Corbero	Saint Christophe	S. Christophorus.
Clichy, annexe	Clippiacum	Saint Denis	S. Dionysius.
Gagny	Ganiacum	Saint Germain de Paris	S. Germanus P.

PAROISSES		PATRONS ET TITULAIRES	
Garges	Bigargium	Saint Martin	S. Martinus.
Gournay-sur-Marne	Gornayum ad Maternam	Saint Arnoult	S. Arnulphus.
Goussainville	Gousenvilla	Saints Pierre et Paul	SS. Petrus et Paulus.
Livry	Livriacum	Sainte Vierge	Assumptio B. M. V.
Montfermeil	Mons firmolius	Saints Pierre et Paul	SS. Petrus et Paulus.
Neuilly-sur-Marne	Nulliacum ad Maternam	Saint Baudile	S. Baudelius.
Noisy-le-Grand	Noisiacum magnum	Sainte Vierge	Assumptio B. M. V.
Raincy (le)	Rinsiacum	Saint Blaise	S. Blasius.
Roissy	Roissiacum	Saint Eloi	S. Eligius.
Sevran	Sebranum	Saint Martin	S. Martinus.
Thillay (le)	Tilleyum	Saint Denis	S. Dionysius.
Vaud'herland, annexe	Vallelandi	Sainte Vierge	Assumptio B. M. V.
Tremblay	Trembleyum	Saint Médard	S. Medardus.
Tremblay, annexe	Trembleyum	Saint Pierre, Ap.	S. Petrus.
Vaujours	Vallis jocosa	Saint Nicolas	S. Nicolaus.
Villepinte	Villa picta	Sainte Vierge	Assumptio B. M. V.

CANTON DE L'ISLE-ADAM. — DECANATUS BELLIMONTIS.

Beaumont-sur-Oise	Bellus mons ad OEsiam	Saint Laurent	S. Laurentius.
Mours, annexe	Mourcium	Saint Denis	S. Dionysius.
Bruyères-sur-Oise	Brocaria ad OEsiam	Saint Vivien	S. Vivianus.
Bernes, annexe	Baierna	Saint Denis	S. Dionysius.
Champagne	Campaniæ	Sainte Vierge	Assumptio B. M. V.
Frouville	Parulphi villa	Saint Martin	S. Martinus.
Hédouville, annexe	Hilduini villa	Très-Sainte Trinité	SS. Trinitas.
Hérouville	Heroaldi villa	Saint Clair	S. Clarus.
Isle-Adam (l')	Insula Adæ	Saint Martin	S. Martinus.
Nogent-sur-Oise, annexe	Novigentum ad OEsiam	Saint Martin	S. Martinus.
Jouy-le-Comte	Joiacum Comitis	Saint Denis	S. Dionysius.
Labbeville	Labevilla	Saint Martin	S. Martinus.
Livilliers	Linivillarium	Sainte Vierge	Assumptio B. M. V.
Mériel	Meriellum	Saint Eloi	S. Eligius.

PAROISSES		PATRONS ET TITULAIRES	
Méry-sur-Oise.	*Meriacum ad OEsiam*	Saint Denis.	*S. Dionysius.*
Nerville.	*Nigra villa.*	Saint Claude.	*S. Claudius.*
Nesles	*Nialla*	Saint Symphorien.	*S. Symphorianus.*
Fontenelle, annexe.	*Fontanella*	Saint Jean d. la Porte Latine.	*S. Joannes, Ev.*
Nointel.	*Noiantellum.*	Saint Denis.	*S. Dionysius.*
Persan.	*Persanum.*	Saint Germain d'Auxerre.	*S. Germanus A.*
Presles.	*Prataria.*	Saint Germain d'Auxerre.	*S. Germanus A.*
Ronquerolles	*Runcherolæ.*	Saint Georges.	*S. Georgius.*
Vallangoujard.	*Vallis Engelgardi.*	Saint Martin.	*S. Martinus.*
Ménouville, annexe	*Maynuldis villa.*	Saint Georges.	*S. Georgius.*
Mézières, annexe	*Maceriæ*	Saint Nicolas	*S. Nicolaus.*
Valmondois.	*Vallis munda.*	Saint Quentin.	*S. Quintinus.*
Villiers-Adam.	*Villaris Adæ.*	Saint Sulpice	*S. Sulpitius.*

CANTON DE LUZARCHES. — DECANATUS LUZARCHIARUM.

Luzarches.	*Luzarchiæ*	Saints Cosme et Damien.	*SS. Cosmas et Damianus.*
Asnières.	*Asinariæ.*	Saint Rémy.	*S. Remigius.*
Bellefontaine	*Bellus fons*	Saint Nicolas.	*S. Nicolaus.*
Fosses, annexe	*Fossæ*	Saint Etienne, M. P.	*S. Stephanus.*
Belloy.	*Belloyum.*	Saint Georges.	*S. Georgius.*
Villaines, annexe.	*Villanæ.*	Sainte Vierge.	*Nativitas B. M. V.*
Chaumontel.	*Calvus Montellus*	Sainte Vierge.	*Nativitas B. M. V.*
Chenevières-en-France.	*Canaberiæ in Francia*	Saints Leu et Gilles	*SS. Lupus et Ægidius.*
Epiais-les-Louvres, annexe	*Espieriæ.*	Sainte Vierge.	*Assumptio B. M. V.*
Jagny	*Janiacum.*	Saint Léger.	*S. Leodegarius.*
Louvres.	*Lupara.*	Saint Justin.	*S. Justinus.*
Louvres, annexe.	*Lupara.*	Saint Rieul.	*S. Regulus.*
Marly-la-Ville.	*Malliacum villa.*	Saint Etienne, M. P.	*S. Stephanus.*
Noisy-sur-Oise.	*Nocitum villa.*	Saint Germain d'Auxerre.	*S. Germanus A.*
Plessis-Luzarches (le).	*Plesseium parvum.*	Sainte Vierge.	*Assumptio B. M. V.*
Lassy, annexe.	*Lassiacum B. M. V.*	Sainte Vierge.	*Nativitas B. M. V.*
Seugy	*Saciagum.*	Saint Martin.	*S. Martinus.*

PAROISSES		PATRONS ET TITULAIRES	
Survilliers	Sorvillare	Saint Martin	S. Martinus.
Saint-Witz, annexe	Mons Melianus	Saints Guy et Modeste	SS. Vitus et Modestus.
Saint-Martin-du-Tertre	Sanctus Martinus in Colle	Saint Martin	S. Martinus.
Vémars	Vemarcium	Saints Pierre et Paul	SS. Petrus et Paulus.
Viarmes	Virmæ	Saints Pierre et Paul	SS. Petrus et Paulus.
Villeron	Villerolum	Saint Germain d'Auxerre	S. Germanus A.
CANTON DE MARINES. — DECANATUS MARINARUM.			
Marines	Marinæ	Saint Rémy	S. Remigius.
Ableiges	Ablegiacum	Saint Martin	S. Martinus.
Villeneuve (la), Chap. de se.	Villanova	Sainte Vierge	Assumptio B. M. V.
Arronville	Arundinum villa	Saints Pierre et Paul	SS. Petrus et Paulus.
Avernes	Avœnæ	Saint Lucien	S. Lucianus.
Gadancourt, annexe	Wadonis curtis	Saint Martin	S. Martinus.
Bellay (le)	Belleyum	Sainte Madeleine	S. Magdalena.
Berville	Behervilla	Saint Denis	S. Dionysius.
Bréançon	Breantinum	Saints Crépin et Crépinien	SS. Crispinus et Crispinianus
Chars	Charsium	Saint Sulpice	S. Sulpitius.
Bercagny, annexe	Berkeneium	Saints Jacques et Christophe	SS. Jacobus et Christophorus.
Cléry	Cleriacum	Saint Germain de Paris	S. Germanus P.
Banthelu, annexe	Bantellutum	Saint Géréon	S. Gereon.
Commeny	Culidum Masnilium	Saint Martin	S. Martinus.
Moussy, annexe	Mousseium	Saint André	S. Andreas.
Condécourt	Gondolfi curtis	Saint Pierre-ès-Liens	S. Petrus ad Vincula.
Cormeilles-en-Vexin	Curmeliæ in Vulcassino	Saint Martin	S. Martinus.
Courcelles	Curtis cella	Saint Lucien	S. Lucianus.
Epiais et Rhus	Pexeium et Rhus	Très-Sainte Trinité	SS. Trinitas.
Frémainville	Firmini villa	Saint Clair	S. Clarus.
Frémécourt	Fremocuria	Sainte Vierge	Assumptio B. M. V.
Gouzangrez	Godengrissa	Sainte Vierge	Assumptio B. M. V.
Grisy	Wadrisiacum	Saint Caprais	S. Caprasius.
Guiry	Wadriacum	Saint Nicolas	S. Nicolaus.

PAROISSES		PATRONS ET TITULAIRES	
Haravilliers............	*Warnharii villarium*...	Sainte Vierge........	*Assumptio B. M. V.*
Montgeroult...........	*Mons Gerulphi*.....	Sainte Vierge........	*Assumptio B. M. V.*
Neuilly-en-Vexin.....	*Nobiliacum in Vulcassino*.	Saint Denis.........	*S. Dionysius.*
Heaulme (le), annexe....	*Galea*...........	Saint Georges.......	*S. Georgius.*
Nucourt...........	*Nudacuria*........	Saint Quentin.......	*S. Quintinus.*
Perchay (le).........	*Percheium*........	Sainte Madeleine.....	*S. Magdalena.*
Sagy.............	*Sagiacum*.........	Saint Sulpice........	*S. Sulpitius.*
Santeuil..........	*Santolium*........	Saints Pierre et Paul....	*SS. Petrus et Paulus.*
Brignancourt, annexe...	*Berecionis curtis*.....	Saint Pierre-ès-Liens...	*SS. Petrus ad Vincula.*
Seraincourt........	*Severini curtis*......	Saint Sulpice........	*S. Sulpitius.*
Théméricourt.......	*Themeriaci curtis*.....	Sainte Vierge........	*Assumptio B. M. V.*
Theuville..........	*Theodulfi villa*......	Saint Claude........	*S. Claudius.*
Us ou Ws..........	*Ogia*...........	Sainte Vierge........	*Nativitas B. M. V.*
Vigny............	*Vinetum*.........	Saint Médard.......	*S. Medardus.*
Longuesse, annexe....	*Longuersa*........	Saint Gildard........	*S. Gildardus*

CANTON DE MONTMORENCY. — DECANATUS MONTISMORENCIACI.

Montmorency.......	*Monsmorentiacus*....	Saint Martin........	*S. Martinus.*
Andilly...........	*Andeliacum*........	Saint Médard.......	*S. Medardus.*
Margency, annexe....	*Margentiacum*......	Sainte Vierge........	*Nativitas B. M. V.*
Bessancourt.........	*Bercencuria*........	Saints Gervais et Protais..	*SS. Gervasius et Protasius.*
Chauvry...........	*Chauveriacum*......	Saint Nicolas........	*S. Nicolaus.*
Béthemont, chap. vicariale.	*Bethemons*........	Sainte Vierge........	*Nativitas B. M. V.*
Deuil.............	*Diogilum*.........	Sainte Vierge........	*Nativitas B. M. V.*
Eaubonne..........	*Acqua bona*.......	Sainte Vierge........	*Assumptio B. M. V.*
Enghien-les-Bains.....	*Aeghien*.........	Saint Joseph........	*S. Joseph.*
Ermont...........	*Herimontium*......	Saint Flaive........	*S. Flavius.*
Franconville........	*Francorvilla*.......	Sainte Madeleine.....	*S. Magdalena.*
Frépillon..........	*Frepillio*.........	Saint Nicolas........	*S. Nicolaus.*
Groslay...........	*Grolaium*.........	Saint Martin........	*S. Martinus.*
Montlignon........	*Molennium*........	Saint André........	*S. Andreas.*
Montmagny........	*Mons magniacus*.....	Saint Thomas de Cantorbéry.	*S. Thomas Cantuar.*

PAROISSES		PATRONS ET TITULAIRES	
Plessis-Bouchard (le). . . .	Plesseium Bucardi.	Saint Nicolas	S. Nicolaus.
Soisy-sous-Montmorency . .	Choisiacum in Francia. . .	Saint Germain de Paris . .	S. Germanus P.
Saint-Gratien	Sanctus Gratianus.	Saint Gratien	S. Gratianus.
Saint-Leu.	Sanctus Lupus	Saint Leu.	S. Lupus.
Saint-Prix.	Turnus.	Saint Prix.	S Præjectus.
Taverny	Taverniacum	Sainte Vierge.	Assumptio B. M. V.

CANTON DE PONTOISE. — DECANATUS PONTISARÆ.

Pontoise.	Pontisara	Saint Maclou	S. Maclovius.
Pontoise	Pontisara.	Sainte Vierge.	Nativitas B. M. V.
Pontoise, annexe.	Pontisara.	Saint André.	S. Andreas.
Pontoise, annexe	Pontisara.	Saint Martin.	S. Martinus.
Pontoise, annexe.	Pontisara.	Saint Mellon	S. Mellonus.
Pontoise, annexe.	Pontisara.	Saint Pierre, Ap.	S. Petrus.
Auvers-sur-Oise	Alverni ad Isaram. . . .	Sainte Vierge.	Assumptio B. M. V.
Boisemont	Bosci mons.	Sainte Madeleine.	S. Magdalena.
Boissy-l'Aillerie	Buciacum Allariæ.	Saint André.	S. Andreas.
Génicourt, annexe.	Geni curtis.	Saints Pierre et Paul. . . .	SS. Petrus et Paulus
Gérocourt, annexe.	Geraldi curtis.	Sainte Vierge.	S. Maria ad Nives.
Cergy.	Cergiacum	Saint Christophe.	S. Christophorus.
Courdimanche.	Curtis Dominici.	Saint Martin	S. Martinus.
Ennery.	Aneriacum	Saint Aubin.	S. Albinus.
Eragny.	Eragniacum	Saint Germain de Paris. . .	S. Germanus P.
Jouy-le-Moutier	Joiaci Monasterium. . . .	Sainte Vierge.	Nativitas B. M. V.
Menucourt	Ermenoaldi curtis.	Saint Léger.	S. Leodegarius.
Neuville	Nova villa	Saint Joseph.	S. Joseph.
Osny	Wodiniacum	Saint Pierre-ès-Liens. . . .	S. Petrus ad Vincula.
Pierrelaye.	Petra lata	Saint Jean-Baptiste	S. Joannes Baptista.
Puiseux.	Puteoli.	Saints Pierre et Paul. . . .	SS. Petrus et Paulus.
Saint-Ouen-l'Aumône . . .	S. Audoenus ad Eleemosynam	Saint Ouen	S. Audoenus.
Vauréal, Lieux.	Vallis Regia, Loci	Sainte Vierge	Assumptio B. M. V.

ARRONDISSEMENT DE VERSAILLES. — CANTON D'ARGENTEUIL.
REGIO VERSALIARUM. — DECANATUS ARGENTOLII.

PAROISSES		PATRONS ET TITULAIRES	
Argenteuil	Argentolium	Saint Denis	S. Dionysius.
Bezons	Bisunciæ	Saint Martin	S. Martinus.
Carrières-Saint-Denis	Carreriæ S. Dionysii	Saint Denis	S. Dionysius.
Cormeilles-en-Parisis	Cormeliæ in Parisiaco	Saint Martin	S. Martinus.
Frette (la)	Freta	Saint Nicolas	S. Nicolaus.
Herblay	Herbleyum	Saint Martin	S. Martinus.
Houilles	Hullium	Saint Nicolas	S. Nicolaus.
Montesson	Mons Tessonis	Sainte Vierge	Assumptio B. M. V.
Montigny-les-Cormeilles	Montigniacum	Saint Martin	S. Martinus.
Sannois	Centum nuces	Saints Pierre et Blaise	SS. Petrus et Blasius.
Sartrouville	Sartrovilla	Saint Martin	S. Martinus.

CANTON DE MARLY. — DECANATUS MARLIACI.

Marly	Marliacum	Saint Vigor	S. Vigor.
Marly, annexe	Marliacum	Sainte Vierge	Assumptio B. M. V.
Bailly	Balliacum	Saint Sulpice	S. Sulpitius.
Bougival	Bougivalle	Sainte Vierge	Assumptio B. M. V.
Celle-Saint-Cloud (la)	Cella ad sanctum Clodoaldum	Saints Pierre et Paul	SS. Petrus et Paulus.
Chavenay	Chavenolium	Saint Pierre, Ap.	S. Petrus.
Clayes (les)	Cloiæ	Saint Martin	S. Martinus.
Etang-la-Ville (l')	Stagnum villa	Sainte Vierge	Assumptio B. M. V.
Feucherolles	Felcherolis villa	Sainte Geneviève	S. Genovefa.
Lanluets et Sainte-Gemme	Lanlo et sancta Gemma	Saint Martin et Ste Gemme	S. Martinus et S. Gemma.
Louveciennes	Lupicenæ	Saint Martin	S. Martinus.
Noisy-le-Roi	Noisiacum Regis	Saint Lubin	S. Leobinus.
Plaisir	Placitium	Saint Pierre, Ap.	S. Petrus.
Port-Marly	Portus Marliaci	Saint Louis	S. Ludovicus.
Rueil	Rotolium	Saints Pierre et Paul	SS. Petrus et Paulus.
Saint-Nom-la-Bretèche	Sanctus Nummius Bretechiæ	Saint Nom	S. Nummius.

PAROISSES		PATRONS ET TITULAIRES	
Villepreux.........	*Villa pirosa*.......	Saint Germain d'Auxerre..	*S. Germanus A.*
Rennemoulin, annexe...	*Ranarum molendinum*...	Saint Nicolas.......	*S. Nicolaus.*

CANTON DE MEULAN. — DECANATUS MELLENTI.

Meulan..........	*Mellentum*.........	Saint Nicolas.......	*S. Nicolaus.*
Meulan, annexe......	*Mellentum*.........	Sainte Vierge.......	*Assumptio B. M. V.*
Meulan, annexe......	*Mellentum*	Saint Jacques.......	*S. Jacobus.*
Aubergenville.......	*Obergenvilla*	Saint Ouen........	*S. Audoenus.*
Aulnay-sur-Mauldre....	*Alnetum supra Meldam*...	Saint Etienne, 1er Martyr..	*S. Stephanus.*
Bazemont.........	*Baci mons*........	Saint Iliers........	*S. Ilerius.*
Bouafle..........	*Boafra*..........	Saint Martin	*S. Martinus.*
Chapet...........	*Chapetum*	Saint Denis........	*S. Dionysius.*
Ecquevilly.........	*Ecquorum villa*	Saint Martin	*S. Martinus.*
Evecquemont.......	*Episcopi mons*......	Sainte Vierge.......	*Assumptio B. M. V.*
Flins............	*Fiolinæ*..........	Saint Cloud........	*S. Clodoaldus.*
Gaillon...........	*Gallio*..........	Sainte Vierge.......	*Assumptio B. M. V.*
Hardricourt........	*Halderici curtis*.....	Saint Germain de Paris ..	*S. Germanus P.*
Herbeville.........	*Herbevilla*	Saint Clair	*S. Clarus.*
Mareil-sur-Mauldre....	*Marolium Johannius*...	Saint Martin	*S. Martinus.*
Maule	*Manlia*..........	Saint Nicolas.......	*S. Nicolaus.*
Maule, annexe......	*Manlia*..........	Saint Vincent.......	*S. Vincentius.*
Mézy...........	*Mesiacum*........	Saint Germain de Paris...	*S. Germanus P.*
Montainville........	*Montis villa*	Sainte Vierge.......	*Assumptio B. M. V.*
Mureaux (les).......	*Murelli*..........	Saints Pierre et Paul....	*SS. Petrus et Paulus.*
Nézel...........	*Nuziacum*	Saint Blaise........	*S. Blasius.*
Tessancourt........	*Tessancuria*.......	Saint Nicolas.......	*S. Nicolaus.*
Vaux...........	*Valles*..........	Saint Pierre-ès-Liens....	*S. Petrus ad Vincula.*

CANTON DE PALAISEAU. — DECANATUS PALATIOLI.

Palaiseau.........	*Palatiolum*	Saint Martin	*S. Martinus.*
Lozère, chapelle de secours..	*Losera*	Sainte Geneviève	*S. Genovefa.*
Bièvres..........	*Bevria*..........	Saint Martin	*S. Martinus.*

PAROISSES		PATRONS ET TITULAIRES	
Bures............	*Buriæ*...........	Saint Matthieu......	*S. Matthæus.*
Châteaufort.......	*Castrum forte*......	Saint Christophe.....	*S. Christophorus.*
Châteaufort, annexe....	*Castrum forte*......	Très-Sainte Trinité....	*SS. Trinitas.*
Toussus-le-Noble, annexe..	*Tussium*.........	Saint Germain d'Auxerre..	*S. Germanus A.*
Gif.............	*Giffum*..........	Saint Rémy........	*S. Remigius.*
Saint-Aubin, annexe....	*Sanctus Albinus*.....	Saint Aubin........	*S. Albinus.*
Igny............	*Igniacum*.........	Saint Pierre, Ap......	*S. Petrus.*
Nozay...........	*Nucerum*.........	Saint Germain d'Auxerre..	*S. Germanus A.*
Orsay............	*Orceyum*.........	Saint Martin.......	*S. Martinus.*
Saclay...........	*Sarcleyum*........	Saint Germain de Paris..	*S. Germanus P.*
Vauhallan.........	*Vallis Helandi*......	S. Rigomer et Ste Ténestine.	*S. Rigomarus et S. Tenestina.*
Verrières..........	*Vedrariæ*.........	Sainte Vierge.......	*Assumptio B. M. V.*
Villebon..........	*Villabona*.........	Saints Côme et Damien...	*SS. Cosmas et Damianus.*
Ville-du-Bois (la).....	*Villa Bosci*........	Saint Fiacre........	*S. Fiacrius.*
Villejust..........	*Villa Justa*........	Saints Julien et Prix....	*SS. Julianus et Præjectus.*
Villiers-le-Bâcle......	*Villare baculi*.......	Sainte Vierge.......	*Assumptio B. M. V.*

CANTON DE POISSY. — DECANATUS PISCIACI.

Poissy...........	*Pisciacum*........	Sainte Vierge.......	*Assumptio B. M. V.*
Alluets-le-Roi (les)....	*Allodia Regis*.......	Saint Nicolas.......	*S. Nicolaus.*
Andrésy..........	*Andresiacum*.......	Saint Germain de Paris...	*S. Germanus.*
Carrières-sous-Poissy....	*Carreriæ ad Pisciacum*...	Saint Joseph........	*S. Joseph.*
Chanteloup........	*Cantus Lupi*.......	Saint Roch........	*S. Rochus.*
Conflans-Sainte-Honorine..	*Confluentii S^{tæ} Honorinæ*..	Saint Maclou.......	*S. Maclovius.*
Crespières.........	*Cresperiæ*........	Saint Martin.......	*S. Martinus.*
Davron...........	*Davero*..........	Sainte Madeleine......	*S. Magdalena.*
Maurecourt........	*Mauricuria*........	Sainte Vierge.......	*Nativitas B. M. V.*
Médan...........	*Magedon*.........	Saint Germain de Paris..	*S. Germanus P.*
Morainvilliers.......	*Moronis villare*......	Saint Léger........	*S. Leodegarius.*
Orgeval...........	*Orgevallis*........	Saints Pierre et Paul....	*SS. Petrus et Paulus.*
Thiverval..........	*Tyvervallis*........	Saint Martin.......	*S. Martinus.*
Triel............	*Triollum*.........	Saint Martin.......	*S. Martinus.*

PAROISSES		PATRONS ET TITULAIRES	
Verneuil	*Vernogilum*	Saint Martin	*S. Martinus.*
Vernouillet	*Vernoletum*	Saint Etienne, 1er Martyr	*S. Stephanus.*
Villennes	*Villanæ*	Saint Nicolas	*S. Nicolaus.*

CANTON DE SAINT-GERMAIN EN LAYE. — DECANATUS SANCTI GERMANI IN LAYA.

Saint-Germain-en-Laye	*Sanctus Germanus in Laya*	Saint Germain de Paris	*S. Germanus P.*
Saint-Léger-en-Laye, annexe	*Sanctus Leodegarius in Laya*	Saint Léger	*S. Leodegarius.*
Achères	*Acheriæ*	Saint Martin	*S. Martinus.*
Garenne, annexe	*Varenna*	Saint Michel	*S. Michael.*
Chambourcy	*Camborciacum*	Saint Saturnin	*S. Saturninus.*
Aigremont, annexe	*Acer mons*	Saint Eloi	*S. Eligius.*
Retz, annexe	*Retiaculum*	Saint Jacques	*S. Jacobus.*
Chatou	*Catonacum*	Sainte Vierge	*Assumptio B. M. V.*
Croissy	*Croissiacum*	Saint Léonard	*S. Leonardus.*
Fourqueux	*Fulcosium*	Invention de la Sainte Croix	*Inventio sanctæ crucis.*
Maisons-sur-Seine	*Mansionis villa*	Saint Nicolas	*S. Nicolaus.*
Mareil-Marly	*Marolium*	Saint Etienne, 1er Martyr	*S. Stephanus.*
Mesnil-Carrière (le)	*Mansio Regis*	Saint Vincent	*S. Vincentius.*
Pecq (le)	*Alpicum*	Saint Vandrille	*S. Vandregisilus.*
Vésinet (le)	*Visinolum*	Sainte Marguerite	*S. Margarita.*

CANTON DE SÈVRES. — DECANATUS SEPARÆ.

Sèvres	*Separa*	Saint Romain de Blaye	*S. Romanus.*
Bellevue	*Bellus visus*	Sainte Vierge	*Assumptio B. M. V.*
Chaville	*Cativilla*	Sainte Vierge	*Assumptio B. M. V.*
Garches	*Gargiæ*	Saint Louis	*S. Ludovicus.*
Marnes	*Marna*	Saint Eloi	*S. Eligius.*
Meudon	*Meodunum*	Saint Martin	*S. Martinus.*
Saint-Cloud	*Sanctus Clodoaldus*	Saint Cloud	*S. Clodoaldus.*
Vaucresson	*Vallis Cressonis*	Saint Denis	*S. Dionysius.*
Marche (la) annexe	*Marchio*	Saints Leu et Gilles	*SS. Lupus et Ægidius.*
Ville-d'Avray	*Villa Davreti*	Saint Nicolas	*S. Nicolaus.*

VERSAILLES. — *VERSALIÆ.*

CANTON NORD. — DECANATUS B. M. V.

PAROISSES		PATRONS ET TITULAIRES	
Versailles.	*Versaliæ.*	Sainte Vierge.	*Assumptio B. M. V.*
Chesnay (le).	*Quercetum.*	Saint Germain de Paris	*S. Germanus P.*
Rocquencourt, annexe.	*Roquencuria.*	Saint Nicolas.	*S. Nicolaus.*
S.-Antoine-du-Buisson, an.	*Sanctus Antonius.*	Saint Antoine.	*S. Antonius.*

CANTON EST. — DECANATUS SANCTI SYMPHORIANI.

Montreuil.	*Munstrolium.*	Saint Symphorien.	*S. Symphorianus.*
Jouy-en-Josas.	*Joiacum.*	Saint Martin.	*S. Martinus.*
Viroflay.	*Viroflidum.*	Saint Eustache.	*S. Eustachius.*
Vélizy, annexe.	*Vilisiacum.*	Saint Denis.	*S. Dionysius.*
Ursines, annexe.	*Uncinæ.*	Saint Denis.	*S. Dionysius.*

CANTON SUD. — DECANATUS SANCTI LUDOVICI.

Versailles.	*Versaliæ.*	Saint Louis.	*S. Ludovicus.*
Saint-Julien, annexe.	*Sanctus-Julianus.*	Saint Julien de Brioude.	*S. Julianus.*
Bois-d'Arcy.	*Nemus Arcisii.*	Saints Leu et Gilles.	*SS. Lupus et Ægidius.*
Buc.	*Buccum.*	Décollation de S. Jean-Bapt.	*Decollatio S. Joannis Bapt.*
Fontenay-le-Fleury.	*Fontanetum.*	Saint Germain de Paris.	*S. Germanus P.*
Guyancourt.	*Guidonis curia.*	Saint Victor.	*S. Victor.*
Loges (les).	*Logiæ.*	Saint Eustache.	*S. Eustachius.*
Montigny-le-Bretonneux.	*Montiniacum.*	Saint Martin.	*S. Martinus.*
Saint-Cyr-l'École.	*Sanctus Ciricus.*	Saint Cyr et Sainte Julitte.	*S. Ciricus et Julitta.*
Choisy-aux-Bœufs, annexe.	*Choisiacum ad Boves.*	Saint Pierre, Apôtre.	*S. Petrus.*
Trianon, annexe.	*Triasnum.*	Sainte Vierge.	*Assumptio B. M. V.*
Trappes.	*Trapæ.*	Saint Georges.	*S. Georgius.*
Versailles.	*Versaliæ.*	Sainte Elisabeth de Hongrie.	*S. Elisabeth Hungariæ.*

ARRONDISSEMENT DE CORBEIL. — CANTON D'ARPAJON.
REGIO CORBOILI. — DECANATUS ARPAJONIS.

PAROISSES		PATRONS ET TITULAIRES	
Arpajon.	Castra Arpajonis	Saint Clément.	S. Clemens.
Avrainville	Avrinvilla.	Sainte Vierge.	Assumptio B. M. V.
Brétigny	Bretiniacum.	Saint Pierre, Apôtre.	S. Petrus.
Brétigny, annexe	Bretiniacum.	Saint Philibert	S. Philibertus.
Plessis-Pâté (le), annexe.	Plesseium.	Sainte Vierge.	B. M. V. de Victoriis.
Bruyères-le-Châtel.	Brocaria castelli.	Saint Didier.	S. Desiderius.
Bruyères-le-Châtel, annexe.	Brocaria castelli.	Sainte Madeleine.	S. Magdalena.
Ollainville, annexe.	Doleinvilla.		
Cheptainville	Chatenvilla.	Saint Martin	S. Martinus.
Egly	Egliacum.	Saint Pierre, Apôtre.	S. Petrus.
Leudeville.	Leodevilla.	Saint Martin.	S. Martinus.
Leuville.	Lunvilla.	Saint Jean-Baptiste	S. Joannes Baptista.
Linas.	Linaiæ.	Saint Méry.	S. Medericus.
Marolles-en-Hurepoix.	Maroliæ	Saint Georges.	S. Georgius.
Guiberville, annexe	Guibervilla.	Saint Vincent.	S. Vincentius.
Monthléry.	Monslhericus	Très-Sainte Trinité.	SS. Trinitas.
Monthléry, annexe.	Monslhericus	Sainte Vierge.	Assumptio B. M. V.
Monthléry, annexe.	Monslhericus	Saint Pierre, Apôtre.	S. Petrus.
Norville (la).	Lanorvilla.	Saint Denis.	S. Dionysius.
Saint-Germain-les-Arpajon.	Sanctus Germanus de Castris.	Saint Germain d'Auxerre.	S. Germanus A.
Saint-Michel-sur-Orge	Sanctus Michael ad Urbiam.	Saint Michel.	S. Michael.
Saint-Vrain.	Escorciacum	Saint Caprais	S. Caprasius.
Vert-le-Grand.	Ver majus	Saint Germain de Paris.	S. Germanus P.
Vert-le Petit.	Ver minus	Saint Martin.	S. Martinus.

CANTON DE BOISSY-SAINT-LÉGER. — DECANATUS BOISSIACI SANCTI LEODEGARII.

Boissy-Saint-Léger.	Boissiacum sancti Leodegarii.	Saint Léger	S. Leodegarius.
Gros-Bois, annexe.	Grossum Nemus.	Saint Jean-Baptiste	S. Joannes Baptista.
Boussy-Saint-Antoine	Buciacum.	Saint Antoine.	S. Antonius.

— 110 —

PAROISSES		PATRONS ET TITULAIRES	
Quincy, annexe	Quintiacum.	Exaltation de la Sainte Croix.	Exaltatio sanctæ Crucis.
Brunoy.	Brunayum.	Saint Médard.	S. Medardus.
Epinay-sous-Senard, annexe.	Espinolium.	Sainte Geneviève	S. Genovefa,
Chennevières	Canaberiæ.	Saint Pierre, Ap.	S. Petrus.
Crosnes.	Crona.	Sainte Vierge.	Assumptio B. M. V.
Draveil.	Dravellum.	Saint Rémy.	S. Remigius.
Champroset, chap. de sec.	Campum Rosetum.	Saint Pierre, Ap.	S. Petrus.
Mainville, chap. de secours.	Mindeium.	Saint Pierre, Ap.	S. Petrus.
Vigneux, annexe.	Vignolium.	Saint Pierre, Ap.	S. Petrus.
Limeil-Brévannes	Limolium.	Saint Martin.	S. Martinus.
Mandres.	Mandræ.	Saint Thibault.	S. Theobaldus.
Montgeron.	Mons Gironis.	Saint Jacques le Majeur.	S. Jacobus.
Ormesson.	Amboella.	Sainte Vierge.	Assumptio B. M. V.
Noiseau, annexe.	Noisellum.	Saints Philippe et Jacques.	SS. Philippus et Jacobus.
Périgny.	Periniacum.	Saints Leu et Gilles.	SS. Lupus et Ægidius.
Varennes et Jarcy, annexe.	Varenna et Jarciacum.	Saint Sulpice.	S. Sulpitius.
Queue-en-Brie (la).	Cauda in Bria.	Saint Nicolas.	S. Nicolaus.
Santeny.	Centeniacum.	Saint Germain d'Auxerre.	S. Germanus, A.
Marolles-en-Brie, annexe.	Marolium in Bria.	Saint Julien.	S. Julianus.
Sucy.	Suciacum.	Saint Martin.	S. Martinus.
Valenton	Valentonum.	Sainte Vierge.	Assumptio B. M. V.
Villecresne.	Villa cranea.	Sainte Vierge.	Assumptio B. M. V.
Villeneuve-Saint-Georges.	Villanova sancti Georgii.	Saint Georges.	S. Georgius.
Villiers-sur Marne.	Villare ad Maternam.	Saint Christophe.	S. Christophorus.
Yerres.	Hedera.	Saint Honeste.	S. Honestus.

CANTON DE CORBEIL. — DECANATUS CORBOILI.

Corbeil.	Corboilum.	Saint Spire.	S. Exuperius.
Corbeil, annexe.	Corboilum.	Sainte Vierge.	Assumptio B. M. V.
Corbeil, annexe.	Corboilum.	Saint Guenault.	S. Guenailus.
Corbeil, annexe.	Corboilum.	Saint Jacques.	S. Jacobus.
Auvernaux.	Auverniacum.	Saint Prix.	S. Præjectus.

PAROISSES		PATRONS ET TITULAIRES	
Nainville, annexe	Nainvilla	Saint Lubin	S. Leobinus.
Portes, annexe	Portæ	Saint Méry	S. Medericus.
Ballancourt	Baleni curtis	Saint Martin	S. Martinus.
Bondoufle	Bondufla	Saint Denis	S. Dionysius.
Courcouronne	Corscorona	Sainte Vierge	Nativitas B. M. V.
Champcueil	Campolium	Sainte Vierge	Assumptio B. M. V.
Chevannes	Cabanæ	Saint Symphorien	S. Symphorianus.
Coudray (le)	Coldreium	Sainte Vierge	Assumptio B. M. V.
Essonnes	Exona	Saint Etienne, 1er Martyr	S. Stephanus.
Etiolles	Atheiolæ	Saint Martin	S. Martinus.
Evry-sur-Seine	Evriacum supra Sequanam	Saint Pierre, Ap.	S. Petrus.
Fontenay-le-Vicomte	Fontanetum Vice comitis	Saint Rémy	S. Remigius.
Lisses	Liciæ	Saint Germain de Paris	S. Germanus P.
Villabé, chapelle vicariale	Villa abbatis	Saint Marcel	S. Marcellus.
Mennecy	Menessiacum	Saint Pierre, Ap.	S. Petrus.
Echarcon, annexe	Escharconium	Saint Martin	S. Martinus.
Villeroy, annexe	Villa regis	Sainte Vierge	Assumptio B. M. V.
Ormoy, annexe	Ulmeium	Saint Jacques	S. Jacobus.
Montceaux	Moncelli	Saint Etienne, 1er Martyr	S. Stephanus.
Ris	Risus	Sainte Vierge	Assumptio B. M. V.
Orangis, annexe	Orengiacum	Saint Germain d'Auxerre	S. Germanus A.
Saintry	Sinteriacum	Sainte Vierge	Nativitas B. M. V.
Morsang-sur-Seine	Morsentum ad Sequanam	Saint Germain de Paris	S. Germanus P.
Soisy-sous-Etiolles	Soisiacum ad Estivellum	Sainte Vierge	Assumptio B. M. V.
Saint-Germain-les-Corbeil	Sanctus Germanus Corboili	Saint Germain d'Auxerre	S. Germanus A.
Saint-Pierre du Perray, an.	Sanctus Petrus Paredi	Saint Pierre, Ap.	S. Petrus.
Tigery, annexe	Tigeriacum	Saint Guinefort	S. Gunifors.
Mory, annexe	Moriacum	Saint Melaine	S. Melanius.

CANTON DE LONGJUMEAU. — DECANATUS LONGI GEMELLI.

Longjumeau	Longus Gemellus	Saint Martin	S. Martinus.
Ablon	Ablonium	Sainte Vierge	Assumptio B. M. V.

PAROISSES		PATRONS ET TITULAIRES	
Athis-Mons	Athysium.	Saint Denis.	S. Dionysius.
Ballainvilliers.	Ballani villare.	Saints Jacques et Philippe.	SS. Jacobus et Philippus.
Champlan.	Campus planus.	Saint Germain d'Auxerre.	S. Germanus A.
Chilly-Mazarin.	Chaliacum.	Saint Etienne, 1er Martyr.	S. Stephanus.
Epinay-sur-Orge.	Espinolium ad Urbiam.	Saints Leu et Gilles.	SS. Lupus et Ægidius.
Fleury-Mérogis.	Fluriacum Merogii.	Saint Rédempteur (le).	SS Redemptor.
Plessis-le-Comte (le), annexe.	Plesseium comitis Rodulphi.	Saint Barthélemy.	S. Bartholomæus.
Grigny.	Griniacum.	Saints Antoine et Sulpice.	SS. Antonius et Sulpitius.
Juvisy.	Juvisiacum.	Saint Nicolas.	S. Nicolaus.
Longpont.	Longus pons.	Saint Barthélemy.	S. Bartholomæus.
Villiers-sur-Orge, annexe.	Villare ad Urbiam.	Saint Claude.	S. Claudius.
Massy.	Massiacum.	Sainte Madeleine.	S. Magdalena.
Morangis.	Louancium.	Saint Michel.	S. Michael.
Paray, annexe.	Paretum.	Saint Vincent.	S. Vincentius.
Morsang-sur-Orge.	Murcinctum ad Urbiam.	Saint Jean-Baptiste.	S. Joannes Baptista.
Villemoisson, chap. vicar.	Villa Messionis.	Saint Martin.	S. Martinus.
Saulx-les-Chartreux.	Salices Carthusianorum.	Sainte Vierge.	Assumptio B. M. V.
Savigny-sur-Orge.	Savigniacum ad Urbiam.	Saint Martin.	S. Martinus.
Sainte-Geneviève.	Sancta Genovefa.	Sainte Geneviève.	S. Genovefa.
Villeneuve-le-Roi.	Villa nova Regis.	Saint Pierre, Ap.	S. Petrus.
Viry-Chatillon.	Viriacum Castellionis.	Saint Denis.	S. Dionysius.
Wissous.	Viceorium.	Saint Denis.	S. Dionysius.

ARRONDISSEMENT D'ÉTAMPES. — CANTON D'ÉTAMPES.

REGIO STAMPARUM. — DECANATUS EARUMDEM.

PAROISSES		PATRONS ET TITULAIRES	
Etampes	Stampæ.	Sainte Vierge.	Assumptio B. M. V.
Etampes	Stampæ.	Saint Basile.	S. Basilius.
Brières-les-Scellés, annexe.	Brueriæ.	Saint Quentin.	S. Quintinus.

PAROISSES		PATRONS ET TITULAIRES	
Etampes, annexe	Stampæ	Sainte Croix	S. Crux.
Etampes	Stampæ	Saints Leu et Gilles	SS. Lupus et Ægidius.
Etampes	Stampæ	Saint Martin	S. Martinus.
Etampes, annexe	Stampæ	Saint Pierre, Ap.	S. Petrus.
Boissy-le-Sec	Busseium siccum	Saint Louis	S. Ludovicus.
Boutervilliers, annexe	Botervillaris	Saint Jean-Baptiste	S. Joannes Baptista.
Bouville	Bouvilla	Saint Martin	S. Martinus.
Orveau, annexe	Aurea vallis	Sainte Vierge	Nativitas B. M. V.
Châlo-Saint-Mars	Chalotum sancti Medardi	Saint Médard	S. Medardus.
Saint-Hilaire, annexe	Sanctus Hilarius	Saint Hilaire	S. Hilarius.
Etréchy	Etrecheium	Saint Etienne, 1er M.	S. Stephanus.
Chaufour, annexe	Calcifurnum	Saint Jean-Baptiste	S. Joannes Baptista.
Morigny	Morigniacum	Très-Sainte Trinité	SS. Trinitas.
Champigny, annexe	Campiniacum	Saint Martin	S. Martinus.
Saint-Germain-les-Et., an.	S. Germanus ad Stampas	Saint Germain d'Auxerre	S. Germanus A.
Ormoy-la-Rivière	Ulmetum	Inv. du Corps de S. Étienne	Inv. Corporis S. Stephani.
Villeconin	Villa Conaii	Saint Aubin	S. Albinus.

CANTON DE LA FERTÉ-ALAIS. — DECANATUS FIRMITATIS ADELAIDIS.

Ferté-Alais (la)	Firmitas Adelaidis	Sainte Vierge	Assumptio B. M. V.
Ferté-Alais (la), annexe	Firmitas Adelaidis	Saint Pierre, Ap.	S. Petrus.
Baulne, annexe	Belna	Saint Etienne, 1er M.	S. Stephanus.
Guigneville, annexe	Gunii villa	Saint Firmin	S. Firminus.
Auvers-Saint-Georges	Auversium	Saint Georges	S. Georgius.
Auvers-Saint-Georges, an.	Auversium	Sainte Vierge	Assumptio B. M. V.
Boissy-le-Cutté	Bussiacum	Saint Michel	S. Michael.
Bouray	Bosreium	Saint Pierre-ès-Liens	SS. Petrus ad Vincula.
Boutigny	Botigniacum	Saint Barthélemy	S. Bartholomæus.
Vayres, annexe	Veriæ	Saint Martin	S. Martinus.
Cerny	Sarnaium	Saint Pierre, Ap.	S. Petrus.
D'Huison, annexe	Duysonnum	Saint Sébastien	S. Sebastianus.
Chamarande	Bonæ	Saint Quentin	S. Quintinus.

PAROISSES		PATRONS ET TITULAIRES	
Torfou, annexe	*Tortofagus*	Sainte Vierge	*Assumptio B. M. V.*
Itteville	*Steovilla*	Saint Germain de Paris	*S. Germanus P.*
Lardy	*Lardiacum*	Saint Pierre, Ap.	*S. Petrus.*
Mondeville	*Mundevilla*	Saint Martin	*S. Martinus.*
Videlles	*Videllæ*	Saint Léonard	*S. Leonardus.*
Villeneuve-sur-Auvers	*Villa nova ad Auversium*	Saint Thomas de Cantorbéry	*S. Thomas Cantuariensis.*

CANTON DE MÉRÉVILLE. — DECANATUS ANGERVILLÆ GASTÆ.

Angerville	*Angervilla Gasta*	Saints Pierre, Ap. et Eutrope	*SS. Petrus et Eutropius.*
Abbéville	*Abbatis villa*	Saint Julien	*S. Julianus.*
Arrancourt, annexe	*Arrancuria*	Saint Pierre, Ap.	*S. Petrus.*
Blandy	*Blandiacum*	Saint Maurice	*S. Mauritius.*
Bois-Herpin	*Boscus Herepensis*	Saint Antoine	*S. Antonius.*
Roinvilliers, annexe	*Roinvillare*	Saint Etienne, 1er M.	*S. Stephanus.*
Boissy-la-Rivière	*Bussiacum*	Saint Hilaire	*S. Hilarius.*
Marolles, annexe	*Matriolæ*	Saints Nicaise et Sebastien	*SS. Nicasius et Sebastianus.*
Chalou	*Chalotum Reginæ*	Saint Aignan	*S. Anianus.*
Moulineux, annexe	*Molendina nova*	Saint Thomas de Cantorbéry	*S. Thomas Cantuariensis.*
Congerville	*Congervilla*	Saint Gilles	*S. Ægidius.*
Thionville, annexe	*Theonis villa*	Sainte Vierge	*Assumptio B. M. V.*
Forêt-Sainte-Croix (la)	*Foresta sanctæ Crucis*	Saint Saturnin	*S. Saturninus.*
Guillerval	*Guillervilla*	Saints Gervais et Protais	*SS. Gervasius et Protasius.*
Méréville	*Merari villa*	Saint Pierre-ès-Liens	*S. Petrus ad Vincula.*
Estouches, annexe	*Toschetum*	Sainte Vierge	*Nativitas B. M. V.*
Monnerville	*Monarvilla*	Saint Aignan	*S. Anianus.*
Pussay	*Puceyum*	Saint Vincent	*S. Vincentius.*
Saclas	*Sarclita*	Saint Germain d'Auxerre	*S. Germanus A.*
Saint-Cyr-la-Rivière	*Sanctus Ciricus*	Saint Cyr et Sainte Julitte	*S. Ciricus et S. Julitta.*
Fontaine-la-Rivière, annexe	*Fontana*	Saint Etienne, 1er M.	*S. Stephanus.*

CANTON DE MILLY. — DECANATUS MILLIACI.

Milly	*Milliacum*	Sainte Vierge	*Assumptio B. M. V.*
Milly, annexe	*Milliacum*	Saint Jacques	*S. Jacobus.*

PAROISSES		PATRONS ET TITULAIRES.	
Oncy, annexe	Onchiæ.	Saint Martin	S. Martinus.
Boigneville	Boenvilla.	Sainte Vierge	Assumptio B. M. V.
Brouy	Bruacum.	Saints Pierre et Paul	SS. Petrus et Paulus.
Buno	Bunetum castrum	Saint Léger	S. Leodegarius.
Bonnevaux, annexe	Begnovilla.	Sainte Geneviève	S. Genovefa.
Champmotteux	Campus globosus	Sainte Madeleine	S. Magdalena.
Courances	Corencyæ.	Saint Etienne, 1er M	S. Stephanus.
Dannemois, annexe	Danorum mansio	Saint Mammès	S. Mamas.
Gironville	Gisonis villa.	Saint Pierre, Ap.	S. Petrus.
Prunay, annexe	Prunetum	Saint Martin	S. Martinus.
Maisse	Massia.	Saint Médard	S. Medardus.
Maisse, annexe	Massia.	Sainte Vierge	Assumptio B. M. V.
Courdimanche, annexe	Curtis Dominica.	Saints Gervais et Protais	SS. Gervasius et Protasius.
Mespuits	Monspodium.	Saint Médard	S. Medardus.
Moigny	Mogniacum.	Saint Denis	S. Dionysius.
Puiselet-le-Marais	Pusellum.	Saint Martin	S. Martinus.
Soisy-sur-Ecole	Sosyacum ad Scholam	Saint Aignan	S. Anianus.
Valpuiseaux	Valles Puteoli	Saint Martin	S. Martinus.

ARRONDISSEMENT DE RAMBOUILLET. — CANTON DE CHEVREUSE.

REGIO RAMBOILLETI. — DECANATUS CAPROSIÆ.

PAROISSES		PATRONS ET TITULAIRES	
Chevreuse	Caprosia.	Saint Martin	S. Martinus.
Saint-Forget, annexe	Sanctus Ferreolus	Saint Ferréol	S. Ferreolus.
Cernay-la-Ville	Cernayum villa.	Saint Brice	S. Brictius.
Choisel	Casellum.	Saint Jean-Baptiste	S. Joannes Baptista.
Coignères	Cogneriæ.	Saint Germain d'Auxerre	S. Germanus A.
Dampierre	Damni petra.	Saint Pierre, Ap.	S. Petrus.
Elancourt	Elencuria.	Saint Médard	S. Medardus.

PAROISSES		PATRONS ET TITULAIRES	
Jouars-Pontchartrain....	*Joreium Pons Carnotensis*..	Saint Martin........	*S. Martinus.*
Lévy-Saint-Nom......	*Leviciæ Sancti Nummii*..	Saint Nom........	*S. Nummius.*
Maincourt, annexe.....	*Manicuria*.........	Saint Germain de Paris ..	*S. Germanus P.*
Magny-les-Hameaux....	*Magneium*........	Saint Germain de Paris ..	*S. Germanus P.*
Maurepas.........	*Malus Repastus*......	Le Saint Sauveur......	*SS. Salvator.*
Mesnil-Saint-Denis (le)...	*Mansionile Sancti Dionysii*.	Saint Denis........	*S. Dionysius.*
Verrière (la), annexe....	*Verraria*.........	Saint Jacques le Maj....	*S. Jacobus, Maj.*
Senlisse..........	*Senliciæ*.........	Saint Denis........	*S. Dionysius.*
Saint-Lambert.......	*Sanctus Lambertus*.....	Saint Lambert.......	*S. Lambertus.*
Milon-la-Chapelle, annexe .	*Capella Milonis*......	Sainte Vierge.......	*Assumptio B. M. V.*
Saint-Rémy-l'Honoré....	*Sanctus Remigius H*....	Saint Rémy........	*S. Remigius.*
Saint-Rémy-les-Chevreuse..	*Sanctus Remigius ad Cap*..	Saint Rémy........	*S. Remigius.*
Voisins-le-Bretonneux ...	*Vicinæ*..........	Sainte Vierge.......	*Nativitas B. M. V.*
CANTON DE DOURDAN, N. — DECANATUS DURDANI (1).			
Dourdan........N.	*Durdanum*........	Saint Germain d'Auxerre .	*S. Germanus A.*
Dourdan, annexe....N.	*Durdanum*........	Saint Pierre, Ap......	*S. Petrus.*
Angervilliers......N.	*Angeriliacum*.......	Saint Etienne, 1er M....	*S. Stephanus.*
Boissy-sous-Saint-Yon.. N.	*Bussiacum ad Sanct. Ionium*.	Saint Thomas de Cantorbéry.	*S. Thomas Cantuariensis.*
Bonnelles.......S.	*Bonellæ*.........	Saints Gervais et Protais..	*SS. Gervasius et Protasius.*
Breuillet........N.	*Braioletum*........	Saint Pierre, Ap......	*S. Petrus.*
Breux.........N.	*Brolium*.........	Saint Martin........	*S. Martinus.*
Saint-Yon, annexe...N.	*Sanctus Ionius*......	Saint Yon.........	*S. Ionius.*
Bullion.........S.	*Boeleium*.........	Saint Vincent.......	*S. Vincentius.*
Celle-les-Bordes (la)... S.	*Cella ad Bordas*.....	Saint Germain de Paris ..	*S. Germanus P.*
Bordes (les), annexe... S.	*Bordæ*..........	Saint Jean-Baptiste.....	*S. Joannes Baptista.*
Longvilliers......S.	*Longum Villare*......	Saint Pierre, Ap......	*S. Petrus.*
Rochefort........S.	*Rupes fortis*.......	Sainte Vierge.......	*Assumptio B. M. V.*
Roinville........N.	*Roinvilleta*........	Saint Denis........	*S. Dionysius.*
Sermaise........N.	*Sarmesia*.........	Sainte Vierge.......	*Nativitas B. M. V.*
Saint-Chéron......N.	*Sanctus Caraunus*....	Saint Chéron.......	*S. Caraunus.*

(1) La lettre placée à la suite des paroisses des cantons de Dourdan nord et sud indique auquel des deux elles appartiennent dans l'ordre ecclésiastique.

PAROISSES			PATRONS ET TITULAIRES	
Saint-Cyr . . . . N.	Sanctus Ciricus	Saint Cyr et Sainte Julitte. .	S. Ciricus et S. Julitta.
Saint-Maurice . . . . . N.	Sanctus Mauritius. . . .	Saint Maurice.	S. Mauritius.
Saint-Sulpice-de-Favières N.	Sanctus Sulpitius faveriæ . .	Saint Sulpice	S. Sulpitius.
Mauchamps, annexe . . N.	Malus campus	Saint Jean-Baptiste	S. Joannes Baptista.
Souzy, annexe. . . . . N.	Sanceyum	Saint Gilles	S. Ægidius.
Briche (la) annexe . . . N.	Brichia	Saint Martin	S. Martinus.

CANTON DE DOURDAN, S. — DECANATUS SANCTI ARNULPHI.

Saint-Arnoult. . . . . . S.	Sanctus Arnulphus	Saint Nicolas	S. Nicolaus.
Ablis. . . . . S.	Ableiæ	Saints Pierre et Paul. . . .	SS. Petrus et Paulus.
Allainville. . . . . . . N.	Alleni villa.	Saint Pierre, Ap.	S. Petrus.
Attonville, annexe . . . N.	Wastonis villa.	Saint Germain d'Auxerre. .	S. Germanus A.
Authon . . . . N.	Attonum	Saint Aubin.	S. Albinus.
Boinville. . . . . S.	Boeni villa	Sainte Vierge.	Assumptio B. M. V.
Chatignonville . . . . . N.	Castaneum villare. . . .	Saint Mamert	S. Mamertus.
Clairefontaine. . . . . . S.	Clarus fons.	Saint Nicolas.	S. Nicolaus.
Corbreuse . . . . N.	Corberosa.	Sainte Vierge	Assumptio B. M. V.
Craches. . . . . S.	Crechiæ	Sainte Vierge.	B. V. M. Nativitatis Domini.
Forêt-le-Roi (la). . . . N.	Foresta Regis.	Saint Nicolas	S. Nicolaus.
Granges-le-Roi (les). . . N.	Grangiæ Regis	Saint Léonard.	S. Leonardus.
Mérobert. . . . . N.	Mansio Roberti.	Sainte Vierge.	Assumptio B. M. V.
Orphin. . . . . S.	Urfinum	Sainte Monégonde.	S. Monegundis.
Orsonville . . . . S.	Orsonvilla	Saint André.	S. Andreas.
Paray-Douaville. . . . . N.	Paretum	Saint Pierre, Ap.	S. Petrus.
Ponthévrard . . . . . . S.	Pons Evrardi	Sainte Vierge.	Nativitas B. M. V.
Prunay-sous-Ablis . . . S.	Pruneyum	Saints Pierre et Paul. . . .	SS. Petrus et Paulus.
Richarville. . . . . . . N.	Richardi villa	Saint Lubin.	S. Leobinus.
Sonchamp . . . . S.	Suncantum	Saint Georges.	S. Georgius.
Saint-Escobille. . . . . N.	Sanctus Scuphilus. . . .	Saint Escobille.	S. Scuphilus.
Saint-Martin-de-Bretten. S.	Sanctus Martinus de Bret. .	Saint Martin.	S. Martinus.
Sainte-Même. . . . . . S.	Sancta Maxima.	Sainte Même	S. Maxima.
Denisy, annexe. . . . . S.	Denysiacum.	Saint Denis.	S. Dionysius.

CANTON DE LIMOURS. — DECANATUS MARCUSIACI.

PAROISSES		PATRONS ET TITULAIRES	
Marcoussis............	Marcusiacum.......	Sainte Madeleine......	S. Magdalena.
Briis-sous-Forges......	Briæ ad Forgias......	Saint Denis.........	S. Dionysius.
Briis-sous-Forges, annexe..	Briæ ad Forgias......	Sainte-Croix........	Sancta Crux.
Fontenay-les-Briis.....	Fontanetum ad Brias...	Saint Martin........	S. Martinus.
Forges.............	Forgiæ...........	Sainte Vierge.......	Assumptio B. M. V.
Gometz-la-Ville......	Comitis villa.......	Saint Germain de Paris...	S. Germanus P.
Gometz-le-Châtel.....	Gomethiacum Castrum...	Saint Clair, C.......	S. Clarus, C.
St-Jean-de-Beauregard, an.	Mons Falconis......	Saint Jean-Baptiste.....	S. Joannes Baptista.
Janvry............	Janvriacum........	Sainte Vierge.......	B. V. M. de Monte Carmelo.
Limours...........	Lembitum.........	Saint Pierre, Ap......	S. Petrus.
Pecqueuse, annexe.....	Pecosa...........	Saint Médard.......	S. Medardus.
Molières (les)........	Moleriæ..........	Sainte Madeleine......	S. Magdalena.
Troux (les), annexe.....	Trociæ...........	Saint Jean Évangéliste...	S. Joannes, Ev.
Vaugrigneuse........	Vallis grinosa.......	Sainte Madeleine.....	S. Magdalena.
Courson-l'Aunay, annexe..	Alnetum Cursonis.....	Sainte Vierge.......	Nativitas B. M. V.

CANTON DE MONTFORT-L'AMAURY. — DECANATUS MONTISFORTIS AMALARICI.

Montfort...........	Mons fortis........	S. Pierre, Ap.......	S. Petrus.
Auteuil............	Autolium.........	Saint Eparche.......	S. Eparchius.
Autouillet..........	Autoilletum........	Sainte Vierge.......	Assumptio B. M. V.
Basoches...........	Basochiæ.........	Saint Martin........	S. Martinus.
Béhoust...........	Behodium.........	Saint Hilaire........	S. Hilarius.
Beynes............	Beina...........	Saint Martin........	S. Martinus.
Boissy-sans-Avoir.....	Boissiacum sine censu...	Saint Sébastien......	S. Sebastianus.
Flexanville.........	Flessenvilla........	Saint Germain de Paris...	S. Germanus P.
Galluis............	Varleium..........	Saint Martin........	S. Martinus.
Garancières.........	Warenceræ........	Saint Pierre, Ap......	S. Petrus.
Goupillières........	Gulpilleriæ........	Saint Germain de Paris...	S. Germanus P.
Gros-Rouvres.......	Grossum robur......	Saint Martin........	S. Martinus.
Marc.............	Marca...........	Saint Rémy........	S. Remigius.

PAROISSES		PATRONS ET TITULAIRES	
Marcil-le-Guyon	Marolium Guidonis	Saint Martin	S. Martinus.
Méré	Meriacum	Saint Denis	S. Dionysius.
Mesnuls (les)	Mansio Symonis	Saint Eloi	S. Eligius.
Neauphle-le-Château	Nidalfa Castrum	Saint Nicolas	S. Nicolaus.
Neauphle-le-Vieux	Nidalfa Vetus	Saint Nicolas	S. Nicolaus.
Saint-Aubin, annexe	Sanctus Albinus	Saint Aubin	S. Albinus.
Orgerus	Bisconcellæ	Saint Pierre-ès-Liens	S. Petrus ad Vincula.
Tacoignères, annexe	Taconeriæ	Sainte Vierge	Assumptio B. M. V.
Queue (la)	Cauda de Galeis	Saint Nicolas	S. Nicolaus.
Millemont, annexe	Malimons	Saints Martin et Maurice	SS. Martinus et Mauritius.
Saulx-Marchais	Saumarcheiæ	Saint Pierre, Ap.	S. Petrus.
Thoiry	Torreium	Saint Martin	S. Martinus.
Andelu, annexe	Andelu	Notre-Seigneur J.-C.	Nativitas Domini.
Tremblay (le)	Trembleium	Saints Leu et Gilles	SS. Lupus et Ægidius.
Vicq	Vicus	Saint Martin	S. Martinus.
Villiers-le-Mahieu	Villare Matthei	Saint Martin	S. Martinus.
Villiers-Saint-Frédéric	Villare Sancti Frederici	Saint Frédéric	S. Fredericus.
S.-Germain-de-la-Grange, an.	S. Germanus de Morevilla	Saint Germain de Paris	S. Germanus P.

CANTON DE RAMBOUILLET. — DECANATUS RAMBOILLETI.

Rambouillet	Ramboilletum	Saints Lubin et Jean Baptist.	SS. Leobinus et Joan. Bapt.
Auffargis	Ulfarciagæ	Saint André	S. Andreas.
Boissière (la)	Boixeria Heraudi	Saint Barthélemy	S. Bartholomæus.
Bréviaires (les)	Breveriæ	Saint Antoine	S. Antonius.
Emancé	Amanciacum	Saint Rémy	S. Remigius.
Essarts (les)	Essarta Regis	Saints Corneille et Cyprien	SS. Cornelius et Cyprianus.
Layes (les), annexe	Layæ	Sainte Vierge	Assumptio B. M. V.
Gazeran	Gazerannum	Saint Germain d'Auxerre	S. Germanus A.
Hermeray	Hermolitum	Saint Germain de Paris	S. Germanus P.
Mittainville	Mittani villa	Saint Rémy	S. Remigius.
Orcemont	Ursi mons	Saint Eutrope	S. Eutropius.
Perray (le)	Villanova Perreii	Saint Eloi	S. Eligius.

PAROISSES		PATRONS ET TITULAIRES	
Saint-Hubert, annexe	*Sanctus Hubertus*	Saint Hubert	*S. Hubertus.*
Poigny	*Pugneium*	Saint Pierre, Ap.	*S. Petrus.*
Raizeux	*Retiacula*	Sainte Vierge	*Assumptio B. M. V.*
Saint-Hilarion	*Sanctus Hilario*	Saint Hilarion	*S. Hilario.*
Voisins, annexe	*Vicini nova Capella*	Saint Rémy	*S. Remigius.*
Saint-Léger-en-Yvelines	*S. Leodegarius in Aquilina*	Saint Léger	*S. Leodegarius.*
Gambaiseuil, annexe	*Gambetiolum*	Exaltation de la Ste Croix	*Exaltatio sanctæ Crucis.*
Vieille-Eglise	*Vetus Ecclesia*	Saint Gilles	*S. Ægidius.*

CHAPITRE X

Organisation Diocésaine.

VICAIRES GÉNÉRAUX

On entend par ces mots : *les Vicaires des Evéques dans l'exercice de la juridiction volontaire*. Les deux principaux sont ceux qui résident auprès de Monseigneur : l'un est chargé du personnel, et l'autre du contentieux. Il est libre au Prélat d'en choisir tel nombre qu'il juge convenable. Ce sont eux qui forment son conseil particulier ; ils sont nommés par lui et révocables à sa volonté.

SECRÉTARIAT

Un secrétariat est établi dans chaque Evêché pour l'expédition des actes qui concernent la juridiction volontaire. Ces fonctions sont confiées par l'Evêque aux prêtres qu'il en juge dignes, et révocables à sa volonté. Dans le diocèse, cette fonction est exercée par deux prêtres, un secrétaire général et un pro-secrétaire.

CHANOINES

Les Chanoines sont des prêtres vénérables, choisis par l'Evêque pour célébrer chaque jour de l'année le saint sacrifice dans la cathédrale, à l'intention des bienfaiteurs, et psalmodier l'office divin.

Il y en a de trois sortes : les chanoines d'honneur, qui ne sont pas tenus à l'assistance de l'office public, et sont ordinairement Evêques ; les chanoines titulaires, qui reçoivent une modeste indemnité du Gouvernement et forment le chapitre ou conseil épiscopal ; enfin les chanoines honoraires qui ne reçoivent aucune indemnité, leur titre étant purement honorifique. Ils se subdivisent en chanoines résidants et en chanoines non résidants s'ils n'habitent pas la ville épiscopale.

OFFICIALITÉ

L'Officialité est le tribunal de l'Evêque, établi pour juger les causes qui dépendent du contentieux. L'official est celui qui préside et dirige les causes. Le promoteur et le vice-promoteur sont ceux qui défèrent les causes au tribunal et les soutiennent. Le greffier est chargé de rédiger les procès-verbaux et d'inscrire les jugements.

GRAND SÉMINAIRE

Le Grand Séminaire est destiné aux études préparatoires du sacerdoce. Il se compose d'un supérieur, d'un économe, de professeurs de Dogme, de Morale, d'Ecriture sainte, de Droit-Canon, d'Histoire Ecclésiastique, de Philosophie et de Physique. Le Gouvernement donne un certain nombre de bourses et demi-bourses en faveur des élèves dont la fortune ne permet pas de pourvoir aux frais de leur éducation cléricale. Il y a aussi quelques bourses données par des particuliers. Il a été établi en 1833 dans le Pavillon le Tellier, bâti en 1755, rue Satory, auprès du Potager.

PETIT SÉMINAIRE

Le Petit Séminaire est destiné à donner aux élèves les études secondaires et préparatoires au Grand Séminaire. Il se compose d'un supérieur, d'un directeur et d'autant de professeurs qu'il y a de cours. Il est établi dans l'ancien hôtel de la Surintendance des bâtiments de la couronne, construit en 1683 près de la grille de l'Orangerie. Il a été acquis par Mgr Blanquart de Bailleul en 1834, et a remplacé le Petit Séminaire fondé à Mantes en 1826. La chapelle a été bâtie en 1842.

ORDRES RELIGIEUX D'HOMMES

Il existe aujourd'hui dans le diocèse cinq Maisons religieuses, ce sont :

1° Les RR. PP. Capucins appelés par Mgr Gros en 1849, pour donner des Missions et des Retraites dans les Paroisses.

2° Les RR. PP. Jésuites qui ont demandé et obtenu de Monseigneur l'autorisation d'avoir une maison à Versailles en 1866.

3° Les Religieux du Très-Saint Sacrement fondés en 1866 à Saint-Maurice.

4° Les Frères de Saint-Vincent-de-Paul, prêtres qui ont un noviciat à Chaville fondé en 1860.

5° Les RR. PP. Eudistes établis en 1871 à Versailles pour s'occuper spécialement de l'œuvre des militaires.

CHAPITRE XI

Évêques du Diocèse.

Le nom d'évêque vient de la langue grecque et signifie *celui qui veille,* ou intendant général, car la charge principale de l'évêque est de veiller sur le troupeau qui lui est confié, d'être à la place d'honneur et de voir tout le monde.

L'évêque porte les noms de *summus sacerdos*, grand prêtre, pour le distinguer des simples prêtres ; de *præsul*, prélat, car !il préside dans les conciles ; d'*antistes*, supérieur, parce qu'il est au-dessus des autres et préside aux peuples ; de *pontifex*, pontife, à cause de son pouvoir supérieur ; de *legatus Christi*, légat du Christ, car il est destiné au gouvernement des âmes ; de *pastor*, pasteur, car il doit nourrir les âmes du pain de la parole ; de *præco*, héraut, parce qu'il annonce la parole aux peuples et dénonce ses fautes ; d'*ordinarius*, ordinaire, parce qu'il exerce une juridiction ordinaire sur son diocèse ; enfin de *diœcesanus,* diocésain, à cause de son diocèse.

En France les évêques sont présentés par le Gouvernement et ils reçoivent l'institution canonique du Souverain-Pontife, leur chef immédiat. Dans la primitive Eglise ils étaient élus par le clergé et le peuple.

Le diocèse de Versailles, depuis sa création, compte cinq évêques.

Le palais épiscopal a été bâti en 1760 sur l'emplacement de l'église qui avait précédé celle de Saint-Louis. Il était destiné au logement des Missionnaires Lazaristes qui desservaient l'église. Nous allons donner une courte notice sur les prélats et sur leurs armoiries.

1° Mgr Louis CHARRIER DE LA ROCHE, né à Lyon le 17 mai 1738. Il était prévôt du chapitre noble de Saint-Martin d'Aunay et député du clergé de Lyon, quand il fut appelé au siége de Rouen, vacant par le départ de Mgr Dominique de la Rochefoucault. Il fut sacré évêque constitutionnel le 10 avril 1791, se rétracta, et fit amende honorable, la corde au cou. Sous le gouvernement consulaire il fut appelé au siége de Versailles, où il arriva le 24 mai 1802 ; il fut installé dans l'église de Saint-Louis, érigée en cathédrale, le jour de l'Ascension, 27 du même mois. Il remplit les fonctions de premier aumônier de l'empereur Napoléon I*, et mourut à Versailles le 17 mars 1827.

Comme la noblesse n'avait point encore été relevée du décret qui l'avait supprimée en 1790, Mgr Louis Charrier de la Roche n'avait point d'armoiries ; sur son écusson ovale se trouvait son chiffre L. C. R. Mais après le décret du 1er mars 1808, Monseigneur, créé baron de l'Empire, prit les armes suivantes couronnées du bonnet de docteur, auxquelles il suspendit la croix d'honneur : *Ecartelé au premier d'hermine, au pont d'argent, maçonné de sable ; au deuxième de gueules, à la croix alisée d'or ; au troisième d'or à la face, accompagnée en chef de deux trèfles de Sinople, et en pointe d'un trèfle de même ; au quatrième, coupé d'or et d'azur, l'or au lion rempant de sable, surmonté d'un comble de gueules, l'azur à la bande d'argent, accompagné de trois têtes de coq arrachées d'argent, 2 et 1, sur le tout d'azur à la roue d'argent,* sans devise.

2° Mgr ETIENNE-JEAN-FRANÇOIS BORDERIES, né à Montauban le 24 janvier 1764, d'abord vicaire à Saint-Thomas-d'Aquin, ensuite vicaire général de Paris, nommé évêque de Versailles le 29 mars 1827, et préconisé à Rome dans le consistoire du 5 juin suivant : sacré le 29 juillet à Notre-Dame par Mgr Hyacinthe Louis de Quélen, archevêque de Paris, assisté de NN. SS. Claude-Hippolyte Clausel de Montals, évêque de

Chartres, et Charles-André-Toussaint Bruno de Ramonde-Lalande, évêque de Rodez. Il mourut à Versailles le 4 août 1832.

Il avait pour armoiries : *d'azur à l'ancre d'argent, chargée d'un dauphin de même, les ailes de l'ancre versée;* et pour devise, ΙΧΘΥΣ, monogramme du Christ.

3° Mgr Louis-Edmond-Marie BLANQUART de BAILLEUL, né à Calais, le 8 septembre 1795. Il fut d'abord vicaire de la paroisse de Saint-Thomas-d'Aquin à Paris, puis aumônier du célèbre couvent des Dames de la Visitation, rue d'Enfer, où il a laissé les meilleurs souvenirs ; il devint ensuite vicaire général de Mgr Borderies et fut nommé pour le remplacer le 10 septembre 1832 ; préconisé le 17 décembre de la même année et sacré le 25 janvier 1833 dans l'église cathédrale de Saint-Louis à Versailles par Mgr de Quelen, assisté de NN. SS. Clausel de Montals, évêque de Chartres, et Romain-Frédéric Gallard, évêque de Meaux. Transféré à l'archevêché de Rouen le 17 juin 1844, il démissionna le 22 février 1858, se retira à Versailles où il mourut le 30 décembre 1868.

Il avait pour armoiries : *d'azur à un chevron d'argent, soutenu d'une billette de même.*

4° Mgr Jean-Nicaise GROS, né à Reims le 7 octobre 1794; successivement vicaire de Saint-Aspais de Melun, secrétaire général de l'Archevêché de Reims, chanoine titulaire, vicaire général de Reims et de Paris, fut nommé à l'Evêché de Saint-Dié, le 10 octobre 1842, par suite de la promotion de Mgr de Jerphanion à l'Archevêché d'Alby, préconisé le 27 janvier 1843, et sacré par Mgr Denis-Auguste Affre, archevêque de Paris, assisté de NN. SS. Blanquart de Bailleul, et Jean-Joseph-Marie-Eugène de Jerphanion, en présence de dix autres prélats, le dimanche 26 février, dans la chapelle des Dames de la Congrégation de Notre-Dame, dite des Oiseaux : il fut installé le 23 mars à Saint-Dié. Nommé évêque de Versailles en 1844, il prit possession le 30 juillet de la même année et mourut le 13 décembre 1857.

Il avait pour armoiries: *d'azur au Saint-Esprit rayonnant d'argent*, avec cette devise : *In labore requies.*

5° Mgr Jean-Pierre MABILE, né à Rurey, canton de Quingey (Doubs), le 20 septembre 1800, successivement vicaire à Gray, vice-supérieur de l'Ecole secondaire ecclésiastique de Luxeuil, curé-doyen de Villersexel, dans l'arrondissement de Lure (Haute-Saône), et vicaire général de Montauban. Un décret du Prince-Président de la République le désigna le 30 juin 1851 pour le siége épiscopal de Saint-Claude, vacant par la mort de Mgr Antoine-Jacques de Chamon. Préconisé dans le consistoire du 5 septembre suivant, il fut sacré le 11 novembre dans la Cathédrale de Montauban par Mgr Jean-Marie Doney, évêque de cette ville, assisté de NN. SS. Jean de Levezou de Vezins, évêque d'Agen, et Henri-Marie-Gaston de Bonnechose, alors évêque de Carcassonne, et fut installé évêque de Saint-Claude le 25 du même mois. Nommé évêque de Versailles, par décret du 23 janvier 1858, Mgr Mabile fut préconisé le 15 mars suivant, et prit solennellement possession de son nouveau siége le 21 mai de la même année. *Ad multos annos!*

Monseigneur n'a point d'armoiries, mais un cachet ovale avec les lettres grecques ☧ ; autour, *In Cruce Virtus*, et *Sigillum Petri Episcopi Versaliensis*.

CHAPITRE XII

Saints du Diocèse.

Sous le nom de saint, *sanctus*, participe du verbe latin *sancire,* sanctionner, nous entendons une personne qui a vécu conformément aux lois du Seigneur, et dont il a sanctionné les actes. Pour qu'ils soient bons, il faut l'absence de toute souillure, une constance inébranlable dans le bien et une union parfaite avec Dieu.

Dans la primitive Eglise, les apôtres, les disciples et un certain nombre de chrétiens, conformaient leur conduite à celle de Notre-Seigneur, sans aucune déviation. Survinrent les persécutions, celle de Néron et les autres jusqu'à Dioclétien. On voulut contraindre les serviteurs de Dieu à vivre comme les païens et adorer les dieux de l'empire. Sur leur refus, ils furent persécutés, privés de leurs biens et mis à mort, souvent avec de grands supplices, confessant la vérité, d'où ils reçurent le nom de martyrs, *témoins*. Les actes de leur vie et de leur passion étant rédigés, les fidèles aimaient à en entendre la lecture, surtout au jour anniversaire, *Anni reversus*, de leur mort. Ils se rassemblaient auprès de leurs tombeaux, et leur rendaient un culte. Les miracles prouvaient leur sainteté, des malades étaient guéris, et souvent même, des morts ressuscitaient par leur protection auprès de Dieu. Il appartenait aux Evêques d'approuver ce culte, jusqu'à ce que le Souverain-Pontife Alexandre III eut réservé ce droit au Saint-Siége.

Après les persécutions, le nombre des martyrs diminua, mais le Seigneur eut toujours des serviteurs fidèles, et le culte s'étendit aux confesseurs qui avaient donné l'exemple de toutes les vertus. Le premier qui reçut cet hommage parmi nous fut saint Martin, évêque de Tours. Son culte devint si populaire que, dans les siècles suivants, on construisit un grand nombre d'Eglises en son honneur. Dans notre diocèse, c'est lui, après la Très-Sainte Vierge, qui est patron du plus grand nombre de Paroisses : on en compte plus de cent, y compris les anciennes qui ont été supprimées.

Les glorieux serviteurs de Dieu, étant de tous les temps et de tous les lieux, méritent un honneur spécial. Cependant, comme l'Eglise, à cause de leur nombre, ne peut assigner à chacun d'eux un jour particulier, elle les réunit en une fête commune le 1ᵉʳ novembre. Dans sa liturgie, qui est l'expression la plus belle de la prière, elle nous en présente un certain nombre et permet qu'on leur adjoigne les saints du diocèse. Mais comme les fidèles ne sont pas tenus à la récitation de l'office divin, souvent ils ne les connaissent pas. Une courte notice sur chacun d'eux ne peut qu'augmenter notre confiance et nous porter à les imiter.

Après la réforme liturgique de saint Pie V, suivant le vœu du concile de Trente, tous les diocèses de l'univers n'eurent rien de plus pressé que de réformer aussi leurs livres de prières. Ils réunirent dans un supplément les saints Diocésains, et demandèrent au Souverain-Pontife de vouloir bien approuver ce culte. La cause ayant été examinée par la Congrégation des Rites, l'autorisation fut accordée, et ces saints reçurent les honneurs du clergé et des fidèles. Notre contrée, une des premières, par la voix de ses conciles provinciaux, accepta la réforme de saint Pie V. Mais, hélas ! le dix-huitième siècle ne devait pas marcher longtemps sur les traces de celui qui l'avait précédé. Une grande déviation allait arriver, et, chose remarquable, il semble qu'il fallait la sanglante tourmente révolutionnaire pour ouvrir les yeux aux aveugles.

En ce qui concerne notre diocèse, pendant les 26 premières années qui ont suivi son érection, il n'avait point de Bréviaire ni de Missel. On se servait des livres liturgiques des anciens Diocèses qui avaient formé sa circonscription. Il semblait tout naturel de prendre le Bréviaire et le Missel romains. Mais l'époque du retour n'était pas encore arrivée. Le 25 août 1828, Mgr Borderies donna le Bréviaire diocésain, dans lequel furent admis un certain nombre de saints de la localité. Ce Bréviaire, étant en contradiction avec la Bulle Pontificale, ne pouvait recevoir la sanction de la Congrégation des Rites. En 1854, Mgr Gros, de sainte mémoire, après un voyage à Rome, supprima le Bréviaire et le Missel en usage depuis 26 ans et nous rendit la liturgie romaine. Un propre des saints du Diocèse fut ajouté comme supplément. Le 17 juillet 1862, Mgr Mabile, ayant mûrement considéré que le nombre des fêtes ajoutées était trop considérable, en demanda la réduction au Souverain-Pontife qui approuva le propre des saints du supplément en vigueur de nos jours.

Conformément à la règle suivie dans les chapitres précédents nous donnerons la notice sur les saints suivant l'ordre alphabétique, indiquant les martyrs, M; les confesseurs, C; les vierges, V, avec le jour auquel l'Église célèbre leur fête. Dans cette notice, nous ferons ressortir principalement ce qui a trait au diocèse, attendu que la plupart de ces vies sont bien connues.

Saint Adjute, Confesseur, 19 décembre.

Saint Adjute, *Adjutus,* était un religieux de la ville de Mantes. La sainteté de sa vie appela sur lui l'attention de ses supérieurs. Choisi pour Abbé d'un monastère dans le diocèse de Chartres, il le gouverna pendant de longues années avec beaucoup de soin, y fit fleurir la piété et la pratique de toutes les vertus. Dieu lui accorda l'esprit de prophétie et le don des miracles. Après une sainte vie, il rendit son âme au Seigneur et son corps fut inhumé à Orléans. De nombreux miracles ayant révélé sa sainteté, une église fut bâtie sur son tombeau. L'évêque Esquilin et

Gazet ont écrit sa vie. Le Martyrologe romain et celui du vénérable Bède en parlent au 19 décembre. Baronius en fait mention dans ses Annotations au Martyrologe. Enfin Riba de Neira donne un abrégé de sa vie dans son travail sur les saints.

Saint Adjuteur, Confesseur, 30 avril.

Saint Adjuteur, *Adjutor,* fils de Jean de Vernon et de la bienheureuse Rosemonde de Blaru, naquit à Vernon en 1070, montra dès son enfance une grande piété et une grande aptitude pour les sciences. Lorsqu'il eut atteint l'âge viril, il fit partie de la première croisade, se distingua à la prise d'Antioche, fut fait prisonnier près de Jérusalem, et souffrit beaucoup de mauvais traitements que les Barbares lui firent endurer. Ayant recouvré sa liberté par la puissante protection de sainte Marie-Madeleine et du bienheureux Bernard, abbé de Thiron, qu'il avait connu, il rentra miraculeusement dans sa patrie, prit l'habit religieux de Saint-Benoît, construisit une église en l'honneur de sainte Marie-Madeleine et une cellule où il vécut en faisant le bien et opérant des miracles. Sentant sa fin prochaine, il fit prier l'abbé de Thiron de se rendre auprès de lui, reçut de sa main les derniers sacrements, et son âme s'envola vers le Seigneur le 30 avril 1131. Son corps fut inhumé dans l'église qu'il avait bâtie. De nombreux miracles ayant prouvé sa sainteté, il fut mis au rang des saints.

Sainte Andragème ou Angadrème, Vierge, 14 octobre.

Sainte Andragème, *Andragema seu Angadrisma,* naquit près de Thérouanne, d'une noble famille, et fut élevée dans les sentiments de la plus grande piété. Robert, son père, avait la garde de l'anneau royal. Arrivée à l'âge nubile, elle fut demandée en mariage par saint Ansbert. Après la solennité des noces, elle vint à Chaussy, où elle habita quelque temps. D'un commun accord les deux époux se consacrèrent au Seigneur gardant la virginité, puis notre sainte se retira au monastère d'Ozoer, près de

Beauvais, reçut le voile des mains de saint Ouen, devint abbesse de ce même monastère, où après une sainte vie elle rendit son âme au Seigneur vers l'an 695, la même année que saint Ansbert. Sa fête se célèbre le 14 octobre.

Saint Ansbert, Confesseur Pontife, 9 février.

Saint Ansbert, *Ansbertus,* issu d'une des plus nobles et des plus anciennes familles de France, naquit à Chaussy, fut élevé dans les sentiments d'une grande piété, épousa sainte Andragème, honorable jeune personne des environs de Thérouanne. Par un mutuel consentement, ils gardèrent la virginité et se séparèrent. Saint Ansbert, admis comme gentilhomme, sur la recommandation de son beau-père à la Cour de Clotaire III, s'y distingua par son esprit et ses vertus, qui lui valurent la charge de chancelier, qu'il remplit pendant plusieurs années. Ayant quitté secrètement la Cour, il se retira au monastère de Fontenelle, dont il fut le troisième abbé, succéda à saint Ouen sur le siège pontifical de Rouen, gouverna et édifia son église par une sainte doctrine. Il mourut au monastère d'Hautmont, en Hainaut, où il s'était retiré, le 5 des ides de février, 9ᵉ jour du mois, l'an 695. Son corps fut apporté à l'abbaye de Fontenelle et inhumé dans l'église de Saint-Pierre le 5 des ides de mars suivant.

Saint Anselme, Confesseur Pontife et Docteur, 21 avril.

Saint Anselme, *Anselmus,* issu d'une noble famille, naquit dans la ville d'Aoste, en Piémont, vers l'an 1033, fut élevé dans les sentiments de la plus grande piété et dans l'étude des sciences. Étant entré comme religieux à l'abbaye du Bec-Helloin, il en fut élu prieur en 1063, et assista à la consécration de l'église Saint-Nigaise, à Meulan, le 23 octobre 1067. Il passa plusieurs jours dans cette ville, honoré de l'amitié des comtes de Meulan qu'il vint visiter souvent étant abbé du Bec et ensuite archevêque de Cantorbéry. Il mourut le 21 avril 1109, à l'âge de 76 ans, ayant laissé de nombreux et savants écrits sur la Théologie et les belles-lettres.

Saint Arnoult, Martyr Pontife, 18 juillet.

Saint Arnoult, *Arnulphus,* né de parents païens, instruit et baptisé par saint Rémy, évêque de Reims, montra une grande piété, entreprit plusieurs voyages, pendant le cours desquels il opéra des miracles, devint évêque de Tours, partit ensuite pour l'Espagne, où il travailla à la conversion des Ariens. Onze ans après, ayant appris la mort de saint Rémy, il revint à Reims pour honorer les restes de ce pontife à qui il avait confié son épouse, sainte Scariberge. Les serviteurs de cette dernière, qui étaient encore païens, lui tendirent des embûches à son insu, et, l'ayant trouvé seul, le massacrèrent en haine de la religion, le 18 juillet, vers l'an 534. Sainte Scariberge, ayant appris ce crime, versa des larmes abondantes, et résolut de transporter les restes de son époux à Tours. En passant auprès de Dourdan les saintes reliques s'arrêtèrent et il fut impossible de les faire avancer, les animaux qui les conduisaient refusant formellement de marcher. Le comte de Dourdan, ayant été informé de ce fait, donna aussitôt l'emplacement où elles étaient pour la construction d'une église et ensuite d'un prieuré qui a existé jusqu'à la révolution. Des maisons s'élevèrent auprès et formèrent le bourg de Saint-Arnoult. Sa fête se célèbre le 18 juillet, elle avait ses leçons dans le bréviaire de Chartres. Elles se trouvent dans le supplément de notre bréviaire.

Sainte Avoie, Veuve, 14 avril.

Sainte Avoie ou Helvise, *Helvisia,* de l'ancienne famille Crespon, sœur du comte Herluin de Conteville, l'un des plus puissants seigneurs de Normandie, épousa Hugues de Meulan en premières noces, et en secondes le chevalier d'Azzolin qui, ayant entrepris le voyage de la Terre-

Sainte, comme plusieurs grands personnages de l'époque, y mourut, laissant deux fils, Gaston et Geoffroy, qui prirent l'habit monastique à l'abbaye de Coulombs. Devenue veuve pour la seconde fois, elle se retira dans une grotte, *Angustum petit antrum*, où elle vécut longtemps, se livrant à la pratique de toutes les vertus, puis se rendit à l'abbaye de Coulombs, dont l'aîné de ses fils venait d'être nommé abbé. Avant de mourir en cette abbaye, elle lui donna les églises de Lainville et de Montalet-le-Bois, et beaucoup d'hôtes ou censitaires qui lui avaient été laissés par le comte de Meulan. Elle mourut en odeur de sainteté, à Coulombs, le 10 février 1032. Mise au rang des saintes, elle recevait un culte spécial au monastère et à Meulan où son souvenir est toujours vivant. La petite chapelle où elle vécut existe encore et est affectée aujourd'hui à l'usage de serre.

Sainte Bathilde, Veuve, 30 janvier.

Sainte Bathilde, *Bathildis*, naquit en Angleterre, de race noble, tomba en captivité, fut vendue, encore enfant, comme esclave, à un seigneur français, nommé Archambault, qui devint maire du palais. Clovis II, aussi charmé de sa vertu que de sa beauté, l'épousa. Elle fut mère de Clotaire III, Childéric II et Thierry III, habita souvent à Palaiseau pendant la minorité de Clotaire, fonda les monastères de Corbie et de Chelles où elle se retira en 666, et où elle mourut saintement le 30 janvier 680. On célèbre sa fête dans le diocèse de Meaux en ce même jour, par concession du Souverain-Pontife.

Saint Bernard, Confesseur et Docteur, 20 août.

Saint Bernard, *Bernardus*, naquit en 1091, au château de Fontaines, près Dijon, d'une famille noble. Consacré au Seigneur dès son entrée dans la vie, il fit de rapides progrès dans la piété et les sciences. Ayant embrassé la vie religieuse, il fonda l'abbaye de Clairvaux. En 1130, il assista au Concile d'Étampes, où la puissance de sa parole et ses arguments firent reconnaître Innocent II, comme Souverain Pontife, contre les partisans de Pierre de Léon. L'année suivante, le Pape étant venu à Morigny, pendant que Thomas en était abbé, y consacra le grand autel, en présence de onze cardinaux, de l'archevêque de Sens, de l'évêque de Chartres, de plusieurs abbés, entre autres de saint Bernard qui affectionnait beaucoup ce lieu. Thomas lui écrivit ultérieurement une lettre au sujet de la démission qu'il avait donnée de son titre d'abbé. On ignore si saint Bernard lui répondit. Il quitta la vie le 20 août 1153, à l'âge de 63 ans.

Saint Bonaventure, Confesseur Pontife et Docteur, 14 juillet.

Saint Bonaventure naquit à Bagnéréa, en Toscane, et dès son enfance fut consacré à Dieu dans l'ordre de saint François. Il eut pour maître Alexandre de Halès, sous lequel il fit en peu de temps de tels progrès dans les sciences qu'au bout de sept années il put expliquer à Paris le *Maître des Sentences*. Pendant son séjour en cette ville il habita le couvent des Cordeliers, fondé à Mantes par saint Louis, où il venait souvent se reposer et être moins distrait; il y écrivit la vie de saint François d'Assise, vers l'an 1258. Les vestiges de ce couvent existent encore de nos jours, et on a montré longtemps la pierre qui lui servait d'oreiller. Contemporain de saint Thomas d'Aquin, ils avaient l'un pour l'autre une grande affection. Elu à Rome ministre général de son ordre et enfin cardinal, il mourut saintement au concile de Lyon, le 14 juillet 1274.

Saint Clair, Confesseur, 18 juillet.

Saint Clair, *Clarus*, suivant l'opinion la plus commune, était chorévêque au IXe siècle; il évangélisait les fidèles et administrait les sacrements. Son origine est inconnue, mais il fixa sa résidence à la Grange

Saint-Clair, paroisse de Pecqueuse, près de Limours. L'abbé Lebeuf donne quelques détails sur ce saint confesseur en parlant de la paroisse de Gometz-le-Châtel, où se trouve une relique du chef de saint Clair. Il a existé un Prieuré en ce lieu sous son invocation. Aujourd'hui sa fontaine est toujours religieusement visitée. On célèbre sa fête le 18 juillet, jour où la tradition fixe sa mort à Pecqueuse. Il a été souvent confondu avec saint Clair, martyr, en Vexin.

Saint Clair, Martyr, 18 juillet.

Saint Clair, *Clarus*, était prêtre des idoles, suivant l'opinion la plus probable, car quelques auteurs le font venir de Rome, et son nom prête assez à cette supposition. Converti à la foi par saint Nigaise, il la professa publiquement. Arrêté par ordre de Fescennius-Sisinnius, il souffrit le martyre le 18 juillet, l'an 121 de Notre Seigneur, un peu après la mort de saint Denis.

Saint Clair, Martyr, 4 novembre.

Saint Clair, *Clarus*, fut un illustre prêtre, qui vint d'Angleterre en France, et fixa son séjour à Saint-Clair-sur-Epte, dans le Vexin français et y vécut plusieurs années, se montrant le modèle de toutes les vertus. Il mourut martyr de la chasteté, ayant été mis a mort par des assassins envoyés par une femme puissante et riche qui n'avait pu le faire consentir à sa passion. Cette bienheureuse mort arriva vers l'an 884. Sa fête se trouve dans le supplément de notre bréviaire, avec leçons propres. Avant 1862 elle était du rite double, aujourd'hui nous n'en faisons plus qu'une simple mémoire.

Saint Cloud, Confesseur, 7 septembre.

Saint Cloud, *Clodoaldus,* petit-fils de Clovis et de sainte Clotilde, étant obligé de fuir la cruauté de ses oncles qui voulaient le massacrer, fut emporté en Provence, où il grandit, se fit religieux, revint à Paris, fut ordonné prêtre, bâtit un monastère à Nogent-sur-Seine, aujourd'hui Saint-Cloud, où il vécut saintement, et alla recevoir sa récompense au ciel le 7 septembre, vers l'an 560. Au commencement du IX° siècle, une collégiale fut fondée en ce lieu, où l'office divin fut célébré jusqu'à la révolution. Une villa royale, bâtie sur l'emplacement de sa cellule, devint plus tard le somptueux palais de Saint-Cloud, détruit pendant la guerre franco-allemande, le 5 octobre 1870. Saint Cloud est patron de la paroisse de ce nom, de celle de Flins, ainsi que des anciennes paroisses de Courgent et d'Osmoy.

Saint Corbinien, Confesseur Pontife, 8 septembre.

Saint Corbinien, *Corbinianus,* fils de Waldechise, naquit à Saint-Germain-les-Arpajon, au VII° siècle. Profitant de l'isolement où se trouvait l'Eglise, il fit construire tout auprès sur le côté de l'édifice une maison et y vécut dans la solitude, n'ayant avec lui que quelques serviteurs, et une petite communauté qu'il forma aux exercices du christianisme, avec laquelle il célébrait l'office canonial. On accourait à lui de tous les environs pour le consulter, et les présents qu'on lui faisait étaient pour les pauvres. Le saint homme s'apercevant que les seigneurs venaient aussi lui rendre visite, et que Pépin même, maire du Palais, avait envoyé vers lui pour se recommander à ses prières, fut fâché de ne plus rester inconnu. Il y avait quatorze ans qu'il demeurait ainsi à côté du portail de l'église de Saint-Germain, lorsqu'il prit le parti d'aller à Rome. Il y fut consacré évêque, et revint ensuite en France, où Pépin le retint quelque temps à la Cour. Après cela, il retourna dans son ancienne demeure près l'église Saint-Germain de Châtres, espérant toujours que sous la protection de ce saint il pourrait y reprendre son premier genre de vie solitaire, content d'y former à la cléricature quelques ecclésiastiques. Comme le bruit de sa sainteté y attirait un nouveau concours, il résolut de quitter la France pour toujours et de retourner à Rome. Il y alla par l'Allemàgne, et étant arrivé en Bavière, Dieu lui inspira d'y prêcher la foi chrétienne : il devint l'apôtre de ce pays et y mourut après de nombreuses tribulations, en odeur de sainteté, à Frisengen, le 8 septembre de l'an 730. Les curés de Saint-Germain ont été chanoines de cette ville jusqu'à la révolution.

Saint Denis, Martyr Pontife, 9 octobre.

Saint Denis, *Dionysius*, naquit à Athènes, d'une famille riche, se livra à l'étude des sciences, passa en Egypte pour y apprendre l'Astronomie, et se trouvait à Héliopolis au moment de la mort de Notre-Seigneur, lorsque le soleil voila sa face dans tout l'univers, pour ne pas être témoin du déicide des Juifs. Denis, qui avait alors 25 ans, revint bientôt à Athènes où il se maria avec Damaris, occupa plusieurs places importantes, devint chef de l'Aréopage, entendit la sublime doctrine de l'apôtre saint Paul, s'y attacha, et trois ans après fut consacré évêque d'Athènes, qu'il gouverna longtemps. Venu à Rome, d'après le conseil de saint Jean l'Évangéliste, saint Clément lui offrit d'aller évangéliser les Gaules, avec saint Rustique, saint Eleuthère et plusieurs disciples. Les premiers missionnaires étaient morts, ou avaient été moissonnés par le martyre. Etant venu à Paris vers l'an 98, il y opéra de nombreuses conversions, et bâtit plusieurs églises. Son zèle ne se borna pas à la ville, il évangélisa les environs. Nous ne possédons malheureusement pas de documents sur les localités de notre diocèse évangélisées par lui, mais il est certain que plusieurs reçurent de sa bouche le don de la foi, et qu'il visita saint Yon et les autres missionnaires. Il mourut martyr, à l'âge de 110 ans, le 9 octobre de l'an 120, par ordre de Fescennius-Sisinnius, à Montmartre, avec ses deux compagnons, sous l'empire d'Adrien. Il est patron d'un grand nombre de paroisses du diocèse.

Sainte Domaine, Veuve, 25 septembre.

Sainte Domaine, *Domana,* issue de la noble famille de la Roche-Guyon, épousa saint Germer, qui fut abbé de Fly, donna le jour à deux saintes filles, vécut et mourut à Gasny, sur les confins du diocèse. Mise au rang des Saintes, elle était honorée au prieuré de Saint-Nigaise à Gasny et à la Roche-Guyon. Elle quitta la vie en 648.

Saint Eloi, Confesseur Pontife, 1er décembre.

Saint Eloi, *Eligius,* naquit à Chatelac, près de Limoges, vers l'an 588, devint un orfèvre fort habile à Paris, habita plusieurs années près de Longjumeau, au lieu où fut fondé le prieuré du Val. Ayant reçu une maison de Dagobert dans la ville de Paris, il en fit un monastère de religieuses qu'il mit sous le patronage de sainte Anne, bâtit l'église de Saint-Paul, fut envoyé en Bretagne pour y apaiser la guerre, et après la mort de saint Acaire, en 639, fut élu évêque de Noyon, où après un pontificat de dix-neuf ans et demi, il rendit sa belle âme au Seigneur, le 1er décembre 659. Il est patron de Mériel, du Perray, de Roissy et de l'ancienne paroisse d'Aigremont.

Saint Erembert, Confesseur Pontife, 14 mai.

Saint Erembert, *Erembertus,* naquit sous le règne de Clovis II, à Filliancourt, sur l'ancienne paroisse de Saint-Léger-en-Laye, aujourd'hui de Saint-Germain, depuis 1802, devint religieux à l'abbaye de Fontenelle, puis évêque de Toulouse, dont il gouverna l'Eglise avec une grande sagesse, pendant douze années, revint à Fontenelle, qu'il avait beaucoup affectionné, et y finit sa vie sainte le 14 mai 671.

Saint Eterne, Martyr Pontife, 15 juillet.

Saint Eterne, *Æternus,* contemporain de Clovis, était évêque d'Evreux. Son pontificat fut agité par les passions de plusieurs chefs qui le persécutèrent en haine de la foi. « Obligé de venir implorer le secours du Roi, ses ennemis l'arrêtèrent par ruse, le couvrirent de plaies, et le tuèrent à Moussy. Son corps fut transporté dans le fort du bourg parisien, appelé Luzarches, qui avait alors le titre de ville publique, et renfermait un palais royal. Il fut inhumé dans l'église principale où il est conservé même maintenant dans une châsse d'argent » (*Bréviaire* d'Evreux), et son chef a été transporté dans l'église de Villiers-le-Bel. Son martyre eut lieu vers l'an 615, il eut pour successeur saint Aquilin.

Saint Eugène, Martyr Pontife, 15 novembre.

Saint Eugène, *Eugenius,* était disciple de saint Denis. Instruit et baptisé à Rome par saint Pierre, il accompagna les missionnaires envoyés par saint Clément jusqu'à Arles, et se rendit à Tolède, dont il devint évêque. Désirant revoir saint Denis, il quitta l'Espagne, traversa la Gaule et arriva près de Paris, fut arrêté à Deuil, par les sicaires de Fescennius-Sisinnius, et y reçut la couronne du martyre le 15 novembre, vers l'an 120, suivant le témoignage des auteurs les plus dignes de foi, car cette date a été contestée.

Saint Exupère, Confesseur Pontife, 2 août.

Saint Exupère, *Exuperius,* dit aussi saint Spire, romain de naissance, fut envoyé prêcher la foi en Neustrie au 1er siècle, et fixa son siége dans la ville de Bayeux, où elle n'avait pas encore été apportée. L'histoire ne dit point qu'il ait reçu la couronne du martyre. En 863, pendant l'invasion des Normands, ses reliques, avec celles de saint Loup et de saint Regnobert, ses successeurs, furent transportées à Pellereau ou Palluau en Gâtinais. L'an 943, elles furent transférées à Corbeil, par les soins du comte de cette ville, Haymon, qui fonda un monastère et une église sous son invocation. Cette église devint collégiale et est aujourd'hui l'église paroissiale de Corbeil, dont saint Exupère est patron.

Saint Gaucher, Confesseur, 9 avril.

Saint Gaucher, *Valtherus, seu Valcharius, aut Gaucherius,* naquit à Meulan, vers l'année 1050, dans la rue Haute, fut élevé à Juziers, au hameau de la Châtre, jeune encore, se retira avec un nommé Germon, près de Limoges, sous la conduite d'Humbert, maître d'école à Meulan, de qui il recevait des leçons, bâtit deux monastères, l'un d'hommes et l'autre de femmes, sous la règle de saint Augustin, avec les libéralités des chanoines de la ville, qui lui avaient donné le terrain, vécut saintement, et y mourut à l'âge de 80 ans, d'une chute, le 9 avril 1130. Le Pape Célestin III le canonisa en 1194.

Saint Gauthier, Abbé Confesseur, 8 avril.

Saint Gauthier, *Gallerius,* naquit à Adainville, dans le Vimeu, en Picardie, à quelques lieues d'Amiens. Ayant embrassé la vie religieuse par amour de la pénitence, il alla prendre l'habit de Saint-Benoît au monastère de Rebais. Il en fut tiré en 1060 et envoyé en qualité d'abbé à celui de Saint-Germain de Pontoise, qui prit le nom de Saint-Martin, lequel avait été fondé par les comtes d'Amiens et de Pontoise. Son humilité l'ayant porté à quitter le monastère, à cause des honneurs qu'il y recevait, le Souverain-Pontife l'obligea à y rentrer et lui fit défense de le quitter à l'avenir. Il le gouverna avec sagesse jusqu'à sa mort sainte, qui arriva le 8 avril 1099. Après de nombreux miracles opérés sur son tombeau en faveur de plusieurs personnes des environs, de Marly, de Montlhéry et autres paroisses, son corps fut levé par les évêques de Rouen, de Paris et de Senlis, qui en firent la translation le 4 mai 1153. Son tombeau existe encore aujourd'hui dans sa belle abbaye, vendue révolutionnairement en 1793.

Saint Généreux, Martyr, 17 juillet.

Saint Généreux, *Generosus,* est un illustre martyr de Tivoli, dont les actes connus de Dieu ne l'ont pas été des hommes. Les *Acta Sanctorum* qui ont réuni tous les documents connus n'en disent presque rien. Ses reliques insignes extraites du cimetière de Saint-Cyriaque ont été distribuées entre plusieurs églises. Une partie, son chef, donnée en 1677 à un seigneur nommé du Roc, est devenue la propriété des religieuses Annonciades de Meulan. Jacques-Nicolas Colbert, archevêque de Rouen, permit en 1699 d'en célébrer la fête, dont l'incidence a lieu le 17 juillet. Soustraites, en 1793, à la fureur des révolutionnaires, elles sont aujourd'hui dans l'église de Saint-Nicolas de Meulan, où elles reçoivent les hommages des fidèles de cette paroisse, avec les autres reliques que possède cette église.

Sainte Geneviève, Vierge, 3 janvier.

Sainte Geneviève, *Genovefa,* naquit à Nanterre, en l'an 420. Consacrée au Seigneur dès l'âge de sept ou huit ans, elle mena une vie très-sainte, opéra de nombreux miracles et mourut à l'âge de 81 ans. Au IX* siècle, ses reliques furent apportées à Athis et ensuite à Draveil pendant l'invasion des Normands, par les soins d'Egbert ou Herbert, abbé de Sainte-Geneviève, pour les soustraire à la profanation des barbares. Elles furent reportées à Paris, où on les voit encore dans l'église de Saint-Étienne du Mont. Elle est patronne de Feucherolles,

Puiseux-les-Louvres, Sainte-Geneviève-des-Bois; des anciennes paroisses de Bonnevaux, Epinay-sous-Senart et de la chapelle de Lozère, sur la paroisse de Palaiseau. Sa fête se célèbre avec beaucoup de solennité dans un grand nombre de paroisses du diocèse.

Saint Germain de Paris, Confesseur Pontife, 28 mai.

Saint Germain, *Germanus*, naquit vers l'an 496, dans la ville d'Autun, fut élevé dans les sentiments de la plus grande piété et la connaissance des sciences. D'abord abbé du monastère de Saint-Symphorien, il fut ensuite élu évêque de Paris où il fit fleurir les vertus chrétiennes. En visitant son diocèse, il guérit à Vigneu, aujourd'hui de la paroisse de Draveil, un homme mordu par un loup enragé, et dans une autre visite, on lui présenta en ce même lieu une femme aveugle âgée de 80 ans. Ayant fait le signe de la croix sur ses yeux, il en sortit du sang. Conduite au lieu où il devait s'arrêter, il lui lava les yeux avec de l'eau tiède et lui rendit la vue. Il opéra plusieurs autres miracles sur des personnes d'Epône, d'Essonnes, de Maule, de Sèvres, de Brunoy et de Villeneuve-Saint-Georges. Sa bienheureuse mort arriva le 28 mai 576, à l'âge de 80 ans. Il est patron d'Andrésy, de la Celle-les-Bordes, du Chesnay, de Cléry, d'Eragny, de Flexanville, de Fontenay-le-Fleury, de Gagny, de Gometz-la-Ville, de Goupillières, d'Hardricourt, d'Hermeray, d'Itteville, de Lissés, de Magny-les-Hameaux, de Médan, de Mezy, de Saclay, de Soisy-sous-Montmorency, de Saint-Germain-en-Laye, du Val-Saint-Germain et de Vert-le-Grand; des anciennes paroisses de Maincourt, de Morsang-sur-Seine et de Saint-Germain de la Grange ou Morainville.

Saint Godegrand, Martyr Pontife, 3 septembre.

Saint Godegrand, *Godegrandus*, fils du comte d'Exmes, frère de sainte Opportune, abbesse d'Almenêches, fut ordonné prêtre par saint Loyer, son prédécesseur sur le siége épiscopal de Séez. Il lui succéda vers l'an 750, travailla avec ardeur au salut des âmes pendant trois années, partit pour Rome après avoir confié son diocèse à Chrodebert, un de ses parents. Cet homme, au lieu de suivre les sages enseignements qui lui avaient été donnés, pilla les églises et ne songea qu'à s'enrichir des dépouilles du troupeau. Après une absence de sept années, saint Godegrand annonça son retour, et Chrodebert, redoutant ses reproches, résolut de le faire assassiner. Il s'entendit avec le filleul du Pontife, qui alla au devant de son parrain jusqu'à Nonant, et s'approchant comme pour lui donner un baiser, déchargea sur sa tête trois coups d'épée qui lui donnèrent la mort, le 3 septembre 760. Sainte Opportune fit transporter son corps à Almenèches et lui fit de splendides funérailles. Son chef fut apporté en 1057 à l'Isle-Adam par les soins du connétable Adam, qui alla chercher cette sainte relique à Moussy-le-Neuf, et l'apporta lui-même en son château avec une grande pompe, et fit bâtir un prieuré du titre de la sainte Vierge pour le recevoir. Aujourd'hui cette sainte relique est dans l'église paroissiale.

Saint Guénault, Abbé Confesseur, 3 novembre.

Saint Guénault, *Guinailus seu Guenaldus*, naquit en Bretagne, et fut élevé dans le monastère de Landevenec, dont il devint abbé. Il mourut le 3 novembre, vers l'an 570. En 966, les Danois, faisant de nombreuses excursions sur les côtes de la Bretagne, les religieux, pour soustraire les reliques des saints à leur profanation, les emportèrent à Paris. Le Prévôt de cette ville obtint le corps de saint Guénault qu'il transféra à sa maison de campagne de Courcouronne et ensuite à Corbeil, où il fut placé ultérieurement dans une belle église, bâtie sous son invocation.

Saint Guillaume, Confesseur, 6 avril.

Saint Guillaume, *Guillelmus*, naquit à Paris, vers l'an 1105, fut élevé dans le monastère de Saint-Germain-des-Prés, sous les yeux de son oncle Hugues, qui en était abbé. Admis aux saints ordres à cause de ses nombreuses vertus, il fut nommé curé d'Epinay-sur-Orge et Quincy, paroisse qu'il gouverna pendant plusieurs années. Etant entré ensuite dans la communauté de Saint-Victor, il en fut élu sous-prieur. Enfin il passa en Danemark et devint abbé du monastère d'Eschil où, après une longue vie, il mourut saintement le 6 avril 1203.

Saint Guillaume, Confesseur, 10 mai.

Saint Guillaume, *Guillelmus*, naquit en Angleterre, fut élevé dans les sentiments de la plus grande piété et appelé à l'honneur du sacerdoce. Ayant quitté sa patrie, il vint à Pontoise, où il brilla par l'éclat de ses vertus, sa charité envers les pauvres, son zèle pour la gloire de Dieu et la répression des vices. Appelé à l'administration de l'église Notre-Dame, il y apporta tous ses soins. Le roi Philippe-Auguste le choisit pour son aumônier au château de Pontoise, et l'archevêque de Rouen lui donna toute sa confiance. Plein de mérites, il mourut au château le 10 mai 1193, et, après de nombreux miracles qui prouvaient sa présence auprès du Seigneur, il fut mis au rang des saints. Sa fête, célébrée dans le diocèse de Rouen, qui avait passé dans le nôtre en 1854, sous le rite semi-double, le 12 mai, avec leçons propres, n'a pas été maintenue dans la révision de 1862.

Saint Honeste, Martyr, 16 février.

Saint Honeste, *Honestus*, né à Nîmes, fils d'Emilius et d'Honesta, disciple de saint Saturnin, fut envoyé en Navarre pour y porter le don de la foi. Parmi les personnes qui la reçurent se trouvèrent Firme et Eugénie, son épouse, l'une des premières familles de Pampelune. Saint Saturnin étant venu lui prêter son concours, un grand nombre de personnes se convertirent, plusieurs sénateurs, les enfants de Firme, Firmin qui devint évêque d'Amiens, Fauste et leur sœur Eusébie. Mais la persécution s'éleva, le prêtre saint Honeste en fut une des premières victimes. Il confessa la foi au nom du Seigneur et reçut la couronne du martyre le 16 février. Son chef fut apporté ultérieurement à Toulouse et son corps à l'abbaye d'Yerres par Charlemagne ou quelqu'un de sa suite. On célébrait sa fête en ce lieu et en l'église paroissiale avec une grande pompe, le jour de son martyre et celle de sa translation le dimanche après la saint Denis. Il est patron d'Yerres.

Sainte Honorine, Vierge Martyre, 27 février.

Sainte Honorine, *Honorina*, vierge martyre, au pays de Caux, en Normandie, dans le IIIe ou IVe siècle, n'appartient au diocèse que par ses reliques, qui ont été apportées de Graville, près le Havre, à Conflans, sous le règne de Charles le Simple, pour les soustraire à la profanation des Normands, et y sont restées. Une chapelle avait été construite pour les recevoir, et un prieuré de religieuses fondé pour veiller à la conservation de ce précieux dépôt. Cette communauté devint florissante à cause du nombre des pèlerins qui s'y rendaient, pour implorer la protection de la sainte, afin d'obtenir la délivrance des prisonniers. Le prieuré ayant été détruit pendant la tourmente révolutionnaire, les saintes reliques furent cachées et rendues ensuite à l'église de Conflans qui les possède encore.

Sainte Isabelle, Vierge, 31 août.

Sainte Isabelle ou Elisabeth, *Isabella seu Elisabeth*, était fille de Louis VIII roi de France et unique sœur de saint Louis. Née en 1225, elle perdit son père avant qu'elle n'eût atteint l'âge de deux ans, et fut élevée dans les sentiments de la plus grande piété par la reine Blanche, sa mère. Affectionnant beaucoup l'abbaye de Maubuisson, elle s'y rendait fréquemment et suivait les saints exercices des religieuses. Touchée par leur noble exemple, elle fit vœu de se consacrer au Seigneur, et fonda le monastère de Longchamps où elle passa les dernières années de sa vie. Elle aimait aussi beaucoup le séjour de Saint-Germain où elle fit une longue maladie. Le Seigneur l'appela à la récompense des justes le 22 février 1270. Son corps fut inhumé dans l'église de Longchamps, et aujourd'hui une partie de ses reliques sont dans la crypte de l'église de Vauhallan. On célèbre sa fête le 31 du mois d'août.

Sainte Julienne, Vierge Martyre, 16 février.

Sainte Julienne, *Juliana*, illustre vierge de Nicomédie, souffrit le martyre en cette ville, sous Maximien, l'an 311, avec une cruauté inouïe. Ses reliques furent transportées en différentes villes, notamment à Naples et à Cumes, d'où une partie fut apportée pendant l'occupation du royaume de Naples par Charles d'Anjou, frère de saint Louis, au Val Saint-Germain, près de Dourdan. Une belle église fut bâtie en son honneur, et un prieuré fondé pour veiller sur les reliques. La révolution a détruit le prieuré, mais l'église possède toujours la sainte relique, et un grand nombre de paroisses s'y rendent processionnellement chaque année pour implorer la protection de la sainte. Une autre partie de ses reliques sont à Bruxelles. Sa fête est dans le supplément de notre Bréviaire, au 16 février. La tradition locale raconte que ce fut un gentilhomme breton qui apporta le chef de sainte Julienne de Constantinople en ce lieu, l'an 1204, au retour des croisades, et qu'étant tombé dangereusement malade, il aurait fait vœu, s'il recouvrait la santé, d'y bâtir une église et d'y laisser les reliques de cette sainte. Etant guéri aussitôt, il aurait accompli son vœu et bâti l'église qu'on voit aujourd'hui.

Saint Justin, enfant, Martyr, 1er août.

Saint Justin, *Justinus*, né à Auxerre, vers la fin du IIIe siècle, étant âgé de neuf ans, vint avec son père Matthieu à Amiens, pour racheter son fils Justinien, fait captif par les barbares et esclave de Loup, habitant de cette ville. Ayant facilement obtenu son rachat, Loup les prévint que Rictius Varus, préfet des Gaules pour les empereurs Dioclétien et Maximien, faisait rechercher les chrétiens, qu'il connaissait leur présence à Amiens, et leur donna le conseil de s'enfuir promptement. Ils se hâtèrent de sortir de la ville; mais, poursuivis par les soldats, ils ne tardèrent pas à être atteints près de Louvres. Justin fit cacher son père et son frère dans une caverne et se présenta seul devant les soldats. Interrogé où étaient son père et son frère, il refusa de répondre, et comme ils ne purent rien obtenir de lui, ils lui tranchèrent la tête. Cette bienheureuse mort arriva le 1er août. Matthieu emporta précieusement la tête de son fils à Auxerre, après avoir fait inhumer son corps à Louvres. Plus tard, ce saint corps fut transporté à Paris, dans une église consacrée à la très-sainte Vierge, d'où une partie de ses reliques fut extraite pour être transportée à la nouvelle Corbie.

Saint Louis, roi de France, Confesseur, 25 août.

Saint Louis, *Ludovicus,* naquit le 25 avril 1214, suivant les uns au château de Poissy, suivant d'autres au château de la Neuville-en-Hez, diocèse de Beauvais, et fut baptisé à Poissy. Devenu roi de France à l'âge de douze ans, sous la tutelle de la reine Blanche de Castille, sa mère, il fut sacré à Reims, combattit ses vassaux rebelles, fonda un grand nombre d'abbayes et de maisons religieuses, se croisa contre les infidèles, et après des succès mêlés de revers, mourut sur la terre étrangère, à Tunis, le 25 août 1270. Le Pape Boniface VIII le canonisa en 1305. Il est patron de la cathédrale et du diocèse.

Saint Lubin, Confesseur Pontife, 14 mars.

Saint Lubin, *Leobinus seu Leubinus,* natif de Poitiers, embrassa de bonne heure la vie religieuse, vint à l'abbaye de Micy rendre visite à saint Avit, de qui il reçut de salutaires conseils, alla se mettre sous la conduite de l'abbé Loup, revint à Micy, et se retira enfin dans le désert de Charbonnières où il passa cinq années. Etherius, évêque de Chartres, l'ordonna prêtre et il lui succéda en 544. Comme il se rendait au concile de Paris en 551, il passa par Chevreuse, s'arrêta à Rueil auprès du roi Childebert et y guérit un hydropique. Il mourut à Chartres, en odeur de sainteté, le 14 mars 557.

La Bienheureuse Marie de l'Incarnation, Veuve, 18 avril.

La bienheureuse Marie de l'Incarnation, *Maria ab Incarnatione*, naquit à Paris, d'une famille noble, entra à l'âge de douze ans au monastère de Longchamps, qui avait été fondé par sainte Isabelle et le quitta pour la vie du mariage. Occupée constamment à de bonnes œuvres, elle fit venir des Carmélites réformées en France, et après la mort de son époux, se retira au monastère d'Amiens qu'elle avait fondé. Trois ans après, ses supérieurs l'appelèrent à celui de Pontoise, où elle vécut pendant une année dans de grandes souffrances, et y mourut le 18 avril 1618, étant âgée de 53 ans. Béatifiée par Pie VI en 1791, ses reliques reposent dans la chapelle des Carmélites de Pontoise.

Saint Mellon, Confesseur Pontife, 22 octobre.

Saint Mellon, *Mellonus*, naquit dans la Grande-Bretagne, se rendit à Rome où il reçut le don de la foi, fut envoyé par le Souverain-Pontife à Rouen, dont il devint évêque. Après un long pontificat, il s'endormit dans le Seigneur vers l'an 314. Au IXe siècle, ses reliques furent transférées à Pontoise, qui était alors du diocèse de Rouen. Il existait en cette ville une collégiale sous son invocation.

Sainte Même, Vierge Martyre, 7 mai.

Sainte Même, *Maxima,* était fille du seigneur ou gouverneur de Dourdan, *Rex Dordanus,* et eut le bonheur de recevoir le don de la foi. Comme son père était païen, elle se retirait près d'une fontaine pour y faire ses prières, afin qu'il ne s'en aperçût pas. Cependant elle ne put si bien se cacher qu'il n'en eut connaissance. Vivement contrarié qu'elle eut abandonné le culte des idoles, il lui ordonna d'apostasier ; sur son refus, il la condamna à mort. Son frère Maximin se chargea de remplir les fonctions de bourreau et la massacra auprès de l'habitation paternelle où est aujourd'hui le village de Sainte-Même. Maximin fit pénitence de son crime et devint plus tard évêque d'Orléans. Cette bienheureuse mort arriva au ve siècle. L'église de Chartres célèbre la fête de sainte Même depuis les temps les plus anciens : nous avons dans notre bréviaire les leçons de cette sainte, dont la fête est réduite à une simple mémoire, le 7 mai de chaque année.

Saint Nigaise et ses Compagnons, Martyrs, 11 octobre.

Saint Nigaise, *Nigasius,* était disciple de saint Denis. Il vint dans les Gaules au Ier siècle, évangélisa les habitants des bords de la Seine, Conflans, Andrésy, Triel, Vaux, Meulan, Mantes et la Roche-Guyon. Arrêté par ordre de Fescennius-Sisinnius, avec ses deux compagnons, Quirin et Scubicule, tous les trois eurent la tête tranchée à Gasny, le 11 octobre. Sainte Pience prit soin de leur sépulture et les ensevelit honorablement. Avant la révolution il existait un prieuré à Meulan, sous l'invocation de ce saint et de ses compagnons. Nous célébrons leur fête du rite semi-double, le 11 octobre de chaque année.

Saint Nom, Confesseur, 8 juillet.

Saint Nom, *Nummius*, vivait au IX° siècle. C'était un chorévêque envoyé par les évêques de Paris et de Chartres sur la limite des deux diocèses pour évangéliser les habitants et administrer les sacrements, avant la fondation des paroisses. Il avait sa résidence à Villepreux, où il mourut. On a conservé pendant les siècles suivants le corps du saint chorévêque, qui a communiqué son nom aux paroisses de la Bretêche, démembrée de Villepreux, et à celle de Lévy, dont il est le patron à 8 kilomètres de Chevreuse. Ces reliques avaient été renfermées, au moins dès le XII° siècle, dans la châsse d'où elles furent tirées l'an 1735. Cette ancienne châsse était de bois, couverte de plaques de cuivre rouge doré et émaillé. A l'un des côtés étaient représentées la très-sainte Trinité et la figure du Sauveur, donnant la mission et la bénédiction à un prédicateur, derrière lequel deux autres tenaient une clef. De l'autre côté, on voyait l'Adoration des Mages et la Présentation de Notre-Seigneur au Temple. Aux deux bouts étaient des évêques dont la mitre était basse et les crosses recourbées. Ils représentaient saint Nom qui reçut sa mission des évêques de Paris et de Chartres, pour prêcher l'évangile dans le Pincerais et dans la forêt d'Yvelines. L'évêque de Joppé, commis par l'archevêque de Paris, Vintimille, tira de cette châsse tous les ossements de saint Nom et les déposa en 1735, dans une grande châsse de bois doré, sans glaces. Il y mit aussi quelques reliques de saint Germain d'Auxerre. Malheureusement toutes ces reliques ont disparu dans la tourmente révolutionnaire et l'église de Villepreux n'en possède plus aucune. Le souvenir de saint Nom paraît même en avoir disparu. Nous sommes heureux de pouvoir le faire revivre dans cet article. Sa fête est célébrée chaque année à Saint-Nom la Bretêche, le dimanche qui suit le 8 juillet. Nous n'en faisons pas mémoire dans notre bréviaire.

Sainte Opportune, Vierge, 22 avril.

Sainte Opportune, *Opportuna*, n'appartient au diocèse que par ses reliques. Elle était d'une illustre famille du pays d'Exmes, *Oximensis*, Avec le consentement de ses parents, elle se retira au monastère de Montreuil, près d'Almenèches, à trois lieues de Séez. Choisie pour abbesse, à cause de ses vertus, elle édifia la communauté par ses pénitences. La mort tragique de saint Godegrand, évêque de Séez, son frère, assassiné par son filleul, à Nonant, lorsqu'il revenait de Rome, l'affligea vivement. Elle alla chercher son corps, le conduisit dans son monastère et le fit inhumer. Une partie des reliques de cette sainte ont été apportées à Villiers-le-Bel et une partie de celles de saint Godegrand à l'Isle-Adam, au prieuré de la Sainte-Vierge.

Sainte Pience, Martyre, 11 octobre.

Sainte Pience, *Pientia*, était épouse de Guadiniacus, seigneur de la Roche-Guyon. Elle reçut les saints missionnaires Nigaise et ses compagnons, embrassa la foi, ainsi qu'un vieux prêtre des idoles, nommé Clair, ensevelit le corps des martyrs et donna elle-même sa vie pour la confession de la vérité. Cette précieuse mort arriva peu après celle de saint Nigaise. L'Église a fixé sa fête au 11 octobre.

Saint Pierre de Tarentaise, Confesseur Pontife, 8 mai.

Saint Pierre, *Petrus*, naquit en Dauphiné, embrassa la vie religieuse, fonda plusieurs monastères, devint évêque de Tarentaise, qu'il administra pendant seize ans, rentra dans la vie solitaire, en fut tiré par le Souverain-Pontife, qui le chargea en 1170 de négocier la paix entre le roi de France et celui d'Angleterre. Pendant son séjour à Paris, en l'hiver de 1171, il vint à l'abbaye d'Yerres, où il guérit trois malades, deux sourds et un paralytique; à Corbeil, où il rendit la vue miraculeusement à une jeune fille, et aux Vaux de Cernay, où il fit la dédicace de la chapelle Saint-Jacques et Saint-Philippe, consacra un autel au prieuré des Hautes-Bruyères et y guérit un aveugle. Il mourut, en 1174, à l'abbaye de Bellevaux, étant âgé de 73 ans. Le pape Célestin III le canonisa en 1194.

Saint Probat, Confesseur, 1er juin.

Saint Probat, *Probatius*, prêtre, vivait au IVe siècle, et son corps reposait dans l'église de Nogent-sur-Seine, pendant que saint Cloud habitait en ce lieu. Lors de l'invasion des Normands, ce saint corps fut caché dans une vigne, puis rapporté à l'église lorsqu'il n'y eut plus rien à craindre de la part des barbares. On ignore l'année de sa mort. Avant la réforme de notre bréviaire en 1862, nous célébrions sa fête chaque année le 1er juin, du rite semi-double avec une leçon propre.

saint Richard, Enfant, Martyr, 25 mars.

Saint Richard, *Richardus*, naquit et fut élevé à Pontoise, dans les principes de la religion chrétienne. Les Juifs l'attirèrent, encore enfant, étant âgé d'environ dix ans, dans une de leurs réunions à Pâques, et voulurent lui faire abjurer sa religion. Sur son refus, ils le flagellèrent horriblement et le crucifièrent. Il rendit son âme au Seigneur dans cette position, à Pontoise, le 25 mars 1178. Son corps fut apporté à Paris et inhumé dans l'église des Saints-Innocents.

Saint Rieul, Confesseur Pontife, 30 mars.

Saint Rieul, *Regulus*, envoyé par saint Clément dans les Gaules, s'arrêta d'abord à Arles, puis vint à Paris, et se rendant à Senlis, évangélisa les habitants de Louvres, qui adoraient une idole de Mercure. L'ayant touchée avec son bâton, elle tomba. Il eut le bonheur de baptiser plusieurs païens et poursuivit sa route jusqu'à Senlis, dont il fut le premier évêque. Après un pontificat de trente ans, il rendit son âme au Seigneur, sans être appelé à la gloire du martyre.

Saint Rigomer, Confesseur, et Sainte Ténestine, Vierge, 24 août.

Saint Rigomer, *Rigomarus*, était prêtre à Souligné-sous-Vallon, à trois lieues du Mans, où il menait une vie très-sainte, et était favorisé du don des miracles. Ayant converti un certain nombre de païens, entre autres sainte Ténestine, *Tenestina*, elle s'appliqua, comme autrefois les saintes femmes auprès de Notre-Seigneur, à lui rendre quelques services. Mais la calomnie ne tarda pas à les atteindre, et ils furent obligés de venir se justifier auprès du roi Childebert Ier, à Palaiseau, où ils passèrent quelques jours. Après plusieurs miracles qui prouvaient leur innocence, le roi les renvoya. Saint Rigomer quitta la vie le 24 août 541 et sainte Ténestine le 26 du même mois. Ils sont titulaires de l'église de Vauhallan, démembrée, en 1802, de la paroisse de Saclay.

Saint Romain, Confesseur Pontife, 23 octobre.

Saint Romain, *Romanus*, naquit à Wy, d'une noble famille, et fut élevé avec soin, dans la piété et la connaissance des belles-lettres. Admis à la cour de Clotaire II, ce prince lui confia la dignité de chancelier, et après la mort de Hidulphe, évêque de Rouen, en 626, Romain fut élu pour le remplacer. Il travailla avec un grand zèle à la gloire de Dieu et à la destruction du paganisme, pendant son pontificat de treize années. Possesseur du château de Wy, dit Joli-Village, il y venait de temps en temps prendre un peu de repos. De ce château il n'en reste plus que des ruines insignifiantes. En 1855, on a érigé une statue de ce saint sur l'emplacement même du château. Auprès du village se trouve la fontaine de saint Romain. Les anciens affirment qu'il existait une chapelle auprès de cette fontaine, où se rendait un grand nombre de pèlerins. Saint Romain quitta la vie le 23 octobre 635. Son corps fut inhumé dans l'église Saint-Godard, celle de Notre-Dame n'étant pas encore terminée. Saint Romain est patron de la paroisse de Wy.

Sainte Scariberge, Vierge, 12 octobre.

Sainte Scariberge, *Scariberga,* était nièce de Clovis, sœur de saint Patrice, évêque de Thérouanne, et épouse de saint Arnoult. En ramenant les reliques du saint martyr de Reims à Tours, elles s'arrêtèrent au lieu qui porte son nom. Voyant dans ce fait la volonté de Dieu, elle fit bâtir une chapelle et une modeste habitation, où elle vécut pendant sept années, et rendit sa belle âme au Seigneur le 12 octobre. Mise au rang des saintes, elle était honorée d'un culte spécial dans le diocèse de Chartres et avait son jour de fête avec leçons propres au Bréviaire.

Saint Thibault, Confesseur Abbé, 8 décembre.

Saint Thibault, *Theobaldus,* naquit au château de Marly, de la noble famille des Montmorency. Engagé, dès son enfance, par son père Bouchard, dans la carrière des armes, il eut constamment une grande dévotion pour la très-sainte Vierge. Il allait souvent visiter l'église de l'abbaye de Port-Royal, fondée en 1204, par Mathieu de Montmorency, et libéralement dotée par son père. Dégoûté de plus en plus du siècle, saint Thibault se retira aux Vaux de Cernay en 1220, et y prit l'habit monastique. Ses nombreuses vertus et sa piété firent l'admiration de la communauté, et les religieux, d'un commun accord, l'élurent pour abbé en 1234. Il fut en grand honneur auprès de saint Louis, du célèbre Guillaume, évêque de Paris, et de plusieurs autres grands personnages de l'époque. Sa bienheureuse mort arriva le 8 décembre 1247. Il était honoré, le 8 juillet, aux Vaux de Cernay et son tombeau visité chaque année par de nombreux pèlerins. Aujourd'hui ses reliques, sauvées de la destruction pendant la tourmente révolutionnaire, reposent dans l'église de Cernay-la-Ville. Il reste quelques fragments de l'ancienne abbaye, une portion de l'église, des cloîtres et la fontaine de Saint-Thibault. Nous célébrons sa fête sous le rite double, le 11 juillet.

Saint Thomas de Cantorbéry, Martyr Pontife, 29 décembre.

Saint Thomas de Cantorbéry, *Thomas Cantuariensis*, naquit à Londres, le 21 décembre 1117, et fut élevé dans la pratique des vérités saintes. En 1160, il devint évêque de Cantorbéry. Obligé, par suite des difficultés que lui suscita le roi d'Angleterre, de passer en France, il habita quelque temps à Corbeil, où il conféra avec le cardinal Vivien, légat en France du Souverain-Pontife Alexandre III, sur les affaires qu'il avait avec le roi d'Angleterre, et se rendit à l'abbaye d'Abbecour dont il consacra l'église. De retour dans sa patrie, le roi, au lieu de reconnaître ses torts, le fit inhumainement massacrer peu après, le 28 décembre 1170, dans son église cathédrale. L'Eglise romaine célèbre sa fête le 29 décembre.

Saint Vandrille, Confesseur Abbé, 22 juillet.

Saint Vandrille, *Vandregisilus*, issu d'une des principales familles d'Austrasie, vint dans sa jeunesse à la cour du roi Dagobert Ier, et fut fait comte du Palais. Ayant résolu de fonder le monastère de Fontenelle, il vint en 648 trouver le roi Clotaire III à Palaiseau, pour avoir la confirmation de la terre de Fontenelle. Il resta plusieurs jours auprès du roi, qui se montra très-bienveillant à son égard. Dix-huit ans après, il passa à une vie meilleure, le 22 juillet 666.

Saint Vincent de Paul, Confesseur, 19 juillet.

Saint Vincent de Paul, *Vincentius a Paulo*, naquit à Poy (Gascogne) en 1576, fut ordonné prêtre à Toulouse, l'an 1600. Pris par des pirates, il passa plusieurs années en captivité à Tunis, revint en France, et fut nommé curé à Clichy. Chargé de l'éducation des enfants de Philippe-Emmanuel de Gondy, comte de Joigny, seigneur de Villepreux, il habita plusieurs années en cette paroisse, ainsi qu'à Valpuiseaux, Étampes et les environs; évangélisa souvent Saint-Nom, Chavenay, les Clayes, Bois-d'Arcy et autres paroisses voisines. Après une vie sainte et remplie de bonnes œuvres, il s'endormit dans le Seigneur le 27 septembre 1663, et fut canonisé par Clément XII en 1739.

Saint Vulfran, Confesseur Pontife, 20 mars.

Saint Vulfran, *Vulframnus*, naquit à Milly en Gâtinais. Son père, nommé Fulbert, était officier supérieur dans les armées du roi Dagobert. Appelé à la cour par Clotaire III et sainte Bathilde, sa mère, il en fit l'édification par la sainteté de sa vie. Il avait une estime particulière pour les religieux de Fontenelle fondés par saint Vandrille, auxquels il donna sa terre de Milly. Ayant été élevé sur le siège épiscopal de Sens en 682, il consacra tous ses soins aux habitants de son diocèse. Mais deux ans et demi après, il alla prêcher la foi en Frise, où il opéra de nombreuses conversions par sa parole et ses miracles. Saint Vulfran se retira enfin au monastère de Saint-Vandrille, à Fontenelle, où il mourut, le 20 mars 720. Admis dans le supplément de notre bréviaire en 1854, il n'a pas été maintenu en 1862.

Saint Yon, Martyr, 5 août.

Saint Yon, *Ionius*, était disciple de saint Denis. Il vint prêcher la foi avec lui à la fin du Ier siècle, évangélisa la ville de Châtres et les environs, fut pris par ordre de Fescennius-Sisinnius et martyrisé sur le mont Saint-Yon, aux nones d'août, 5 du mois. Sa vie a été écrite en latin par Le Maire, curé de Saint-Sulpice à Paris. Sa fête, admise dans notre Bréviaire en 1854, en a disparu en 1862. Avant la révolution, une partie de son corps se trouvait en l'église Notre-Dame de Corbeil, l'autre partie à Arpajon, et son chef en la collégiale de Saint-Spire, à Corbeil.

Saint Yves, Confesseur Pontife, 20 mai.

Saint Yves, *Yvo*, naquit au territoire de Beauvais, vers l'an 1040, eut pour père Hugues d'Auteuil, et pour mère Hilemburge. Sous la direction du célèbre Lanfranc, abbé du Bec, il acquit de vastes connaissances. Chanoine de Nesles, ensuite abbé de Saint-Quentin, il devint évêque de Chartres, se présenta au concile d'Étampes pour justifier son élection, fonda l'abbaye de Thiron et le prieuré des Hautes-Bruyères, où il venait passer quelques jours chaque année. Il mourut en 1116, laissant de nombreux et savants écrits, principalement sur le droit canon. Sa fête, admise dans le supplément de notre Bréviaire, en a disparu en 1862.

CHAPITRE XIII

Patrons du Diocèse.

Le Sauveur avait dit à ses apôtres : Allez, enseignez toutes les nations, *Euntes docete omnes gentes,* S. Matth., xxviii, 19. Ceux-ci, fidèles à cet ordre, se répandirent dans tout l'univers, prêchant la parole de Dieu et élevant des temples en son honneur. Un peu plus tard, d'autres temples furent bâtis sur les tombeaux des martyrs, des confesseurs, des vierges et dans les lieux où il se formait une communauté chrétienne. Ces temples étaient sous l'invocation d'un ou plusieurs saints, qui représentaient devant Dieu les intérêts des fidèles. A la formation des paroisses, ceux-ci et les pasteurs choisirent leurs patrons, les évêques les approuvèrent, et une fois les saints en possession de leur église, il ne fut plus permis de leur en substituer d'autres. Les abbayes, prieurés, maisons religieuses eurent aussi leurs Patrons. Mais ce choix ne pouvait être laissé à l'arbitraire. De même que les Souverains-Pontifes s'étaient réservé la canonisation des saints, ils devaient aussi se réserver l'approbation des patrons. Ce fut le pape Urbain VIII qui nous donna un décret le 23 mars 1630, portant règlement sur ce point important. Il dit, en substance, que les patrons ne peuvent être choisis que parmi les saints reconnus par toute l'Eglise et non parmi les bienheureux; que le choix doit se faire au suffrage secret, au moyen du conseil de la paroisse ou de la ville; qu'il faut l'approbation du clergé et de l'évêque, et enfin la confirmation de la

Congrégation des Rites, après un mûr examen. Cette même Congrégation, consultée au sujet des anciens patrons, a répondu que le choix antérieur au décret était valide et qu'il n'y avait pas à revenir sur cette question.

De 1630 à 1802, il a été érigé bien peu de paroisses dans la circonscription du diocèse, on en compte seulement quatorze : Guibeville en 1654, Villebon en 1658, Haute-Isle en 1670, Versailles Notre-Dame en 1682, Vallangoujard en 1698, Margency en 1699, Hargeville en 1706, Mériel en 1713, Fontenelle en 1715, Versailles Saint-Louis en 1730, La Verrière en 1739, Saint-Hubert en 1756, Villiers-Saint-Frédéric, qui remplaça Saint-Aubin, en 1783, enfin Port-Marly en 1785. Depuis le Concordat et notamment dans ces dernières années, il en a été érigé un certain nombre et pour plusieurs les formalités n'ont pas été remplies. Suivant le droit, ces paroisses ont pour patron saint Louis, patron du diocèse. Nous avons cependant maintenu les anciens patrons des lieux comme étant un précieux souvenir.

La Fête Patronale est toujours du rite double de première classe, et se célèbre avec octave, sauf le cas de translation au-delà de huit jours ou d'incidence aux époques privilégiées. Le jour de la Fête, l'office est double de première classe, chacun des jours de l'octave est semi-double, et le huitième il est double.

Les titulaires des églises non patrons ont aussi l'office double de première classe avec octave, mais leur solennité n'est pas transférée au Dimanche comme celle des fêtes patronales.

Les patrons secondaires ont leur fête du rite double majeur.

Nous avons cru devoir donner une courte notice sur les patrons en les groupant, même pour les paroisses supprimées : leur souvenir est tellement précieux qu'il faut les préserver de l'oubli, et dans le cas d'érection nouvelle les leur rendre.

Il existe dans le diocèse 30 paroisses, érigées par démembrement ou réunion depuis 1802. Nous en donnerons l'énumération avec l'époque de leur érection, les anciens patrons locaux et les églises mères. Dans cette énumération nous ne parlerons pas des anciennes paroisses supprimées en 1801 et érigées de nouveau, toutes ont repris leur ancien patron.

Patrons du Diocèse.

La très-sainte Trinité, *Sanctissima Trinitas*. Un seul Dieu en trois personnes, le plus profond mystère de notre sainte religion, est le titre de plusieurs églises dans le diocèse.

Vient ensuite Notre Seigneur Jésus-Christ sous différents titres et la sainte Croix.

La très-sainte Vierge, mère de notre divin Sauveur, la plus pure, la plus sainte de toutes les créatures, la plus élevée en dignité, est patronne d'un grand nombre de paroisses, principalement sous les titres de l'Assomption et de la Nativité.

Saint Acceul, Martyr, 1er mai.

Sous l'épiscopat de Geoffroi, évêque de Paris (1060-1092), la fête patronale d'Ecouen se lisait : *Natalis sancti Acceoli*. On l'appelle différemment en français Axele, Acceul ou Acheul, martyr d'Amiens. Les actes de son martyre étant peu connus, souvent les prédicateurs ont attribué à saint Acceul les actions de saint Andéol, martyr dans le Vivarais, dont la fête se célèbre le même jour. Le martyrologe de saint Jérôme marquant au 1er mai le martyre des saints *Accius* et *Acceolus*, Ache et Acheul, on ne peut douter que ce ne soit de ce dernier que sont les reliques qui ont fait donner à la première église bâtie à Ecouen le nom de saint Acceul, et que ces reliques furent tirées du monastère de Saint-Denis, où nos rois en avaient fait apporter d'Amiens. La réception de ces reliques eut lieu le 10 août. Leur fête se célébrait à Amiens en 1550, et l'année suivante, comme nous le voyons, au bréviaire de cette époque. La cathédrale primitive de cette ville était sous leur invocation. L'ancienne abbaye est devenue une maison d'éducation secondaire dirigée par les Jésuites.

Saint Aignan, Confesseur Pontife, 17 novembre.

Saint Aignan, *Anianus*, originaire de Vienne, dans les Gaules, vint à Orléans, fut ordonné prêtre, choisi pour abbé du monastère de Saint-Laurent, ensuite successeur de saint Euverte sur le siége épiscopal. Il fit rebâtir l'église de Sainte-Croix, et après un pontificat de 60 ans, obtint par ses prières la délivrance de la ville assiégée par Attila. Il mourut le 17 novembre 453. On dit qu'Agripin, gouverneur de cette ville, ayant recouvré la vue par l'intercession de ce prélat, lui accorda la liberté de tous les prisonniers de la ville, et que de là est venu le privilége des évêques d'Orléans de délivrer les prisonniers à leur première entrée dans la ville.

Saint André, Apôtre, 30 novembre.

Saint André, *Andreas*, l'un des douze apôtres de Notre-Seigneur, évangélisa la Scythie et l'Achaïe, souffrit le martyre à Patras, où le proconsul Egée le fit crucifier. On conservait à Notre-Dame de Paris un de ses bras, et à l'abbaye de Saint-Victor une portion de la croix qui avait servi à son martyre.

Sainte Anne, Mère de la très-sainte Vierge, 26 juillet.

Sainte Anne, *Anna*, originaire de Bethléem, fille de Stolan et d'Emérentienne, épousa saint Joachim, et devint mère de la très-sainte Vierge après vingt années de stérilité. Elle mourut après saint Joachim, Marie étant âgée de douze ans, et fut inhumée à Gethsémani. L'église de Chartres a possédé quelques-unes de ses saintes reliques.

Saint Antoine, Confesseur, 17 janvier.

Saint Antoine, *Antonius*, patriarche des Cénobites, naquit à Côme, près d'Hiéraclée, dans la haute Egypte, l'an 251. Après la mort de ses parents, lorsqu'il n'avait encore que vingt ans, ayant entendu lire dans l'église ces paroles de l'Évangile : « Allez, vendez ce que vous avez, donnez-le aux pauvres, et vous aurez un trésor dans le ciel » (S. Matth., XIX, 21), il vendit tous ses biens et se retira au désert, où le démon lui livra de violents combats. Il y vécut jusqu'à l'âge de 105 ans et mourut le 17 janvier 356.

Saint Aquilin, Confesseur Pontife, 19 octobre.

Saint Aquilin, *Aquilinus*, deuxième du nom, naquit à Bayeux, vers l'an 620, alla servir dans les armées de Clovis II, et se retira à Evreux, ainsi que son épouse, se consacrant l'un et l'autre au Seigneur. Il fut élevé sur le siège épiscopal en 670, assista au concile de Rouen sous saint Ansbert, et après une sainte vie, rendit son âme au Seigneur, le 19 octobre, vers l'an 697. On l'a souvent confondu avec saint Aquilin, premier successeur de saint Éterne. Il est patron de Fontenay-les-Louvres.

Saint Aubin, Confesseur Pontife, 1er mars.

Saint Aubin, *Albinus*, naquit en Angleterre, vint en France, au monastère de Tintillant, près d'Angers, où il passa vingt-cinq ans, et ensuite fut élevé sur le siège pontifical de cette ville. Il y mourut le 1er mars 549, à l'âge de 81 ans. Le roi Childebert fit bâtir à Angers une église pour recevoir ses reliques.

Saint Barthélemy, Apôtre, 24 août.

Saint Barthélemy, *Bartholomæus*, porta la foi dans les Indes, convertit le roi Polymius et son épouse, ainsi qu'un grand nombre de païens, et y souffrit un cruel martyre par les ordres d'Astyage, frère de Polymius. Ses saintes reliques, après plusieurs translations, furent apportées à Rome par l'empereur Othon III. L'abbaye de Joyenval a possédé de ses reliques, et aujourd'hui la cathédrale de notre diocèse est en possession d'un bras de ce saint apôtre.

Saint Basile, Confesseur Pontife et Docteur, 14 juin.

Saint Basile, *Basilius*, naquit en 329, d'un saint et d'une sainte, devint l'un des plus célèbres et savants pontifes, docteur et fondateur de l'ordre qui porte son nom, évêque de Césarée, en Cappadoce, il mourut le 1er janvier 379, à l'âge de 51 ans. Il est patron de l'une des églises d'Étampes.

Saint Baudile, Martyr, 20 mai.

Saint Baudile, *Baudelius*, habitait à Nîmes avec son épouse et professait la foi chrétienne. Ayant refusé de sacrifier aux idoles, il souffrit le fouet et les tortures avec une constance inébranlable. Son martyre eut lieu dans le IIIe ou IVe siècle. Il est patron de Neuilly-sur-Marne.

Saint Béat, Confesseur, 9 mai.

Saint Béat, *Beatus*, fut envoyé par l'apôtre saint Pierre pour évangéliser les Gaules. Il s'arrêta d'abord à Nantes et ensuite à Vendôme, y prêcha la foi, convertit un grand nombre de païens, et après une vie remplie de bonnes œuvres, il s'endormit dans le Seigneur. Il est patron d'Epône.

Saint Blaise, Martyr Pontife, 3 février.

Saint Blaise, *Blasius*, fut un illustre pontife de Sebaste, en Arménie, qui souffrit les plus nombreux et les plus cruels tourments sous le président Agricolaus, l'an 316, dans la persécution de Licinius, les autres contrées de l'empire étant en paix sous Constantin. L'église de Notre-Dame de Paris a possédé un de ses bras, celles de Saint-Sauveur, de Saint-Jean en Grève, ainsi que la Sainte Chapelle ont possédé d'autres reliques du saint.

Saint Brice, Confesseur Pontife, 13 novembre.

Saint Brice, *Brictius*, disciple de saint Martin, lui succéda vers l'an 400 sur le siège épiscopal de Tours, fut longtemps persécuté par ses ennemis, et après une vie sainte, mourut en 444. Il est patron de deux paroisses.

Saint Caprais, Martyr, 20 octobre.

Saint Caprais, *Caprasius*, illustre martyr d'Agen, s'étant caché dans une caverne, apprit les combats que la vierge sainte Foi soutenait pour la religion. Averti par un prodige, il quitta ce lieu, tomba entre les mains des persécuteurs, et après de nombreux tourments, il versa son sang pour le Seigneur et reçut la récompense éternelle.

Saint Chéron, Martyr, 28 mai.

Saint Chéron, *Caraunus*, diacre, vivait au IVe siècle. Etant venu à Chartres, il trouva quelques chrétiens, prêcha la foi et fut martyr de la charité. Son corps a reposé longtemps en cette ville, dans une église de chanoines réguliers. En 1681, une relique fut accordée à la paroisse de Saint-Chéron Montcouronne, dont il est patron en notre diocèse.

Saint Christophe, Martyr, 25 juillet.

Saint Christophe, *Christophorus*, est un célèbre martyr de Lycie, dont la vie est bien connue. Ses reliques furent apportées en France, à l'abbaye de Saint-Denis. Il est patron de plusieurs paroisses du diocèse.

Saint Claude, Confesseur Pontife, 6 juin.

Saint Claude, *Claudius*, naquit à Salins, vers l'an 603, devint abbé de Saint-Oyen (aujourd'hui Saint-Claude, évêché), fut élevé au siège épiscopal de Besançon, en 685, gouverna son église pendant sept années, et mourut en 693 ou 696. Il est patron de plusieurs paroisses.

Saint Clément, Martyr Pontife, 23 novembre.

Saint Clément, *Clemens*, troisième successeur de saint Pierre sur le siége pontifical, envoya saint Denis et plusieurs autres prédicateurs de la foi en France. Il fut relegué dans la Chersonèse par Trajan, qui lui fit attacher une ancre au cou et jeter dans la mer. Une partie de ses reliques ont été conservées longtemps au trésor de la Sainte-Chapelle, dans la collégiale de Saint-Marcel et au Val-de-Grâce. Il est patron d'Arpajon, de Boinvilliers et de l'ancienne paroisse de Flacourt.

Saints Corneille et Cyprien, Martyrs Pontifes, 16 septembre.

Saint Corneille, *Cornelius*, fut un illustre pontife de Rome, qui gouverna l'Eglise pendant une année et fut martyrisé le 16 septembre

252. Saint Cyprien, *Cyprianus*, évêque de Carthage, fut martyrisé le 16 septembre 258. Leurs noms sont au canon de la messe. Ils sont patrons de la paroisse des Essarts-le-Roi.

Saints Côme et Damien, Martyrs, 27 septembre.

Saints Côme et Damien, *Cosmas et Damianus*, étaient deux célèbres médecins de l'Arabie qui reçurent la couronne du martyre sous Dioclétien. Leurs noms sont au canon de la messe, et leurs reliques furent apportées de Chypre par Jean de Beaumont, chevalier, sous le pontificat d'Alexandre III, pendant les croisades, à Luzarches, où une collégiale fut bâtie pour les recevoir. Une partie fut donnée à l'église Notre-Dame de Paris et renfermée dans deux châsses que l'on portait processionnellement le jour de leur fête. En ce même jour, les chirurgiens de Paris envoyaient quatre députés de leur corps à Luzarches, en qualité de recteurs de la confrérie, pour faire la visite et opération aux malades qui affluaient en grand nombre auprès des saintes reliques.

Saints Crépin et Crépinien, Martyrs, 25 octobre.

Saints Crépin et Crépinien, *Crispinus et Crispinianus*, sont deux illustres martyrs de Soissons, cordonniers de profession, qui, après avoir prêché la foi, souffrirent de cruels tourments sous Rictius-Varus, préfet des Gaules, Maximien-Hercule étant empereur. Ils eurent la tête tranchée en 287, suivant l'opinion la plus générale. Les cordonniers les ont choisis pour patrons.

Saint Cyr et Sainte Julitte, Martyrs, 16 juin.

Saint Cyr et sainte Julitte, *Ciricus et Julitta*, étaient de Séleucie. Sainte Julitte, noble dame de la ville, s'étant enfuie à cause de la persécution, avec son fils Cyr, âgé de trois ans, à Tarse, fut reconnue par le gouverneur, arrêtée, jetée en prison, témoin du martyre de son fils et mise à mort elle-même pour la foi, le 15 juillet 304 ou 305. Leur fête se célèbre le 16 juin. Ils sont patrons de plusieurs paroisses qui portent leur nom dans le diocèse.

Saint Didier, Martyr Pontife, 23 mai.

Saint Didier, *Desiderius*, fut un saint et savant évêque de Vienne, en Dauphiné. Obligé de réformer les désordres de la cour d'Austrasie et de Bourgogne, il encourut le ressentiment de la reine Brunehaut, qui le fit assassiner en 612. L'église de Villiers-le-Bel possède une relique de ce saint martyr, qui en est le patron, ainsi que de Bruyères-le-Châtel.

Saints Donatien et Rogatien, Martyrs, 24 mai.

Saints Donatien et Rogatien, *Donatianus et Rogatianus*, sont deux illustres martyrs de Nantes, qui souffrirent de nombreux tourments sous Dioclétien et eurent la tête tranchée le 24 mai 287. Grégoire de Tours dit que, sous le règne de Clovis, l'apparition de ces deux martyrs fit lever le siège formé depuis trois mois devant la ville de Nantes. Ils sont patrons d'Ambleville.

Sainte Elisabeth, Veuve, 19 novembre.

Sainte Elisabeth, *Elisabeth*, fille d'André II, roi de Hongrie et de Gertrude de Méranie, naquit en 1207, fut mariée au Landgrave de Thuringe, après la mort duquel elle prit l'habit du Tiers-Ordre de Saint-François et mourut en 1231. Sa vie a été admirablement écrite par le comte de Montalembert. Il existe à Versailles une église paroissiale sous son invocation.

Saint Eparche, Confesseur, 1er juillet.

Saint Eparche, *Eparchius*, fils de Félix et de Principie, nobles habitants de Périgueux, naquit en cette ville et fut élevé dans les principes de la foi catholique. Il commença ses études à l'âge de sept ans, y fit de grands progrès, et, après les avoir terminées, fut reçu par le comte Félicissime, son aïeul, qui en fit un chancelier. Quinze ans après, il quitta cette charge, malgré ses parents, se retira au monastère de Sessac, et y fut ordonné prêtre par l'évêque d'Angoulême. Quarante ans après, il s'endormit dans le Seigneur, le 1er juillet 581. Il est patron d'Auteuil.

Saint Escobille, Confesseur, 18 octobre.

Saint Escobille ou Escuiphle, *Scophilus vel Scofilus*, était abbé d'un monastère de Bretagne, au diocèse d'Aleth. Ses reliques furent apportées par Salvator, évêque de cette ville, dans les environs de Paris, avec celles des saints Leutherne et Levian, confesseurs pontifes, de saint Guénault, qui se trouvent à Corbeil, de saint Léonor à Beaumont et de quinze autres serviteurs de Dieu, à cause des guerres qui désolaient la Bretagne, entre Richard duc de Normandie et Thibault comte de Blois. Elles s'arrêtèrent au lieu qui porte son nom et où une paroisse a été érigée dans le canton nord actuel de Dourdan. Ce village possède d'immenses souterrains et carrières. Son château a été détruit dans les premières années du siècle.

Saint Etienne, 1er Martyr, 26 décembre.

Saint Etienne, *Stephanus*, un des sept diacres choisis par les apôtres, reçut la couronne du martyre le 3 août qui suivit la Pentecôte. Les Juifs le lapidèrent et ensevelirent son corps, qui fut découvert le 26 décembre 415. Il est patron de plusieurs paroisses dans le diocèse.

Saint Etienne, Martyr Pontife, 2 août.

Saint Etienne, *Stephanus*, né à Rome, exerça le pontificat sous l'empire de Valérien et de Gallien, convertit à Jésus-Christ beaucoup d'infidèles. Entraîné dans le temple de Mars pour sacrifier, le saint pontife refusa formellement, la statue fut renversée et le temple ébranlé par un tremblement de terre. Ayant pu rentrer au milieu des siens dans le cimetière de Lucine, il offrit le saint sacrifice, et communia les fidèles. Tandis qu'il terminait la sainte messe, les satellites des empereurs arrivèrent et lui tranchèrent la tête le 2 août 257, après un pontificat de trois ans et près de quatre mois. Il est patron de Marly-la-Ville et de l'ancienne paroisse de Fosses.

Sainte Eugénie, Vierge Martyre, 25 décembre.

Sainte Eugénie, *Eugenia*, fille du sénateur Philippe, qui fut nommé préfet à Alexandrie, s'y rendit à l'insu de ses parents, et convertit beaucoup d'infidèles à la foi. Accusée faussement par une méchante femme, elle prouva son innocence devant le tribunal de son père, qui ne l'avait pas reconnue, convertit ses parents, revint à Rome, où, après des supplices inouïs, elle eut la tête tranchée le 25 décembre 261, par ordre du préfet Nicetus. Elle est titulaire de l'église de Marnes-la-Coquette, saint Eloi étant le patron de la paroisse.

Saint Eustache, Martyr, 20 septembre.

Saint Eustache, *Eustachius*, son épouse, et ses deux fils, dont la vie offre un grand intérêt, après avoir combattu les ennemis de l'empire, supporté les plus grandes tribulations, furent condamnés aux bêtes par Adrien, enfermés ensuite dans un bœuf d'airain, et brûlés vifs à Rome pour la confession de la vérité. Avant la révolution, l'église de Saint-Denis possédait une relique de ce noble martyr.

Saint Eutrope, Martyr Pontife, 30 avril.

Saint Eutrope, *Eutropius*, envoyé par saint Clément dans les Gaules, s'arrêta à Saintes, dont il fut le premier évêque et y souffrit le martyre pour la confession de la vérité. L'église paroissiale de Saint-Gervais, à Paris, possédait de ses reliques, Il est patron d'Orcemont et de l'ancienne paroisse d'Epinay-Champlatreux.

Saint Fiacre, Confesseur, 30 août.

Saint Fiacre, *Fiacrius*, issu d'une noble famille d'Irlande, vint en France, au diocèse de Meaux, se retira dans une solitude où il mourut, le 30 août 670. De nombreux miracles confirmèrent sa sainteté. Patron des jardiniers, il est titulaire de l'église de la Ville-du-Bois, qui a pour patron saint Germain d'Auxerre, ayant été démembrée de Nozay.

Saint Filbert, Confesseur, 20 août.

Saint Filbert, *Philibertus*, naquit en Gascogne. Etant venu à la cour de Clotaire II, il la quitta à l'âge de vingt ans, se retira à l'Abbaye de Rebais, puis fonda en 654 l'abbaye de Jumièges, et en 674 celle de Noirmoutiers où il mourut en 684. Il est patron de l'ancienne paroisse de Brétigny.

Saint Firmin, Martyr Pontife, 25 septembre.

Saint Firmin, *Firminus*, était de Pampelune, d'une noble famille. Converti par saint Honeste, baptisé par saint Saturnin, il quitta l'Espagne, vint dans les Gaules, prêcha la foi à Agen et à Angers, vint à Beauvais et enfin à Amiens où il reçut la couronne du martyre le 25 septembre. Sa fête est célébrée en Espagne et dans le diocèse d'Amiens.

Saint Flaive, Confesseur Pontife, 23 août.

Saint Flaive, *Flavius*, évêque de Rouen, succéda à saint Gildard, bâtit une église en l'honneur de saint Pierre, la première année du règne de Clotaire, où fut déposé le corps de saint Ouen, son successeur. Après un glorieux pontificat, il mourut en 644. Quelques reliques de ce saint furent apportées par Jean de Gisors, seigneur de Saint-Prix, sous le règne de Philippe-Auguste, à Ermont, dont il est le Patron, avec saint Etienne, 1er martyr.

Sainte Foi, Vierge Martyre, 6 octobre.

Sainte Foi, *Fides*, était d'Agen. A l'exemple de saint Caprais, elle subit le martyre pour la confession de la vérité et son âme s'envola au ciel le 6 octobre. Elle est patronne de Jouy-Mauvoisin.

Saint Forget ou Ferréol, Martyr, 18 septembre.

Saint Forget, *Ferreolus*, était tribun de l'empire et servait dans les armées romaines en Gaule. Jeté en prison pour avoir professé la religion chrétienne, il souffrit le martyre à Vienne, en Dauphiné, et eut la tête tranchée le 18 septembre 304. Il est patron de l'ancienne paroisse qui porte son nom, annexée en 1807 à Chevreuse.

Saint Frédéric, Martyr Pontife, 18 juillet.

Saint Frédéric, *Fredericus*, était petit-fils de Radbod, instruit par saint Vulfran et fut élevé dans l'église d'Utrecht. Ordonné prêtre par Ricfrid, il lui succéda en 820 et gouverna le diocèse avec une grande sainteté. Il fut assassiné par ordre de l'impératrice Judith, à qui il avait fait des remontrances sur ses désordres, le 17 juillet 838. Il est patron de Villiers, auprès de Neauphle.

Sainte Gemme, Vierge Martyre, 16 août.

Sainte Gemme, *Gemma*, fille d'Atile, gouverneur de la Castille, naquit à Belcagie, en Espagne. Baptisée par les soins de Sila, elle fut élevée dans les principes de la religion chrétienne. Rentrée à la maison paternelle, son père voulut l'obliger à sacrifier aux idoles. Sur son refus, il la fit mettre en prison où elle subit de nombreux tourments et comme elle demeurait ferme dans la foi, il la livra à Claudien, qui lui fit trancher la tête, le 16 août de l'an 138. Ses reliques furent apportées en France sous le règne du pieux roi Robert, qui fit bâtir en 1030, à cinq lieues de Paris, une chapelle en son château de Crouy, qui prit le nom de Sainte-Gemme. Blanche de Castille accorda à cette église de nombreux priviléges. Henri IV et plusieurs grands personnages l'enrichirent par d'abondantes largesses. Sainte Gemme était patronne, avec saint Martin, de la paroisse de Lanluets, aujourd'hui réunie à Feucherolles. Il y avait un prieuré sous son invocation au hameau qui porte son nom. Le château de Sainte-Gemme a été détruit, mais on a conservé une partie des fossés qui l'entouraient et on distingue encore aujourd'hui fort bien son emplacement.

Saint Georges, Martyr, 23 avril.

Saint Georges, *Georgius*, est un illustre martyr de Mithylène, soldat courageux qui souffrit les plus graves tourments dans la persécution de Dioclétien en 303. L'église abbatiale de Saint-Denis a possédé une relique de ce saint martyr, qui est patron de plusieurs paroisses dans le diocèse.

Saint Géréon, Martyr, 10 octobre.

Saint Géréon, *Gereon*, est l'un des 319 martyrs de Cologne qui eurent la tête tranchée sous Maximien pour la confession de la vérité. Il est patron de l'ancienne paroisse de Banthelu.

Saint Germain d'Auxerre, Confesseur Pontife, 31 juillet.

Saint Germain, *Germanus*, naquit vers l'an 380, succéda à saint Amateur en 418, passa en Grande-Bretagne pour y combattre l'hérésie Pélagienne, s'arrêta à Nanterre, et après un illustre pontificat, quitta la vie à Ravenne, le 26 juillet 448. Son corps fut apporté à Auxerre, où les calvinistes en ont brûlé et dissipé la plus grande partie. Sa fête a lieu le 31 juillet. Il est patron d'un grand nombre de paroisses dans le diocèse et à Paris d'une fort belle église, ancienne collégiale.

Saints Gervais et Protais, Martyrs, 19 juin.

Saints Gervais et Protais, *Gervasius et Protasius*, sont deux illustres martyrs de Milan, qui souffrirent sous Néron et dont les corps furent levés par saint Ambroise en l'an 386. Ces corps saints furent dans la suite transportés à Brisach, d'où on les transféra l'an 1685 en la cathédrale de Soissons, dédiée à ces martyrs. Ils sont patrons de plusieurs paroisses dans le diocèse.

Saint Gildard, Confesseur Pontife, 8 juin.

Saint Gildard, *Gildardus*, évêque de Rouen et frère de saint Médard, assista au concile d'Orléans en 511; il mourut le 8 juin 525. Ces deux frères furent baptisés, ordonnés prêtres et sacrés évêques les mêmes jours des mêmes années et ils moururent aussi le même jour, mais en des années différentes. Saint Gildard fut inhumé à Rouen. Il est patron de l'ancienne paroisse de Longuesse.

Saint Gilles, Abbé Confesseur, 1ᵉʳ septembre.

Saint Gilles, *Ægidius,* Athénien de naissance, vint en France, et se fixa auprès de Nîmes, où il vécut dans la solitude d'un monastère que lui avait fait bâtir le roi Childebert. Plusieurs miracles prouvèrent sa sainteté. Il quitta la vie à la fin du viie siècle.

Saint Gratien, Martyr, 23 octobre.

Saint Gratien, *Gratianus,* est un illustre martyr qui eut la tête tranchée par ordre de Rictius-Varus, le 23 octobre de l'an 285 ou 287, au lieu qui a porté son nom, dans le canton de Villers-Bocage, près d'Amiens. Au moment de son martyre, il planta un bâton de noisetier qu'il tenait à la main, lequel poussa des racines, et pendant plusieurs siècles produisit de nouveaux fruits à l'époque du martyre. Ses reliques furent apportées à l'abbaye de Coulombs, où elles restèrent jusqu'à la révolution. Transférées à Paris avec leur châsse en argent, qui fut détruite, elles ont été conservées à l'archevêché jusqu'en 1830 et ont disparu dans le pillage du palais. Une partie de ces reliques, rendues par l'abbaye de Coulombs, est encore conservée dans la paroisse de Saint-Gratien, lieu de son martyre. Il est patron de la paroisse de ce nom, près de Montmorency.

Saint Guinefort, Martyr, 22 août.

Saint Guinefort, *Gunifortus,* naquit en Ecosse, passa en Italie avec son frère, vint dans la ville de Côme, souffrit à Milan et rendit son âme au Seigneur dans la ville de Pavie. Il est patron de l'ancienne paroisse de Tigery.

Saints Guy, Modeste, et Crescence, Martyrs, 15 juin.

Saints Guy ou Vit, Modeste et Crescence, *Vitus, Modestus et Crescentia*, nés en Sicile, embrassèrent la foi chrétienne. Le père de Guy, Hilas, irrité de ce fait, le livra avec Modeste et Crescence, préposés à son éducation, à Valérien, gouverneur de la province. Avertis par un ange, ils passèrent en Italie où Dioclétien les fit arrêter. Ils souffrirent les plus horribles tourments et reçurent la couronne du martyre le 15 juin de l'an 303. Ils sont patrons de l'ancienne paroisse de Saint-Witz.

Saint Hilaire, Confesseur Pontife et Docteur, 14 janvier.

Saint Hilaire, *Hilarius*, naquit à Poitiers, d'une noble famille, devint évêque de cette ville, administra son diocèse avec sagesse, laissa de nombreux et savants écrits et mourut à son retour de Milan, le 13 janvier de l'année 369. Il a été mis au rang des docteurs par le Souverain-Pontife Pie IX et est patron de plusieurs paroisses dans le diocèse.

Saint Hilarion, Confesseur, 21 octobre.

Saint Hilarion, *Hilario*, est un des plus célèbres solitaires de l'Orient. Né à Tabathe, en Palestine, il embrassa la foi catholique, alla visiter saint Antoine, revint dans sa patrie, vendit ses biens et se retira dans une humble cellule où il vécut jusqu'à l'âge de 80 ans. Il mourut le 21 octobre 371.

Saint Hubert, Confesseur Pontife, 3 novembre.

Saint Hubert, *Hubertus*, issu d'une noble famille de l'Aquitaine, passa sa jeunesse à la cour de Thiery III et se mit ensuite au service de Pépin d'Héristal, qui devint maire du palais d'Austrasie en 681. Aimant beaucoup la chasse et les plaisirs mondains, il fut converti miraculeusement par Notre-Seigneur, et se mit sous la conduite de saint Lambert, auquel il succéda après son martyre, en 708 ou 709, sur le siége de Maestricht, et le gouverna jusqu'au 30 mai 727, jour de sa sainte mort. On célèbre sa fête le 3 novembre.

Saint Iliers, Confesseur Pontife, 25 octobre.

Saint Iliers, *Ilerius*, issu d'une noble famille, se construisit une cellule près de la ville de Mende, bâtit ensuite un monastère sur les bords du Tarn, opéra de nombreux miracles, visita le monastère de Lérins, délivra un grand nombre de captifs, fut élu évêque de Mende, alla trouver Théodbert, roi des Francs en 533, à Arzenc, pour traiter des affaires de sa province. Ami de saint Lubin, il vint le visiter, et, peu de temps après, rendit son âme au Seigneur, le 1ᵉʳ décembre. L'église célèbre sa fête le 25 octobre. Il est patron de Bazemont et de Saint-Iliers-la-Ville.

Saint Jacques le Majeur, Apôtre, 25 juillet.

Saint Jacques, *Jacobus*, fils de Zébédée, frère de saint Jean, surnommés Boanergès, l'un des apôtres privilégiés du Sauveur, prêcha la foi dans la Judée et la Samarie et convertit beaucoup de personnes. Bientôt après, il partit pour l'Espagne, retourna à Jérusalem, où Hérode-Agrippa le condamna à mort pour plaire aux Juifs. Ce fut le premier des apôtres qui souffrit le martyre pour la confession de la vérité. Son corps fut transporté à Compostelle où il reçut de grands honneurs. Il est patron de Houdan et de plusieurs paroisses dans le diocèse.

Saint Jean-Baptiste, 24 juin.

Saint Jean-Baptiste, *Joannes-Baptista*, fils de Zacharie et d'Elisabeth, qui baptisa Notre-Seigneur dans le Jourdain, le plus grand des enfants des hommes, eut la tête tranchée par ordre d'Hérode, sur la demande de Salomé, fille d'Hérodiade, au château de Macheronte. Ses saintes reliques ayant été brûlées, ses cendres ont été apportées à Gênes, ainsi que le bassin en porphyre où sa tête fut déposée. Son chef est dans l'église d'Amiens. Il est patron d'un grand nombre de paroisses dans le diocèse.

Saint Jean, Apôtre et Évangéliste, 27 décembre.

Saint Jean, *Joannes*, le disciple bien-aimé du Sauveur et l'un des évangélistes, fut relegué à Pathmos où il écrivit son Apocalypse, et plongé à Rome, devant la Porte Latine, dans une chaudière d'huile bouillante, d'où il sortit plus sain et plus vigoureux. Dernier survivant des apôtres, il mourut la 78e année qui suivit la Passion du Sauveur. Il est patron des anciennes paroisses de Fontenelle et de Boullay-les-Troux.

Saint Joseph, Confesseur, 19 mars.

Saint Joseph, *Joseph*, époux de la très-sainte Vierge, père nourricier de Notre-Seigneur, quitta la vie étant âgé de plus de 110 ans, lorsque le Sauveur atteignait la 20e année de son âge. Donné par Pie IX pour patron de l'Église universelle, il est le titulaire des paroisses de Carrières-sous-Poissy, Enghien-les-Bains, Neuville, et de l'ancienne paroisse de Vienne.

Saint Julien, Confesseur Pontife, 27 janvier.

Saint Julien, *Julianus,* fut envoyé par l'apôtre saint Pierre dans la ville du Mans pour y porter le don de la foi. Son long pontificat lui permit d'opérer un assez grand nombre de conversions. Il quitta la vie le 27 janvier. On ignore l'année de sa mort. Il est patron de plusieurs paroisses dans le diocèse.

Saint Julien de Brioude, Martyr, 28 août.

Saint Julien de Brioude, *Julianus Brivatensis*, était un vaillant soldat, compagnon de saint Ferréol, qui reçut la couronne du martyre sous Dioclétien, près de Brioude, en 304. Dieu découvrit miraculeusement son corps à saint Germain d'Auxerre, lorsqu'il passa par Brioude, en revenant d'Arles, l'an 431. L'église Saint-Julien de Versailles était dans l'emplacement de l'hôpital militaire avant la construction de celle de Notre-Dame.

Saint Lambert, Martyr Pontife, 17 septembre.

Saint Lambert, *Lambertus*, naquit à Maestricht, de parents nobles et riches, embrassa la vie religieuse et devint évêque de la ville. Il eut à souffrir de nombreuses persécutions et finit sa vie par le martyre, à Liége, le 17 septembre 708. Il est patron de la paroisse de ce nom, près de Chevreuse.

Saint Laurent, Martyr, 10 août.

Saint Laurent, *Laurentius*, l'un des plus célèbres martyrs, et dont le nom est au canon de la messe, souffrit, l'an 258, en Espagne. Un os de ses bras et un morceau du gril qui servit à son martyre était conservé en l'abbaye de Joyenval, près de Saint-Germain-en-Laye avant la révolution. Le roi Charles-le-Chauve avait fait présent au trésor de Saint-Denis d'une verge de ce même gril. Il est patron de Beaumont-sur-Oise, de Bréval et de l'ancienne paroisse du Tertre-Saint-Denis.

Saint Léger, Martyr Pontife, 2 octobre.

Saint Léger, *Leodegarius*, naquit d'une illustre famille, vers l'an 616, et fut amené fort jeune à la cour de Clotaire II, puis envoyé près de Didon, son oncle, évêque de Poitiers, devint abbé du monastère de Saint-Maixent, revint à la cour sous la régence de sainte Bathilde, et en 659 fut consacré évêque d'Autun. Les guerres et les troubles politiques agitèrent son pontificat, et après de nombreuses persécutions, on lui arracha les yeux. Il souffrit le martyre le 2 octobre 678. Il est patron d'un certain nombre de paroisses dans le diocèse.

Saint Léonard, Confesseur, 6 novembre.

Saint Léonard, *Leonardus*, était un seigneur français, qui jouissait d'une grande réputation à la cour de Clovis Ier. Converti à la foi par saint Remy, il se retira au monastère de Micy, qui avait alors pour supérieur saint Mesmin, le quitta peu après, alla habiter près de Limoges et bâtit l'Oratoire de Noblac, où il passa le reste de sa vie. Sa bienheureuse mort arriva le 6 novembre 559. Il est spécialement invoqué par les captifs.

Saint Leu, Confesseur Pontife, 1er septembre.

Saint Leu ou Loup, *Lupus*, de la famille royale, naquit dans le diocèse d'Orléans, fut élevé à l'ombre du sanctuaire et honoré du sacerdoce. En 609 il remplaça Arthemius sur le siége épiscopal de Sens. Exilé par Clotaire II au village d'Ausène en Vimeu, il fut ensuite rappelé de l'exil et mourut en paix le 1ᵉʳ septembre 623, à Brinon, dans son diocèse. Comme la fête de saint Gilles a lieu le même jour, ils sont unis dans une seule solennité et patrons de plusieurs paroisses.

Saint Lucien, Martyr, 8 janvier.

Saint Lucien, *Lucianus*, compagnon de saint Denis, fut envoyé par Saint Clément dans les Gaules, se rendit à Beauvais où il prêcha la foi et souffrit le martyre par les ordres de Fescennius Sisinnius. Il est patron d'Avernes et de Courcelles.

Saint Maclou, Confesseur Pontife, 15 novembre.

Saint Maclou ou Malo, *Maclovius*, était évêque d'Aleth, en Bretagne, prélat aussi illustre par son origine que par ses vertus et ses connaissances, il mourut le 15 novembre 565. La ville de Pontoise a élevé en son honneur une fort belle église, qui possède quelques-unes de ses reliques. Les autres se trouvaient dans l'abbaye de Saint-Victor de Paris. Il est patron de plusieurs paroisses du diocèse.

Sainte Madeleine, 22 juillet.

Sainte Madeleine, *Magdalena*, sœur de saint Lazare et de sainte Marthe, est l'illustre pénitente à qui le Sauveur pardonna. Après la mort de la très-sainte Vierge, les Juifs embarquèrent cette honorable famille avec plusieurs autres personnes sur un navire sans rames ni voiles et les abandonnèrent au gré des vents. Un ange vint prendre le gouvernail et conduisit ce navire dans le port de Marseille, dont saint Lazare fut le premier évêque. Sainte Madeleine se retira à la Sainte-

Baume où elle vécut dans la pénitence. Raban Maur a laissé par écrit sa vie dans une histoire fort intéressante. Elle est patronne de plusieurs paroisses.

Saint Mamert, Confesseur Pontife 11 mai,

Saint Mamert, *Mamertus,* fut un illustre évêque de Vienne, en Dauphiné, fort savant, lequel institua les Rogations sous le règne de Clovis, et mourut en 476. Son corps qui se trouvait dans la cathédrale d'Orléans y fut brûlé par les calvinistes. Il est patron de Chatignonville.

Saint Mammès, Martyr, 17 août.

Saint Mammès, *Mamas,* est un martyr de Cappadoce, qui, jeune encore, après de cruelles tortures, versa son sang pour la foi, le 17 août 274 ou 275, à Césarée. Il est patron de l'ancienne paroisse de Dannemois.

Saint Marcel, Confesseur Pontife, 3 novembre.

Saint Marcel, *Marcellus,* naquit à Paris, d'une famille illustre, devint évêque de cette ville, opéra de nombreux miracles, mourut le 1ᵉʳ novembre, vers l'an 400, fut inhumé au bord de la Bièvre, dans un village qui est devenu le faubourg Saint-Marceau. Il est patron de l'ancienne paroisse de Villabé.

Sainte Marguerite, Vierge Martyre, 20 juillet.

Sainte Marguerite, *Margareta,* est l'illustre martyre d'Antioche, en Pisidie, qui souffrit dans la dernière persécution générale. Élevée dans la religion chrétienne et instruite par sa nourrice, son père, prêtre des idoles, fut son accusateur : elle termina sa vie par le martyre. L'église du Vésinet la reconnaît pour titulaire.

Saint Martin, Confesseur Pontife, 11 novembre.

Saint Martin, *Martinus*, naquit à Sabarie, ville de Pannonie, en 316, de parents idolâtres, embrassa la carrière des armes, donna une partie de son manteau à un pauvre qui lui demandait l'aumône à une porte d'Amiens, se retira auprès de saint Hilaire, devint évêque de Tours, opéra de nombreux miracles et passa à une vie meilleure le 11 novembre de l'an 400. Son corps fut brûlé par les calvinistes, à Tours. Ce saint est l'un des plus illustres confesseurs pontifes de France. Il est patron d'un très-grand nombre de paroisses dans le diocèse. En y comprenant les anciennes, on en compte près de cent.

Saint Matthieu, Apôtre et Évangéliste, 21 septembre.

Saint Matthieu, *Matthæus*, était receveur d'impôts pour les Romains, auprès du lac de Génésareth, lorsque Notre-Seigneur l'appela. Après la Pentecôte, il prêcha l'évangile dans la Judée et les contrées voisines, écrivit le premier les actions du Sauveur, partit pour l'Ethiopie, opéra de nombreux miracles et versa son sang pour la foi pendant qu'il célébrait les divins mystères, le 21 septembre. Son corps, transporté à Salerne et plus tard à Rome, sous le pontificat de saint Grégoire VII, dans une église bâtie sous son invocation, est honoré par un grand nombre de fidèles. Il est patron de la paroisse de Bures.

Saint Maurice et ses compagnons, Martyrs, 22 septembre.

Saint Maurice, *Mauritius*, était chef de l'illustre Légion Thébéenne, qui souffrit le martyre à Octodurum, aujourd'hui Martigny ou Martignac, dans le Valais, sous le règne de Maximien, en 286, le 22 septembre. Il est patron de Blandy et de Saint-Maurice-Montcouronne.

Saint Médard, Confesseur Pontife, 8 juin.

Saint Médard, *Medardus,* naquit vers l'an 457, à Salency, d'une noble famille, institua la fête de la Rosière, fut élu évêque de Noyon et mourut en l'an 545. Il est patron de plusieurs paroisses.

Saint Melaine, Confesseur Pontife, 6 janvier.

Saint Melaine, *Melanius,* naquit en Bretagne, succéda à saint Amand sur le siége de Rennes, opéra plusieurs miracles et finit saintement sa vie, le 6 janvier 530. Il est patron de l'ancienne paroisse de Mory, annexée à Saint-Germain-les-Corbeil.

Saint Méry, Abbé Confesseur, 29 août.

Saint Méry, *Medericus,* naquit à Autun, embrassa la vie monastique, fut présenté par ses parents à l'abbaye de Saint-Martin d'Autun, dont il fut élu abbé, vint à Paris et y rendit son âme au Seigneur, le 29 août de l'an 700. On a bâti depuis, sur son tombeau, une belle église, collégiale avant 1790, aujourd'hui paroissiale. Il est patron de Linas et de l'ancienne paroisse de Portes.

Saint Michel, Archange, 29 septembre.

Saint Michel, *Michael,* est l'illustre chef de la milice céleste qui combattit contre Satan au jour de la révolte des Anges, remplaça

Lucifer et fut chargé de recevoir nos âmes lorsqu'elles arrivent devant Dieu. Il est patron de plusieurs paroisses.

Sainte Monégonde, ni Vierge ni Martyre, 2 juillet.

Sainte Monégonde, *Monegundis*, naquit à Chartres, vécut dans l'état du mariage, se retira dans une cellule après la mort de ses deux filles, du consentement de son époux, un peu plus tard fixa son séjour à Tours, auprès de l'église Saint-Martin, y bâtit un monastère de religieuses et mourut en 570. Elle est patronne d'Orphin.

Saint Nicaise, Martyr Pontife, et ses compagnons, Martyrs, 14 décembre.

Saint Nicaise était évêque de Reims au v° siècle, lorsqu'une armée de barbares vint s'emparer de la ville. Ayant déployé un grand zèle pour le salut spirituel et temporel de ses diocésains, il tomba entr les mains des infidèles qui l'accablèrent d'insultes et lui tranchèrent la tête. Florent son diacre, Jocond son lecteur, et Eutropie sa sœur, eurent le même sort. Cette bienheureuse mort arriva le 14 décembre. La mémoire que nous faisions de ces saints au supplément de notre bréviaire en a disparu en 1862.

Saint Nicolas, Confesseur Pontife, 6 décembre.

Saint Nicolas, *Nicolaus*, naquit à Patare, en Lycie, vint à Myre où il embrassa la vie religieuse, fut choisi providentiellement pour évêque de cette ville, souffrit dans la persécution de Licinius, assista au concile de Nicée et mourut en paix le 6 décembre, vers l'an 320. On le représente en pontife, ayant dans une cuve auprès de lui trois enfants, auxquels il rendit la vie. Il est patron d'un grand nombre de paroisses dans le diocèse.

Saint Ouen, Confesseur Pontife, 24 août.

Saint Ouen, *Audoenus,* d'une illustre famille, s'attacha au roi Clotaire II, fut uni d'amitié avec saint Eloi, devint chancelier de Dagobert Ier, fonda le monastère de Rebais, succéda à saint Romain sur le siège de Rouen, mourut le 24 août 683, près de Paris, dans un village qui porte son nom et eut pour successeur saint Ansbert. Il est patron de quatre paroisses dans le diocèse.

Saint Pancrace, Martyr, 12 mai.

Saint Pancrace, *Pancratius,* adolescent de 14 ans, clerc de l'église de Rome, souffrit le martyre sous Dioclétien et fut décapité le 12 mai, vers l'an 293. Son corps fut recueilli par Octavilla, dame romaine, qui l'embauma et l'ensevelit sur la voie Aurélienne. Il est patron de l'ancienne paroisse du Tertre-Gaudran.

Saints Philippe et Jacques, Apôtres, 1er mai.

Saint Philippe, *Philippus,* appelé par Notre-Seigneur à l'apostolat, était ordinairement chargé des demandes qui lui étaient faites auprès du Sauveur. Il prêcha la foi en Scythie et souffrit le martyre à Hiérapolis, en Phrygie. Son chef était autrefois à Notre-Dame de Paris, dans une châsse d'or. Saint Jacques, *Jacobus,* surnommé le Mineur, parce que sa vocation était postérieure à celle de saint Jacques, fils de Zébédée, fut constitué évêque de Jérusalem et fut martyrisé en cette ville à l'âge de 96 ans, après 30 ans de pontificat. Déjà accablé par plusieurs tourments, un foulon lui donna un coup sur la tête et le tua, la septième année du règne de Néron. Ils sont patrons de Ballainvilliers et de l'ancienne paroisse de Noiseau.

Saints Pierre et Paul, Apôtres, 29 juin.

Saint Pierre, *Petrus*, le prince des apôtres, martyrisé à Rome, le 29 juin de l'an 67, est patron d'un grand nombre de paroisses. Saint Paul, *Paulus*, le plus grand des apôtres, martyrisé à Rome le même jour que saint Pierre, lui est adjoint, et l'un et l'autre sont patrons de plusieurs paroisses.

Saint Prix, Martyr Pontife, 25 janvier.

Saint Prix, *Præjectus seu Projectus*, naquit en Auvergne, fut élevé dans la piété par les soins de saint Genès, prêtre à Issoire, devint évêque de Clermont et mourut martyr le 25 janvier 674. Une partie de ses reliques se trouvait dans l'église collégiale de Saint-Etienne-des-Grez, à Paris. La paroisse de ce nom, dans le canton de Montmorency, en possède encore une aujourd'hui. Il y avait un grand pèlerinage en ce lieu. Saint Prix est également patron d'Auvernaux et de Villejust.

Saint Quentin, Martyr, 31 octobre.

Saint Quentin, *Quintinus*, de race sénatoriale et apôtre d'Amiens, souffrit le martyre dans la ville d'Auguste, capitale du Vermandois, qui a pris ensuite son nom. Son corps ayant été trouvé intact dans le tombeau, 55 ans après sa mort, il reçut les honneurs de l'Église. Il est patron de plusieurs paroisses du diocèse.

Saint Rémy, Confesseur Pontife, 1er octobre.

Saint Rémy, *Remigius,* naquit à Laon, en 439, d'une famille distinguée et riche, dans les Gaules, devint évêque de Reims, baptisa

Clovis et gouverna son église pendant 70 ans. Ce fut le pontificat le plus long et le plus remarquable de cette époque. Il mourut à l'âge de 94 ans, le 13 janvier 533. Il est patron de plusieurs paroisses du diocèse.

Saint Roch, Confesseur, 16 août.

Saint Roch, *Rochus*, l'une des gloires de l'église de France du xiv° siècle, naquit à Montpellier, d'une famille princière, se rendit à Rome, y soigna les malades, revint en France et mourut dans sa ville natale en 1327. Une de ses reliques fut accordée en 1764 à Saint-Louis de Versailles, sur la demande de la reine Marie-Leczinska. Il est titulaire de l'église de Chanteloup.

Saint Romain de Blaye, Confesseur, 24 novembre.

Saint Romain, *Romanus*, était un saint prêtre de Blaye, près de Bordeaux, au iv° siècle, qui opéra de nombreux miracles. Ses reliques furent apportées par les religieux de Saint-Denis, qui en donnèrent une partie à la paroisse de Sèvres, dont il est patron.

Saint Samson, Confesseur Pontife, 28 juillet.

Saint Samson, *Sampson*, naquit vers l'an 490, fut ordonné prêtre, se retira dans la solitude, fit un voyage en Irlande, l'an 516, fut sacré évêque de Dol l'an 520, fonda une abbaye, assista au concile de Paris en 557 et mourut l'an 564. Une grande partie de ses reliques se trouvaient dans l'église des Pères de l'Oratoire, au faubourg Saint-Jacques, à Paris. Il est patron de la Roche-Guyon.

Saint Saturnin, Martyr Pontife, 29 novembre.

Saint Saturnin, *Saturninus*, fut envoyé par le Pape saint Clément dans les Gaules, se fixa à Toulouse et fut martyrisé au commencement du iiᵉ siècle. Il est patron de Buhy, Chambourcy et la Forêt-Sainte-Croix dans le diocèse.

Saint Sébastien, Martyr, 20 janvier.

Saint Sébastien, *Sebastianus*, illustre martyr de Rome, commandant d'une cohorte prétorienne sous l'empereur Dioclétien, fut lié à un poteau, percé de flèches et en cet état rendit son âme au Seigneur. L'église de Notre-Dame de Paris possédait plusieurs reliques de ce saint dans un reliquaire d'or d'un grand prix. Il est patron de Boissy-sans-Avoir, distraite d'Autouillet, titulaire de Buchelay et patron de l'ancienne paroisse de D'Huison.

Saint Séverin, Abbé Confesseur, 24 novembre.

Saint Séverin, *Severinus*, était un pieux solitaire de la ville de Paris et ami de saint Cloud, qui avait été son disciple. Plusieurs saints ont porté ce nom : l'abbé d'Agaune et l'évêque de Cologne sont les plus connus. Notre solitaire quitta la vie vers l'an 547. Le jour de sa fête au martyrologe romain est fixée au 29 novembre. Il est patron d'Oinville et de Porcheville.

Saint Sulpice, Confesseur Pontife, 17 janvier.

Saint Sulpice, *Sulpitius*, d'une des principales familles du Berry, devint aumônier de Clotaire II, et en 624 fut élu évêque de Bourges.

Après un pontificat de 20 années, il rendit son âme au Seigneur le 17 janvier 644. Il existe à Paris une belle église bâtie sous son invocation. Il est patron d'un grand nombre de paroisses du diocèse.

Saint Symphorien, Martyr, 22 août.

Saint Symphorien, *Symphorianus*, est un illustre martyr d'Autun, qui versa courageusement son sang sur les exhortations de sa mère, n'étant encore qu'un adolescent. Cette bienheureuse mort arriva sous l'empire d'Aurélien. Il est patron de Chevannes, de Nesles et de Montreuil à Versailles.

Saint Victor, Martyr, 21 juillet.

Saint Victor, *Victor*, de condition noble, suivait la profession des armes. Il souffrit d'horribles tourments, vers l'an 290, en la ville de Marseille. L'abbaye de Saint-Victor de Paris possédait un des pieds de ce Martyr. Il est patron de Guyancourt.

Saint Vigor, Confesseur Pontife, 1er novembre.

Saint Vigor, *Vigor*, naquit dans l'Artois, fut disciple de saint Vaast, quitta son pays, vint en Neustrie et succéda à saint Contest sur le siége de Bayeux. Il mourut vers l'an 530 et eut pour successeur Leucade, qui souscrivit an troisième concile d'Orléans, en 538. Il est patron de Marly-le-Roy.

Saint Vincent, Martyr, 22 janvier.

Saint Vincent, *Vincentius*, l'une des gloires de l'Espagne, naquit à Saragosse, devint diacre de l'évêque Valère et souffrit le martyre à

Valence, le 22 janvier 304. Ayant eu le privilége de présenter le vin au saint sacrifice, il est patron des vignerons, et de plusieurs paroisses du diocèse.

Saint Vivien, Confesseur Pontife, 28 août.

Saint Vivien, *Vivianus*, naquit à Saintes, d'un père idolâtre et d'une mère chrétienne. A seize ans, elle le confia à saint Ambroise, évêque de la ville, qui l'ordonna sous-diacre. Après la mort de l'évêque, il fut élu pour lui succéder, gouverna son église pendant de longues années, et quitta la vie au milieu du v° siècle. Il est patron de Bruyères-sur-Oise.

Paroisses érigées par démembrement depuis le concordat.

En 1802, Ablon, titulaire, la sainte Vierge, démembrée d'Athis; Aulnay-sur Maudre, saint Etienne, d'Epône; Bois-Herpin, saint Antoine, de Puiselet; le Breuil-Bois-Robert, saint Gilles, de Mantes-la-Ville; Buchelay, saint Sébastien, de Rosny; Carrières-Saint-Denis, saint Jean-Baptiste, de Houilles; Carrières-sous-Poissy, saint Joseph, et Chanteloup, saint Roch, de Triel; Chapet, saint Denis, d'Ecquevilly; Davron, sainte Madeleine, de Feucherolles; la Falaise, sainte Vierge, et Nezel, saint Blaise, d'Epône; la Frette, saint Nicolas, de Montigny; Maurecourt, sainte Vierge, de Jouy; Méricourt, sainte Vierge, de Freneuse; les Mesnuls, saint Eloi, de Bazoches; Morsang-sur-Orge, saint Jean-Baptiste, de Sainte-Geneviève-des-Bois; la Queue, saint Nicolas, de Galluis; Raiseux, sainte Vierge, de Hanches, diocèse de Chartres; Vauhallan, saint Rigomer et sainte Tenestine, de Saclay; Vieille-Eglise, saint Gilles du Perray; la Ville-du-Bois, saint Fiacre, de Nosay.

Morigny, très-sainte Trinité, par réunion de Champigny et de Saint-Germain.

En 1846, Montlignon, saint André, démembrée de Saint-Prix; en 1853, Enghien, saint Joseph, de Deuil, Soisy et Saint-Gratien; en 1855,

Theuville, saint Claude, d'Haravilliers; en 1858, Bellevue, sainte Vierge, de Meudon; en 1865, le Vésinet, sainte Marguerite, du Pecq, de Croissy et de Chatou; en 1866, le Raincy, saint Blaise, de Livry; en 1869, Prunay-le-Temple, saint Martin, de Boigneville.

Après avoir donné une notice sur les saints du diocèse et les patrons, suivant l'ordre alphabétique, nous croyons convenable de les donner suivant l'ordre du cycle liturgique; c'est celui qu'emploie l'Eglise. En nous faisant suivre jour par jour les actions des amis de Dieu, elle les présente à notre imitation, pour augmenter notre confiance, notre foi et notre piété. Mais lorsqu'il s'agit des saints et des patrons du diocèse, leur bienveillance et leur protection n'ont d'autres limites que celles que nous traçons nous-mêmes par notre ferveur. Enfin, pour mieux nous faire comprendre quels sont les saints les plus invoqués dans le diocèse, nous indiquerons le nombre de paroisses actuelles et anciennes qui sont sous leur protection.

La très-sainte Trinité est patronne de 6 paroisses, Notre-Seigneur de 4, la sainte Croix, de 6, et la très-sainte Vierge, sous différents titres, de 110.

En janvier : Le 3, sainte Geneviève, est patronne de 5 paroisses et de la chapelle de Lozère. Le 6, saint Melaine, d'une. Le 8, saint Lucien, de 2. Le 14, saint Hilaire, de 5. Le 17, saint Antoine, de 5. Le 17, saint Sulpice, de 12. Le 20, saint Sébastien, de 4. Le 22, saint Vincent, de 6. Le 25, saint Prix, de 3. Le 27, saint Julien, de 3.

En février : Le 3, saint Blaise, de 3. Le 9, saint Ansbert. Le 10, saint Honeste, d'une. Le 16, sainte Julienne. Le 27, sainte Honorine.

En mars : Le 1ᵉʳ, saint Aubin, de 6. Le 14, saint Lubin, de 5. Le 19, saint Joseph, titulaire, de 4. Le 20, saint Vulfran. Le 25, saint Richard. Le 30, saint Rieul, d'une ancienne à Louvres.

En avril : Le 6, saint Guillaume, abbé. Le 8, saint Gauthier, abbé. Le 9, saint Gaucher. Le 11, sainte Avoie. Le 18, la Bienheureuse Marie de l'Incarnation. Le 21, saint Anselme. Le 22 sainte Opportune.

le 23, saint Georges, de 11. Le 30, saint Adjuteur, et le même jour, saint Eutrope, de 3.

En mai : Le 1er, saint Acceul, d'une. Le 1er, saints Philippe et Jacques, de 2. Le 7, sainte Même, d'une. Le 9, saint Béat, d'une. Le 10, saint Guillaume. Le 11, saint Mamert, d'une. Le 12, saint Pancrace, d'une. Le 14, saint Erembert. Le 20, saint Baudile, d'une. Le 20, saint Yves. Le 23, saint Didier, de 2. Le 24, saints Donatien et Rogatien, d'une. Le 28, saint Chéron, d'une, et le même jour, saint Germain de Paris, de 23.

En juin : Le 1er, saint Probat. Le 6, saint Claude, de 3. Le 8, saint Gildard, d'une. Le 8, saint Médard, de 9. Le 14, saint Basile, d'une. Le 15, saints Guy et Modeste, d'une. Le 16, saint Cyr et sainte Julitte, de 4. Le 19, saints Gervais et Protais, de 5. Le 24, saint Jean-Baptiste, de 15. Le 29, saints Pierre et Paul, de 65.

En juillet : Le 1er, saint Eparche, d'une. Le 2, sainte Monégonde, d'une. Le 8, saint Nom, de 2. Le 14, saint Bonaventure. Le 15, saint Eterne. Le 17, saint Généreux. Le 18, saint Arnoult, d'une. Le 18, saint Clair, confesseur, d'une. Le 18, saint Clair, martyr. Le 18, saint Frédéric, d'une. Le 19, saint Vincent de Paul. Le 20, sainte Marguerite, de 2. Le 21, saint Victor, d'une. Le 22, sainte Madeleine, de 14. Le 22, saint Vandrille, de 2. Le 25, saint Christophe, de 5. Le 25, saint Jacques le Majeur, de 11. Le 26, sainte Anne, de 3. Le 28, saint Samson, d'une. Le 31, saint Germain d'Auxerre, de 31.

En août : Le 1er, saint Justin, d'une. Le 2, saint Etienne, martyr pontife, de deux. Le 2, saint Exupère, d'une. Le 5, saint Yon, d'une. Le 10, saint Laurent, de 3. Le 16, sainte Gemme, d'une. Le 16, saint Roch, d'une. Le 17, saint Mammès, d'une. Le 20, saint Bernard. Le 20, saint Filbert, d'une. Le 22, saint Guinefort, d'une. Le 22, saint Symphorien, de 3. Le 23, saint Flaive de Rouen, d'une. Le 24, saint Barthélemy, de 6. Le 24, saint Ouen, de 4. Le 24, saint Rigomer et sainte Ténestine, d'une. Le 25, saint Louis, de 4. Le 28, saint Julien de Brioude, d'une. Le 28, saint Vivien, d'une. Le 29, saint Méry, de 2. Le 30, saint Fiacre, d'une. Le 31, sainte Isabelle, Vierge.

En septembre : Le 1ᵉʳ, saints Leu et Gilles, de 14. Le 3, saint Godegrand. Le 7, saint Cloud, de 4. Le 8, saint Corbinien. Le 16, saints Corneille et Cyprien, d'une. Le 17, saint Lambert, d'une. Le 18, saint Forget, d'une. Le 20, saint Eustache, de 2. Le 21, saint Matthieu, d'une. Le 22, saint Maurice, de 3. Le 25, sainte Domaine. Le 25, saint Firmin, d'une. Le 27, saints Côme et Damien, de 2. Le 29, saint Michel, de 6.

En octobre : Le 1ᵉʳ, saint Rémy, de 11. Le 2, saint Léger, de 13. Le 6, sainte Foi, d'une. Le 9, saint Denis, de 37. Le 10, saint Géréon, d'une. Le 11, saint Nigaise et ses compagnons. Le 11, sainte Pience. Le 12, sainte Scariberge. Le 14, sainte Andragême. Le 18, saint Escobille, d'une. Le 19, saint Aquilin, d'une. Le 20, saint Caprais, de 3. Le 21, saint Hilarion, d'une. Le 22, saint Mellon, d'une. Le 23, saint Gratien, d'une. Le 23, saint Romain de Rouen, d'une. Le 25, saints Crépin et Crépinien, de 3. Le 25, saint Iliers, de 2. Le 31, saint Quentin, de 4.

En novembre : Le 1ᵉʳ, saint Vigor, d'une. Le 3, saint Guenault, d'une. Le 3, saint Hubert, d'une. Le 3, saint Marcel, d'une. Le 4, saint Clair, martyr, de 4. Le 6, saint Léonard, de 3. Le 11, saint Martin, de 105. Le 13, saint Brice, de 2. Le 15, saint Eugène. Le 15, saint Maclou, de 4. Le 17, saint Aignan, de 6. Le 19, sainte Elisabeth de Hongrie, d'une. Le 23, saint Clément, de 3. Le 24, saint Romain de Blaye, d'une. Le 24, saint Severin, de 2. Le 29, saint Saturnin, de 3. Le 30, saint André, de 7.

En décembre : Le 1ᵉʳ, saint Eloi, de 6. Le 6, saint Nicolas, de 36. Le 8 et le 8 juillet, saint Thibault, d'une. Le 14, saint Nicaise de Reims, d'une. Le 19, saint Adjute. Le 25, sainte Eugénie. Le 26, saint Etienne, de 15. Le 27, saint Jean l'évangéliste, de 3. Le 29, saint Thomas, de Cantorbéry, de 5.

CHAPITRE XIV

Monuments historiques du Diocèse.

« On appelle *Monuments de l'Histoire* tout édifice, toute inscription, tout écrit, toute tradition, toute fête nationale, tout usage de famille même dont le témoignage nous apprend les faits accomplis dans le passé. Ce sont eux que doivent consulter avec impartialité tous les historiens qui désirent écrire un ouvrage consciencieux.

» A côté de ces témoins qui nous redisent la vie et les actions de nos ancêtres, il est des constructions qui ne servent pas, à proprement parler, à la composition de l'histoire, mais dont la conservation offre cependant un intérêt particulier. Tantôt, ces monuments n'ont rien de remarquable au point de vue de l'architecture, mais là s'est passé un fait important, là est né, là est mort un personnage illustre. Le souvenir qu'ils rappellent les rend précieux ; il est bon de les préserver de la destruction.

» D'autres fois le caractère spécial du travail qui les a produits demande qu'ils soient conservés comme modèles pour l'histoire de l'art et de l'industrie. Une commission a donc été établie à cette fin par le gouvernement, et, s'entourant des hommes instruits, elle a déterminé, dans chaque département, les monuments qui méritent cette protection particulière de l'Etat. Une fois classés, ces souvenirs nationaux prennent le nom de *Monuments Historiques*. Dès lors, l'Etat se charge en partie de les entretenir, de les protéger contre les injures du temps et contre des réparations inintelligentes. » (*Messager de Seine-et-Oise*, 1875, n° 4.)

Nous nous contenterons de relater ici les monuments religieux en donnant sur chacun d'eux une courte notice historique puisée aux meilleures sources en commençant par la cathédrale, ensuite Notre-Dame et les autres par ordre alphabétique suivant l'usage que nous avons adopté.

Cathédrale.

L'église *Cathédrale* est celle où est le siége épiscopal. Ce nom a passé de l'ancienne dans la nouvelle loi, et comme l'on entendait par la chaire de Moïse la place où se publiait la loi de Dieu, on continua d'appeler *Cathedram* l'église épiscopale où le Pontife, assis comme un autre Moïse, annonçait l'Evangile à ceux qui venaient l'entendre.

Les premiers travaux de la cathédrale de Versailles furent commencés le 8 mai 1742 ; la première pierre fut posée par le roi Louis XV le 12 juin 1743, elle fut achevée en 1754 et bénite le 24 août de la même année. Après avoir subi les outrages de la révolution, elle fut rendue au culte, érigée en cathédrale le 27 mai 1802, et reçut le 3 janvier 1805 la visite du Souverain Pontife Pie VII. Son style mélangé porte l'empreinte du cachet particulier, mais non sans élégance, des édifices construits sous le règne de Louis XV. Elle est dédiée à saint Louis qui est en même temps le patron de tout le Diocèse.

Notre-Dame de Versailles.

L'église Notre-Dame a remplacé celle de Saint-Julien de Brioude située dans l'endroit même ou se trouve l'hôpital militaire, et la nouvelle église Saint-Julien rebâtie rue Sainte-Geneviève. Louis XIV, considérant que cette nouvelle église était beaucoup trop petite, voulut bâtir un temple plus en rapport avec la grandeur de la ville et le nombre de ses habitants, et il confia ce travail au célèbre architecte Jules Hardoin Mansart. Celui-ci choisit un emplacement convenable en face de la rue Dauphine (Hoche) et le 10 mars 1684 fut posée la première pierre. Grâce à l'activité des travaux, elle fut entièrement terminée, consacrée et livrée au culte le 30 octobre 1686. Cette église, sans avoir la beauté de nos monuments gothiques, n'est pas sans élégance, son style est de l'époque. Bien que n'étant pas classée parmi les monuments historiques, nous avons jugé convenable d'en dire un mot; l'un de nos archidiaconés porte son titre. Témoin de plusieurs solennités importantes, deux de ses curés ont été élevés à l'épiscopat : François Hébert, évêque d'Agen, en 1704, et Mgr François-Victor Rivet, évêque de Dijon, en 1838.

Athis-Mons.

L'église d'Athis-Mons, sous le titre de Saint-Denis, est un édifice oblong et sans ailes, dont le sanctuaire est du XIIIe siècle. La tour en forme de pyramide est du XIIe et a été classée parmi les monuments historiques. Cette église, dont la dédicace avait lieu le 1er mai, a possédé de nombreuses reliques comme le prouve l'établissement d'une fête que Louis de Beaumont, évêque de Paris, permit que l'on célébrât en leur honneur le dimanche après l'Octave de la saint Denis avec 40 jours d'indulgence. L'acte est du 31 août 1489.

Auvers-sur-Oise.

L'église d'Auvers, sous le titre de l'Assomption, est en grande partie du style roman et du XIVe siècle. On remarque une fort belle rosace de cette époque au-dessus du portail. Elle est classée au nombre des monuments historiques.

Beaumont-sur-Oise.

Cette église, sous l'invocation de saint Laurent, est du xii° siècle et est classée au nombre des monuments historiques. A l'intérieur ses galeries à double rang de colonnes attirent les regards, elles ont été restaurées en 1863. La tour, construction du xiii° siècle, est fort remarquable.

Belloy.

L'église du Belloy, qui a pour patron saint Georges, est un vaisseau assez remarquable, surtout le portail classé comme monument historique et qui a été restauré en grande partie avec les fonds de l'Etat. La structure générale est du xiv° siècle ; mais le portail est du xvi°, style Henri II, parfaitement travaillé.

Bougival.

L'église, qui a pour patrone la sainte Vierge, est petite mais solidement bâtie. Le chœur est de la fin du xii° siècle ainsi que le sanctuaire au-dessus duquel est élevée une belle pyramide de pierres taillées en écailles : les arcs sont en demi-cercles sans pointes et quatre petits pavillons de pierre en ornent les quatre coins. La nef a des galeries et des colonnades du xiii° siècle. Enfin l'église a deux ailes terminées par des chapelles bâties dans le même siècle.

Champagne.

L'église est un beau monument gothique, surmonté d'un clocher remarquable. Cet édifice, dont la construction date des xii° et xiii° siècles a été classé en 1850 au nombre des monuments historiques et restauré depuis en grande partie aux frais du Gouvernement.

Chars.

L'église de Chars, classée au nombre des monuments historiques, porte les caractères d'une haute antiquité. Le chœur, d'une légèreté et d'un goût remarquable, est du commencement du XIII° siècle, à en juger par ses arceaux en pointe, ses arcs-boutants, ses ogives et ses colonnes groupées ensemble. La nef, les chapelles et les bas-côtés sont postérieurs et paraissent de la fin du XIII° siècle ou du commencement du XIV°. Plusieurs inscriptions, qui datent de 1380 et 1406, viennent confirmer cette antiquité. La tour est un beau morceau d'architecture de la Renaissance ; elle porte à son sommet le millésime de 1576 ; elle est couverte d'un grand nombre d'ornements de beaucoup de goût et d'un fort bon effet.

Corbeil.

L'église de Corbeil, que le comte Haymon fit bâtir en 950, sous le titre des douze apôtres et des saints Exupère et Loup, évêques de Bayeux dont les corps y furent placés, fut brûlée vers l'an 1140, entre les années 1137 et 1144. Rebâtie quelque temps après sous le règne de Louis VII la dédicace n'en fut faite que le 10 octobre 1437. Cet édifice, classé au nombre des monuments historiques, est de différents siècles et on le trouve un peu écrasé. Collégiale jusqu'en 1790, elle est aujourd'hui paroissiale.

Ecouen.

L'église d'Ecouen dédiée à saint Acceul, martyr d'Amiens, bâtie en 1544, est l'œuvre du célèbre architecte Bullant. Elle renferme de magnifiques vitraux représentant des sujets pieux et historiques, sur lesquels on trouve les dates de 1544 et qui ont fait classer cette église au nombre des monuments historiques. Les constructions de 1737 sur le devant ne sont pas en rapport avec le reste du monument.

Étampes, Notre-Dame.

L'église de Notre-Dame, bâtie par le roi Robert, fut terminée l'an 1025. Le grand portail, le clocher et les premières travées de la nef sont, à n'en pas douter, de l'époque de l'architecture romane ; mais le reste de l'édifice, c'est-à-dire le chœur et les quatre nefs qui lui sont parallèles, appartiennent à une époque évidemment plus rapprochée. La partie inférieure, autrement l'entrée de l'église jusqu'au transept, est composée d'une grande nef principale avec deux bas-côtés ; mais à partir du transept, les deux nefs latérales sont doubles, et l'église se termine au chevet par cinq autels sur le même rang. Cet édifice a 56 mètres de longueur dans œuvre, et 19 mètres 50 de hauteur sous voûte ; il porte 39 mètres dans sa partie la plus large et 24 dans celle qui précède le transept. Le clocher, carré à sa base, est terminé aux angles par quatre clochetons et sur les faces par quatre croisées, dont le but est d'encadrer un socle à huit pans, sur lequel repose une flèche octogone, construite tout entière en pierres de taille imbriquées. La hauteur totale du clocher, un des plus beaux du diocèse, est de 62 mètres. Cette église possède une crypte ou chapelle souterraine à trois nefs, qui paraît plus ancienne que le reste de l'édifice. Classée au nombre des monuments historiques, elle étonne au premier aspect et fait l'admiration de tous ceux qui la visitent, des artistes notamment. Enfin, une curiosité de cette église est une cloche fondue en 1401.

Étampes, Saint-Basile.

La fondation de cette église remonte au roi Robert et fut achevée en 1046. Consacrée seulement en 1497, ce monument qui comptait sept autels fixes, a été reconstruit presqu'en entier au xvi⁰ siècle; il n'a conservé de son style primitif que la tour de la partie basse de la nef du nord attenant au chœur. Ses boiseries appellent surtout l'attention des visiteurs.

Étampes, Saint-Martin.

L'église Saint-Martin se compose d'une nef, de transepts, d'un chœur, d'un abside, avec des bas-côtés au pourtour. C'est elle qui offre intérieurement, parmi les églises d'Etampes, l'aspect le plus beau et le plus satisfaisant par son unité et l'ensemble de ses proportions. Trois chapelles rayonnent autour de l'abside, dont les pointes d'appui se composent de colonnes alternativement jumelles et simples. Le chœur et l'abside datent du xii⁰ siècle; la nef remonte au xiii⁰. A cette époque, un clocher, dit clocher de la Reine Blanche, s'élevait au-dessus du transept de droite. Il fut supprimé pour décharger les piliers de ce côté, et fut remplacé par un autre dont les traces sont visibles au commencement du latéral de gauche. Au xvi⁰ siècle, on éleva une tour en avant de la façade principale. Cette tour fut construite à grands frais; on voulait qu'elle servît de point d'appui au grand pignon principal de l'église, qui, dès cette époque, tendait à se déverser. Mais le sol a si peu résisté au poids de ce clocher que celui-ci n'a pas tardé à s'incliner, alors même qu'on le construisait. Aussi, loin d'avoir remédié au mal, il n'a probablement servi qu'à augmenter la déviation de la première travée de l'église qui est lézardée. Cette église n'est plus classée au nombre des monuments historiques depuis 1872.

Gassicourt.

L'église de Gassicourt est très-remarquable, tant à cause de son architecture que par les objets d'art qu'elle possède; sa forme est celle d'une croix latine; la nef est à plein-cintre; elle est composée de cinq travées reposant sur des colonnes surmontées de chapiteaux, peu ouvragés, il est vrai, mais d'une simplicité gracieuse ; les bas-côtés, très-réguliers, sont peu élevés, et n'ôtent rien à la beauté intérieure de l'édifice ; l'abside et le transept sud sont éclairés par des fenêtres à meneaux décorés de très-beaux vitraux du moyen-âge. Le chœur est entouré d'une grille en bois artistement sculptée ; les barreaux, excessivement variés, représentent, soit des colonnes droites, soit des torsades ornées de feuillages, de fleurs et de fruits. On y voit trente-deux stalles dont les culs de lampes ou misericordes, également sculptées, représentent des hommes, des femmes, des allégories et des animaux fantastiques. Cette église est l'une des plus belles de l'arrondissement de Mantes et est classée comme monument historique.

Gonesse.

L'église de Gonesse est un monument du XIII° siècle, remarquable par sa grandeur. On y voit des galeries intérieures et deux ailes au fond du sanctuaire bâti sur le versant d'un coteau, il est appuyé par une tour gothique. Le portail est du même siècle, mais fort simple et sans ornements. Cette église est classée au nombre des monuments historiques.

Hardricourt.

Cette église, dont la partie la plus remarquable est le clocher, bâti vers le milieu du XII° siècle, se compose d'une nef, construite au commencement de ce même siècle, de chapelles latérales et d'une abside.

Houdan.

L'église de Houdan, classée au nombre des monuments historiques, est remarquable par sa grandeur et sa régularité. On admire dans son architecture les formes sévères du gothique mêlées à l'élégance et à la légèreté du style flamboyant; on la croirait plutôt du xv° siècle que du xıı°. Les chapelles qui entourent le chœur méritent de fixer l'attention des curieux par les arceaux et les pendentifs de leurs voûtes. A l'extérieur, l'église de Houdan est une œuvre inachevée; les galeries et les clochetons qui devaient la décorer restent à construire ainsi que la tour du clocher.

Isle-Adam (l').

L'église de l'Isle-Adam, comme celle de Nogent-sur-Oise, qu'elle avait remplacée, a pour patron saint Martin. Elle a été consacrée en 1499, avant d'être entièrement terminée. Son style est de la renaissance, plein cintre, nervures mourant sur les colonnes. On remarque dans cette église le portail richement sculpté et orné de 24 statuettes, les verrières à sujets; les stalles en bois sculpté, de la fin du xv° siècle; un rétable en bois sculpté, représentant diverses scènes de la Passion, œuvre du xvı° siècle; la chaire à prêcher avec 32 statuettes; la grille qui sépare le chœur de la nef en fer forgé, d'une grande élégance, style de la renaissance; enfin, la chapelle funéraire du prince de Conti, style Louis XVI. Un gracieux jardin, entouré d'une grille de fer, protège les abords du monument.

Joyenval.

Dans une vallée nommée *Gaudium Vallis*, plus tard Joyenval, s'élevait une chapelle dédiée à la sainte Vierge et connue sous le nom de chapelle des Essarts. En 1221, Barthélemy de Roye, chambrier de Philippe-Auguste, et sa femme Pétronille, fille de Simon III, comte de Montfort, jetèrent dans cette vallée les fondements d'une abbaye de l'ordre de Prémontré. L'église ne fut terminée que trois ans après. Les bâtiments étant achevés, la dédicace en fut faite par Gauthier, évêque de Chartres, en 1224. Cette église, très-bien bâtie, avait deux bas-côtés soutenus par un double rang de colonnes et était surmontée par un clocher couvert en plomb et en ardoises. Le chœur, séparé de la nef par un jubé en menuiserie, était fermé par un rang de colonnes en pierre, derrière lesquelles se trouvaient de fort belles chapelles. Les stalles des religieux, données par l'évêque de Metz, dernier abbé de la maison, étaient en menuiserie et très-bien travaillées. A gauche du chœur on remarquait le trésor, qui avait été fort riche, mais qui, pillé plusieurs fois, n'offrait plus guère sur les derniers temps que quelques bustes, des bras et des reliquaires d'argent. L'abbaye avait heureusement conservé les reliques de saint Barthélemy, qui y attiraient une grande affluence de fidèles. Les ruines de cette abbaye, supprimée en 1790, ont été classées parmi les monuments historiques.

Juziers.

L'église de Juziers figure au nombre des monuments historiques du diocèse. Elle est remarquable par son chevet, dans lequel on voit une belle galerie, des arcades à plein-cintre et des colonnes dont l'architecture paraît être du XIe siècle. Elle possède plusieurs objets dus à la munificence impériale, entre autres un beau tableau représentant une descente de croix. Il serait à désirer qu'on pût l'isoler des ignobles constructions qui lui sont adossées.

Limay.

L'église de Limay, construite au XIe siècle, est surmontée d'un beau clocher roman, classé au rang des monuments historiques. Elle a été augmentée de deux nefs édifiées au XIIIe, XIVe et XVe siècles; le portail est de cette époque et fort gracieux. On trouve dans cette église des morceaux remarquables de sculpture, provenant du couvent des Célestins. Ses fonts baptismaux sont dignes d'intérêt par leur haute antiquité.

Longpont.

L'église paroissiale de Longpont est l'ancienne église priorale construite au xi⁰ siècle par la comtesse Hodierne, épouse de Guy, 1ᵉʳ du nom, seigneur de Montlhéry. Cette église était fort grande ; mais le chœur et l'abside ont été démolis par le duc de Maillé, propriétaire de l'ancien prieuré, en 1822. Le portail, orné de belles statues mutilées, est la partie la plus remarquable. Cette paroisse, du titre de saint Barthélemy, son patron, n'avait point d'église, l'office se faisait dans une chapelle auprès du chœur. Le curé y chantait la messe, faisait le prône, etc.; mais il n'y chantait pas de Vêpres, celles du prieuré servaient pour les paroissiens. Cette église est classée au rang des monuments historiques et on reconstruit la partie qui avait été détruite en 1822.

Louveciennes.

L'église de Louveciennes, dont une restauration fort inintelligente a changé l'extérieur, est un monument du xiii⁰ siècle, le sanctuaire et le chœur en sont les parties les plus intéressantes. Autour du sanctuaire on voit une belle galerie et une rosace termine le fond. Elle a été classée au rang des monuments historiques.

Luzarches.

L'église de Luzarches, reconstruite après le siége de Louis le Gros qui s'était emparé de cette place possédée injustement par Matthieu de Beaumont, a été restaurée à diverses époques : elle a des parties du xi⁰ au xii⁰ siècles pour le bas du clocher, le sanctuaire et la chapelle Saint-Côme ; du xiii⁰ au xiv⁰ pour la chapelle de la Sainte Vierge ; du xvi⁰ pour le portail et le haut du clocher. Cet édifice, classé au rang des monuments historiques, est assez bien conservé et offre des parties remarquables.

Magny.

L'église de Magny est en forme de croix latine, se compose d'une nef principale et de deux bas-côtés avec des chapelles latérales. Le portail devait être au bas de la nef, mais il n'a pas été construit. De grandes pierres d'attente et des arceaux à demi cintrés indiquent les vastes proportions qu'il devait avoir. L'édifice est de différentes époques : on y voit le plein-cintre, l'ogive, le style de la Renaissance et celui du siècle de Louis XIV. La voûte du chœur est ornée de sculptures élégantes et d'un médaillon formant clef de voûte, où sont gravées les armes de Villeroy. On admire les voûtes plates délicatement sculptées des trois chapelles de droite, et l'attention des connaisseurs s'arrête devant la chapelle de la Sainte-Vierge, décorée avec goût et éclairée par deux magnifiques rosaces. Cette église renferme, comme objets d'art, des fonts baptismaux, trois belles statues en marbre blanc qui faisaient partie du mausolée érigé par le duc de Villeroy dans la chapelle seigneuriale ; un monument funèbre, et enfin plusieurs tableaux de prix.

Mantes.

La reine Blanche de Castille et la reine Marguerite, épouse de saint Louis, qui habitèrent pendant plusieurs années le château de Mantes, firent construire par le célèbre architecte Eudes de Montreuil, la belle église de Notre-Dame, dont le vaisseau aérien et les tours élégantes dominent encore la ville. On y voit autour du chœur six piliers d'une délicatesse remarquable ; l'édifice est surmonté de deux tours fort élevées. Cette église était, comme nous l'avons dit, une collégiale richement dotée, et sa chapelle de Sainte-Croix servait d'église paroissiale. Elle est mise au rang des monuments historiques et est une des plus belles du Diocèse. Il reste encore de l'église Saint-Maclou la tour qu'on regarde comme un monument précieux par son ancienneté, sa beauté et son élévation.

Mareil-Marly.

L'église de Mareil est un édifice du xiii° siècle, construit en pierres de taille, voûté et pavé, avec deux bas-côtés. On admire dans la nef de belles galeries dont les arcs sont supportés par de petits piliers carrés. Le portail de devant et celui de côté sont aussi du xiii° siècle. La tour parait être du xii° siècle dans sa partie inférieure. Elle est classée au rang des monuments historiques.

Maubuisson.

L'église de ce monastère bâtie, par la reine Blanche de Castille, en style gothique, a été détruite pendant la révolution. Mais il reste encore des ruines fort intéressantes de l'abbaye. On admire la salle du chapitre, le réfectoire, etc., restaurés avec goût par MM. Levasseur et Ecorcheville, propriétaires actuels du domaine de Maubuisson. Elles sont classées au rang des monuments historiques.

Le Mesnil-Aubry.

L'église de cette paroisse est un édifice remarquable par son architecture, qui la fait classer au nombre des monuments historiques. Sa construction date de différentes époques et appartient principalement au style ogival flamboyant. Quelques parties de l'édifice sont du xiii° siècle, la plus grande partie date de 1567. On apprécie plus particulièrement l'une de ses chapelles, son portail et ses anciens vitraux du xvi° siècle.

Montfort-l'Amaury.

L'église de Montfort, classée comme monument historique, est un beau vaisseau à trois nefs, sans chapelles, de 65 mètres de longueur, 18 de largeur et autant de hauteur. Commencée à la fin du xv⁰ siècle, son architecture gothique se mélange de plus en plus, à partir du chœur, avec le style de la renaissance, qui finit par dominer exclusivement au portail, daté de 1613. Les voûtes des bas-côtés sont ornées de nombreuses clefs pendantes, très-variées et très-élégantes. Son principal ornement est une série de vitraux des xvi⁰ et xvii⁰ siècles, dont quelques-uns sont fort beaux, tous bien conservés et récemment remis en plomb. Jusqu'en 1849, le clocher de l'église primitive du xi⁰ siècle obstruait le centre de la nef, dont la partie antérieure n'avait que la moitié de sa hauteur et une voûte en bardeaux. Grâce au zèle du maire, M. Robert, au concours des habitants et aux subventions du ministère, on put terminer la nef et le clocher et démolir la tour romane, sauf le côté nord, enclavé dans la construction et tenant la place de deux travées.

Montmorency.

L'église collégiale de Saint-Martin de Montmorency, tombant de vétusté, fut rebâtie par Guillaume de Montmorency, chambellan des rois Charles VIII, Louis XII et François I⁰ʳ. Commencée en 1525, elle ne fut terminée qu'en 1563, par le connétable Anne, fils de Guillaume. C'est un beau monument de la renaissance, ayant une nef et deux bas-côtés. On admire surtout ses beaux vitraux, dont une partie ont été brisés à la révolution. Autour du chœur, en dehors, on lit plusieurs fois le mot *Aplanos*, si cher aux Montmorency. Cette église, classée comme monument historique, possédait avant la révolution de nombreuses reliques, entre autres une portion du corps de saint Félix et un bras de saint Martin.

Morigny.

A une demi-lieue d'Étampes, sur les bords de la Juine, dans cette partie fraîche et gracieuse de la vallée qui s'étend du côté d'Étréchy, on aperçoit encore, à l'extrémité d'un village, un clocher gothique et isolé, échappé aux ravages des siècles. Sa flèche, quoique peu élevée, n'en présente pas moins l'aspect le plus pittoresque, en s'élançant du milieu des groupes d'arbres séculaires qui l'entourent. Il surmonte une chapelle assez régulière, modeste église de campagne, qui fut le chœur de l'ancienne église des Bénédictins de Morigny. Les traces d'un édifice plus vaste et de plusieurs nefs se retrouvent encore en avant de la chapelle actuelle, sur un terrain aujourd'hui planté de grands arbres, et servant de place de réunion aux habitants du village. Ce clocher, cette chapelle et ces débris, rappellent seuls à la pensée l'antique abbaye de Morigny, célèbre autrefois dans la contrée. Ils sont classés au nombre des monuments historiques.

Nesles.

L'église de Nesles, construite aux xiii° et xiv° siècles, possède un clocher remarquable de forme pyramidale, et l'autel de la chapelle de la Sainte-Vierge est orné de vitraux très-appréciés par les connaisseurs. Elle est classée au nombre des monuments historiques.

Poissy.

Le roi Robert, au commencement du xi° siècle, étant venu habiter Poissy, dont le séjour lui plaisait beaucoup, fit construire l'église de Notre-Dame, 1012-1014. Dans la suite ce monument s'agrandit et prit de plus vastes proportions. Brûlée en partie pendant la guerre de cent ans, elle fut restaurée à grands frais. Cette église se compose d'une nef principale, de bas-côtés et de chapelles latérales. Dans l'une d'elles se trouvent les fonts baptismaux qui ont servi au baptême de saint Louis. La longueur de l'église est de 67 mètres sur 33 de largeur. On y remarque différents styles, néanmoins c'est le roman qui domine. La vue intérieure est belle; à l'extérieur de nombreux clochetons font un effet imposant. Enfin, elle est surmontée de deux tours. Monument remarquable, il est classé parmi ceux que l'État entretient.

Pontoise.

Saint Maclou ou Malo, évêque d'Aleth, en Bretagne, avait laissé un tel souvenir de sainteté, que plusieurs églises furent bâties en son honneur, une entre autres à Pontoise, en l'an 600, laquelle subsista jusque vers l'an 1560, où fut réédifiée une autre église beaucoup plus belle et plus grande, dans le style flamboyant. C'est l'un des plus beaux monuments du diocèse, classé parmi ceux que le gouvernement se charge d'entretenir. On remarque dans son intérieur une fort belle descente de croix de Jouvenet.

Richebourg.

L'église de cette paroisse est l'une des plus belles de la contrée, tant à cause de l'élégance de son architecture, style de la renaissance, que par ses beaux vitraux. Il est à regretter que la nef n'ait pas été continuée suivant le style adopté pour le chœur et le clocher. Une tradition locale en attribue l'édification à un vœu fait au xv° siècle. Elle est classée au nombre des monuments historiques.

Royaumont.

L'abbaye de ce nom fut bâtie par saint Louis, pour accomplir le vœu qu'avait fait son père, d'élever un monastère en l'honneur de la sainte Vierge. La charte d'érection, datée d'Asnières en 1228, porte que le roi fait ériger cette abbaye, ordre de Citeaux, dans le lieu appelé Aumont, qu'il décide devoir être nommé Royaumont, *Regalis Mons*, en l'honneur de Dieu, de la Vierge et de tous les saints. Saint Louis fit construire cette abbaye avec une magnificence vraiment royale; on assure qu'il y travailla lui-même. Dans la suite, il en fit un lieu de retraite, et longtemps on y montra sa tourelle; on prétend même qu'elle existe encore. Il fit consacrer la basilique le 19 octobre 1235, par Jean, évêque de Mytilène. A son retour de la Terre-Sainte, voyant que les donations ne suffisaient plus, car de douze religieux et un abbé qu'il y avait fait venir, il y avait alors 114 moines, il ajouta en 1258 de nouveaux dons. L'abbaye fut supprimée à la révolution, et, le 18 mai 1791, eut lieu le dernier service, ainsi que la translation des reliques et objets du culte, en la paroisse d'Asnières. La propriété étant passée entre les mains du marquis de Travenet, l'église fut démolie et avec ses débris furent bâties diverses maisons uniformes pour les ouvriers de la filature de coton, qui fut établie dans le cloître et ses dépendances. Cette église, chef-d'œuvre d'Eudes de Montreuil, était un bel édifice en forme de croix latine, avec bas-côtés; elle avait environ 100 mètres de longueur, sur 25 de largeur et 27 de hauteur. La foudre tomba en 1409 sur le clocher, qui fut brûlé, ainsi que les charpentes, à l'exception de la moitié de la nef du côté du portail, la toiture était alors en plomb. Le même accident arriva en 1760, et tout fut encore la proie des flammes, à l'exception de la nef au-dessus de l'orgue. Lors de la démolition, les tombeaux des enfants de saint Louis et d'autres princes furent transférés au Musée des monuments créé par Lenoir à Paris, à l'exception du mausolée du duc d'Harcourt, qui orne l'église d'Asnières. Le cloître et ses dépendances, après avoir été utilisés pour des établissements industriels, ont été acquis en 1864 par la Congrégation des Pères Oblats de Marie Immaculée, pour être transformés en un lieu de retraite. Ce nouvel établissement n'a eu qu'une existence éphémère, les Pères l'ayant vendu en 1869.

Saint-Sulpice de Favières.

Cette église mérite une attention spéciale pour sa beauté : c'est un gothique du XIII° siècle, très-large, très-élevé et très-délicat. Le chœur est à trois rangs de fenêtres. Il est embelli de galeries avec des appuis de pierre, de même que les deux collatéraux. La nef est du même goût, mais un peu plus basse et sans fenêtres, parce que celles des collatéraux éclairent suffisamment cette église : l'édifice est supporté du côté du nord par une tour gothique. Les vitraux du fond du sanctuaire sont des peintures semblables à celles de la sainte chapelle de Paris : on y voit la passion et la mort de Notre-Seigneur; la mort et l'inhumation de saint Sulpice. Au grand portail, on voit sculptée la résurrection générale et le jugement dernier. On y voit saint Michel, tenant des balances qui décident du sort de chaque personne. Du côté droit les élus, du côté gauche les réprouvés. Au centre du portail sont huit anges jouant des instruments et huit autres tenant des couronnes. Les instruments sont : la flûte de deux sortes, un jeu d'orgues, une tuorbe, un tympanon, une trompette, une guitare et un violon; enfin l'image de saint Sulpice, avec le nom de celui qui l'a donnée. Cette église, classée parmi les monuments historiques, est la plus belle du diocèse.

Taverny.

L'église de Taverny a été construite au XIII° siècle par Matthieu II de Montmorency, protecteur de la régence de Blanche de Castille, et c'est par la mère de saint Louis que la première pierre a été posée. Elle a été achevée au XIV° siècle. Elle se recommande par sa grandeur, sa légèreté, l'épaisseur de ses contreforts, la beauté de ses ogives, par les galeries circulaires qui règnent à l'intérieur et dont les colonnettes sont du plus pur style gothique. On y remarque la sculpture en bois qui représente la vie et le martyre de saint Barthélemy, les armes des Montmorency qui sont incrustées sur les colonnes de la nef, le tombeau de Matthieu de Montmorency, seigneur d'Aprémesnil, mort en 1360, qui est conservé intact au-dessous de la chaire; les pierres tombales de deux enfants de Charles de Montmorency, l'un des plus vaillants défenseurs de la France dans la guerre de cent ans contre l'Angleterre; l'une des portes, appelée porte du roi Jean, en souvenir de la procession faite à Taverny, en 1335, par les moines de l'abbaye de Saint-Denis, pour demander la guérison du fils de Philippe VI, qui se trouvait alors en résidence chez le duc Charles de Montmorency. Cette église est classée parmi les monuments historiques.

Thiverval.

L'église de Thiverval, construction du XIIIᵉ siècle, classée comme monument historique, est remarquable par son élégante simplicité. Sa tour attire l'attention du visiteur, elle contient une cloche qui porte la date de 1000. Ses boiseries sont remarquables, notamment un panneau de la chaire. Inachevée à la révolution, on avait la crainte de ne pas la voir terminée, elle l'a été sous le gouvernement de Juillet.

Triel.

L'église de cette paroisse est un monument en style gothique, assez remarquable, entretenue aux frais de l'État. Il renferme un vitrail curieux qui porte la date de 1554.

Vernouillet.

L'église de cette paroisse remonte par sa construction à l'an 1145. Classée parmi les monuments historiques, elle est remarquable par l'élégance de sa flèche en pierre et par des sculptures d'un goût parfait.

Vétheuil.

L'église de Vétheuil, classée au nombre des monuments historiques, est l'une des plus belles du diocèse. Commencée en 1170, elle a été achevée en 1510. On dit que le chœur aurait été construit par Henri II, roi d'Angleterre ; le clocher par Charles IV, dit le Bel, roi de France ; la nef et la sacristie par François Ier, Henri II et sa femme Catherine de Médicis, dont les chiffres ornent le portail latéral. A l'extérieur, on admire le portail avec ses deux portes, sous un tympan à plein-cintre, séparées par une colonne décorée d'une statue, et qu'encadrent deux contreforts ornés de niches avec des dais sculptés, le tout surmonté d'un fronton et de trois galeries superposées. L'élégance de la balustrade, avec ses découpures et ses clochetons, ornant le pourtour de l'église, et la tour du clocher avec ses belles fenêtres ogivales, fixent particulièrement l'attention des connaisseurs. En pénétrant dans l'église par la porte latérale, l'amateur du beau est saisi d'admiration en voyant la profusion de sculptures et de dessins dont elle est ornée ; dans l'intérieur, son admiration augmente encore à la vue de la beauté du vaisseau, de l'élégance des piliers supportant les voûtes et de la régularité qui règne dans toutes les parties du monument. Parmi les chapelles latérales, celle du Calvaire se distingue par un bas-relief représentant les principales scènes de la Passion, et sur lesquelles on voit plus de 60 personnages bien conservés. Tout est beau et grandiose dans l'architecture de l'église de Vétheuil, et les amis de l'art viennent souvent la visiter.

CHAPITRE XV

Cures Titulaires du Diocèse.

La première mention que nous trouvons des curés est au concile d'Arles, tenu en 314, canon 2°, lequel ordonne aux ministres de l'Église de demeurer dans les lieux où ils se trouvent, et aux diacres de ne point s'attribuer les fonctions qui appartiennent aux prêtres, c'est-à-dire aux curés.

En l'an 529, le 2° concile de Vaison, dans le premier règlement qu'il établit, porte, que les prêtres des paroisses recevront chez eux les jeunes lecteurs, leur apprendront à chanter les psaumes, leur feront lire l'Écriture-Sainte, afin de se préparer en eux de dignes successeurs.

Depuis ce concile, plusieurs autres se sont occupés de ce qui regarde les curés des églises, et celui de Trente, dans sa session 21°, s'en occupa d'une manière spéciale. A partir de cette époque, la hiérarchie fut mieux établie et plus précise. Les archidiacres et doyens eurent leurs attributions déterminées, elles étaient assez étendues. Aujourd'hui le rôle des doyens dans notre diocèse se borne à une surveillance bénévole envers les desservants, à présider les conférences, à distribuer les saintes huiles, à transmettre les ordonnances et mandements de Monseigneur et à lui fournir les renseignements qu'il demande dans le canton.

Les anciens doyennés ont été anéantis en 1801, par le Souverain-Pontife Pie VII, en France, et ils ont été rétablis par le concordat de première ou seconde classe, sous le nom de cures; les autres paroisses portent le titre de succursales. Les cures de 1re classe sont généralement dans les grands centres de population et jouissent d'une indemnité un peu plus considérable. Il existe au moins une cure par canton, laquelle n'est pas toujours au même lieu que le canton civil, comme cela a lieu pour Beaumont, Angerville, Marcoussis et Saint-Arnoult. Elles ont été établies sur la forme de la division civile et ont remplacé les anciens doyennés; seulement elles sont plus nombreuses. Au lieu de 21 doyennés anciens dans notre territoire, on compte 36 cantons et le nombre total des cures en titre s'élève à 63.

Dans la nouvelle circonscription on a tenu bien peu compte des anciens doyennés, il en est même plusieurs que sont descendus au rang de simples succursales, comme Châteaufort, Montlhéry, et Rochefort.

Les anciens doyennés étaient pour le diocèse de Paris, Montmorency, Chelles, Montlhéry, Châteaufort, Corbeil et Lagny, deux d'entre eux appartiennent au diocèse de Meaux.

Pour celui de Senlis, le doyenné de Mortefontaine, qui appartient au diocèse de Beauvais.

Pour celui de Beauvais, Beaumont-sur-Oise.

Pour celui de Rouen, les doyennés de Chaumont, Magny, Meulan et Pontoise. Le doyenné de Chaumont appartient au diocèse de Beauvais.

Pour celui d'Évreux, les doyennés de Pacy et Vernon, qui lui sont restés.

Pour celui de Chartres, les doyennés de Rochefort, Épernon, Poissy et Mantes. Le doyenné d'Épernon est dans le diocèse de Chartres.

Pour celui de Sens, les doyennés de Milly, Étampes et Melun, qui appartient au diocèse de Meaux.

Plusieurs de ces anciens doyennés avaient de nombreuses paroisses dans le diocèse, Montmorency, Montlhéry, Châteaufort, Rochefort, Poissy, Mantes, Magny, Meulan. D'autres en avaient moins. Enfin quelques-uns, très-peu, comme Vernon, Pacy et Mortefontaine qui n'avait que Survilliers.

Toutes les cures sont aujourd'hui à la présentation de l'évêque. Les curés sont agréés par le gouvernement, et ils jouissent de l'inamovibilité canonique.

Nous donnerons une courte notice sur chacune de ces cures, en commençant par celles de 1re classe.

Argenteuil.

Argenteuil, *Argentolium*, dont l'origine est fort ancienne, tire son nom de deux mots de la langue celtique *Arg* et *Ant*, ou *And*, que l'usage a fait prononcer *Argent* au lieu d'*Argant*. Le nombre des villes et bourgs qui commencent par ces mots est très-considérable en France. Un des monuments les plus anciens que l'histoire ait enregistré est la construction d'un monastère de filles fondé par Ermenric et Numance son épouse, avec l'approbation de Clotaire III, en 665. Autour de ce monastère se groupèrent des habitations; une paroisse y fut établie dès le VIIIe ou IXe siècle au plus tard, avec une église sous le vocable de saint Denis. Elle fut rebâtie au XIIIe siècle et augmentée dans les suivants, ce qui forma un édifice assez disparate, lequel a été démoli en 1865 et remplacé par la belle église qui existe de nos jours. Le monastère, transformé en abbaye et ensuite en prieuré, reçut la sainte tunique de Notre-Seigneur que lui donna Charlemagne. La ville eut beaucoup à souffrir lors de l'invasion des Normands, et en 1411, lors de la guerre des Armagnacs et des Bourguignons. Il en fut de même en 1814, 1815 et 1870. Argenteuil a donné naissance à l'abbé Cottret, mort évêque de Beauvais.

Corbeil.

Corbeil, *Corboilum*, est une ancienne annexe de la paroisse d'Essonnes, composée dans le principe de quelques cabanes de pêcheurs. La première mention que nous trouvions de ce lieu est un échange d'une ferme *in Corbeliis*, l'an 863, entre les religieux de Saint-Germain d'Auxerre et le comte Conrad. En 940, le roi Charles le Chauve construisit en ce lieu un château, qu'il confia aux soins du comte Haymon, lequel bâtit les églises de Saint-Exupère et de Saint-Guénault, dont les corps avaient été apportés en ce lieu pour les soustraire à la profanation des Normands. D'autres églises, Notre-Dame, Saint-Nicolas et Saint-Jean-en-l'Isle, commanderie, furent élevées successivement. Aujourd'hui il n'existe plus que l'église Saint-Spire. Au mois de novembre 1119, le Pape Calixte II, accompagné du roi Louis le Gros et de la reine Adélaïde, vint séjourner à Corbeil. Saint Thomas de Cantorbéry et saint Pierre de Tarentaise y ont habité. Abailard y fonda une école et Georges d'Amboise y fut mis en prison. Cette paroisse est l'une des plus importantes du diocèse.

Étampes.

Étampes, *Stampæ*, est une ville fort ancienne, située dans une vallée fertile, sur deux petites rivières. Les savants font dériver son nom du mot grec τεμπή et croient que ses premiers habitants vinrent de la Grèce. Étampes avait déjà une certaine importance au temps des premiers rois Mérovingiens, suivant le témoignage de Grégoire de Tours et de Frédégaire. Sa première église fut consacrée à saint Martin. Sous le règne du roi Robert, Étampes prit de nombreux accroissements, le monarque fit bâtir les églises de Notre-Dame et de Saint-Basile, et plusieurs maisons religieuses s'y établirent. Saint Bernard vint y présider un concile, et saint Vincent-de-Paul y accomplit un grand nombre d'actes de charité après la prise de la ville par l'armée royale, sous le commandement de Turenne, en 1652. Elle est aujourd'hui divisée en quatre paroisses.

Meudon.

Meudon, *Meodunum*, dont le nom, tiré de la langue celtique, a varié plusieurs fois, est situé le long d'un coteau et dans une vallée. Son église, bâtie en 1571, a pour patron saint Martin. Cette paroisse a pris son accroissement du château royal qui y fut construit par le cardinal de Lorraine, sur les dessins de Philibert de Lorme. A peu de distance de ce château il en fut bâti un second par le dauphin, fils de Louis XIV. Le premier n'existe plus et ce second château a eu beaucoup à souffrir pendant le siège de Paris, en 1870 et 1871. Cette paroisse possède un grand nombre de maisons de campagne, qui font son importance.

Pontoise.

Pontoise, *Briva Isaræ*, *Pontisara*, est l'une des plus anciennes villes du diocèse et tire son nom de la langue celtique : *Briva*, *Brivas*, signifie un port, et *Isara* est le nom latin de la rivière de l'Oise. Elle se trouve dans l'itinéraire d'Antonin, et est traversée par une voie romaine. L'église Saint-Maclou est un beau monument de l'an 1560. Ce fut en cette ville que fut martyrisé saint Richard, enfant, le 25 mars 1178, et où mourut la bienheureuse Marie de l'Incarnation, le 18 avril 1618, comme saint Guillaume était mort au château le 10 mai 1193. Au mois de novembre 885, les Normands assiégèrent cette ville et s'en emparèrent. En 1244, pendant une grave maladie, saint Louis fit vœu à Pontoise de porter les armes en Terre-Sainte s'il recouvrait la santé. Cette ville, tombée au pouvoir des Anglais, fut reprise par Charles VII, en 1441, et en 1549 elle se rendit à Henri III.

les rois de France y possédaient un palais, ainsi que l'archevêque de Rouen. C'était auprès d'elle que se trouvait l'abbaye de Saint-Martin.

Poissy.

Poissy, *Pisciacum*, dont le nom vient de la langue celtique. *pen*, *pin*, montagne, colline; *say*, *sy*, forêt; *ac*, habitation; *Pinciæ*, habitation de la colline à l'extrémité de la forêt, remonte à une haute antiquité. Son nom latin a subi divers changements, jusqu'à ce qu'enfin dans la langue romane il ait formé *Pinci* et plus tard Poissy. La naissance probable et le baptême de saint Louis, en cette ville, est l'une de ses plus grandes gloires. En 1346 et en 1419, cette ville tomba au pouvoir des Anglais et fut ravagée. Ce fut dans le chœur de l'abbaye, devenue prieuré, que se tinrent en 1561 les célèbres conférences connues sous le nom de colloque de Poissy. Cette ville a perdu beaucoup de son importance depuis la suppression de son marché, transféré à la Villette. Elle a été érigée en cure de 1re classe en 1861.

Rambouillet.

Rambouillet, *Ramboilletum*, chef-lieu d'arrondissement depuis 1811, dont le nom latin a beaucoup varié dans le cours des siècles du moyen-âge, est une très-ancienne paroisse donnée par Pépin le Bref, le 23 septembre 768, à l'abbaye de Saint-Denis, avec plusieurs autres paroisses de la forêt d'Ivelines. Cette ville est surtout remarquable par son château, qui passa de la maison d'Angennes dans celle de sainte Maure-Montauzier, d'Uzès, d'Armenonville et du comte de Toulouse, dont le fils, le duc de Penthièvre, le vendit à Louis XVI en 1783. François Ier y mourut chez Jacques d'Angennes en 1547 et son cœur fut déposé dans l'église du prieuré des Hautes-Bruyères. L'église qui a disparu a été remplacée par une nouvelle en style gothique, construite sur le plan de M. de Beaudet, architecte à Paris. L'empereur Napoléon III a contribué pour 200,000 fr. à sa construction.

Rueil.

Rueil, *Rotolium*, dont le nom vient du celtique *Ruit* ou *Rut*, qui ont la même signification que notre mot latin *ruo, ruere*, se précipiter, à cause de ses eaux qui descendent de la montagne; ou peut-être de l'allemand *roth*, rouge, à cause de la couleur de son terrain, est une très-ancienne paroisse. Elle était déjà assez importante en 587, et nous voyons que nos rois y avaient à cette époque une maison de campagne. Saint Lubin, évêque de Chartres, y séjourna en venant au concile de Paris, en 550. Saint Ouen, auteur de la vie de saint Éloi, dit que ce fut à Rueil que ce saint présenta Judicaël, roi de Bretagne, au roi Dagobert. La paroisse a pour patrons saint Pierre et saint Paul. Son église, monument de différents siècles, et dont la plus grande partie, construite en 1584, fut restaurée par le cardinal de Richelieu, qui fit édifier le portail, a été de nouveau restaurée en 1854 par l'empereur Napoléon III. Cette paroisse eut beaucoup à souffrir en 1346 des troupes anglaises, qui la pillèrent et la réduisirent en cendres. En 1870 et 1871 elle a été également pillée en partie par l'armée allemande.

Saint-Cloud.

Saint-Cloud, *Sanctus Clodoaldus*, dont le nom ancien était Nogent-sur-Seine, *Novigentum supra Sequanam*, remonte aux premiers temps de la monarchie Mérovingienne. Childebert et Clotaire, ayant assassiné leurs neveux en 533, saint Cloud, échappé au massacre, revint habiter en ce lieu et y mourut. Ses reliques, transportées à Paris sous l'invasion normande, furent rapportées processionnellement en cette paroisse en 890 ou 891. L'église collégiale a été fort riche de précieuses reliques; elle possédait le corps de saint Probat et celui de saint Mammès. Ce monument, tombant de vétusté, a été rebâti en 1862. En 1358, Saint-Cloud fut réduit en cendres par les Anglais et par Charles le Mauvais, roi de Navarre. Le château de Saint-Cloud, un des plus beaux des environs de Paris, a été brûlé pendant la guerre le 5 octobre 1870 et la ville presque entièrement ruinée par l'armée allemande.

Saint-Germain-en-Laye.

Saint-Germain-en-Laye, *Sanctus Germanus in Laya*, primitivement habité par de pauvres bûcherons, que le souvenir des sacrifices druidiques remplissait d'épouvante, doit son origine à une église bâtie à saint Léger par Childéric II et dédiée à ce saint par Thierry II. Érigée en paroisse en 750, le nombre de ses habitants s'augmenta bientôt, et les maisons qui s'élevèrent autour d'un humble oratoire dédié à saint Gilles, à l'endroit où fut bâti depuis le prieuré de Saint-Germain, lui furent annexées; il en fut de même du hameau de Filliancourt où était né saint Erembert. Toutes ces habitations réunies donnèrent la pensée au roi Robert, en 996, de bâtir sur l'emplacement de l'ancienne chapelle de Saint-Gilles une église dédiée à saint Vincent d'Espagne et à saint Germain de Paris : elle ne fut terminée qu'en 1020 et donnée à l'abbaye de Coulombs. L'année suivante le roi bâtit dans la forêt le pavillon des Loges, *de Logiis*, qui lui servait de rendez-vous de chasse. Le 12 septembre 1681, une partie de l'église étant tombée, le roi Louis XIV la fit réparer l'année suivante. En 1824, elle fut démolie et reconstruite en entier, dans un assez mauvais goût et sans solidité. Le château où est né Louis XIV est transformé aujourd'hui en Musée gallo-romain.

Saint-Leu.

Saint-Leu, *Sanctus Lupus*, fut donné par Fulchard de Montmorency à Thibault, abbé de Saint-Martin de Pontoise, vers l'an 1120, en présence de Géoffroy, archevêque de Rouen. On croit que cette paroisse fut démembrée de Taverny. Son église, qui a pour patron saint Leu de Sens, a été reconstruite en 1851 par les soins et en partie aux frais du prince Président de la République, depuis Napoléon III, qui y a contribué pour 100,000 fr., sur l'emplacement d'une autre, construite en 1686, laquelle avait elle-même remplacé celle qui se trouvait dans le parc du château. Une modeste chapelle qui en rappelait le souvenir a été démolie en 1793. Ce château, propriété en dernier lieu de la reine Hortense et du prince de Condé, a été démoli en 1833 et la propriété divisée. Aujourd'hui il existe un monument assez remarquable, élevé à la mémoire de ce prince, au moyen d'une souscription recueillie par le journal la *Mode*.

Sèvres.

Sèvres, *Separa*, dont le nom paraît venir de la petite rivière qui se jette dans la Seine, était un village déjà assez important du temps de saint Germain, évêque de Paris, qui en 560 ou 570 y guérit une jeune fille, nommée Magnoflede, d'une possession dont elle était affligée. L'église, modeste monument, en partie du XIII° siècle, a pour patron saint Romain, prêtre et moine à Blaye, près de Bordeaux, au IV° siècle. Le plus bel ornement de cette ville est sa manufacture de porcelaines, fondée par Louis XV. Il a existé à Sèvres un château fortifié. Cette ville a eu beaucoup à souffrir lors de l'invasion de 1814 et 1815, ainsi que pendant le siège de Paris, en 1870 et 1871.

Versailles.

Versailles, *Versaliæ*, possède trois cures titulaires de 1ʳᵉ classe, Notre-Dame et Saint-Louis, dont nous avons parlé dans le chapitre précédent. Saint-Symphorien, au quartier de Montreuil, possède une église bâtie en 1770. Le premier document qu'on rencontre sur Versailles est la signature d'un *Hugo de Versaliis*, en 1037, au bas d'un acte de donation faite au monastère de Saint-Pierre de Chartres. Elle a pris son extension sous les règnes de Louis XIII, Louis XIV et les suivants.

Cures de Seconde Classe

Andrésy.

Andrésy, *Andresiacum*, est situé sur les bords de la Seine, au confluent de l'Oise. Son origine remonte à une époque très-ancienne; il est bâti sur l'emplacement de l'ancien *Anderitianum*, où les Romains entretenaient une flotte pour contenir les peuples de ces pays. Dès le commencement du ivᵉ siècle, le port d'Andrésy était déjà très-commerçant : les Romains y envoyaient deux préfets de navigation, dont l'un d'eux, résidant à Paris, était désigné sous le nom de *Præfectus classis Anderitianorum Parisiis*. On voit encore à Andrésy des restes de portes et des ruines de tours qui annoncent que ce lieu devait être considérable autrefois et bien fortifié. L'église, construction du xiiiᵉ siècle, est fort belle; il y règne dans l'intérieur des galeries élégantes; le portail, surmonté d'un clocher, est remarquable par la légèreté de son architecture. Cette paroisse a été érigée en cure en 1852.

Angerville.

Angerville, *Angervilla Gasta*, et suivant son étymologie *Angere Villa, Angere Regis*, village royal, n'était dans le principe qu'un relais sur la route de Paris à Orléans. Sa fondation comme village remonte au roi Louis le Gros, et il ne tarda pas à s'augmenter dans d'assez larges proportions. Cette paroisse, voisine d'Étampes, s'associa fréquemment à ses joies et à ses douleurs. Une des plus sensibles fut de voir le protestantisme s'installer dans son sein au xvi° siècle. Charles IX et Henri III ont visité cette paroisse. L'Abbaye de Notre-Dame des Anges de Saint-Cyr y possédait des biens. En 1713, les anciennes fortifications et les fossés existaient encore. L'église, bâtie en 1480, dédiée à saint Pierre et à saint Eutrope, possède des tableaux remarquables. Cette paroisse est la dernière du diocèse sur les confins de ceux de Chartres et d'Orléans.

Arpajon.

Arpajon, *Castra-Arpajonis*, qui tire son nom des eaux qui l'arrosent, est une assez jolie petite ville située sur la route d'Orléans, au confluent de l'Orge et de la Remarde. Son origine est fort ancienne, car saint Denis et saint Yon y ont prêché la foi; ce dernier a été martyrisé à peu de distance de là, sur le mont Saint-Yon. Châtres était entouré de fortifications, que l'armée de Montgommery, lieutenant du prince de Condé, détruisit en 1567, et que les habitants rebâtirent en 1571, avec la permission de Charles IX. Aujourd'hui il ne reste plus rien de ces fortifications. Le nom d'Arpajon a été substitué à celui de Châtres, par lettres-patentes de Louis XV, signées par le régent en 1721, et ce nom lui-même d'Arpajon a disparu sous la République de 1793, pour être remplacé par celui de Franc-Val. L'église Saint-Clément est un beau monument de la fin du xv° siècle. Auprès d'Arpajon se trouve la paroisse de Saint-Germain où est né saint Corbinien.

Auvers-sur-Oise.

Auvers-sur-Oise, *Alverni supra Isaram*, dont l'étymologie latine se reconnaît à première vue, est de fondation romaine, agréablement situé sur la pente d'une colline qui borde la rivière de l'Oise. La paroisse est très-étendue, la rue principale a plus d'une lieue de long. Son église, dont nous avons parlé, est un beau monument. La paroisse fut érigée en 1205. Son sol est très-fertile en grains et en prairies. Il y existe d'importantes carrières de pierres de taille, moellons et grès. Il y a une station de chemin de fer, et un pont sur la rivière met cette localité en communication avec Méry et la vallée de Montmorency.

Beaumont-sur-Oise.

Beaumont-sur-Oise, *Bellimontium*, tire son étymologie de la langue latine, et est situé sur la rive gauche de l'Oise. Cette petite ville acquit une certaine importance pendant la féodalité, et l'ambition de ses seigneurs devint une source de maux pour ses habitants. En 1331, Robert III, comte de Beaumont, banni du royaume, alla cacher sa honte en Angleterre et engagea le roi Edouard III à déclarer la guerre à la France. On connaît tous les désastres qui en résultèrent. Au mois de septembre 1417, Beaumont, l'Isle-Adam, etc., furent pris par le duc de Bourgogne, qui, en 1422, fit démolir le château de cette ville. Depuis cette époque, Beaumont perdit son importance, cependant elle conserva le titre de Comté-Pairie, appartenant à la famille de Conti. Il existe encore quelques ruines du château.

Boissy-Saint-Léger.

Boissy-Saint-Léger, *Boissiacum sancti Leodegarii*, est l'ancien *Buxianus vicus*, lieu planté de buis, comme son nom l'indique, tire son étymologie de la langue latine. Fortunat parle de ce lieu dans la vie de saint Germain de Paris, au vi° siècle, à l'occasion d'un enfant et d'une femme paralytique qui lui furent amenés à Paris, et qu'il guérit. Boissy, érigé ultérieurement en paroisse, reçut saint Léger pour patron et prit son accroissement successif. La paroisse de Gros-Bois, supprimée le 4 février 1703, lui fut annexée par ordonnance de Louis-Antoine de Noailles, archevêque de Paris. Le Piple, *Populus*, fief qui relevait de Saint-Maur en 1544, est un des plus beaux châteaux des environs de Paris.

Bonnières.

Bonnières, *Bonaria*, nom d'une mesure agraire, était un hameau du Mesnil-Renard, *Mansio Renuardi*, dont parle Orderic-Vital. Le Mesnil-Renard, ou Regnard, n'est plus aujourd'hui qu'un hameau qui conserve encore les restes d'une vieille tour du x° siècle avec ses fossés près de l'endroit où fut l'ancienne église. L'église de Bonnières, dont la sainte Vierge est titulaire, n'offre rien de remarquable. Elle a été bâtie en 1739 et bénite le 6 janvier 1740, par M. Hua, curé du Mesnil-Regnard. Son clocher fut bâti en 1742.

Chambourcy.

Chambourcy, *Camborciacum*, appelé dans les vieux titres *Bruacium*, et en français *Broucy*, paraît d'une haute antiquité. Si on en croit la tradition, l'église de Filliancourt, dédiée à saint Saturnin de Toulouse, tombant de vétusté dans le viii° siècle, aurait été réédifiée à Chambourcy et on y aurait transporté les reliques de saint Saturnin, elle serait par conséquent l'une des plus anciennes de la contrée. C'est sur cette paroisse que se trouvait l'abbaye de Joyenval, dont les reliques de sainte Clotilde ont été transférées à la paroisse. L'ancienne paroisse de Retz, dont le château fut détruit en 1346, lui a été annexée, ainsi que celle d'Aigremont. La cure titulaire a été érigée en 1853.

Chatou.

Chatou, *Catho* ou *Chato*, dont l'étymologie est inconnue, est une paroisse qui fut donnée par l'évêque de Paris, au XII° siècle, à l'abbaye de Coulombs. Bien qu'assez petite à cette époque, on croit que quelques-uns de nos rois de la première race y auraient habité. Le monastère de Saint-Denis y avait d'importantes possessions ainsi que l'abbaye de Thiron, comme on le voit dans un acte d'échange fait entre Gervais, abbé de Thiron, en 1249, et l'abbé de Saint-Denis. Située sur la rive droite de la Seine, cette paroisse possède plusieurs maisons de campagne fort importantes. L'église est un monument du XIII° siècle et la tour de la fin du XII°.

Chevreuse.

Chevreuse, *Caprosiæ*, tire son nom de ses bois habités par des chevreuils et des chèvres. La première mention qu'on trouve de cette localité est dans une bulle de Benoît VII, de l'an 975, qui confirme à Élisiard, évêque de Paris, *Abbatiam sancti Saturnini de Caurosa*, et ensuite dans une lettre de Fulbert, évêque de Chartres. Cette abbaye ne fut plus qu'un prieuré en l'an 1208. Elle avait été tellement ruinée par les guerres de religion, qu'on réduisit vers 1597 sa chapelle à deux travées prises dans l'un des collatéraux de l'ancien édifice qui en comprenait six et mesurait à l'intérieur 35 mètres sur 15 mètres 60. La porte extérieure existe encore, on y reconnaît l'architecture du XII° siècle. Chevreuse est célèbre par son château construit au X° siècle et tombé en ruines au commencement du XVIII°, lorsqu'il fut donné par Louis XIV aux dames de Saint-Cyr, de l'abbaye de Saint-Louis. Philippe-le-Bel a logé à Chevreuse avec sa cour en 1306. Henri IV y a passé en 1590, en allant de Mantes à Corbeil. L'église est un assez beau monument du xiii° siècle, dont les voûtes des collatéraux et du chœur ont été reconstruites vers 1614. La chapelle Saint-Lubin, sur la route de Paris, a été rebâtie en 1825, sur l'emplacement d'une ancienne chapelle voisine de la Léproserie.

Dourdan.

Dourdan, *Durdanum*, dont l'étymologie est assez difficile à découvrir, a une origine fort ancienne et est connu dès le v° siècle, à l'occasion du martyre de sainte Même. Au viii°, nous possédons des documents plus explicites. La reine Berthe, mère de Charlemagne, bâtit en ce lieu une église en l'honneur de saint Germain d'Auxerre. A cette époque, cette ville avait déjà une certaine importance. Son ancien château aurait été, suivant des historiens, la demeure favorite de Charles Martel; de Hugues le Grand qui y mourut; de Louis le Gros; de Louis le Jeune, et de Philippe-Auguste qui le reconstruisit. En 1240, saint Louis donna Dourdan à sa mère pour assignation de dot et de douaire. En 1307, Philippe le Bel le donna en apanage à son frère, le comte d'Evreux. Après avoir subi un grand nombre d'événements, cette petite ville fut pillée et saccagée deux fois par les Huguenots, en 1562 et en 1567.

Ecouen.

Ecouen, *Escuina*, *Isquina*, *Eschovium*, avec Ezanville sont connus dès le temps du roi Dagobert, qui donna cette terre à l'abbaye de Saint-Denis en 632. Cette même terre porte aussi le nom d'*Idoina*, qui aurait produit celui d'Ezanville. Depuis cette époque on ne retrouve aucun document qui se rapporte à Ecouen, que l'acte de fondation de la chapelle d'Ezanville. Il fut dressé sous l'épiscopat de Géoffroi, qui dura depuis 1060 jusqu'en 1092. Une dame alliée aux Montmorency se fit religieuse dans le monastère de Notre-Dame et de Saint-Paul en Beauvoisis et lui donna sa terre d'Ezanville. Quelque temps après, la communauté ordonna que par obéissance elle irait demeurer en cette terre. Elle le fit, et de là elle venait assidûment chaque jour à l'église paroissiale de Saint-Acceul. Mais étant devenue infirme avec l'âge, elle obtint de l'évêque Géoffroi et de Drogon archidiacre, de bâtir un oratoire en sa terre. Le monument le plus remarquable d'Ecouen est le château, construit en 1542, par le connétable Anne de Montmorency, qui avait encouru la disgrâce de François Ier. Piganiol de la Force, dans son voyage en France, en donne une intéressante description. Sur la porte d'entrée on lisait ces vers d'Horace : *Odes, Livre II*, 3e *à Dellius :*

Æquam memento rebus in arduis
Servare mentem........
Souvenez-vous de conserver votre âme toujours égale dans les disgrâces.

Essonnes.

Essonnes, *Exona*, *Axona*, tire son nom de la rivière, sur les bords de laquelle les maisons de cette paroisse ont été bâties. Elle est connue dès le temps de saint Germain de Paris, qui y guérit un nommé Gildomer d'une infirmité qui lui était arrivée pour avoir voulu travailler un jour de dimanche. Cette terre appartenait au fisc ou domaine du roi et l'on y battait monnaie avec cette légende : *Exona* ou *Axsona Fisci*. Un titre du roi Pépin, daté de la 15e année de son règne, confirme la donation que Clotaire III avait fait d'Essonnes à l'abbaye de Saint-Denis : *Villa cognomine Exona, sita super fluvium Exonæ, in pago Parisiaco*. Cette paroisse, doyenné primitif, vit transférer son titre à Linas et à Montlhéry. Unie à la ville de Corbeil par son voisinage, elle participa à sa prospérité et à ses désastres. Le nouveau Corbeil est bâti sur son territoire.

Étampes.

Étampes possède deux cures titulaires, Notre-Dame, dont nous avons parlé, et Saint-Basile, église bâtie par le roi Robert et consacrée en 1497 par Tristan de Salazar, archevêque de Sens.

La Ferté-Alais.

La Ferté-Alais, *Firmitas Aloisiæ*, petite ville située sur la rivière d'Essonnes, était anciennement fortifiée, entourée de murs, de fossés et de tourelles. Le roi Louis VII vint en personne l'assiéger. Le château de la Ferté, qui a été transformé en prison d'État, est démoli; il servait jadis de gîte, entre Corbeil et Étampes, à saint Louis qui le louait à cet effet, moyennant 300 livres. On en voit encore des vestiges. Il y avait aussi avant la révolution un baillage royal.

Gonesse.

Gonesse, *Gonessia*, est connu dès l'an 832, dans une charte du partage des biens de l'abbaye de Saint-Denis, sous l'abbé Hilduin, qui fut confirmée dans un concile tenu à Soissons en 862. Dans cette charte, son nom latin est *Gaunissa*. C'est en ce lieu qu'est né Philippe-Auguste, en 1165, et plusieurs personnes célèbres. En 1470, Gonesse comptait deux paroisses et 84 habitants, 60 à Saint-Pierre et 24 à Saint-Nicolas. Un Hôtel-Dieu y fut bâti en 1210; il y avait avant la révolution une prévôté et une châtellenie.

Herblay.

Herblay, *Erbledum* ou *Herbuletum*, tire son nom de la langue celtique et paraît avoir été fondé par une petite colonie venue de

Taverny sous le roi Pépin. La situation de ce village est sur les bords de la Seine, et il a été enfermé par une muraille de fortifications au moyen-âge. Une de ses ressources est le plâtre que l'on transporte à Paris et dans d'autres villes. L'église est un monument assez remarquable, construit vers l'an 1500 et fini en 1535, aux dépens des habitants qui payaient deux sous pour la journée de chaque ouvrier. L'évêque de Valence, Antoine de Vesc, qui avait posé la première pierre en 1534, consacra cette nouvelle église deux ou trois ans après. En 1470, la paroisse avait 50 habitants et était l'une des plus importantes des environs. L'esprit religieux s'y est bien conservé.

Houdan.

Houdan, *Hosdanum*, *Houdanum*, est cité sous le nom de *Hosdench* dans des lettres de l'évêque Gosselin, d'Amaury de Montfort, et de Simon comte d'Evreux, son fils; sous celui de *Houdenc* dans une lettre de l'évêque Géoffroy en 1120. Cette ville a toujours été regardée comme d'origine celtique, et remontant à la race Mérovingienne. Un des monuments les plus remarquables de Houdan était le château fort, bâti par Simon, comte d'Evreux, en 1065; il bâtit également deux églises, qu'il donna à l'abbaye de Coulombs, elles ont été remplacées par l'église Saint-Jacques, aujourd'hui existante, monument du XIIIe siècle, dont nous avons parlé. Au XIIe et XIIIe siècles, les Houdanais firent la guerre en Palestine contre les Musulmans et en France contre les Albigeois, ils obtinrent une commune et prêtèrent leur secours à Philippe-Auguste dans ses longues guerres. Quelque temps après leur ville fut réunie au domaine de la couronne. Aujourd'hui la vieille tour féodale existe encore.

Isle-Adam (l'),

L'Isle-Adam, *Insula Adami*, tire son nom de sa situation et de ses premiers seigneurs et ses souvenirs historiques remontent au xıe siècle. Adam de l'Isle, l'un des seigneurs et officiers de la couronne qui signèrent en 1069 la charte de confirmation que le roi Philippe Ier, étant à Pontoise, fit de la fondation de l'église Saint-Germain, dite de Saint-Martin, est regardé comme le premier fondateur de l'Isle-Adam. Ce ne fut cependant qu'au xııe siècle qu'Ancel, ou Anceau de l'Isle, troisième du nom et petit-fils du précédent, prit le surnom de l'Isle-Adam. Il fit en 1237, comme croisé, le voyage de la Terre-Sainte. La famille de Villiers succéda à celle de l'Isle, et compta parmi ses descendants Philippe de Villiers-l'Isle-Adam, grand maître de l'ordre de Saint-Jean de Jérusalem en 1521, qui soutint l'année suivante le mémorable siège de Rhodes, et tint en échec pendant six mois avec ses chevaliers et quelques soldats l'innombrable armée musulmane, commandée par Soliman. Avant la révolution, cette terre était la propriété de Louis-François-Joseph de Bourbon-Conti qui la vendit à Louis XVI. Le beau château bâti dans l'isle a été détruit en partie dans les premières années de la république, et a été remplacé par un autre construit il y a quelques années. La paroisse de l'Isle-Adam a été érigée en 1147, lorsque celle de Nogent-sur-Oise fut supprimée.

Juziers.

Juziers, *Jusiacum*, dont l'origine remonte au temps de l'occupation romaine, fut donné le 5 février 978 à l'abbaye de Saint-Père-en-Vallée par la comtesse Letgarde, et en 1060 saint Gaucher fut élevé au hameau de la Châtre sur cette paroisse. Le prieuré de ce lieu, un des plus florissants de la contrée, visité plusieurs fois par saint Louis et par les archevêques de Rouen, fut brûlé pendant les guerres de la Ligue, reconstruit, et enfin vendu révolutionnairement en 1792. Nous avons parlé de l'église de cette paroisse dédiée à saint Michel. M. l'abbé Thévenot, curé de Juziers, en a rédigé une notice fort intéressante.

Limay.

Limay, *Limayum* et *Limagium*, tire son étymologie de *li mais*, (*Mansio*, la maison), et son origine remonte à l'époque celtique. La comtesse Letgarde, dans un acte de 974, fit don, à l'abbaye de Saint-Père, de tout ce qui lui appartenait dans le village de Limay. En 1376 Charles V fonda le couvent des Célestins. En 1615 eut lieu l'établissement des Capucins, qui suscita de nombreuses réclamations des protestants de la commune. L'Ermitage de Saint-Sauveur, ancien couvent des Célestins, existe encore de nos jours, sa chapelle est taillée dans le roc et renferme un grand nombre de statues, provenant soit du couvent, soit des églises des environs.

Limours.

Limours, *Lemurium*, qui tire son nom de la langue celtique, paraît pour la première fois dans un acte de Géoffroi, évêque de Paris, en 1091, qui donna cette paroisse à Baudry, abbé de Bourgueil en Anjou ; le titre porte *Ecclesiam de Limors*. Cette paroisse a possédé un prieuré et un couvent de Pénitents du Tiers-Ordre de Saint-François. L'église, du titre de saint Pierre, est en forme de croix élégamment voûtée, mais sans collatéraux, style de la Renaissance. Le château de Limours a été la propriété de Diane de Poitiers et du cardinal de Richelieu. François Ier l'a habité et François II, jeune encore, venait souvent à Roussigny, dans un modeste château dont plusieurs pièces ont été conservées.

Longjumeau.

Longjumeau, *Longus Gemellus*, dont l'étymologie latine est visible, *Noio* ou *Noveo* et *Mellum* qui vient du *Maël* des Germains ou des Saxons, et signifie *Congregatio, Conventus,* assemblée ; ce qui indique que ce fut une des premières localités évangélisées par saint Denis ou saint Yon. L'église, monument des xiii° et xiv° siècles, se compose de trois nefs; le portail est du xv°. Elle a eu beaucoup à souffrir pendant les guerres qui ont désolé cette contrée. Le Prieuré de Saint-Eloi a été gouverné par plusieurs hommes qui ont laissé un triste souvenir, Nicolas et Théodore de Bèze, et de Cinq-Mars qui eut la tête tranchée le 12 décembre 1630.

Luzarches.

Luzarches, *Luzarchiæ*, tire son nom de la Luze, petite rivière qui coule à peu de distance. Son origine remonte aux temps les plus reculés, et nous voyons que César, ayant soumis la Gaule, se trouvant en ce lieu après de nombreux combats, y fit établir un camp. Luzarches acquit une nouvelle importance par suite de la conquête des Francs. Les chroniques nous racontent qu'après le martyre de saint Eterne, en 653, on apporta son corps à Luzarches qui avait le titre de ville publique et renfermait un palais royal. Ce fut dans ce palais que Thierry III vint tenir ses plaids la 7e année de son règne le 30 juin 680. Nous voyons aussi que Clovis III vint le 1er novembre 692 juger un procès relatif à une terre de Noisy-sur-Oise, accompagné des grands de sa cour, de Sigefroy, évêque de Paris, de Constantin, évêque de Beauvais, et d'Ursinien, évêque d'Amiens. Il existe une charte de Charlemagne de l'an 775, par laquelle il donne à l'abbaye de Saint-Denis les métairies qu'il possédait à Luzarches. En 1170, Jean de Beaumont donna à l'église de Luzarches les reliques de saints Côme et Damien qu'il avait rapportées de la Terre-Sainte. C'était sur cette paroisse que se trouvait l'abbaye d'Hérivaux.

Magny-en-Vexin.

Magny, *Magniacum*, tire son étymologie du mot latin *manere*, qui signifie séjourner, comme habitation, demeure. C'est une des plus anciennes localités de notre contrée et beaucoup de savants géologues y placent la station romaine appelée *Petromantalum*. Cette ville tomba au pouvoir des Normands, en 885, et y resta jusqu'au traité de Saint-Clair-sur-Epte, en 912. Magny est entouré de plusieurs communes qui lui sont réunies pour le culte ; elle a donné naissance à plusieurs personnes de distinction, possédait un grand nombre d'établissements religieux et avait des armoiries spéciales. C'était : d'*azur à trois fleurs de lis d'or, partie d'azur au chevron aussi d'or, accompagnée de trois ancres de navire, posées 2 et 1, et sur le tout un écu d'or à une salamandre enflammée de gueules*. M. Feuilloley, ancien maire de Magny, a publié une brochure fort intéressante sur cette ville et le canton.

Maisons-sur-Seine.

Maisons, *Mansiones*, dont l'étymologie est des plus simples, habitations groupées, nous est connu dès le IX° siècle, époque où une paroisse fut érigée en ce lieu. En 1373, la seigneurie de Maisons appartenait à un chevalier de la famille des Aunay, seigneurs de Poissy. Ce village peu important en lui-même s'augmenta beaucoup lorsque le surintendant des Finances, Réné de Longueil, y eût fait bâtir par François Mansart l'un des plus beaux châteaux qui se trouvent dans le diocèse. Il fut possédé par le président des Maisons, puis devint la propriété du comte d'Artois : le roi, son frère et Marie Antoinette y avaient chacun un appartement. Pendant la révolution ce château fut vendu comme propriété nationale, acheté plus tard par le duc de Montebello et Laffitte, Maisons y a ajouté son nom et s'est appelé souvent Maisons-Laffitte.

Mantes.

Mantes, *Medanta*, tire son nom du mot celtique *Maën-tal; Maën*, roche, *tal* extrémité, extrémité de la roche. Cette ville est une des plus anciennes de la France, comme le témoignent les nombreux restes druidiques qui existent dans ses environs. Elle acquit plus d'importance au x° siècle, après l'établissement des Normands dans la Neustrie, car elle devint une ville frontière et la capitale d'un comté, le Mantois. Guillaume le Conquérant l'assiégea en 1087 et la détruisit de fond en comble. Rebâtie par ses habitants, elle acquit une grande célébrité sous Philippe-Auguste, qui y résidait souvent et y mourut en 1223. La reine Blanche de Castille, mère de saint Louis, et la reine Marguerite sa femme, habitèrent plusieurs années le château de Mantes. Saint Louis y venait fréquemment et demeurait au couvent des cordeliers qu'il avait fondé. Pendant les guerres religieuses de la réforme, Mantes et les environs eurent beaucoup à souffrir à cause du voisinage de Calvin qui habitait dans un hameau de Wy, qui a pris le nom d'*enfer* à cause de son séjour. Henri IV tint à Mantes son premier chapitre de l'ordre du Saint-Esprit en 1591. Dans les premières années de Louis XIII, Marie de Médicis fit démolir la citadelle de Mantes, et en 1641 le cardinal de Richelieu fit tenir en cette ville une assemblée générale du clergé de France. Mantes est une des villes du diocèse les plus riches en monuments : la belle église de la Sainte-Vierge, ancienne collégiale ; la tour Saint-Maclou ; le tribunal, édifice du xv° siècle ; l'Hôtel-de-Ville, du xvii° siècle ; enfin le beau pont, construit en 1765, par le célèbre ingénieur Perronet, pont complété par celui qui a été établi en 1842 sur le second bras de la Seine à Limay.

Marcoussis.

Marcoussis, *Marcusiacum*, *Marescalciæ*, dont le nom indique un lieu propre à élever des chevaux, est connu dès le vii° siècle, l'abbaye de Fontenelle possédant un domaine en ce lieu. L'église priorale et paroissiale reconstruite en partie en 1404, par Jean de Montagu, seigneur de Marcoussis, qui fut décapité aux halles de Paris en 1409, a pour patronne sainte Marie-Madeleine, et possède une fort belle statue de la sainte

Vierge donnée aux Célestins en 1408, par le duc de Berry. Le château bâti, en 1400, par le même Jean de Montagu, a été détruit au commencement de ce siècle par son propriétaire ; il n'en reste plus qu'un fragment de tour. M. V. A. Malte-Brun a écrit en 1866 une très-intéressante histoire de ce lieu.

Marines.

Marines, *Marinæ*, avant 1802 paroisse du doyenné de Meulan, aujourd'hui chef-lieu de canton, possède une église du xiii° siècle, dont on admire le portail et la chapelle de Saint-Roch. Marines avait un couvent d'Oratoriens avant 1789. Elle est la patrie de Jean-François Mandard, né en 1732 et mort en 1803, supérieur de Saint-Magloire ; et de Michel-Philippe Mandard, né en 1759 et mort en 1823, l'un et l'autre écrivains distingués. L'origine de ce lieu remonte au moins au xii° siècle, car, avant l'an 1164, il y avait un prieuré conventuel de chanoines réguliers dépendant de l'abbaye de Saint-Vincent de Senlis. Plus tard, ce prieuré fut réduit à un seul prieur-curé en titre et régulier. Ce bénéfice passa depuis en commende : un nommé François Maulin en était commendataire, lorsque le chancelier de Sillery, seigneur du lieu, y établit une communauté des Pères de l'Oratoire. Ceci se passait en 1618. Le logement de la nouvelle communauté fut bâti à neuf, et ses revenus augmentés de 400 livres de rente.

Marly-le-Roi.

Marly-le-Roi, *Marliacum regis*, dont le nom vient du sol, *Marla*, terre grasse, est connu dès l'an 1067. Hervé, seigneur de ce lieu, assista en cette année à la dédicace de Saint-Martin des Champs et en 1087 donna aux religieux de Coulombs l'église de Marly, qui était son domaine. Il donna aussi un emplacement pour une seconde église qui fut dédiée à saint Vigor. Sous Louis XIV ces deux églises furent démolies et on en construisit une titrée de saint Vigor. Le même roi fit bâtir un très-beau château à Marly, dont plusieurs écrivains donnent la description, il a été détruit à la révolution. L'aqueduc composé de 36 arcades, sur la paroisse de Louveciennes, porte le nom d'Aqueduc de Marly : il sert à conduire les eaux de la Seine à Versailles. L'ancienne machine destinée à la faire monter a été remplacée sous la Restauration par une nouvelle qui fait l'admiration des visiteurs.

Maule.

Maule, *Manlia*, dont le nom semble venir de son premier possesseur *Manlius*, pendant l'invasion romaine, remonterait à une haute antiquité. En l'an 463, elle tomba sous la domination des Francs qui la ruinèrent. A cette époque, il y avait en ce lieu un autel consacré à Jupiter, comme à *Diodurum*, Jouars-Pontchartrain. Maule eut beaucoup à souffrir de l'invasion des Normands, pendant les guerres du moyen-âge, et en 1870. Cette ville possédait un prieuré et deux églises, Saint-Vincent qui a été démolie, et Saint-Nicolas, beau vaisseau et belle tour du XIV° siècle. M. Emile Réaux a écrit l'histoire de cette petite ville, il l'a parsemée de quelques traits piquants pour les religieux qu'on y rencontre avec regret.

Méréville.

Méréville, *Merari Villa*, habitation de Merari, est connue dès le XI° siècle et un beau château y fut bâti vers cette époque. Cette petite ville, arrosée par la Juine, est placée comme une oasis au milieu du désert et possède une église reconstruite en 1823 et 1824. Son château construit par la famille de Latour-Dupin est un des plus beaux du diocèse. Il passa ensuite dans la famille de Laborde, qui l'embellit et y fit de nombreuses plantations ; enfin, dans celle de Saint-Roman qui y fit faire de nombreuses et urgentes réparations.

Méry-sur-Oise.

Méry-sur-Oise, *Meriacum*, tire son nom des bois propres à bâtir ou à faire des tonneaux, qui existaient en ce lieu au ix° siècle. Un article du règlement de Louis, abbé de Saint-Denis en 862, porte qu'ils prendront à Méry autant de douves pour tonneaux qu'il en faudra pour la vendange. Le château, bâti vers l'an 1373 par Pierre d'Orgemont, passa plus tard dans la maison de Saint-Chamant et enfin dans celle de Lamoignon. L'église, sous l'invocation de saint Denis, est un beau monument de la fin du xiv° siècle, elle fut dédiée le 5 août 1487, par l'évêque de Nazareth.

Meulan.

Meulan, *Mellentum*, tire son étymologie de *Meyl*, montagne, et *plan*, enceinte, ou montagne fortifiée. Ce lieu, qui existait déjà au temps de l'invasion romaine, a eu une assez grande célébrité au moyen-âge. C'est une de nos paroisses qui offrent les plus curieux souvenirs. Il existait trois églises dans son enceinte: Saint-Nicolas, aujourd'hui église paroissiale; Notre-Dame, qui a subi les plus graves injures du temps et des hommes; et enfin Saint-Jacques dans le fort, qui a été démolie : le prieuré de Saint-Nigaise qui a eu une grande célébrité, et le couvent des Annonciades, fondé par Charlotte du Puy, en 1638. Cette ville, plusieurs fois ruinée par les ennemis, s'est toujours relevée et a pris une certaine extension, depuis l'ouverture de la ligne du chemin de fer de Paris au Hâvre. M. Emile Réaux, auteur de l'histoire de Maule, a écrit également celle de Meulan.

Milly.

Milly, *Milliacum*, dont l'étymologie indique une habitation, avait déjà une certaine importance l'an 650, année de la naissance de saint Vulfran en ce lieu. Les historiens du Gâtinais font remonter sa fondation à une époque très-reculée. Cette ville possédait un château fort, de construction gothique, lequel a soutenu plusieurs siéges ; elle fut prise par Charles le Mauvais, roi de Navarre qui la brûla. En 1422, elle fut de nouveau prise et brûlée par les Anglais, après un assez long siége. Elle eut le même malheur en 1430, ce qui fit dire à un historien qu'elle était sujette au feu. Henri IV vint la visiter lorsqu'il eut conquis son trône. Milly est situé sur la rivière d'Ecole, son terroir est sablonneux, il y a des rochers et des bois.

Montfort.

Montfort, *Mons fortis*, tire son nom de l'emplacement sur lequel le roi Robert fit bâtir un château pour garantir la résidence royale de saint Léger. En 1031, Amaury 1er, fils de Guillaume de Hainaut, était possesseur de ce château. En 1053, il construisit l'église de Saint-Pierre de Montfort, dont une partie du clocher se voit encore enclavée dans l'église du xve siècle. Son fils Simon termina le prieuré de Saint-Laurent, et le donna en 1072 à l'abbaye de Saint-Magloire de Paris. L'histoire des comtes de ce lieu offre un grand intérêt et a été écrite par Jean l'Hermitte. L'un des plus célèbres fut Simon IV, qui conduisit la croisade contre les Albigeois. Le château de Montfort a été détruit dans les premières années du xviiie siècle, il n'en reste plus qu'une tour reconstruite par André de Foix vers 1532, et quelques débris informes. Montfort a possédé plusieurs maisons religieuses. Aujourd'hui encore son cimetière attire l'attention des visiteurs par sa forme qui rappelle les anciens charniers.

Montmorency.

Montmorency, *Mons Morentiacus*, montagne de Morency, dont l'origine remonte aux rois de la seconde race au moins, nous apparaît en 996, époque où la forteresse fut livrée à Burchard le Barbu par la veuve de Hugues Basseth. Burchard s'y établit, et, de là, fit de nombreuses excursions sur les terres de l'abbaye de Saint-Denis, les pillant et les dévastant. Un traité conclu, vers l'an 1008, entre l'Abbé et Burchard les fit cesser. Malheureusement, les successeurs de Burchard suivirent ses traces, il fallut que le roi intervînt pour discontinuer ces brigandages. L'histoire des Montmorency a été écrite par Duchêne et offre un grand intérêt. Le château fut détruit vers l'an 1680 sous Louis XIV.

Orsay.

Orsay, *Orceacum*, *Ursetum*, vient de la langue celtique et est un demembrement de Palaiseau. La paroisse, érigée dans le XI° siècle, fut donnée aux moines de Longpont vers l'an 1089. Le plus ancien seigneur d'Orsay qui soit connu est Simon, lequel avec son épouse Odeline fit une donation au prieuré avant l'an 1150. Sous Charles VII, Simon Ragier, seigneur de ce lieu, fit bâtir un nouveau château fort près de l'église, qui soutint un siège de la part des Anglais; ayant succombé, la garnison fut faite prisonnière et subit de nombreux outrages. L'église, monument partie du XIII° siècle, a reçu plusieurs additions, notamment le portail, et réparations peu intelligentes. Cette paroisse assez belle possède un hospice fondé en 1836 par J.-L. Archangé.

Palaiseau.

Palaiseau, *Palatiolum*, tire son nom du château royal qu'y possédaient nos rois de la première race. Saint Rigomer et sainte Ténestine y vinrent pour parler au roi Childebert Ier. Saint Vandrille vint du diocèse de Rouen, trouver Clotaire III pour avoir la confirmation de la terre de Fontenelle. Sainte Bathilde y habita souvent pendant la minorité de son fils. Cette paroisse est l'une des plus riches en souvenirs anciens. Dès l'an 1100 il y avait un petit monastère en ce lieu. L'église, du xiii° siècle, était priorale et paroissiale, et en 1571 Catherine de Lévy, dame de Palaiseau, y établit cinq chapelains, chargés de réciter l'office canonial. En 1351, il y avait une Maison-Dieu et une Léproserie. Le château existait encore en 1757, il fut démoli quelques années après.

Pontoise.

L'église Notre-Dame de Pontoise fut construite en 1226, et a eu le bonheur d'échapper à la destruction qui a frappé plusieurs autres églises en cette ville. C'est sur cette paroisse que se trouve l'abbaye de Saint-Martin, dont l'église formait elle-même une paroisse du titre de la Très-Sainte-Trinité. Cette célèbre abbaye, fondée en 1069, compte parmi ses Abbés, saint Gauthier dont nous avons parlé. L'architecture de l'église était d'une hardiesse surprenante; six frêles piliers suffisaient pour soutenir la voûte du chœur et la tour. Le réfectoire était fort beau. Cette église est détruite, il n'en reste qu'une tour. Dans l'emplacement de l'abbaye, il existe un château qui a appartenu au cardinal de Bouillon et qui auparavant formait la maison abbatiale du monastère. Son Eminence, frappée de la beauté de sa situation, s'en était rendue propriétaire et y avait fait de nombreux embellissements. Cette maison a passé ensuite entre les mains de plusieurs propriétaires et est fort bien entretenue.

Saint-Arnoult.

Saint-Arnoult, *Sanctus Arnulphus,* dont le nom rappelle le miracle qui s'opéra en ce lieu, lors de la translation des saintes reliques par sainte Scariberge, est situé dans une charmante vallée sur les bords de la Remarde. L'église, en partie du xi° siècle, possède une crypte fort ancienne. Le prince de Condé, à la tête des protestants, ayant fait le siége de Paris, le 10 décembre 1562, se retira vers la Beauce, en brûlant plusieurs villages. Puis, se repliant sur Palaiseau et Limours, il se présenta devant Saint-Arnoult le 13 décembre 1562. Le clergé et les religieux, craignant d'être maltraités par les huguenots, engagèrent les habitants à fermer leurs portes. Le bourg fut pris d'assaut, abandonné au pillage pendant deux jours entiers, après quoi le prince, quittant Saint-Arnoult, alla camper à Ablis.

Saint-Nom-la-Bretêche.

Saint-Nom-la-Bretêche, *Sanctus Nummius Breteschia*, a pris son nom du chorévêque qui l'évangélisa au ix* siècle, afin d'en perpétuer le souvenir. Cette paroisse fut démembrée de Villepreux vers l'an 1084 et fut donnée à l'abbé de Marmoutiers. Le manque de documents sur saint Nom a fort divisé les auteurs : les uns en ont fait un martyr à cause de la similitude du nom du martyr d'Edesse et l'ont appelé Nonne ; les autres le nomment saint Nom : leur témoignage est fondé sur les anciens Bréviaires de Paris, les *Acta sanctorum* et les recherches du savant abbé Lebeuf. C'est à ce dernier sentiment que nous nous arrêtons.

Pour ce qui est du nom Bretêche, on sait que, chez les anciens, *Breteschia* signifiait un château ou tour de bois dont on fortifiait un lieu, et que cette tour ou château était terminée par quelque édifice qui avançait au dehors. Il y en avait sans doute un en ce village, situé sur les bords de la forêt de Cruye.

Saint-Ouen-l'Aumône.

Saint-Ouen-l'Aumône, *Sanctus Audoenus ad Eleemosynam*, tire son nom du saint évêque de Rouen, dont le corps, transporté de Clichy à Rouen, s'arrêta en ce lieu comme étant la limite des deux diocèses. En ce qui concerne le nom de l'Aumône, il est fort ancien et provient probablement d'une maison qu'y possédait saint Louis, où il faisait distribuer des aumônes. Cette paroisse, qui paraît avoir été la première origine de Pontoise, a possédé sur son territoire l'abbaye de Maubuisson et une Léproserie. L'église de Saint-Ouen, construction du xii° siècle, renferme une statue de la Sainte Vierge, en bois, provenant de l'ancienne abbaye. Cette statue, d'un travail remarquable et d'origine espagnole, fut donnée en 1244 par la reine Blanche à Maubuisson.

Sarcelles.

Sarcelles, *Sarcella*, ancien doyenné, est connu dès le ix° siècle. Le roi Eudes donna en 894 à l'abbaye de Saint-Denis une ferme située en ce village. Le titre porte : *Ex fisco nostro Cercilla*. L'église, qui est sous le titre des saints Pierre et Paul, est l'œuvre de différents siècles. Le chœur est du xiii°, de forme carrée. Ses quatre piliers supportent une flèche de pierre et les arcades sont de plein cintre, la nef et le portail sont modernes. Une dame de Hautefort avait établi à Sarcelles, en 1690, un petit hôpital soigné par deux sœurs grises.

Sucy.

Sucy, *Suciacum in Bria*, dans les derniers Pouillés, pour le distinguer de Sussy-sur-Yèbles, au diocèse de Meaux, est une des plus anciennes paroisses qui fut donnée l'an 811 aux chanoines de l'église de Paris par un comte nommé Etienne et Amantrude son épouse. L'acte fut passé à Bonneuil. L'église est un monument du xiii° siècle. L'abbaye de Saint-Maur-des-Fossés, celle d'Yerres et le Prieuré de Saint-Martin-des-Champs ont possédé des biens en ce lieu. Plusieurs personnes distinguées par leurs connaissances y ont habité.

Valmondois.

Valmondois, *Vallis munda*, dont l'étymologie latine indique la position, est une fort jolie paroisse qui, avant 1802, était sur la limite des diocèses de Rouen et de Beauvais. L'église est un monument du XIIIᵉ siècle. Le village possède un château remarquable qui est un ancien fief. La petite rivière du Sausseron, qui fait tourner plusieurs moulins et qui va se jeter dans l'Oise, passe auprès et forme la limite de son territoire assez peu étendu.

Verrières.

Verrières, *Verrariæ*, connu dès le temps de Charlemagne et ultérieurement distrait d'Antony pour être érigé en paroisse, rappelle par son étymologie une Verrerie, qui existait probablement en ce lieu dans les temps anciens. Ce village a été deux fois le théâtre de graves événements : en 1562, il fut brûlé par les calvinistes ; en 1815 les Prussiens furent battus dans les bois par le général Excelmans. André Duchêne, savant historien, y avait sa maison de campagne. Il mourut écrasé par une voiture à peu de distance le 30 mai 1640.

Yerres.

Yerres, *Hedera*, tire son nom du lierre, plante fort commune en ce lieu avant le défrichement des bois. Il existait à Yerres une paroisse dès le IXᵉ siècle, où furent apportées les reliques de saint Honeste, et cent ans après une communauté de filles qui devint, par la fondation d'Eustochie de Corbeil au mois de février 1132, une célèbre abbaye dont les bâtiments existent encore, la chapelle seule ayant été démolie. Yerres a eu aussi un couvent de Camaldules fondé vers l'an 1640. Enfin le château d'Yerres bâti en 970 a été habité par la reine Blanche de Castille, et reconstruit par Henri IV.

CHAPITRE XVI

Paroisses.

Sous le nom de *Paroisse* nous entendons une portion de territoire dont les habitants sont confiés aux soins spirituels d'un Pasteur ou Recteur. Ce pasteur porte différents noms qui expliquent sa mission sainte ; le plus usité parmi nous est celui de *Curé*, qui vient du mot latin *Curare*, prendre soin.

Les Paroisses ont été établies successivement dans le cours des siècles, à partir du iv', par les Souverains-Pontifes et les Évêques. Jusqu'à leur établissement, des prêtres envoyés par ces derniers, passaient dans chaque localité, administraient les sacrements et instruisaient les peuples, comme font les missionnaires de nos jours dans les contrées de l'Asie, de l'Afrique et de l'Amérique où il n'existe point de paroisses. A mesure qu'elles se formèrent, elles furent données, souvent même par les rois, surtout de la seconde race, aux abbayes, prieurés et grands établissements religieux. Cette donation était confirmée par les évêques, lorsqu'ils ne la faisaient pas eux-mêmes, et presque toujours aux xi° et xii° siècles par les Souverains-Pontifes qui réservèrent souvent la propriété des églises aux fondateurs pour les encourager à en bâtir de nouvelles. Au xiii° siècle, sous saint Louis, elles étaient toutes érigées en France, et il n'y avait plus de territoire vacant. Celles qui ont été érigées depuis, l'ont été par démembrement. Les abbés, prieurs, fondateurs, seigneurs, etc., désignaient un ou plusieurs prêtres qu'ils présentaient aux évêques, à la vacance d'une paroisse, et ces derniers, collateurs, donnaient les pouvoirs nécessaires, après examen, pour l'administration de la paroisse. Cette présentation se faisait ordinairement par acte devant notaire, et en minute, suivant une même formule en latin. Un peu plus tard les évêques se réservèrent un certain nombre de paroisses dont ils avaient la présentation et la collation. Nous le voyons surtout à mesure qu'on avance dans les siècles, principalement pour le diocèse de Sens.

Le saint Concile de Trente, qui fut si attentif à procurer le bien de la religion, s'occupa aussi des paroisses : Voici ce que nous lisons dans la session 21ᵉ, chap. 4ᵉ. « *In iis vero in quibus, ob locorum distantiam, sive difficultatem, porochiani sine magno incommodo ad percipienda sacramenta, et divina officia audienda accedere non possunt, novas parochias (Episcopi) etiam invitis Rectoribus, juxta formam constitutionis Alexandri III quæ incipit, Ad audientiam, constituere possint.* » « Mais lorsque par la difficulté et la distance des lieux, il se trouvera que les paroissiens ne pourront sans une grande incommodité aller à la paroisse recevoir les sacrements et assister au service divin, (les évêques) pourront en établir de nouvelles, contre la volonté même des Recteurs, suivant la teneur de la constitution d'Alexandre III qui commence, *Ad audientiam*. »

Cet ordre admirable suivait son cours régulier, lorsque survint la révolution en France. Le bouleversement fut si grand que tout fut anéanti, et lorsque le Souverain-Pontife Pie VII réorganisa l'Eglise en 1802, il le fit sur de nouvelles bases réglées par le Concordat. L'article IX porte que : « Les Évêques feront une nouvelle circonscription des paroisses de leur diocèse, qui n'aura d'effet qu'après le consentement du Gouvernement. » — Article X : « Les Évêques nommeront aux cures, leur choix ne pourra tomber que sur des personnes agréées par le Gouvernement. »

Les Évêques proposèrent le rétablissement de toutes les paroisses ayant une certaine importance, les autres leur furent annexées. Pour notre diocèse, la première érection eut lieu le 24 vendémiaire an XI, ou 16 octobre 1802. L'année suivante, 11 prairial an XII, ou 31 mai 1804, il y eut quelques modifications, et le 10 prairial an XIII, ou 30 mai 1805, il y avait 405 succursales dans le diocèse. Cependant leur établissement, à peu près définitif, n'eut lieu qu'après le Décret du 30 septembre 1807. Proposé le 12 décembre suivant par Mgr Charrier de la Roche, il fut signé par le Préfet le 23 du même mois, et ensuite approuvé par le Ministre des Cultes.

Le Gouvernement donna une pension de 333 fr. 33 c. à quelques membres du clergé, 266 fr. 66 c. au plus grand nombre, et porta enfin l'indemnité à 500 francs à partir du 1er juillet 1808. C'était bien peu comparativement à ce qui avait été enlevé; mais, dès l'instant où le Souverain-Pontife parlait, le clergé de France, toujours si admirable, se soumettait à ses ordres. Depuis cette époque, une augmentation successive a été accordée aux pasteurs : 250 francs par la Restauration; 50 francs par le Gouvernement de Juillet ; 50 francs par la République de 1848 et 50 francs par l'Empire, ce qui porte l'indemnité à 900 francs pour les pasteurs au-dessous de 60 ans. Ils reçoivent 1,100 francs jusqu'à 70 ans; 1,200 francs jusqu'à 75 ans, et 1,300 francs après cet âge. Les Pasteurs de ces paroisses portent le nom de Desservants, sont envoyés par les Évêques et révocables à leur volonté. Il y a en cela une différence sensible avec l'ancien régime, dans lequel chaque pasteur possédait l'inamovibilité canonique.

L'intention du Gouvernement était qu'il n'y eût qu'une seule paroisse dans chaque canton civil; mais l'Eglise ne pouvait accepter ces conditions. Les pasteurs de ces paroisses qui portent le nom de cures reçoivent, comme nous l'avons vu au chapitre précédent, une indemnité un peu plus élevée.

Le diocèse compte aujourd'hui 522 paroisses, et en y comprenant les 63 cures, 585; dont 237 appartenaient au diocèse de Paris; 186 à celui de Chartres ; 97 à celui de Rouen ; 43 à celui de Sens ; 18 à celui de Beauvais; 3 à celui d'Evreux et une à celui de Senlis. Nous avons donné leurs divisions au Chap. II°.

Le tableau suivant fera connaître toutes les paroisses, annexes, etc., suivant l'ordre alphabétique, sauf quelques-unes dans les villes dont les églises ont été entièrement détruites ; leur érection, ancienne et moderne ; la construction et reconstruction des églises ; leur population actuelle (1872); leur étendue territoriale en hectares, ares et centiares; les voies de communication, chemins de fer, routes nationales, départementales, chemins de grande communication et d'intérêt commun, avec leurs numéros d'ordre, et les chemins vicinaux; les distances au canton civil, à l'arrondissement et à l'Evêché, enfin les bureaux de poste et les lignes télégraphiques.

ÉTAT GÉNÉRAL

DES PAROISSES ET ANNEXES,
L'Époque de leur Érection ancienne et moderne,
La Construction et Reconstruction des Églises, la Population,
L'Étendue territoriale, les Voies de communication,
Les Distances, Bureaux de Poste
Et Lignes télégraphiques.

PAROISSES ET ANNEXES	ÉRECTION ANCIENNE ET MODERNE		CONSTRUCTION ET RECONSTRUCTION DES ÉGLISES		POPULATION	ÉTENDUE TERRITORIALE			VOIES DE COMMUNICATION	DISTANCES			BUREAUX DE POSTE	LIGNES TÉLÉGRAPHIQUES
	Anc.	Mod.	Const.	Reconst.	1872	Hect.	Ar.	C.		AU CANTON	À L'ARRONDISS.	À VERSAILLES		
Abbeville.........	..	1843	..	..	294	1503	57	.	R. D., 4.	8	12	63	Méréville.....	
Ableiges.........	1071	1855	XIIIᵉ S.	..	327	818	22	.	Ch. de Fer.	7	13	40	Vigny.......	
Ablis...........	XIᵉ S.	..	XIᵉ S.	..	898	2591	60	.	Ch. de Fer.	14	14	45	Ablis.......	⊠ ⚡
Ablon...........	1653	1807	XIIIᵉ S.	1845	490	111	14	79	Ch. de Fer.	12	16	31	Ablon.......	⊠ ⚡
Achères.........	1180	..	XIIIᵉ S.	..	715	943	80	10	Ch. G. C. 62	10	.	24	Poissy......	
Adainville.......	768	..	XIVᵉ S.	..	335	1016	19	.	R. N. 183.	10	37	44	Condé-sur-Vesgres	
Aigremont.......	1215	..	XVIIᵉ S.	..	179	229	78	82	Ch. G. C. 30.	7	.	21	S.-Germain-en-Laye.	
Aincourt........	1141	..	..	..	413	999	75	92	R. N. 183.	10	12	45	Magny.......	
Allainville.......	XIIᵉ S.	..	XIVᵉ S. XVᵉ S.	..	326	1612	08	.	R. N, 101.	12	24	48	Paray-Douaville..	
Alluets-le-Roi (les)..	XIIᵉ S.	..	XIᵉ S.	..	412	730	14	90	Ch. G. C.	11	.	24	Orgeval.....	
Ambleville.......	1161	..	XIIᵉ S.	1861	446	996	06	51	Ch. I. C. 19.	8	21	60	Magny.......	
Amenucourt......	1175	..	..	..	227	869	89	08	R. D. 22.	14	18	60	La Roche-Guyon..	
Andelu..........	..	..	1700	..	155	389	31	24	Ch. I. C. 45.	16	.	28	Thoiry......	
Andilly..........	XIIᵉ S.	..	XVIIIᵉ	..	507	270	09	.	Ch. I. C. 31	4	19	30	Montmorency....	
Andrésy.........	VIIIᵉ S.	1852	XIIIᵉ S.	..	942	686	44	85	Ch. G. C. 14	7	.	26	Andrésy.....	⊠ ⚡
Angerville.......	XIIᵉ S.	1802	..	1480	1355	2136	12	.	Ch. de Fer.	7	20	62	Angerville....	⊠ ⚡
Angervilliers.....	XIᵉ S.	..	XIVᵉ S.	..	366	893	06	.	R. D. 14.	9	23	27	Limours.....	
Argenteuil.......	VIIIᵉ S.	1802	XIVᵉ S.	1865	8389	1713	51	55	Ch. de Fer.	.	.	21	Argenteuil....	⊠ ⚡
Arnouville M.....	974	..	XIIᵉ S.	..	549	979	33	20	Ch. I. C. 65	.	11	36	Septeuil.....	

PAROISSES ET ANNEXES	ÉRECTION ANCIENNE ET MODERNE		CONSTRUCTION ET RECONSTRUCTION DES ÉGLISES		POPULATION	ÉTENDUE TERRITORIALE			VOIES DE COMMUNICATION	DISTANCES			BUREAUX DE POSTE	LIGNES TÉLÉGRAPHIQUES
	Anc.	Mod.	Const.	Reconst	1872	Hect.	Ar.	C.		AU CANTON	A L'ARRONDISS.	A VERSAILLES		
Arnouville G.	Xe s.	. . .	XIIIes	1782	394	280	01	21	R. D. 18.	2	30	30	Gonesse	
Arpajon.	1006	1802	XVe s.	. . .	2822	232	12	74	Ch. de Fer.	.	23	32	Arpajon	✉ ☎
Arrancourt.	. . .	. . .	. . .	. . .	95	763	35		Ch. V.	7	13	63	Méréville	
Arronville.	1160	. . .	XIe s.	. . .	521	1584	50		R. D. 16.	13	16	51	Marines	
Arthies.	690	. . .	XIe s.	. . .	265	740	45	85	R. N. 163.	7	15	50	Magny	
Arthieul	. . .	. . .	. . .	. . .	306	422	74	36	Ch. V.	9	24	57	Magny	
Asnières-sur-Oise . . .	775	. . .	XIIIes.	. . .	1019	1422	34	40	Ch. G. C. 16	6	27	48	Viarmes	
Athis-Mons	XIe s.	. . .	XIIIes.	. . .	910	855	57	35	Ch. de Fer.	10	14	29	Athis-Mons	✉ ☎
Attainville	Xe s.	. . .	. . .	1574	346	715	09		Ch. V.	7	22	38	Moisselles	
Attonville	XIIe s.	. . .	. . .	. . .	. . .	. . .	. . .		Ch. V.	13	20	48	Paray-Douaville . . .	
Aubergenville	1150	. . .	. . .	1400	479	862	18	35	R. N. 190.	8	.	32	Meulan	
Auffargis	708	1860	. . .	1854	477	1725	68		Ch. V.	.	10	25	Le Perray	
Auffreville et le Brasseuil.	974	. . .	XIIe s.	1811	239	235	82	72	R. N. 183.	.	4	40	Mantes	
Aulnay-les-Bondy . . .	1096	. . .	XIIIes.	1648	627	1593	13	71	R. D. 17.	7	37	37	Le Bourget (Seine) .	
Aulnay-sur-Mauldre . .	1521	1807	XIIIes.	1852	308	222	85	85	R. D. 5.	12	.	28	Maule	
Auteuil.	1180	. . .	XIIe s.	. . .	409	440	06	79	C. I. C. 76.	7	26	27	Thoiry	
Authon-la-Plaine	. . .	. . .	800	. . .	650	1947	79		R. N. 101.	12	28	46	Authon	✉
Autouillet	1159	. . .	XIIIes.	. . .	218	505	94	60	Ch. V.	8	28	28	Thoiry	
Auvernaux	XIIe s.	. . .	XIIe s.	. . .	195	649	72	60	Ch. G. C. 41	.	10	46	Ponthierry	
Auvers-sur-Oise	1205	1828	XIVes.	. . .	1720	1546	42	22	Ch. de Fer.	.	7	41	Méry-sur-Oise. . .	✉
Auvers-Saint-Georges . .	Xe s.	. . .	XIe s.	. . .	247	2339	20	50	Ch. G. C. 17	11	9	56	Etréchy (S.-et-M.) .	
Avernes	. . .	. . .	XIVes.	. . .	519	1247	01		R. D. 26.	12	20	43	Meulan	
Avrainville	1070	. . .	XIIe s.	. . .	262	916	54	46	Ch. G. C. 26	4	22	35	Arpajon	
Baillet	862	1809	XVe s.	. . .	221	791	40		R. D. 2.	10	19	38	Moisselles	
Bailly	1168	. . .	. . .	1610	372	652	68	22	R. D. 5.	4	.	7	Versailles	
Ballainvilliers	1265	. . .	XIIIes.	. . .	563	401	38	60	R. N. 20.	3	20	21	Longjumeau	
Ballancourt	. . .	. . .	XIIIes.	. . .	1060	1130	31	30	Ch. de Fer.	.	14	45	Vert-le-Petit	✉ ☎
Banthelu	1070	. . .	XIIe s.	1830	182	809	09	82	Ch. V.	4	20	53	Magny	
Baulne	862	. . .	XIIe s.	. . .	475	811	50	72	Ch. de Fer.	1	18	52	La Ferté-Alais . . .	
Bazainville	XIIe s.	. . .	XIIe s.	. . .	499	1202	97		R. N. 12.	6	26	37	Houdan	

— 253 —

PAROISSES ET ANNEXES	ÉRECTION ANCIENNE ET MODERNE		CONSTRUCTION ET RECONSTRUCTION DES ÉGLISES		POPULATION	ÉTENDUE TERRITORIALE			VOIES DE COMMUNICATION	DISTANCES			BUREAUX DE POSTE	LIGNES TÉLÉGRAPHIQUES
	Anc.	Mod.	Const.	Reconst.	1872	Hect.	Ar.	C.		AU CANTON	A L'ARRONDISS.	A VERSAILLES		
Bazemont..........	1176	. .	XIIᵉ s.	. . .	389	659	86	55	Ch. V.	13	.	29	Maule.........	
Bazoches..........	1159	. .	XIᵉ s.	. . .	289	565	58	65	Ch. G. C. 23	4	19	22	Montfort.....	
Beaumont-sur-Oise...	1186	1802	XIIᵉ s.	. . .	2392	573	34	.	Ch. de Fer.	7	20	49	Beaumont-sur-Oise	⊠ T
Behoust...........	XIIᵉ s.	. .	XVIᵉs.	. . .	279	533	90	85	Ch. de Fer.	10	30	33	Orgerus......	
Bellay (le)........	1160	. .	XIIᵉ s.	. . .	171	504	94	.	Ch. I. C. 34	8	24	51	Magny........	
Bellefontaine......	XIIIᵉs.	. .	XIIIᵉs.	. . .	220	753	24	30	Ch. G. C. 16	4	33	46	Luzarches.....	
Bellevue..........	. . .	1858	. .	1846	. .	. . .	. .	.	Ch. de Fer.	4	.	11	Meudon.......	
Belloy............	862	. .	XIVᵉs.	. . .	750	941	22	74	Ch. I. C. 85.	9	25	42	Luzarches.....	
Bennecourt........	XIᵉ s.	. .	. . . .	1532	815	690	82	.	Ch. de Fer.	2	15	57	Bonnières.....	
Bercagny..........	1137	. .	1447	. . .	. .	. . .	. .	.	Ch. V.	.	.	.	Marines.......	
Bernes............	779	. .	. . . .	1700	181	545	13	.	Ch. G. C. 4.	10	23	52	Beaumont-sur-Oise	
Berville..........	1161	. .	. . . .	1521	251	852	10	.	Ch. V.	11	20	54	Marines.......	
Bessancourt.......	1189	. .	XIVᵉs.	. . .	802	639	09	.	R. D. 7.	12	10	40	Saint-Leu-Taverny	
Bethemont........	XIIᵉ s.	1853	XVIᵉs.	1859	190	379	36	.	C. V.	16	13	43	Moisselles....	
Beynes...........	1159	. .	. . . .	1773	804	1856	08	80	R. N. 191.	16	28	26	Neauphle-le-Château	
Bezons...........	XIIᵉ s.	. .	XVᵉ s.	. . .	1350	399	70	39	R. D. 47.	3	.	18	Bezons.......	⊠
Bièvres...........	XIIᵉ s.	. .	. . . .	. . .	908	961	40	30	R. D. 8.	6	.	9	Bièvres.......	
Blamecourt........	. . .	. .	. . . .	. . .	325	290	32	45	Ch. de Fer.	2	24	57	Magny........	
Blanc-Mesnil (le)....	1450	. .	1550	. . .	128	779	41	63	Ch. V.	6	35	35	Le Bourget (Seine)	
Blandy...........	. . .	. .	XIIᵉ s.	. . .	245	791	15	.	Ch. I. C. 30.	14	16	67	Gironville.....	
Blaru............	1157	. .	XIᵉ s.	. . .	595	1483	69	.	Ch. I. C. 52.	10	21	63	Bonnières.....	
Boigneville.......	XIIᵉ s.	. .	XIIᵉ s.	. . .	450	1565	94	75	Ch. de Fer.	12	21	67	Gironville.....	
Boinville.........	XIᵉ s.	. .	. . . .	. . .	245	483	89	41	Ch. J. C. 49.	.	9	35	Epône........	
Boinville-le-Gaillard.	1170	. .	XIIIᵉs.	. . .	364	1251	84	.	Ch. de Fer.	13	18	48	Ablis.........	
Boinvilliers.......	. . .	. .	XIIᵉ s.	. . .	222	358	59	66	Ch. V.	.	10	41	Mantes.......	
Bois-d'Arcy.......	1220	. .	XIIIᵉs.	. . .	443	899	45	37	Ch. I. C. 17.	.	.	8	Saint-Cyr-l'École	
Boisemont........	1200	. .	. . . .	. . .	230	306	07	65	R. D. 49.	.	9	32	Vaux.........	
Bois-Herpin.......	. . .	1807	. . . .	. . .	83	392	14	.	R. D. 1.	14	10	61	Etampes......	
Boissets..........	XIIIᵉs.	. .	. . . .	. . .	234	382	96	.	Ch. I. C. 96.	9	20	50	Septeuil......	
Boissière (la).....	1033	. .	XVIᵉs.	. . .	553	2506	04	.	Ch. I. C. 80.	.	17	49	Epernon......	

PAROISSES ET ANNEXES	ÉRECTION ANCIENNE ET MODERNE		CONSTRUCTION ET RECONSTRUCTION DES ÉGLISES		POPULATION	ÉTENDUE TERRITORIALE			VOIES DE COMMUNICATION	DISTANCES			BUREAUX DE POSTE	LIGNES télégraphiques
	Anc.	Mod.	Const.	Reconst.	1872	Hect.	Ar.	C.		AU CANTON	A L'ARRONDISS.	A VERSAILLES		
Boissy-l'Aillerie	1071	...	XIIIᵉs.	1848	537	653	74	87	Ch. de Fer.	.	7	38	Pontoise	
Boissy-la-Rivière	XIIᵉ s.	...	XIIᵉ s.	...	268	1246	62	.	R. D. 4.	10	10	60	Etampes	
Boissy-le-Cutté	...	1846	...	1868	329	458	44	30	R. N. 191.	5	11	52	La Ferté-Alais	
Boissy-le-Sec	XIVᵉs.	...	XVᵉ s.	...	608	1905	87	.	Ch. V.	10	15	45	Etampes	
Boissy-Mauvoisin	XIVᵉs.	...	XVᵉ s.	...	429	510	59	.	Ch. de Fer.	11	19	50	Rosny	
Boissy-Saint-Léger	700	1802	XVIᵉs.	...	764	893	56	28	Ch. de Fer.	.	10	33	Boissy-Saint-Léger	⊠ T
Boissy-sans-Avoir	1284	...	...	1545	274	403	70	65	Ch. G. C. 42	6	25	27	Montfort	
Boissy-sous Saint-Yon	XIIᵉ s.	...	XVIᵉs.	...	755	804	46	.	Ch. G. C. 26	16	38	39	Boissy	⊠
Bondoufle	1092	...	XIIᵉ s.	...	252	676	03	50	Ch. G. C. 31	.	10	33	Brétigny	
Bonnelles	1119	...	XVIᵉs.	...	527	1084	35	.	R. N. 188.	12	19	25	Limours	
Bonneuil	IXᵉ s.	...	...	1781	333	470	82	54	Ch. V.	2	31	31	Gonesse	
Bonnevaux									Ch. de Fer.	6	24	61	Gironville	
Bonnières	...	1802	...	1739	839	765	86	.	Ch. de Fer.	.	13	55	Bonnières	⊠ T
Bordes (les)	IXᵉ s.	...	IXᵉ s.	...	.	.	.	.	Ch. V.	16	15	26	Cernay-la-Ville	
Bouafle	918	...	XIᵉ s.	...	829	692	07	75	R. N. 190.	5	.	29	Meulan	
Bouffemont	XIIᵉ s.	...	XVIIᵉs.	...	347	450	80	.	Ch. V.	8	21	36	Moisselles	
Bougival	1186	...	XIIᵉ s.	...	2085	274	74	68	R. N. 13.	6	.	9	Bougival	
Boullay-les-Troux	XIIIᵉs.	...	...	1655	191	480	50	67	Ch. de Fer.	6	20	18	Limours	
Bouqueval	XIIIᵉs.	...	XIVᵉs.	...	126	280	92	.	Ch. G. C. 10	4	34	41	Ecouen	
Bourdonné	768	...	XIIᵉ s.	...	548	1076	.	.	R. N. 183.	6	33	40	Condé-sur-Vesgre	
Bouray	1120	...	XIIᵉ s.	...	700	723	21	79	Ch. de Fer.	7	18	41	Bouray	⊠ T
Boussy-Saint-Antoine	XIIIᵉs.	...	XVᵉ s.	...	235	288	77	40	Ch. de Fer.	9	11	41	Brunoy	
Boutervilliers	1197	...	...	1545	204	700	98	.	R. N. 191.	.	9	46	Etampes	
Boutigny	1070	...	XIIᵉ s.	...	551	1620	02	42	Ch. de Fer.	7	18	55	La Ferté-Alais	
Bouville	XIIᵉ s.	...	XIᵉ s.	XVᵉ s.	464	2053	37	.	Ch. G. C. 75	.	10	59	Etampes	
Bray et Lu	1147	1859	XIIᵉ s.	...	288	370	50	21	Ch. G. C. 19	11	22	62	Magny	
Bréançon	...	...	XIIᵉ s.	...	338	1060	51	.	Ch. G. C. 64	4	13	47	Marines	
Brétigny	XIIᵉ s.	...	XIIᵉ s.	...	1093	1456	13	66	Ch. de Fer.	5	16	30	Brétigny	⊠ T
Breuil-Bois-Robert (le)	768	1807	...	1780	302	374	94	51	Ch. I. C. 65.	.	6	38	Mantes	
Breuillet	XIᵉ s.	...	...	1686	605	669	.	.	Ch. de Fer.	13	35	35	Saint-Chéron	

— 255 —

PAROISSES ET ANNEXES	ÉRECTION ANCIENNE ET MODERNE		CONSTRUCTION ET RECONSTRUCTION DES ÉGLISES		POPULATION	ÉTENDUE TERRITORIALE			VOIES DE COMMUNICATION	DISTANCES			BUREAUX DE POSTE	LIGNES TÉLÉGRAPHIQUES
	Anc.	Mod.	Const.	Reconst.	1872	Hect.	Ar.	C.		AU CANTON	À L'ARRONDISS.	À VERSAILLES		
Breux..........	XIe s.	...	XIIId s	...	374	467	83	.	Ch. de Fer.	14	36	36	Saint-Chéron...	
Bréval........	1184	...	XIIe s.	...	590	1138	13	.	Ch. de Fer.	13	16	51	Bréval.......	✉ T'
Bréviaires (les)....	698	...	XVIe s	...	360	1955	21	.	C. V.	.	10	29	Le Perray....	
Brières-les-Scellés...	...	...	...	...	346	864	91	.	Ch. de Fer.	.	3	50	Etampes......	
Brignancourt......	1161	...	XIIe s.	...	84	305	70	.	Ch. de Fer.	3	17	48	Marines......	
Briis-sous-Forges...	768	...	XVIe s	...	741	1086	36	06	R. D. 36.	5	26	27	Briis-sous-Forges..	✉
Brouy.........	...	1852	XIIe s.	...	208	838	65	95	Ch. V.	18	17	68	Gironville....	
Brueil.........	862	...	XIIIe s	...	277	628	51	.	Ch. V.	10	11	40	Meulan......	
Brunoy........	IXe s.	...	XIIIe s	...	1794	654	20	60	Ch. de Fer.	7	12	37	Brunoy......	✉ T'
Bruyères-le-Châtel...	670	...	XIe s.	...	688	1290	20	79	R. D. 6.	5	28	32	Bruyères-le-Châtel.	✉
Bruyères-sur-Oise...	799	...	1100	...	335	869	65	.	Ch. G. C. 4.	11	23	53	Beaumont-sur-Oise..	
Buc...........	XIIIe s	...	XIIe s.	...	513	818	92	06	Ch. V.	.	.	4	Versailles....	
Buchelay.......	1080	1807	...	1846	319	487	25	58	Ch. de Fer.	.	4	46	Mantes.......	
Buhy..........	...	1868	XVe s.	...	296	685	53	39	R. N. 14.	9	27	65	Magny.......	
Bullion........	XIe s.	...	XIVe s	...	795	2089	97	.	Ch. G. C. 14	12	14	30	Limours......	
Buno-Bonnevaux...	XIIe s.	...	XIIe s	...	372	1591	11	70	Ch. de Fer.	8	24	63	Gironville....	
Bures.........	XIIe s.	...	XIIIe s	...	389	601	38	57	Ch. de Fer.	8	.	18	Gif........	
Carrières-Saint-Denis..	XIe s.	1807	XIIIe s	1700	1193	504	71	39	Ch. G. C. 39	7	.	17	Chatou......	
Carrières-sous-Poissy...	...	1807	XVIIe s	...	612	718	80	35	Ch. G. C. 14	3	.	22	Poissy......	
Celle-les-Bordes (la)..	768	...	VIIIe s / IXe s.	...	661	2265	89	.	Ch. V.	15	14	27	Cernay-la-Ville...	
Celle-Saint-Cloud (la)..	VIe s.	...	XVIe s.	...	560	566	57	85	R. D. 25.	6	.	7	Bougival......	
Cergy.........	1198	...	...	1430	926	1123	81	71	Ch. V.	4	.	36	Pontoise.....	
Cernay-la-Ville....	768	...	...	...	504	977	16	05	R. D. 8.	7	12	23	Cernay-la-Ville...	✉
Cerny.........	1247	...	1230	...	882	1713	06	89	Ch. de Fer.	2	15	50	La Ferté-Alais...	
Chalo-Saint-Mars...	1085	...	XIIe s.	...	951	2386	99	.	Ch. G. C. 21	.	10	53	Etampes......	
Chalou-Moulineux...	1185	1844	...	...	467	1070	90	.	Ch. I. C. 54.	10	13	54	Pussay.......	
Chamarande......	1120	...	XIIIe s	...	342	574	28	57	Ch. de Fer.	13	12	40	Chamarande....	✉ T'
Chambourcy......	1215	...	VIIIe s	...	771	787	21	42	R. N. 190.	5	.	19	St-Germain-en-Laye	
Champagne......	635	...	XIIe s. / XIIIe s.	...	660	943	82	.	Ch. de Fer.	5	17	50	L'Isle-Adam....	
Champcueil......	...	...	1011	...	635	1635	08	95	Ch. V.	.	14	46	Mennecy.....	

— 256 —

PAROISSES ET ANNEXES	ÉRECTION ANCIENNE ET MODERNE		CONSTRUCTION ET RECONSTRUCTION DES ÉGLISES		POPULATION	ÉTENDUE TERRITORIALE			VOIES DE COMMUNICATION	DISTANCES AU CANTON	À L'ARRONDISS.	À VERSAILLES	BUREAUX DE POSTE	LIGNES TÉLÉGRAPHIQUES
	Anc.	Mod.	Const.	Reconst.	1872	Hect.	Ar.	C.						
Champigny........	...	...	...	...	...	...	...	...	Ch. V.	..	6	46	Etampes.....	
Champlan........	1151	...	...	1500	528	367	38	09	R. D. 35.	2	23	16	Longjumeau....	
Champmotteux.....	...	...	...	...	282	756	62	30	R. D. 16.	13	17	68	Gironville.....	
Champroset.......	...	...	XVe s.	...	...	...	...	...	R. D. 29.	17	8	38	Draveil.......	
Chanteloup.......	...	1807	1444	1515	696	332	04	15	R. D .8.	6	..	26	Triel........	
Chapelle (la).....	1195	...	...	...	184	360	44	88	R. N. 14.	6	26	62	Magny.......	
Chapet..........	XIIe s	1807	...	1619	374	396	21	80	Ch. V.	6	..	29	Meulan.......	
Charmont........	...	...	...	...	53	383	18	58	R. N. 183.	2	20	58	Magny.......	
Chars...........	1172	...	XIIe s. XVe s.	1562	915	1676	93	..	Ch. de Fer.	4	18	52	Marines......	
Châteaufort......	XIe s.	...	Xe s.	1838	564	503	14	57	Ch. G. C. 36	13	..	10	Versailles.....	
Châtenay........	1096	...	XIe s.	XVIIIs	69	307	37	..	Ch. G. C. 9.	11	32	40	Louvres.......	
Châtignonville.....	828	...	XIIe s.	...	148	513	...	..	Ch. I. C. 27.	9	26	45	Parny-Douaville..	
Chatou..........	XIIe s.	1855	XIe s.	XIIe s.	3194	505	02	14	Ch. de Fer.	0	..	14	Chatou........	⊠ T
Chauffour........	XIIe s.	1866	XIIe s.	...	839	302	02	..	R. N. 13.	8	21	63	Bonnières.....	
Chaufour........	...	...	XIIe s.	...	81	475	97	..	Ch. de Fer.	10	..	43	Etréchy.......	
Chaumontel......	1223	1845	XIVes.	...	393	423	12	35	R. N. 16.	2	34	46	Luzarches.....	
Chaussy.........	854	...	...	...	1966	1457	81	99	Ch. I. C. 28	8	18	54	Magny.......	
Chauvry.........	XIIe s.	...	XVIes.	...	309	500	01	..	Ch. V.	15	16	44	Moisselles.....	
Chavenay........	1003	...	XIIIe s	...	519	603	32	37	Ch. I. C. 8.	12	..	15	Villepreux.....	
Châville.........	1269	...	...	1654	2310	357	65	67	Ch. de Fer.	3	..	6	Chaville......	⊠
Chennevières.....	XIIe s.	...	XVe s.	...	179	457	62	75	Ch. V.	14	40	45	Louvres......	
Chennevières-sur-Marne	XIIe s.	...	XIVe s	...	800	588	68	21	Ch. G. C. 56	7	27	37	Champigny-s.-Marne	
Cheptainville.....	XIIe s.	...	...	1470	516	714	54	86	Ch. de Fer.	5	25	37	Arpajon.......	
Chérence........	1141	...	XIIe s.	...	253	847	38	05	Ch. V.	13	14	56	La Roche-Guyon..	
Chesnay (le).....	XIIe s.	...	1181	1858	1849	424	29	40	R. D. 25.	...	...	4	Versailles.....	
Chevannes.......	...	...	XVe s.	...	298	1022	52	50	R. D. 30.	..	12	44	Mennecy......	
Chevreuse.......	1105	...	XIIIe s	...	1892	1341	75	25	R. D. 8.	..	19	18	Chevreuse.....	⊠ T
Chilly-Mazarin....	1185	...	XIIIe s	...	341	551	02	01	R. D. 35.	2	20	21	Longjumeau....	
Choisel..........	XIIIes.	...	XIIIe s	...	437	873	26	27	R. D. 8.	3	17	21	Chevreuse.....	
Choisy-aux-Bœufs..	...	...	...	...	...	...	...	...	R. N. 10.	..	..	3	Versailles.....	

— 257 —

PAROISSES ET ANNEXES	ÉRECTION ANCIENNE ET MODERNE		CONSTRUCTION ET RECONSTRUCTION DES ÉGLISES		POPULATION	ÉTENDUE TERRITORIALE			VOIES DE COMMUNICATION	DISTANCES			BUREAUX DE POSTE	LIGNES TÉLÉGRAPHIQUES
	Anc.	Mod.	Const.	Recoust.	1872	Hect.	A.	C.		AU CANTON	À L'ARRONDISS.	À VERSAILLES		
Civry-la-Forêt.	1030	. .	. . . .	. . .	250	940	20		Ch. V.	12	20	46	Septeuil	
Clairefontaine	1100	. .	XIIe s.	. . .	538	1040	60		Ch. V.	15	8	32	Rambouillet	
Clayes (les)	1160	. .	1100	1516	283	611	12	57	Ch. de Fer.	13	.	12	Villepreux	
Cléry	VIIe s.	. .	1150	XVe s.	267	510	58		R. N. 14.	12	21	50	Magny	
Clichy	1207	. .	XVIIe s.	. . .	182	403	47	85	R. D. 28.	14	43	37	Livry	
Coignères	768	. .	XIIIe s.	XVIIe s.	378	882	99	66	Ch. de Fer.	12	14	17	Trappes	
Commeny	1164	. .	1568	. . .	288	472	11		Ch. I. C. 50	7	20	48	Marines	
Condé-sur-Vesgre . . .	768	. .	XIIe s.	. . .	441	1071	21		R. N. 183.	7	35	42	Condé-sur-Vesgre . .	✉
Condécourt	XIIe s.	. .	1148	. . .	300	694	14		Ch. G. C. 50	15	15	39	Vaux	
Conflans-Sainte-Honorine.	XIIe s.	. .	XIIe s.	. . .	1822	972	20	70	R. N. 184.	9	.	26	Conflans	✉ T
Congerville	XIIIe s.	. .	XIIIe s.	. . .	176	467	70		Ch. V.	13	17	54	Pussay	
Corbeil	Xe s.	. .	950	1144	6016	207	57		Ch. de Fer.	.	.	40	Corbeil	✉ T
Corbreuse	1116	. .	XIIIe s.	. . .	506	1579	31		Ch. de Fer.	7	27	42	Dourdan	
Cormeilles-en-Parisis . . .	862	. .	XIIe s.	. . .	1518	832	56	97	R. N. 192.	6	.	24	Franconville	
Cormeilles-en-Vexin . . .	862	. .	XIIIe s.	. . .	794	952	59		R. N. 15.	4	10	44	Cormeilles	
Coubron	XIIIe s.	. .	XIIe s.	1854	252	405	49	19	Ch. V.	16	45	40	Livry	
Coudray-Montceaux (le).	XIVe s.	. .	. . . .	1682	513	330	80	15	R. N. 7.	.	7	44	Plessis-Chenet (le) .	
Courances	XIIe s.	. .	XIIe s.	. . .	346	831	03	90	R. D. 30.	4	30	5	Milly	
Courcelles	1164	. .	1200	. . .	160	361	17		Ch. de Fer.	10	9	37	Pontoise	
Courcouronnes	1195	. .	XIVe s.	. . .	198	437	19	40	R. D. 3.	.	7	33	Ris-Orangis	
Courdimanche	1141	. .	XIIIe s.	. . .	451	554	17	19	R. D. 43.	.	9	33	Vaux	
Courdimanche-sur-Esson.	XIIe s.	. .	. . . .	. . .	139	561	54	37	R. D. 31.	10	18	57	Maisse	
Courgent	1227	. .	XIVe s.	. . .	148	202	75		Ch. G. C. 11	14	12	40	Septeuil	
Courson-l'Aunay	1559	. .	1544	. . .	153	373	95	77	Ch. G. C. 3.	9	29	30	Bruyères-le-Châtel .	
Craches	XIIe s.	. .	. . . .	1662	150	406	97		Ch. V.	18	12	42	Ablis	
Cravent	Xe s.	. .	. . . .	1682	210	602	16		Ch. I. C. 52	9	20	60	Bonnières	
Crespières	918	. .	XIIe s.	. . .	740	1480	39	55	R. D. 5.	13	.	20	Crespières	✉
Croissy-sur-Seine . . .	1214	. .	XIIIe s.	. . .	1804	375	07	07	Ch. de Fer.	6	.	16	Chatou	
Crosne	1177	. .	XIIIe s.	. . .	372	235	91	55	Ch. de Fer.	8	14	33	Villeneuve-S.-Geor .	
Dammartin	1030	. .	. . . .	. . .	690	1376	87		Ch. G. C. 11	16	13	44	Septeuil	

33

PAROISSES ET ANNEXES	ÉRECTION ANCIENNE	ÉRECTION MODERNE	CONSTRUCTION ET RECONSTRUCTION DES ÉGLISES		POPULATION	ÉTENDUE TERRITORIALE			VOIES DE COMMUNICATION	DISTANCES AU CANTON	A L'ARRONDISS.	A VERSAILLES	BUREAUX DE POSTE	LIGNES télégraphiques
	Anc.	Mod.	Const.	Reconst.	1872	Hect.	Ar.	C.						
Dampierre	Xᵉ s.			1858	626	938	68	85	R. D. 39.	4	17	18	Chevreuse	
Dannemarie		1079			92	344	47	.	Ch. I. C. 60	4	32	46	Houdan	
Dannemois	XIIᵉ s.		XIᵉ s.		486	843	36	75	R. D. 30.	6	28	55	Milly	
Davron	XIIᵉ s.	1807	XIIᵉ s.		226	595	.	60	Ch. V.	11	.	18	Crespières	
Denisy	XIIᵉ s.		XIIᵉ s.						Ch. V.	7	18	39	Dourdan	
Deuil	VIIᵉ s.		XIIIᵉ s.		1932	400	99	60	Ch. G. C. 15	2	22	28	Deuil	✉
D'Huisson			XIIᵉ s.		319	1004	35	65	R. D. 34.	3	15	51	La Ferté-Alais	
Domont	1142		XIIᵉ s.		1208	833	03	.	Ch. V.	6	24	34	Moisselles	
Dourdan	VIᵉ s.		IXᵉ s.		2914	3064	26	.	Ch. de Fer.	.	22	37	Dourdan	✉ ⚡
Draveil	XIᵉ s.		XVIIᵉ s.		1513	1580	47	32	R. D. 29.	14	11	37	Draveil	✉
Drocourt	XIᵉ s.	1848	XVIᵉ s.		231	384	96	.	R. N. 183.	8	9	46	Fontenay-Saint-Père	
Eaubonne	XIIIᵉ s.	1860	XIIᵉ s.		530	439	10	.	Ch. de Fer.	4	17	28	Ermont	
Echarcon	XIIᵉ s.		XIIIᵉ s.		350	681	47	10	Ch. G. C. 46	.	9	40	Mennecy	
Ecouen	632	1802		1544	1259	761	62	.	R. N. 16.	.	26	35	Ecouen	✉ ⚡
Ecquevilly	1163		XIIᵉ s.		528	1240	17	90	R. D. 190.	7	.	26	Meulan	
Egly	XIIᵉ s.		XIIIᵉ s.		353	398	47	16	Ch. de Fer.	3	25	34	Arpajon	
Elancourt	IXᵉ s.		XIIᵉ s.		632	742	81	60	Ch. G. C. 36.	12	20	16	Trappes	
Emancé	XIIᵉ s.		XIVᵉ s.		396	1198	72	.	Ch. V.	.	13	43	Epernon	
Enghien-les-Bains		1853		1857	1422	168	88	22	Ch. de Fer.	3	20	26	Enghien	✉ ⚡
Ennery	1260			1584	501	741	98	53	R. D. 16.	.	4	38	Pontoise	
Epiais et Rhus	1161			1642	466	1036	78	.	Ch. G. C. 64.	7	11	45	Grisy-les-Plâtres	
Epiais-les-Louvres	XIVᵉ s.		XIVᵉ s.		88	342	47	60	Ch. V.	16	40	46	Louvres	
Epinay-Champlâtreux	XIIᵉ			1764	128	355	70	07	Ch. V.	3	29	41	Luzarches	
Epinay-sur-Orge	IXᵉ s.		XIIIᵉ s.		1309	494	80	57	Ch. de Fer.	4	18	23	Savigny-sur-Orge	
Epinay-sous-Sénart	XIIᵉ s.		XVIᵉ s.		308	357	40	90	Ch. de Fer.	9	13	37	Brunoy	
Epône	Xᵉ s.		1144		846	1316	53	23	Ch. de Fer.	.	10	33	Epône	✉ ⚡
Eragny	1178		XVᵉ s.		412	891	81	.	R. N. 184.	4	.	30	Pontoise	
Ermont	XIIᵉ s.		XIVᵉ s.		1065	415	59	.	Ch. de Fer.	6	17	28	Ermont	✉ ⚡
Essarts-le-Roi (les)	1153		XIIIᵉ s.		766	1931	55	.	R. N. 10.	.	10	22	Le Perray	✉
Essonnes	662	1828	XIIIᵉ s.		4703	898	71	25	Ch. de Fer.	.	2	37	Essonnes	✉

PAROISSES ET ANNEXES	ÉRECTION ANCIENNE ET MODERNE		CONSTRUCTION ET RECONSTRUCTION DES ÉGLISES		POPULATION	ÉTENDUE TERRITORIALE			VOIES DE COMMUNICATION	DISTANCES			BUREAUX DE POSTE	LIGNES TÉLÉGRAPHIQUES
	Anc.	Mod.	Const.	Reconst.	1872	Hect.	Ar.	C.		AU CANTON	A L'ARRONDISS.	A VERSAILLES		
Estouches........	. . .	. . .	. . .	1825	158	597	. .	.	Ch. G. C. 18	6	20	70	Méréville......	
Etampes, Ste Vierge . . .	1031	. . .	1025	. . .	7789	4522	40	.	Ch. de Fer.	.	.	50	Etampes......	✉ ⌐
Etampes, S. Basile. . . .	1046	. . .	1046	. . .	. .	. .	. .	.	. . .	.	.	.	. . . . .	
Etampes, S. Gilles. . . .	1247	. . .	XIIe s.	. . .	. .	. .	. .	.	. . .	.	.	.	. . . . .	
Etampes, S. Martin. . . .	1247	. . .	XIIe s.	. . .	. .	. .	. .	.	. . .	.	.	.	. . . . .	
Etang-la-Ville (l')	XIIIes.	. . .	XIIe s.	. . .	378	528	17	70	Ch. I. C. 3.	2	.	12	S.-Germain-en-Laye.	
Etiolles........	Xe s.	. . .	XIIe s.	. . .	371	1165	68	50	R. D. 29.	.	3	43	Corbeil......	
Etréchy........	1247	. . .	XIIIes.	. . .	1201	1405	87	.	Ch. de Fer.	.	8	43	Etréchy......	✉ ⌐
Evecquemont.....	Xe s.	1807	990	. . .	306	250	11	63	R. D. 49.	3	.	32	Vaux.......	
Evry-sur-Seine.....	969	. . .	XIIIes.	. . .	957	832	63	51	Ch. de Fer.	.	4	36	Evry......	✉
Ezanville........	1080	. . .	XIVes.	. . .	150	515	79	.	Ch. G. C. 40	2	28	38	Ecouen......	
Falaise (la)	. . .	1807	. . .	1598	213	305	45	40	R. D. 5.	.	12	30	Epône.......	
Favrieux........	XIIe s.	. . .	1070	. . .	106	313	02	.	Ch. G. C. 5.	14	8	45	Rosny.......	
Ferté-Alais (la)	1159	. . .	1150	. . .	862	454	92	30	Ch. de Fer.	.	17	46	La Ferté-Alais . . .	✉ ⌐
Feucherolles.......	XIIe s.	. . .	1155	. . .	635	1284	59	59	Ch. G. C. 30	14	.	16	Crespières.....	
Flacourt........	XIIIes.	. . .	. . .	. . .	83	430	75	22	Ch. V.	.	9	43	Mantes.......	
Fleury-Mérogis	XIIe s.	. . .	XIIes.	1726	235	650	61	79	Ch. G. C. 31	11	11	30	Brétigny......	
Flexanville......	IXe s.	. . .	XIIIes.	. . .	357	886	22	50	Ch. I. C. 16	12	30	35	Orgerus......	
Flins.........	XIe s.	. . .	. . .	. . .	844	860	64	95	R. N. 190.	6	.	30	Meulan......	
Flins-Neuve-Eglise. . .	XIIIes.	. . .	. . .	. . .	109	123	12	.	Ch. I. C. 96.	13	16	47	Septeuil......	
Follainville......	XIIIes.	. . .	XVIes.	. . .	618	969	10	.	Ch. V.	4	5	46	Mantes.......	
Fontaine-la-Rivière . . .	1115	. . .	. . .	. . .	122	368	76	.	Ch. I. C. 33	7	10	62	Saclas.......	
Fontenay-le-Fleury . . .	XIIe s.	1844	XIIe s.	1550	573	542	75	55	Ch. G. C. 34	.	.	6	Saint-Cyr-l'Ecole . .	
Fontenay-les-Briis. . . .	XIIIes.	. . .	XVIIes.	. . .	598	971	79	04	R. D. 36.	8	28	29	Bruyères-le-Châtel .	
Fontenay-les-Louvres. . .	1118	. . .	XIIIes.	. . .	512	1097	36	.	Ch. G. C. 10	9	30	46	Louvres......	
Fontenay-Mauvoisin . . .	XIVes.	. . .	XVe s.	. . .	192	332	58	.	Ch. V.	12	6	48	Rosny.......	
Fontenay-Saint-Père . . .	978	. . .	XIIe s.	. . .	640	1290	79	.	R. N. 183.	4	5	47	Fontenay-S. Père. .	✉
Fontenay-le-Vicomte. . .	Xe s.	1863	. . .	1544	311	683	06	75	Ch. de Fer.	.	11	43	Mennecy......	
Fontenelle........	1715	. . .	. . .	. . .	. .	207	73	.	R. D. 21.	5	12	46	Nesles.......	
Forêt-le-Roi (la). . . .	XIe s.	. . .	XIIe s.	. . .	322	793	92	.	R. D. 14.	7	28	43	Dourdan......	

— 260 —

PAROISSES ET ANNEXES	ÉRECTION ANCIENNE	MODERNE	CONSTRUCTION ET RECONSTRUCTION DES ÉGLISES		POPULATION	ÉTENDUE TERRITORIALE			VOIES DE COMMUNICATION	DISTANCES AU CANTON	À L'ARRONDISS.	À VERSAILLES	BUREAUX DE POSTE	LIGNES TÉLÉGRAPHIQUES
	Anc.	Mod.	Const.	Reconst.	1872	Hect.	Ar.	C.						
Forêt-Sainte-Croix (la)			XIIe s.		187	535	94		R. D. 1.	14	8	59	Etampes	
Forges-les-Bains	1151		XIIIe s.		797	1457	94	49	R. D. 36.	4	24	27	Limours	
Fosses	XIIe s.		XIIIe s.		226	360	97	40	Ch. G. C. 16	6	35	48	Louvres	
Fourqueux	XIIe s.		XIIIe s.		259	353	45	40	R. D. 38.	.	3	15	Saint-Germain-en-L.	
Franconville	862		XVe s.		1300	619	38		Ch. de Fer.	10	13	27	Franconville	⊠
Frémainville	XIIe s.		XIIe s.		308	559	79		R. D. 26.	15	20	41	Meulan	
Frémecourt	1104		1200		233	427	59		R. N. 15.	4	12	46	Cormeilles-en-Vexin	
Freneuse	Xe s.			1557	559	1031	95		Ch. G. C. 55	3	13	55	Bonnières	
Frépillon	XIIe s.			1666	397	334	72		R. D. 7.	14	10	43	Méry-sur-Oise	
Frette (la)	1450	1807	XIVe s.		439	177	75	23	Ch. V.	8	.	25	Franconville	
Frouville	VIe s.		XIIIe s.		288	929	30		Ch. I. C. 41	7	14	47	Nesles-en-Vallée	
Gadancourt	1160		1140		108	468	89		Ch. I. C. 50.	11	21	45	Magny	
Gagny	VIIe s.		XIIIe s.	1840	1735	682	60	54	Ch. de Fer.	17	43	38	Gagny	⊠
Gaillon	XIIe		1145		290	488	56	35	Ch. V.	3	.	35	Meulan	
Galluis-la-Queue	1159		XIIe s.		1017	996	66	80	Ch. de Fer.	3	21	27	La Queue	
Gambais	1007		XIIe s.		975	2264	89		R. N. 183.	7	31	38	Houdan	
Gambaiseuil					62	1892	47		Ch. V.	.	16	34	Montfort	
Garancières	VIIIe s.		XIIe s.		795	1068	94	05	Ch. de Fer.	7	26	30	La Queue	⊠
Garches	1298		1297	1875	1235	268	84	40	Ch. de Fer.	6	.	9	Saint-Cloud	
Garennes									Ch. V.	16	.	30	Poissy	
Gargenville	XIe s.		XIVe s.	1875	637	866	73		Ch. V.	6	7	40	Mantes	
Garges	VIIIe s.				360	546	15	30	R. D. 18.	4	28	28	Gonesse	
Gassicourt	Xe s.		XIIe s.		341	702	41	18	Ch. V.	.	2	44	Mantes	
Gazeran	768		XIIe s.		645	2613	82		Ch. de Fer.	.	6	36	Rambouillet	
Genainville	949			1543	371	1050	07	69	Ch. V.	4	19	55	Magny	
Génicourt	1161		XIIIe s.		218	397	43	35	R. N. 15.	.	5	39	Pontoise	
Gérocourt				1856	. .	241	59	65	R. D. 20.	.	6	40	Pontoise	
Gif	XIe s.		XIIe s.		691	984	08	68	Ch. de Fer.	10	.	16	Gif	⊠
Gironville	IXe s.		XIe s.		307	1316	85	10	Ch. de Fer.	8	23	62	Gironville	⊠
Gometz-la-Ville	1070		XIIIe s.		297	1131	29	54	R. N. 188.	6	25	21	Orsay	

— 261 —

PAROISSES ET ANNEXES	ÉRECTION ANCIENNE ET MODERNE		CONSTRUCTION ET RECONSTRUCTION DES ÉGLISES		POPULATION	ÉTENDUE TERRITORIALE		VOIES DE COMMUNICATION	DISTANCES			BUREAUX DE POSTE	LIGNES TÉLÉGRAPHIQUES
	Anc.	Mod.	Const.	Reconst.	1872	Hect.	Ar. C.		AU CANTON	À L'ARRONDIS.	À VERSAILLES		
Gometz-le-Châtel....	1070	...	XIIIᵉˢ.	...	396	514	05	R. N. 188.	7	27	20	Orsay......	
Gommecourt.......		...	XIIIᵉˢ.	...	511	567	09	Ch. V.	6	19	61	La Roche-Guyon..	
Gonesse........	IXᵉ s.	1802	XIIIᵉˢ.	...	2526	2008	54 81	Ch. de Fer.	.	32	32	Gonesse......	✉ T
Goupillières......	1076	...	XIVᵉˢ.	...	349	563	. 75	R. D. 24.	16	35	33	Thoiry.......	
Gournay-sur-Marne....	XIIᵉ s,		XVIIᵉˢ	...	126	160	35 15	R. D. 51.	22	50	39	Noisy-le-Grand...	
Goussainville.....	IXᵉ s.			1559	516	1129	24 72	Ch. de Fer.	4	36	36	Gonesse......	
Goussonville.......	802	1845	XIIIᵉˢ.	...	232	463	34 81	Ch. V.	.	10	34	Épône.......	
Gouzangrèz.......	XIᵉ s.	...	1129	...	177	76	39	Ch. V.	7	18	45	Marines......	
Grand-Champ.....	1214	...	1214	...	182	604	59	R. N. 183.	10	39	46	Condé-sur-Vesgre..	
Granges-le-Roi (les)...	1220	...		1675	409	1268	08	R. N. 191.	2	25	39	Dourdan......	
Gressey........	XIIIᵉˢ.	...	XIVʳˢ.	...	377	710	73	Ch. I. C. 96.	5	22	46	Houdan......	
Grigny.........	XIIᵉ s.	...	XIIᵉ s.	...	488	468	74 50	Ch. V.	10	10	29	Ris-Orangis....	
Grisy-les-Plâtres....	1161	...	XIIIᵉˢ.	...	486	717	84	R. D. 20.	6	11	45	Grisy-les-Plâtres..	✉
Gros-Bois.......	XIIIᵉˢ.	...						R. N. 19.	2	17	34	Boissy-Saint-Léger.	
Groslay.........	1186	...	XIᵉ s.	...	1030	295	45	Ch. V.	2	22	32	Montmorency....	
Grosrouvres......	768	...	XIIᵉ s.	...	646	1234	90 95	Ch. V.	4	23	30	Montfort......	
Guernes........	1141	...	XVIᵉˢ.	...	489	770	75	Ch. V.	8	9	51	Mantes......	
Guerville.......	XIᵉ s.	...	XIVᵉˢ.	...	704	1000	22 30	Ch. I. C. 49.	.	6	38	Mantes......	
Guibeville......	1634	...	1634	1680	53	260	83 83	R. D. 36.	3	28	35	Arpajon......	
Guigneville......	1120	...			197	910	23 55	Ch. de Fer.	1	10	49	La Ferté-Alais...	
Guillerval.......	1120	...	XIᵉ s.	...	549	1729	70	Ch. V.	7	10	60	Saclas.......	
Guiry.........	Xᵉ s.	...		1557	115	616	06	Ch. I. C. 50.	11	20	47	Magny.......	
Guitrancourt......	XIIᵉ s.	...	XVIIᵉˢ	...	302	732	08	Ch. V.	5	6	45	Fontenay-Saint-Père	
Guyancourt......	XIIᵉ s.	...	XVIᵉˢ.	...	636	1319	93 57	R. D. 39.	.	.	7	Saint-Cyr-l'École..	
Haravilliers......	1161	...	XIIIᵉˢ.	...	381	1089	85	R. D. 20.	8	16	50	Marines......	
Hardricourt......	XIᵉ s	...	1145	...	239	328	49 20	R. D. 26.	1	.	33	Meulan.......	
Hargeville.......	XIᵉ s.	1706	XIIᵉ s.	...	134	704	85	Ch. I. C. 65.	19	13	34	Septeuil......	
Haute-Isle.......	1670	...	1670	...	138	257	35 12	R. D. 44.	14	14	56	La Roche-Guyon..	
Hauteville (la)....	1182	...	XIIIᵉˢ.	...	305	486	10	Ch. V.	12	41	48	Condé-sur-Vesgre.	
Heaulme (le).....		...	XIIIᵉˢ.	...	127	195	83	Ch. V.	4	17	51	Marines......	

PAROISSES ET ANNEXES	ÉRECTION ANCIENNE ET MODERNE		CONSTRUCTION ET RECONSTRUCTION DES ÉGLISES		POPULATION	ÉTENDUE TERRITORIALE			VOIES DE COMMUNICATION	DISTANCES			BUREAUX DE POSTE	LIGNES TÉLÉGRAPHIQUES
	Anc.	Mod.	Const.	Reconst.	1872	Hect.	Ar.	C.		AU CANTON	A L'ARRONDISS.	A VERSAILLES.		
Hédouville	XIIIᵉs.		XIVᵉs.		294	342	22	.	Ch. V.	7	15	49	Nesles-en-Vallée	
Herbeville	XIIIᵉs.	1810	XIIᵉs.		141	639	68	45	Ch. V.	17	.	26	Maule	
Herblay	XIIIᵉs.	1828	1500		1699	1250	29	60	Ch. I. C. 67.	10	.	28	Herblay	✉
Hermeray	768		Xᵉ s.		780	1807	45	.	Ch. V.	.	13	44	Epernon	
Hérouville	1161		1445		301	842	26	.	R. D. 7.	9	8	42	Pontoise	
Hodent	. . .		. . .		211	437	46	25	R. D. 22.	2	22	58	Magny	
Houdan	974		1065	XIIIᵉs.	2027	1032	94	.	Ch. de Fer.	.	26	42	Houdan	✉ ⌐
Houilles	XIIᵉs.		XVIIᵉs.		1256	441	15	63	Ch. de Fer.	6	.	20	Argenteuil	
Igny	XIIᵉ s.		XIIᵉ s.		802	381	66	91	R. D. 27.	4	.	11	Bièvres	
Isle-Adam (l')	1147		1499	1552	2660	1552	30	.	Ch. de Fer.	.	14	46	L'Isle-Adam	✉ ⌐
Issou	974		XIIᵉ s.		291	479	81	.	R. N. 13.	5	6	41	Mantes	
Itteville	1236		XIVᵉs.		750	1219	80	20	R. D. 34.	4	20	45	Bouray	
Jagny	XIIIᵉs.		XVIIᵉs.		213	417	82	65	Ch. V.	8	31	43	Luzarches	
Jambville	1023		1148		270	481	08	.	Ch. V.	12	13	39	Meulan	
Janvry	1142		. . .	1639	399	824	12	13	Ch. I. C. 40.	8	28	25	Briis-sous-Forges	
Jeufosse	XIᵉ s.		XIVᵉs.		338	356	64	.	Ch. de Fer.	3	16	57	Bonnières	
Jouars-Pontchartrain	XIIᵉ s.		XIIIᵉs.		1458	965	05	02	R. N. 12.	17	22	20	Pontchartrain	✉
Jouy-le-Comte	1200		XIIᵉs.		775	920	62	.	Ch. de Fer.	3	16	50	L'Isle-Adam	
Jouy-en-Josas	IXᵉ s.		. . .	1545	1323	1013	64	12	R. D. 3.	.	.	7	Jouy-en-Josas	✉
Jouy-le-Moutier	XIᵉ s.		XIIIᵉs.		697	694	24	85	Ch. G. C. 14.	.	8	31	Conflans	
Jouy-Mauvoisin	XIIᵉ s.	1870	XVᵉ s.		107	279	43	.	Ch. de Fer.	10	6	48	Rosny	
Jumeauville	XIIᵉ s.		XVIᵉs.		420	762	77	20	Ch. I. C. 49.	.	12	32	Epône	
Juvisy-sur-Orge	XIIᵉ s.		XIIᵉ s.		834	216	25	35	Ch. de Fer.	11	12	29	Juvisy	✉ ⌐
Juziers	974	1864	XIIIᵉs.		824	1008	35	.	R. N. 13.	9	10	36	Meulan	
Labbeville	1184		XIIᵉ s.		312	805	82	.	Ch. I. C. 64.	7	12	45	Nesles-en-Vallée	
Lainville	1023		XIIᵉ s.	XVᵉ s.	279	766	68	.	Ch. V.	12	13	44	Meulan	
Lanluets	XIIIᵉs.		XIIᵉ s.		. . .	. . .	.	.	R. D. 5.	13	.	15	Crespières	
Lardy	XIᵉ s.		XIIIᵉs.	XVᵉ s.	680	762	56	25	Ch. de Fer.	10	15	41	Lardy	✉ ⌐
Lassy	XIIᵉ s.		XIIIᵉs.		184	191	95	70	Ch. G. C 16.	3	32	43	Luzarches	
Layes (les)	1204		1204	1600	. . .	. . .	.	.	Ch. V.	.	11	21	Le Perray	

— 263 —

PAROISSES ET ANNEXES	ÉRECTION ANCIENNE ET MODERNE		CONSTRUCTION ET RECONSTRUCTION DES ÉGLISES		POPULATION	ÉTENDUE TERRITORIALE			VOIES DE COMMUNICATION	DISTANCES			BUREAUX DE POSTE	LIGNES TÉLÉGRAPHIQUES
	Anc.	Mod.	Const.	Reconst.	1872	Hect.	Ar.	C.		AU CANTON	À L'ARRONDIS.	À VERSAILLES		
Leudeville........	XIᵉ s.	...	XIIᵉ s.	XVᵉ s.	355	784	05	70	Ch. G. C. 46	7	15	38	Marolles-en-Hurepoix	
Leuville.........	XIVᵉs.	...	XIVᵉ s.	...	752	248	39	78	Ch. V.	4	20	28	Montlhéry.....	
Lévy-Saint-Nom....	768	...	XIIIᵉs.	...	289	824	59	24	Ch. I. C. 32	8	19	20	Le Mesnil-S.-Denis.	
Limay..........	708	1802	1140	...	1338	1148	26	.	R. N. 13.	.	1	43	Mantes......	
Limeil-Brevannes....	990	...	XIIᵉ s.	...	460	692	53	65	R. D. 33.	3	21	31	Boissy-Saint-Léger.	
Limetz..........	XIIIᵉs.	...	XIIIᵉs.	...	701	934	50	.	Ch. V.	4	17	59	Bonnières.....	
Limours-en-Hurepoix...	1091	...	...	1532	1188	1424	62	86	Ch. de Fer.	.	21	23	Limours......	⊠
Linas...........	IXᵉ s	...	XIIᵉ s.	XIVᵉs.	1141	751	23	.	R. N. 20.	5	19	26	Montlhéry.....	
Lisses..........	998	...	XVIᵉs.	...	487	1040	11	60	R. D. 30.	.	6	36	Essonnes......	
Livilliers........	1165	...	XIIIᵉs.	...	228	648	25	.	Ch. V.	11	7	41	Pontoise......	
Livry...........	1200	...	XVIIᵉs.	...	1792	731	99	27	Ch. de Fer.	12	12	37	Livry........	⊠
Loges-en-Josas (les)..	XIVᵉs.	...	XVIIᵉs.	...	304	247	71	20	Ch. V.	.	.	6	Versailles.....	
Lommoye........	XIIᵉ s.	...	XIIIᵉs.	...	436	937	98	.	Ch. G. C. 55	8	18	58	Bonnières.....	
Longjumeau......	XIIᵉ s.	1802	XIIIᵉs.	...	2301	484	39	91	R. N. 20.	.	21	19	Longjumeau....	⊠
Longnes.........	1030	...	950	...	801	1376	27	.	Ch. G. C. 11	17	13	47	Septeuil......	
Longpont........	XIᵉ s.	...	1000	...	604	504	87	30	Ch. de Fer.	7	17	25	Montlhéry.....	
Longuesse.......	916	...	1160	...	214	850	02	.	Ch. V.	12	14	37	Vaux........	
Longvilliers......	1136	...	XIIIᵉs.	...	376	1391	02	.	Ch. I. C. 37.	6	16	31	Saint-Arnoult...	
Louveciennes.....	Xᵉ s.	...	XIIIᵉs.	...	3091	636	58	75	R. D. 45.	3	.	8	Louveciennes...	⊠
Louvres.........	Nᵉ s.	...	XIIᵉ s.	XVᵉ s.	1011	1133	19	40	Ch. de Fer.	14	35	42	Louvres......	⊠
Luzarches........	775	1802	1211	...	1360	2048	95	70	R. N. 16.	.	32	44	Luzarches.....	⊠
Maffliers........	862	...	1556	1859	417	679	04	.	R. N. 1.	10	23	41	Moisselles....	
Magnanville......	1130	...	...	...	143	439	10	45	Ch. G. C. 5.	.	4	46	Mantes.......	
Magny-en-Vexin....	XIᵉ s.	1802	XIIᵉ s.	...	1966	231	01	07	Ch. de Fer.	.	22	56	Magny.......	⊠
Magny-les-Hameaux..	XIIᵉ s.	...	XIIIᵉs.	...	442	1662	03	93	Ch. V.	6	25	10	Chevreuse....	
Maincourt........	XIIᵉ s.	...	1204	...	100	178	39	75	Ch. I. C. 32.	6	18	20	LeMesnil-S.-Denis	
Mainville........	.	...	1574	...	.	.	.	.	Ch. G. C. 72	14	11	38	Draveil.......	
Maisons-sur-Seine...	IXᵉ s.	...	...	1868	1330	680	40	84	Ch. de Fer.	8	.	22	Maisons......	⊠
Maisse..........	.	...	...	...	908	2141	72	02	Ch. de Fer.	7	19	60	Maisse.......	⊠
Mandres.........	XIVᵉs.	...	XVIIIᵉs.	...	785	330	08	24	Ch. de Fer.	6	13	39	Mandres......	⊠

— 264 —

PAROISSES ET ANNEXES	ÉRECTION ANCIENNE	ET MODERNE	CONSTRUCTION ET RECONSTRUCTION DES ÉGLISES		POPULATION	ÉTENDUE TERRITORIALE			VOIES DE COMMUNICATION	DISTANCES AU CANTON	À L'ARRONDISS.	À VERSAILLES	BUREAUX DE POSTE	LIGNES TÉLÉGRAPHIQUES
	Anc.	Mod.	Const.	Reconst.	1872	Hect.	Ar.	C.						
Mantes..........	Xe s.	1802	1250	..	5697	137	63	70	Ch. de Fer.	.	.	42	Mantes......	✉ ⏐
Mantes-la-Ville.....	974	..	XIIIe s.	..	932	706	22	03	R. N. 183.	.	2	42	Mantes......	
Marche (la).......	1145	..	1145	..	.	.	.	.	.	.	.	.	Ville-d'Avray....	
Marcoussis......	693	1802	..	1404	1830	1680	10	35	R D. 3.	14	34	23	Marcoussis.....	✉
Marcq..........	XIIe s.	..	XIIIe s.	..	419	475	17	90	Ch. V.	10	28	27	Thoiry.......	
Mareil-en-France....	1150	..	..	1581	457	701	13	.	R. D. 16.	8	29	40	Luzarches.....	
Mareil-le-Guyon.....	980	..	XIVe s.	..	199	400	81	55	R. N. 191.	4	20	23	Montfort......	
Mareil-Marly......	1173	..	XIVe s.	..	364	177	17	25	R. D. 38.	3	.	11	S.-Germain-en-Laye.	
Mareil-sur-Mauldre....	1216	..	XIVe s.	..	240	433	01	65	R. D. 5.	16	.	24	Maule.......	
Margency........	1699	..	1540	..	195	71	96	.	Ch. I. C, 31.	4	18	30	Montlignon.....	
Marines.........	1161	1802	XIIIe s.	..	1542	826	13	.	R. N. 15.	.	14	48	Marines......	✉ ⏐
Marly-la-Ville.....	1190	..	XIIIe s.	..	774	862	30	47	Ch. de Fer.	8	35	44	Louvres......	
Marly-le-Roi......	XIIe s.	1802	..	1685	1250	653	11	89	R. N. 184.	.	.	10	Marly.......	✉ ⏐
Marnes-la-Coquette...	XIIIe s.	1862	XIIIe s.	1860	304	332	83	27	R. D. 41.	3	.	6	Ville-d'Avray....	
Marolles.........	XIIe s.	..	..	..	220	599	75	.	Ch. I. C. 33.	11	10	60	Etampes......	
Marolles-en-Hurepoix..	Xe s.	..	XVe s.	..	561	647	27	75	Ch. de Fer.	5	18	36	Marolles-en-Hurepoix	✉
Marolles-en-Brie.....	1088	..	XIe s.	..	225	458	89	10	R. N. 19.	4	19	37	Villecresnes....	
Massy..........	XII s.	..	XIIIe s.	..	1144	927	02	74	Ch. de Fer.	5	25	15	Palaiseau.....	
Mauchamps.......	XIIIe s.	..	XVIIe s.	..	113	316	18	.	Ch. V.	.	12	40	Etréchy......	
Maudetour.......	1161	..	1149	1829	180	654	68	35	Ch. V.	7	16	52	Magny.......	
Maule..........	XIe s.	1828	1096	1118	1350	1730	19	.	R. D. 5.	14	.	26	Maule.......	✉ ⏐
Maulette........	XIIIe s.	..	..	..	281	610	14	.	R. N. 12.	2	26	40	Houdan......	
Maurecourt.......	1791	1807	..	..	426	364	91	75	Ch. G. C. 14.	9	.	28	Andrésy......	
Maurepas........	XIe s.	..	..	..	242	831	89	27	Ch. G. C. 13.	13	19	18	Trappes......	
Médan..........	1475	..	1635	..	177	271	60	70	Ch. de Fer.	5	.	23	Triel........	
Ménerville........	1050	..	XVe s.	..	109	348	59	.	Ch. de Fer.	13	11	48	Rosny.......	
Mennecy........	XIIIe s.	..	XVe s.	..	1596	1108	84	45	Ch. de Fer.	.	8	40	Mennecy......	✉ ⏐
Menouville.......	1161	..	..	..	84	278	21	.	R. D. 16.	13	12	46	Grisy-les-Plâtres..	
Menucourt.......	.	..	XIVe s.	..	405	442	23	67	R. D. 49.	.	10	32	Vaux........	
Méré..........	980	..	XIVe s.	..	397	1057	33	26	Ch. de Fer.	2	21	25	Montfort......	

— 265 —

PAROISSES ET ANNEXES	ÉRECTION ANCIENNE ET MODERNE		CONSTRUCTION ET RECONSTRUCTION DES ÉGLISES		POPULATION	ÉTENDUE TERRITORIALE			VOIES DE COMMUNICATION	DISTANCES			BUREAUX DE POSTE	LIGNES TÉLÉGRAPHIQUES
	Anc.	Mod.	Const.	Reconst.	1872	Hect.	Ar.	C.		AU CANTON	A L'ARRONDISS.	A VERSAILLES		
Méréville.	1092	1853	. . .	1828	1564	2699	47	.	Ch. G. C. 18.	.	16	67	Méréville.	✉ ⌇
Méricourt.	. . .	1807	1450	1537	158	236	71	.	Ch. V.	4	13	55	Bonnières	
Mériel	1713	. . .	1715	. . .	553	516	91	.	R. D. 2.	4	10	43	L'Isle-Adam . . .	
Mérobert	XIᵉ s.	. . .	XIᵉ s.	. . .	422	1071	11	.	Ch. G. C. 21.	15	35	51	Authon	
Méry-sur-Oise.	775	1825	1414	. . .	1330	1112	32	.	Ch. de Fer.	6	8	40	Méry-sur-Oise. . .	✉ ⌇
Mesnil-Aubry (le) . . .	1200	. . .	1567	. . .	376	664	13	.	R. N. 16.	4	26	36	Ecouen.	
Mesnil-le-Roi (le). . . .	XIIIᵉs.	. . .	1587	. .	720	372	34	30	Ch. G. C. 48.	.	6	20	Maisons-sur-Seine.	
Mesnil-Saint-Denis (le) .	768	. . .	XIVᵉs.	. . .	498	895	57	63	Ch. G. C. 13.	7	18	18	Le Mesnil-S.-Denis	✉
Mesnil-Regnard (le) . . .	. . .	. . .	XIᵉ s.	. . .	. .	. . .	. .	.	. . . . .	.	.	.	. . . . .	
Mesnuls (les)	. . .	1807	. . .	. . .	617	648	99	74	R. N. 191.	4	16	26	Montfort-l'Amaury .	
Mespuits	. . .	1864	XIVᵉs.	. . .	250	995	35	91	R. D. 1.	17	13	65	Etampes.	
Meudon.	XIIᵉ s.	. . .	1570	. . .	5129	988	35	25	Ch. de Fer.	4	.	11	Meudon.	✉ ⌇
Meulan, Saint-Nicolas. .	VIIᵉ s.	1802	1116	1365	2310	346	22	25	R. N. 13.	.	.	32	Meulan.	⌇
Meulan, Notre-Dame. .	1282	. . .	1265	. . .	. .	. . .	. .	.	. . . . .	.	.	.	. . . . .	
Meulan, Saint-Jacques .	1269	. . .	1145	. . .	. .	. . .	. .	.	. . . . .	.	.	.	. . . . .	
Mézières	970	. . .	XIIᵉ s.	. . .	869	1042	42	98	Ch. de Fer.	.	8	34	Epône.	
Mézières	1245	. . .	XIIᵉ s.	. . .	. .	161	62	.	Ch. V.	10	10	44	Grisy-les-Plâtres . .	
Mézy.	1190	. . .	XVIᵉs.	. . .	475	478	91	90	R. N. 13.	2	.	34	Meulan.	
Millemont.	. . .	. . .	. . .	1843	185	562	13	95	Ch. V.	7	25	32	La Queue-Gallius. .	
Milly.	VIIᵉ s.	1802	XIIᵉs.	. . .	2281	3379	36	95	R. D. 30.	.	26	61	Milly.	✉ ⌇
Milon-la-Chapelle . . .	XIIIᵉs.	. . .	XVIIIᵉs.	. . .	164	306	10	06	Ch. I. C. 46.	4	26	56	Chevreuse	
Mittainville	1106	. . .	XVIIᵉs.	. . .	375	1031	12	.	Ch. G. C. 80	.	16	48	Epernon (Eure-et-L.)	
Moigny.	XIIᵉ s.	. . .	XIIIᵉs.	1868	560	1223	19	95	Ch. V.	4	27	57	Milly	
Moisselles.	802	. . .	XVIIᵉs.	. . .	365	145	77	.	R. N. 1.	6	22	37	Moisselles	✉
Moisson.	Vᵉ s.	. . .	XIVᵉs.	1849	587	909	83	.	Ch. V.	9	14	56	La Roche-Guyon . .	
Molières (les)	1186	. . .	XVIIᵉs.	. . .	507	702	31	59	Ch. de Fer.	4	22	20	Limours	
Mondeville	1215	. . .	XIIIᵉs.	. . .	468	670	10	69	Ch. I. C. 43	6	23	49	La Ferté-Alais . . .	
Mondreville.	XIIIᵉs.	. . .	1430	1852	181	439	80	.	Ch. G. C. 5,	15	16	50	Septeuil	
Monnerville.	630	. . .	XIIᵉ s.	. . .	350	828	77	.	Ch. de Fer.	6	14	65	Angerville	⌇
Montainville.	IXᵉ s.	. . .	1521	. . .	335	475	71	25	R. N. 191.	18	.	25	Maule	

34

— 266 —

PAROISSES ET ANNEXES	ÉRECTION ANCIENNE ET MODERNE		CONSTRUCTION ET RECONSTRUCTION DES ÉGLISES		POPULATION	ÉTENDUE TERRITORIALE			VOIES DE COMMUNICATION	DISTANCES			BUREAUX DE POSTE	LIGNES TÉLÉGRAPHIQUES
	Anc.	Mod.	Const.	Reconst.	1872	Hect.	A.	C.		AU CANTON	A L'ARRONDISS.	A VERSAILLES		
Montalet-le-Bois....	1023	1846	XIe s.	...	158	279	09	.	Ch. V.	11	12	40	Meulan....	
Montceaux	1122	...	XIIe s.	...	...	813	34	95	Ch. G.C. 41.	.	8	45	Le Plessis-Chenet..	
Montchauvet	1177	...	1137	...	345	789	97	.	Ch. G.C. 11.	14	13	43	Septeuil	
Montesson......	1366	...	1440	XVIIes.	1579	730	87	96	R. D. 48.	9	.	17	Chatou.....	
Montfermeil......	1196	...	XIIIes.	...	1003	544	37	98	R. D. 28.	16	46	41	Gagny......	
Montfort-l'Amaury...	1072	1802	1158	1613	1516	572	41	85	Ch. de Fer.	.	19	26	Montfort-l'Amaury.	⊠ ✝
Montgeron	1240	...	1119	1857	1667	1119	79	..	Ch. de Fer.	10	13	34	Montgeron.....	⊠
Montgeroult......	1071	...	XIIe s.	...	231	496	97	.	Ch. de Fer.	9	11	38	Pontoise.....	
Montigny-le-Bretonneux.	1003	...	XIIe s.	1616	338	686	59	07	Ch. de Fer	.	.	11	Trappes.....	
Montigny-les-Cormeilles	XIIIes.	...	XIIIes.	...	577	433	48	78	R. N. 14.	8	.	26	Franconville...	
Montlhéry.......	XIIe s.	...	XIIIes.	...	2012	328	42	44	R. N. 20.	6	18	26	Montlhéry.....	⊠ ✝
Montlignon......	...	1845	1770	1852	652	283	39	.	Ch. G.C. 38.	5	20	30	Montlignon....	⊠
Montmagny......	XIIIes.	...	1184	XVIIIes.	662	291	28	.	Ch. G.C. 15.	4	23	30	Montmorency...	
Montmorency.....	XIe s.	...	1525	1525 1563	3494	536	80	.	Ch. de Fer.	.	21	29	Montmorency...	⊠ ✝
Montreuil.......	XIIe s.	...	1578	1720	317	722	42	28	Ch. G.C. 37.	10	25	64	Magny......	
Montsoult.......	1161	...	XVe s.	...	334	383	90	.	Ch. V.	10	20	40	Moisselles....	
Morainvilliers.....	1163	...	1450	...	673	723	51	55	Ch. V.	8	.	25	Orgeval.....	
Morangis	XIIIes.	...	XVIes.	...	375	466	52	94	R. D. 35.	4	18	22	Longjumeau ...	
Morigny-Champigny...	...	1807	1095	...	905	3085	25	.	Ch. V.	.	3	49	Etampes.....	
Morsang-sur-Orge ...	XIe s.	1807	1309	1807	574	432	25	75	Ch. I.C. 77.	7	17	26	Savigny-sur-Orge.	
Morsang-sur-Seine...	XIIe s.	...	Xe s.	...	132	443	98	70	Ch. V.	.	6	46	Corbeil.....	
Mory........	IXe s.	...	IXe s.	...	.	.	.	.	.	.	.	.	.	
Moulineux	XIe s.	...	...	...	.	.	.	.	Ch. I.C. 54.	9	14	53	Pussay......	
Mours........	832	...	...	...	120	244	88	.	R. D. 2.	5	18	50	Beaumont-sur-Oise.	
Mousseaux	IXe s.	...	1749	1874	248	720	17	.	Ch. V.	6	15	59	Bonnières....	
Moussy........	...	...	XIIe s.	...	116	473	64	.	Ch. I.C. 50.	6	23	49	Marines.....	
Mulcent.......	1080	...	...	...	78	353	81	.	R. N. 183.-	12	15	41	Septeuil.....	
Mureaux (les)	1163	...	1594	...	1230	1200	47	65	Ch. de Fer.	2	.	31	Meulan.!	✝
Nainville........	...	...	XIIIes.	1846	130	596	44	45	Ch. V.	.	13	50	Ponthierry (S.-et-M.)	✝
Neauphle-le-Château ..	1118	...	XIIIes.	...	1215	185	10	56	R. D. 38.	9	25	19	Neauphle-le-Ch. ..	⊠ ✝

— 267 —

PAROISSES ET ANNEXES	ÉRECTION ANCIENNE ET MODERNE		CONSTRUCTION ET RECONSTRUCTION DES ÉGLISES		POPULATION	ÉTENDUE TERRITORIALE		VOIES DE COMMUNICATION	DISTANCES			BUREAUX DE POSTE	LIGNES TÉLÉGRAPHIQUES
	Anc.	Mod.	Const.	Reconst.	1872	Hect.	Ar. C.		AU CANTON	A L'ARRONDISS.	A VERSAILLES		
Neauphle-le-Vieux....	VIIIᵉs.	...	XIᵉ s.	1830	482	751	71 40	Ch. de Fer.	9	25	22	Neauphle-le-Château	
Neauphlette......	1177	...	XVIᵉs.	...	278	971	53	Ch. de Fer.	15	16	51	Bréval......	
Nerville........	...	1866	...	1836	384	....	.	Ch. V.	3	19	44	Beaumont-sur-Oise	
Nesles-en-Vallée.....	1205	...	XIIIᵉs.	...	825	1138	02	Ch. I. C. 64.	5	12	46	Nesles-en-Vallée...	☒
Neuilly........	1218	...	XIIIᵉs.	...	194	296	09	Ch. G.C. 28.	3	18	52	Marines......	
Neuilly-sur-Marne....	998	...	XIᵉ s. XIIᵉs.	...	2560	1027	29 11	R. N. 34.	21	46	34	Neuilly-sur-Marne..	☒
Neuville........	...	1864	XVIIIᵉs	...	443	....	.	Ch. V.	.	4	30	Conflans-Sᵗᵉ-Honor.	
Nézel.........	...	1807	...	1848	365	131	33 70	R. D. 5.	10	.	30	Épône......	
Nointel........	1178	...	1595	...	232	302	36	Ch. V.	7	20	48	Beaumont-sur-Oise.	
Noiseau........	1218	...	...	1834	134	448	55 80	Ch. G.C. 73.	5	24	36	Sucy-en-Brie....	
Noisy-le-Grand....	1150	...	XIIᵉ s.	...	1248	1295	29 93	R. D. 10.	26	43	34	Noisy-le-Grand...	☒
Noisy-le-Roi.......	XIIᵉ s.	...	1590	...	655	542	72 80	R. D. 5.	6	.	8	Versailles.....	
Noisy-sur-Oise.....	832	...	XIIIᵉs.	...	360	336	72 20	Ch. G.C. 16.	8	25	50	Beaumont-sur-Oise.	
Nonneville.......	1209	...	...	...	...	....	.	Ch. de Fer.	9	35	35	Le Bourget (Seine).	
Norville (la)......	XIIᵉ s.	...	1620	...	461	454	16 10	Ch. de Fer.	1	23	33	Arpajon......	
Nozay.........	1151	...	XVIᵉs.	...	284	733	43 76	Ch. G.C. 35.	12	.	23	Montlhéry.....	
Nucourt........	1249	...	1451	...	364	765	09	Ch. de Fer.	11	26	54	Magny.......	
Oinville........	1127	...	XIIᵉ s.	...	527	386	61	R. D. 44.	12	13	37	Meulan......	
Ollainville.......	...	...	...	...	514	1133	34 15	Ch. I. C. 55.	2	26	34	Arpajon......	
Omerville.......	1249	...	XIᵉ s.	XVIIᵉ	439	1197	83 18	R. D. 22.	6	21	58	Magny.......	
Oncy..........	XIIIᵉs.	...	...	...	193	537	06 85	R. D. 30.	3	29	64	Milly.......	
Orangis........	1115	...	Xᵉ s.	...	...	....	.	Ch. G. C. 58.	6	.	30	Ris-Orangis.....	
Orcemont.......	XIIᵉ s.	1849	1526	...	306	1048	76	Ch. V.	.	3	39	Rambouillet....	
Orgerus........	IXᵉ s.	...	XVIᵉs.	...	735	1433	91 67	Ch. de Fer.	12	31	37	Orgerus......	☒
Orgeval........	1032	...	1152	...	1330	1532	58 50	R. N. 190.	5	.	22	Orgeval......	☒
Ormesson.......	XIIᵉ s.	...	XVIIᵉ.	...	96	341	01 29	Ch. G. C. 2.	5	24	34	Sucy-en-Brie....	
Ormoy.........	XIIᵉ s.	...	XVᵉ s.	...	260	187	61 95	Ch. de Fer.	.	7	41	Mennecy......	
Ormoy-la-Rivière....	1115	...	XIIIᵉs.	...	339	1029	82	Ch. V.	.	5	54	Étampes......	
Orphin.........	XIᵉ s.	...	1512	...	506	1649	27	Ch. I. C. 39.	22	8	39	Rambouillet....	
Orsay.........	1151	1827	XIIIᵉs.	1778	1297	1130	95 38	Ch. de Fer.	6	.	15	Orsay.......	☒ T

— 268 —

PAROISSES ET ANNEXES	ÉRECTION ANCIENNE (Anc.)	ÉRECTION MODERNE (Mod.)	CONSTRUCTION (Const.)	RECONSTRUCTION (Reconst.)	POPULATION 1872	Hect.	Ar.	C.	VOIES DE COMMUNICATION	AU CANTON	À L'ARRONDISS.	À VERSAILLES	BUREAUX DE POSTE	LIGNES TÉLÉGRAPHIQUES
Orsonville	768		Xᵉ s.		266	961	59		Ch. de Fer.	15	18	50	Ablis	
Orveau	Xᵉ s.				119	430	49	90	Ch. V.	6	12	55	La Ferté-Alais	
Orvilliers	1159		1650		422	592	14		R. N. 183.	10	18	44	Septeuil	
Osmoy	Xᵉ s.				188	258	69		Ch. V.	15	16	34	Septeuil	
Osny	1089		1477		506	1252	85	55	Ch. de Fer.		4	37	Pontoise	
Palaiseau	741	1802	XIIᵉ s.		1949	1150	63	44	Ch. de Fer.			15	Palaiseau	✉ ⌁
Paray	XIIIᵉˢ.		XIIᵉˢ.		44	605	56	36	Ch. I. C. 97	8	19	19	Athis-Mons	
Paray-Douaville	850	1843	XVᵉ s.	1777	247	1027	54		Ch. de Fer.	15	21	49	Paray-Douaville	✉
Pecq (le)	693		1740		1908	293	51	64	Ch. de Fer.	1		14	Saint-Germain	
Pecqueuse	1100		XIIᵉ s.		249	739	70	85	Ch. de Fer.	2	19	24	Limours	
Perchay (le)	1161		XIᵉ s.		208	640	61		Ch. I. C. 51.	6	18	46	Marines	
Perdreauville			XVᵉ s.		365	1114	39		Ch. V.	10	8	50	Rosny	
Périgny	XIIᵉ s.		1768		333	278	49	15	Ch. G. C. 54.	7	15	40	Mandres	
Perray (le)	1242		1242		740	1334	87		Ch. de Fer.		7	25	Le Perray	✉ ⌁
Persan	1194				1240	513	79		Ch. de Fer.	8	20	51	Beaumont-sur-Oise	
Pierrelaye	XIIᵉ s.			1852	959	966	41	95	R. N. 14.		6	31	Pontoise	
Piscop	1214	1843	1556		326	408	21		Ch. V.	6	28	34	Ecouen	
Plaisir	VIIIᵉˢ.		XIIᵉ s. XIIIᵉˢ.	1780	1265	1968	35	98	Ch. de Fer.	17		15	Neauphle-le-Château	
Plessis-Bouchard (le)	1292	1864	XVᵉ s.		244	261	68		Ch. G. C. 25.	9	15	30	Ermont	
Plessis-le-Comte (le)	XVᵉ s.		XIVᵉˢ.						Ch. V.	10	11	29	Ris-Orangis	
Plessis-Gassot (le)	XIVᵉˢ.		1575		75	410	44		Ch. V.	6	29	37	Ecouen	
Plessis-Luzarches (le)	XIIᵉ s.		XVIIIᵉ.		153	90	25	77	Ch. V.	3	34	44	Luzarches	
Plessis-Pâté (le)	1657		1213	1625	283	757	60	70	Ch. I. C. 63.	12	14	31	Brétigny	
Poigny	1159		XIᵉ s.		444	2327	20		Ch. V.		8	36	Rambouillet	
Poissy	1012	1861	1012		5047	1238	11	84	Ch. de Fer.			20	Poissy	✉ ⌁
Ponthévrard	1162	1846			194	257	36		Ch. V.	10	15	42	Saint-Arnoult	
Pontoise	VIᵉ s.	1802	600	1500	6480	727	45	49	Ch. de Fer.			34	Pontoise	✉ ⌁
Pontoise, Notre-Dame			1828	1226										
Porcheville	690		1388		222	462	04		Ch. V.	5	6	43	Mantes	
Portes	1200								Ch. V.		11	47	Ponthierry (S.-et-M.)	

— 269 —

PAROISSES ET ANNEXES	ÉRECTION ANCIENNE ET MODERNE		CONSTRUCTION ET RECONSTRUCTION DES ÉGLISES		POPULATION	ÉTENDUE TERRITORIALE			VOIES DE COMMUNICATION	DISTANCES			BUREAUX DE POSTE	LIGNES TÉLÉGRAPHIQUES
	Anc.	Mod.	Const.	Reconst.	1872	Hect.	Ar.	C		AU CANTON	A L'ARRONDISS.	A VERSAILLES		
Port-Marly	1785	...	1780	...	748	141	24	63	R. N. 184.	2	.	11	Bougival	
Port-Villez			XVIIᵉs.		262	535	44		Ch. de Fer.	6	19	61	Bonnières	
Presles	832		1483		1203	1540	26		R. N. 1.	6	19	46	Beaumont-sur-Oise	
Prunay	XIIIᵉs.		XIᵉ s.		131	514	02	30	Ch. de Fer.	8	22	64	Gironville	
Prunay-sous-Ablis	XIIᵉ s		XVᵉ s.	1780	620	2288	27		Ch. V.	17	16	48	Ablis	
Prunay-le-Temple		1869	XIᵉ s.		203	642	94		Ch. V.	12	17	38	Septeuil	
Puiselet-le-Marais			1640		251	1126	80	70	Ch. V.	18	9	60	Etampes	
Puiseux	1161		1212		182	564	28	75	R. N. 14.	.	6	36	Pontoise	
Puiseux-les-Louvres	1151		Xᵉ s.		189	511	37		Ch. G. C. 9.	12	33	42	Louvres	
Pussay	XIIIᵉs.		XIᵉ s.	XVIIᵉs.	1118	1155	21		Ch. G. C. 18.	10	17	58	Pussay	⊠
Queue-en-Brie (la)	1100		XIIIᵉs.		559	1161	58	20	R. D. 12.	9	28	40	La Queue-en-Brie	⊠
Queue-Galluis (la)	1159	1807	XIIᵉ s.	1850					Ch. de Fer.	5	23	29	La Queue-Galluis	⊠
Quincy-sous-Sénart	XVᵉ s.		XVIᵉs.		208	519	72	65	Ch. de Fer.	9	8	42	Brunoy	
Raincy (le)		1866			2341	191	25	89	Ch. de Fer.	13	37	33	Livry	
Raizeux	XIᵉ s.	1807	XVIIIᵉs.		531	1024	71		Ch. V.	.	13	44	Epernon (Eure-et-L.)	
Rambouillet	768	1802	XIVᵉs.	1868	3657	3485	15		Ch. de Fer.	.	.	31	Rambouillet	⊠ T
Rennemoulin	XIIᵉs.		XIIᵉs.		49	221	61	75	Ch. I. C. 24.	8	.	11	Villepreux	
Retz	XIIIᵉs.		XIIIᵉs.		.									
Richarville	XIIᵉ s.		.		254	1036	30		Ch. V.	7	28	43	Dourdan	
Richebourg	1101		XVᵉ s.		579	1055	46		Ch. de Fer.	5	23	40	Houdan	
Ris-Orangis	985		XIIᵉ s.		990	870	73	21	Ch. de Fer.	7	.	32	Ris-Orangis	⊠
Rochefort	IXᵉ s		IXᵉ s.		509	1258	73		R. N. 188.	8	14	30	Saint-Arnoult	
Roche-Guyon (la)	Xᵉ s.		XIᵉ s.	1404	605	462	43	90	R. D. 44.	16	16	58	La Roche-Guyon	⊠ T
Rocquencourt	862				232	277	27	50	R. N. 184.	.	.	5	Versailles	
Roinville	XIᵉ s.				530	1340	79		Ch. de Fer.	2	23	38	Dourdan	
Roinvilliers					120	716	06		Ch. I. C. 30.	14	12	62	Etampes	
Roissy	1202		XVIᵉs.		826	1340	32	09	R. N. 2.	6	38	38	Roissy	⊠
Rolleboise	Vᵉ s.		1540	XVIIᵉs.	248	304	17		Ch. de Fer.	4	9	51	Bonnières	
Ronquerolles	1142				378	474	05		Ch. V.	10	22	54	Chambly (Oise)	
Rosay	1080		1719		304	449	17		R. N. 183.	.	10	40	Septeuil	

— 270 —

PAROISSES ET ANNEXES	ÉRECTION ANCIENNE ET MODERNE		CONSTRUCTION ET RECONSTRUCTION DES ÉGLISES		POPULATION	ÉTENDUE TERRITORIALE	VOIES DE COMMUNICATION	DISTANCES			BUREAUX DE POSTE	LIGNES TÉLÉGRAPHIQUES
	Anc.	Mod.	Const.	Reconst.	1872	Hect. Ar. C.		AU CANTON	A L'ARRONDISS.	A VERSAILLES		
Rosny........	XIᵉ s.		XIᵉ s.		708	1983 86 71	Ch. de Fer.	.	6	48	Rosny.......	✉
Rueil........	870		XIIIᵉs.	1854	6565	1474 36 23	R. N. 13.	9	.	13	Rueil.......	✉ ⌇
Saclas.......	630				1564	1365 78	Ch. G. C. 49.	7	10	59	Saclas.......	✉
Saclay.......	XIIIᵉs.		XIIIᵉs.		410	1364 91 05	R. D. 3 et 8.	8	.	11	Orsay.......	
Sagy.........	1071		1750		620	1054 73	Ch. G. C. 50.	12	13	40	Vaux........	
Sailly........	XIIᵉ s.			1855	186	545 11	R. D. 44.	10	11	41	Fontenay-Saint-Père	
Saintry.......	1200		XIIIᵉs.	1780	555	329 12 40	R. D. 31.	.	2	42	Corbeil......	
Sannois.......	XIIᵉ s.		XVIᵉs.		2489	473 91 87	Ch. de Fer.	3	.	24	Sannois......	✉ ⌇
Santeny.......	XIIᵉ s.		XIIᵉ s.		398	991 20 39	R. N. 19.	6	16	39	Villecresne....	
Santeuil......			XIIᵉ s.		173	441 57	Ch. de Fer.	4	16	50	Marines......	
Sarcelles......	IXᵉ s.	1828	XIᵉ s.	XVIIᵉ1.	1682	831 64	R. N. 16.	3	27	32	Sarcelles.....	✉
Sartrouville....	XIᵉ s.		XIᵉ s.		1697	846 24 26	Ch. de Fer.	9	.	23	Sartrouville....	✉
Saulx-Marchais...	1181	1870	1719		226	212 88 95	Ch. V.	6	29	26	Thoiry.......	
Saulx-les-Chartreux...	1100		XIIᵉ s.		969	765 02 99	Ch. V.	2	22	20	Longjumeau....	
Savigny-sur-Orge...	XIᵉ s.		XIIIᵉs.		1255	639 34 81	Ch. de Fer.	6	13	24	Savigny-sur-Orge..	✉ ⌇
Senlisse.......	IXᵉs		XIIIᵉs.		370	785 59 30	R. D. 39.	7	15	20	Cernay-la-Ville...	
Septeuil.......	1177		XIIᵉ s.		1050	959 96	R. N. 183.	14	12	38	Septeuil......	✉
Seraincourt.....	1269			1864	510	1130 95	R. D. 51.	17	20	37	Meulan.......	
Sermaise......	Xᵉ s.		XVIᵉs.		518	1360 10	Ch. de Fer.	6	27	39	Dourdan......	
Seugy........	775				261	162 97 58	Ch. G. C. 16.	3	30	48	Luzarches.....	
Sévran.......	VIIIᵉs.	1119	1550		365	724 75 20	Ch. de Fer.	9	41	39	Livry........	
Sèvres.......	VIᵉ s.		XIIIᵉs. XVIᵉs.		6146	391 63 44	Ch. de Fer.	.		8	Sèvres.......	✉ ⌇
Soindres......	XIIIᵉs.		XVᵉ s.		223	518 55 63	Ch. G. C. 5.		6	42	Mantes.......	
Soisy-sous-Montmorency.	XIIᵉ s.		1755		777	396 59 65	Ch. de Fer	2	20	30	Montmorency...	
Soisy-sur-Ecole...	984		XIIᵉ s. XVIᵉs.		589	1151 88 55	Ch. I. C. 83.	9	28	54	Milly........	⌇
Soisy-sous-Etiolles...	Xᵉ s.		XIVᵉs.		930	855 64 30	R. D. 29.	.	5	45	Soisy-sous-Etiolles..	✉ ⌇
Sonchamp......	623		XIIᵉ s.		1052	5330 83	R. D. 6.	13	9	40	Saint-Arnoult...	
Souzy-la-Briche...	XIIᵉ s.	XIIᵉ s.			152	733 52	Ch. I. C. 82.	.	13	32	Etréchy......	
Sucy.........	811		1820	XIIIᵉs.	1072	1042 62 10	Ch. de Fer.	2	22	32	Sucy-en-Brie....	✉
Survilliers.....	1090			1354	543	538 28 04	R. N. 53.	10	39	49	La Chapelle-en-Serval (Oise)....	

PAROISSES ET ANNEXES	ÉRECTION ANCIENNE ET MODERNE		CONSTRUCTION ET RECONSTRUCTION DES ÉGLISES		POPULATION	ÉTENDUE TERRITORIALE			VOIES DE COMMUNICATION	DISTANCES			BUREAUX DE POSTE	LIGNES TÉLÉGRAPHIQUES
	Anc.	Mod.	Const.	Recons	1872	Hect.	Ar.	C.		AU CANTON	A L'ARRONDISS.	A VERSAILLES		
Saint-Antoine-du-Buisson	. .	. .	XIIe s.	1617	. .	. .	. .	. .	R. N. 18	.	.	.	Versailles	
Saint-Arnoult	VIIIe s.	. .	Xe s.	XVIIe s.	1326	1254	50	. .	R. N. 188	8	15	34	Saint-Arnoult	⊠
Saint-Aubin	XIIe s.	. .	XIIe s.	. .	120	356	57	8	R. D. 8	10	.	13	Gif	
Saint-Aubin	. .	. .	. .	. .	. .	. .	. .	. .	R. N. 12	5	24	22	Neauphle-le-Château	
Saint-Brice	1138	. .	1780	. .	812	600	. .	. .	R. N. 1	3	26	32	Saint-Brice	⊠
Saint-Chéron	1119	. .	1490	. .	1091	1143	45	. .	Ch. de Fer	9	31	35	Saint-Chéron	⊠
Saint-Clair-sur-Epte	1198	. .	XIIe s.	. .	545	1217	82	66	R. N. 14	11	29	67	Magny	
Saint-Cloud	862	. .	1319	1862	2478	757	70	12	Ch. de Fer.	3	.	9	Saint-Cloud	⊠
Saint-Cyr-l'Ecole	1159	. .	XIIe s.	XVIe s.	1724	500	65	25	Ch. de Fer.	.	.	5	Saint-Cyr-l'Ecole	⊠
Saint-Cyr-en-Arthies	Xe s.	. .	. .	. .	171	389	17	50	Ch. V.	14	9	46	Vetheuil	
Saint-Cyr-la-Rivière	. .	. .	. .	. .	280	880	81	. .	Ch. I. C. 33	7	11	62	Saclas	
Saint-Cyr-sous-Dourdan	1150	. .	1540	. .	643	989	38	. .	R. D. 1	5	20	31	Dourdan	
Saint-Escobille	XIIe s.	. .	XIVe s.	. .	358	1200	45	. .	R. D. 14	13	30	50	Authon-la-Plaine	
Saint-Forget	XIIIe s.	. .	. .	. .	330	600	31	76	Ch. I. C. 58	3	17	16	Chevreuse	
Sainte-Geneviève-d.-Bois	1020	. .	1679	. .	319	927	01	12	R. D. 3-27	9	12	23	Montlhéry	
Saint-Germain-les-Arpajon	VIIe s.	. .	XIIe s.	. .	561	627	09	30	C. V.	1	23	32	Arpajon	
Saint-Germain-les-Corb.	XIe s.	. .	XIIe s.	. .	526	492	96	70	R. D. 9	.	1	41	Corbeil	
Saint-Germain-les-Etamp.	1247	. .	. .	. .	. .	. .	. .	. .	. .	.	.	.	. .	
Saint-Germain-de-la-Gran.	. .	. .	. .	. .	138	523	32	55	Ch. de Fer.	11	26	21	Neauphle-le-Château	
Saint-Germain-en-Laye	1020	. .	XIe s.	1824	12876	4918	94	16	Ch. de Fer.	.	.	14	Saint-Germain	⊠
Saint-Gervais	1119	. .	1150	XVIe s.	690	1318	54	09	R. N. 14	2	24	58	Magny	
Saint-Gratien	XIIe s.	1828	XIIe s.	1859	1202	272	18	65	Ch. de Fer.	5	20	27	Enghien	
Saint-Hilaire	1166	. .	. .	. .	207	679	26	. .	Ch. V.	.	8	52	Etampes	
Saint-Hilarion	. .	. .	. .	. .	511	1400	53	. .	Ch. de Fer.	.	7	40	Rambouillet	
Saint-Hubert	1756	. .	1756	. .	. .	. .	. .	. .	Ch. de Fer.	.	9	24	Le Perray	
Saint-Iliers-la-Ville	XIVe s.	. .	XVe s.	. .	190	648	30	. .	Ch. G.C. 89	9	14	55	Rosny	
Saint-Iliers-le-Bois	XVe s.	. .	XVe s.	. .	344	439	49	. .	Ch. G. C. 29	12	17	54	Bréval	
Saint-Jean-de-Beauregard	1237	. .	1680	1832	215	397	06	30	Ch. I. C. 100	10	30	22	Orsay	
Saint-Julien-de-Versailles	1084	1100	XVe s.	. .	. .	. .	. .	. .	. .	.	.	.	. .	
Saint-Lambert	XIIIe s.	. .	XVIIIe s.	. .	232	660	87	85	Ch. J. C. 46	7	22	22	Chevreuse	

— 272 —

PAROISSES ET ANNEXES	ÉRECTION ANCIENNE ET MODERNE		CONSTRUCTION ET RECONSTRUCTION DES ÉGLISES		POPULATION	ÉTENDUE TERRITORIALE			VOIES DE COMMUNICATION	DISTANCES			BUREAUX DE POSTE	LIGNES TÉLÉGRAPHIQUES
	Anc.	Mod.	Const.	Reconst	1872	Hect.	Ar.	C.		AU CANTON	A L'ARRONDISS.	A VERSAILLES		
Saint-Léger-en-Laye	750		745						Ch. de Fer		1	14	Saint-Germain	
Saint-Léger-en-Ivelines	1031		1026		710	3451	57		Ch. G. C. 51		11	32	Le Perray	
Saint-Leu-Napoléon	1122		1683	1851	1630	524	36		R. D. 7	8	14	31	Saint-Leu-Napoléon	✉
Saint-Martin-de-Bret	XIe s.		1080		642	1632	63		Ch. de Fer	8	23	43	Dourdan	
Saint-Martin-des-Champs	XIIIe s.		XIIe s.		260	621	73		R. D. 24	17	15	35	Septeuil	
Saint-Martin-du-Tertre	1155		1745		700	1322	69	15	Ch. V.	8	26	44	Luzarches	
Saint-Martin-la-Garenne	1141		XIIe s.		507	1575	15		Ch. I. C. 36	7	8	50	Mantes	
Saint-Maurice	1136		XIIe s.		342	902	70		Ch. G. C. 27	12	31	33	Saint-Chéron	
Sainte-Mesme	VIe s.				655	819	27		Ch. de Fer	5	20	40	Dourdan	T
Saint-Michel-sur-Orge	XIIe s.		XIIe s	1869	724	528	57	30	Ch. de Fer	8	16	28	Montlhéry	T
Saint-Nom-la-Bretèche	1084	1828	XIIIe s.	XVIIIe	783	1175	17	53	R. D. 5	10		13	Villepreux	
Saint-Ouen-l'Aumône	XIVe s.	1827	XIIe s.		2056	1231	29	33	Ch. de Fer		2	32	Pontoise	
Saint-Pierre-du-Perray	Xe s.		XIIIe s.		341	1143	78	65	R. D. 9		2	42	Corbeil	
Saint-Prix	1096		XIIIe s.	1600	474	789	44		Ch. I. C. 31	6	17	32	Saint-Leu	
Saint-Rémy-les-Chevreuse	1070		XIIIe s.		731	965	40	95	Ch. de Fer	3	22	16	Chevreuse	
Saint-Rémy-l'Honoré	XIIe s.		XIIIe s.		404	1014	72	29	Ch. V.	17	17	22	Montfort-l'Amaury	
Saint-Sulpice-de-Favières	XIIe s.		XIIIe s.		255	436	92		Ch. I. C. 82	15	36	38	Boissy-s.-Saint-Yon	
Saint-Vrain	XIe s.		XIIe s.	XVIIe s.	821	1156	83	28	Ch. G. C. 17	8	17	43	Bouray	
Saint-Witz	VIe s.		XIVe s.		75	766	42	50	Ch. G. C. 9	13	41	51	La Chapelle-en-Serval (Oise)	
Saint-Yon	Ve s. VIe s.		1693	1854	248	466	28		Ch. V.	15	36	35	Saint-Chéron	
Tacoignères	XIIIe s.		XIIIe s.		250	316	63	35	Ch. de Fer	14	33	37	Orgerus	
Tartre-Gaudran (le)	1162				26	427	86		R. N. 183	13	42	49	Condé-sur-Vesgre	
Taverny	754		XIIIe s.		1582	1207	65		R. D. 7	10	12	32	Saint-Leu	
Tertre-Saint-Denis (le)	XIIIe s.				109	286	59		Ch. V.	15	11	48	Rosny	
Tessancourt	XIIe s.		1147		304	436	40	30	Ch. G. C. 50	3		34	Meulan	
Théméricourt	832		XIe s.		274	749	69		R. D. 51	11	17	41	Vigny	
Theuville	1178	1855	1665		174	496	85		Ch. V.	8	16	50	Grisy-les-Plâtres	
Thiessonville	XIIIe s.		XIe s.											
Thillay (le)	XIIe s.		1545		535	390	90	27	Ch. I. C. 47	3	35	35	Gonesse	
Thionville					102	387	37		Ch. G. C. 54	11	17	56	Pussay	

PAROISSES ET ANNEXES	ÉRECTION ANCIENNE ET MODERNE		CONSTRUCTION ET RECONSTRUCTION DES ÉGLISES		POPULATION	ÉTENDUE TERRITORIALE		VOIES DE COMMUNICATION	DISTANCES			BUREAUX DE POSTE	LIGNES TÉLÉGRAPHIQUES
	Anc.	Mod.	Const.	Reconst.	1872	Hect.	Ar. C.		AU CANTON	À L'ARRONDISS.	À VERSAILLES		
Thionville-sur-Opton...	XIe s.	...	XVe s.	...	32	179	37	Ch. I. C. 60.	2	30	46	Houdan......	
Thiverval........	XIe s.	...	XIIIe s	...	512	1118	92 10	Ch. V.	12	.	20	Neauphle-le-Château	⚡
Thoiry........	1110	...	XIIe s.	...	486	705	86 49	R. D. 24.	13	30	30	Thoiry......	✉
Tigery........	1550	...	1553	...	347	864	60 60	Ch. G. C. 33	.	4	44	Corbeil......	
Tilly........	XIIe s.	...	XVIe s	...	368	767	29	Ch. G. C. 96	12	17	48	Septeuil.....	
Torfou........	1134	...	XIIe s.	...	186	449	93 60	Ch. V.	12	13	39	Chamarande....	
Toussus-le-Noble....	XIIe s.	...	XVIe s	...	62	401	80 42	Ch. V.	14	.	7	Versailles.....	
Trappes........	1003	...	XIIe s	...	918	1346	69 75	Ch. de Fer.	.	.	11	Trappes......	✉ ⚡
Tremblay.......	862	...	XVIe s	...	735	2312	79 60	R. D. 28.	11	43	45	Livry......	
Tremblay (le).....	.	...	XIIIe s	...	359	602	99 78	Ch. G. C. 13	5	21	22	Montfort-l'Amaury.	
Trianon........	1163	...	.	...	.	.	.	.	.	.	.	.	
Triel.........	XIe s.	...	XIIe s.	...	2266	1355	81 50	Ch. de Fer.	6	.	26	Triel.......	✉ ⚡
Ursines........	1084	...	1083	...	.	.	.	.	5	.	.	.	
Valenton.......	829	...	1781	...	587	529	64 70	R. D. 33.	4	20	30	Villeneuve-S-.Georg	
Vallangoujard.....	1161	1698	XIIe s.	...	403	584	44	R. D. 16.	10	12	46	Grisy-les-Plâtres.	
Valmondois......	1161	1826	XIIIe s	...	375	409	33	Ch. I. C. 41	4	10	44	L'Isle-Adam....	
Valpuiseaux......	1112	1865	XIIIe s	...	416	1868	90 60	Ch. V.	14	14	65	Maisse......	
Val-Saint-Germain (le).	XIe s.	...	XIIe s	...	524	1257	25	Cb. G. C. 27	7	22	30	Saint-Chéron....	
Varennes et Jarcy....	1269	...	XIIIe s	...	265	548	25 60	Ch. de Fer.	9	11	42	Mandres.....	
Vaucresson......	XIIe s.	...	1683	...	362	299	05 60	R. D. 5.	5	.	5	Ville-d'Avray....	
Vaud'herland.....	1202	...	1202	...	56	9	24 40	R. N. 2.	4	36	36	Gonesse......	
Vaugrigneuse.....	XIIe s.	1618	XVe s.	...	420	606	47 93	Ch. G. C. 13	7	28	29	Briis-sous-Forges.	
Vauhallan.......	VIIe s.	1807	530	...	332	334	38 37	Ch. G. C. 22	6	.	13	Bièvres......	
Vaujours.......	1138	...	1770	...	1102	378	29 59	R. N. 3.	13	45	39	Livry......	
Vauréal........	1252	...	XIIe s	...	406	335	97 06	R. D. 29.	.	6	33	Pontoise.....	
Vaux.........	1154	...	XIIIe s.	...	1164	742	87 75	R. N. 13.	4	.	30	Vaux.......	✉
Vayres........	1120	...	XIIe s.	...	280	841	54 60	R. D. 34.	6	15	53	La Ferté-Alais.	
Velannes.......	.	...	.	...	467	43	20	Ch. de Fer.	2	23	59	Magny......	
Velisy.........	1608	...	1674	...	206	889	01 65	R. N. 186.	.	.	6	Viroflay......	
Némars........	XIIe s.	...	1545	...	460	817	60 58	R. D. 53.	14	43	47	Louvres.....	

35

PAROISSES ET ANNEXES	ÉRECTION ANCIENNE ET MODERNE		CONSTRUCTION ET RECONSTRUCTION DES ÉGLISES		POPULATION	ÉTENDUE TERRITORIALE			VOIES DE COMMUNICATION	DISTANCES			BUREAUX DE POSTE	LIGNES TÉLÉGRAPHIQUES
	Anc.	Mod.	Const.	Reconst.	1872	Hect.	Ar.	C.		AU CANTON	À L'ARRONDISS.	À VERSAILLES		
Verneuil	1159		XIe S.		600	942	93	15	Ch. de Fer.	8	.	26	Triel	
Vernouillet	1002		1145		773	648	12	45	Ch. de Fer.	7	.	25	Triel	
Verrière (la)	1739		1739		73	107	59	30	Ch. de Fer.	11	17	14	Le Mesnil-S.-Denis	⚡
Verrières-le-Buisson	1207	1829	XIIIes.		1175	990	07	56	Ch. G. C. 22	7	.	15	Antony (Seine)	
Versailles, Notre-Dame	1682		1680		36015	2382	59	28					Versailles	✉ ⚡
Versailles, Saint-Louis	1730		1754											✉ ⚡
Versailles, S.-Symphorien	XIIe s.		1770											
Versailles, Ste-Elisabeth	1863		1850											⚡
Vert	XIIe s.		1640		339	366	96	29	R. N. 183.	.	6	40	Mantes	
Vert-le-Grand	1151		XIIIes.		755	1596	22	64	Ch. G. C. 31	10	13	38	Marolles-en-Hurep.	
Vert-le-Petit	XIIIes.		XIIIe s		790	683	27	95	Ch. G. C. 31	12	15	41	Vert-le-Petit	✉
Vésinet (le)		1865	1721	1863		447	77	96	Ch. de Fer.	.	1	14	Le Vésinet	✉
Vétheuil	Xe s.		1170	1500	587	431	06	84	R. D. 44.	15	10	52	Vétheuil	✉
Viarmes	1119		XIIIes.		1207	818	16	20	R. D. 15.	4	28	46	Viarmes	✉
Vicq	1116		XIIe s.		197	443	27	50	Ch. G. C. 42	6	25	24	Montfort-l'Amaury	
Videlles	XIIe s.		XIIe s.	XVIIes	598	870	29	93	Ch. V.	8	24	53	La Ferté-Alais	
Vieille-Église	768	1846	XIIIe s	1828	312	959	98	.	Ch. V.	.	6	28	Rambouillet	
Vienne				1865	301	372	24	75	Ch. V.	13	10	47	Vétheuil	
Vigneux	1140		XIIe s.		170	877	67	55	R. D. 20.	12	12	35	Montgeron	
Vigny			XIIe s.		571	674	84	.	Ch. V.	10	14	39	Vigny	✉
Villabé	1147		XVIIIes		513	455	72	75	Ch. V.	.	5	39	Essonnes	
Villaines	1384		XIVes.		95	189	45	.	R. D. 50.	10	23	41	Moisselles	
Villarceaux	1460								Ch. V.	.	.	.	Magny	
Villebon	1658		1582		725	741	02	50	Ch. G. C. 35	3	.	17	Palaiseau	
Villeconin	1185				490	1445	45	.	Ch. I. C. 82	.	14	40	Etréchy	
Villecresnes	XIIe s.		XIIIes.		642	562	13	40	Ch. G. C. 33	3	17	36	Villecresnes	✉
Ville-d'Avray	XIVes.		1787		1294	368	10	45	Ch. de Fer.	2	.	6	Ville-d'Avray	✉ ⚡
Ville-du-Bois (la)		1807	1550	1625	1004	361	81	17	Ch. G. C. 35	10	.	23	Montlhéry	
Villejust	768		XVe s.		462	535	78	37	Ch. G. C. 35	6	.	21	Palaiseau	
Villemoisson	XIIIes.				322	229	49	80	Ch. de Fer.	5	17	19	Savigny-sur-Orge	

PAROISSES ET ANNEXES	ÉRECTION ANCIENNE ET MODERNE		CONSTRUCTION ET RECONSTRUCTION DES ÉGLISES		POPULATION	ÉTENDUE TERRITORIALE			VOIES DE COMMUNICATION	DISTANCES			BUREAUX DE POSTE	LIGNES TÉLÉGRAPHIQUES
	Anc.	Mod.	Const.	Reconst.	1872	Hect.	Ar.	C.		AU CANTON	À L'ARRONDISS.	À VERSAILLES		
Villeneuve-sur-Auvers	XIIIᵉ s.	. . .	. . .	. . .	386	699	98	04	Ch. I. C. 70.	11	10	54	Étréchy	
Villeneuve-en-Chevr. (la)	XVᵉ s.	. . .	XVIᵉ s.	. . .	506	1166	12	.	Ch. G. C. 89	5	16	60	Bonnières	
Villeneuve-Saint-Georges	XIIᵉ s.	1207	XIIIᵉ s.	XVᵉ s.	1627	812	04	40	Ch. de Fer.	8	16	31	Villeneuve-S.-Georg.	⌧ ⚡
Villeneuve-le-Roi	555	. . .	XIIᵉ s.	XVIᵉ s.	478	843	29	14	Ch. G. C. 3.	12	17	30	Ablon	
Villennes	1007	. . .	XIIᵉ s.	. . .	430	509	97	50	Ch. de Fer.	4	. .	21	Orgeval	
Villepinte	762	. . .	XVᵉ s.	. . .	271	1030	92	13	R. D. 28.	11	43	39	Livry	
Villepreux	1084	. . .	XIIᵉ s.	. . .	570	1039	67	25	Ch. de Fer.	10	. .	11	Villepreux	⌧
Villeron	862	. . .	XVIᵉ s.	. . .	224	560	59	70	Ch. V.	12	38	44	Louvres	
Villeroy	XVᵉ s.	. . .	XVIᵉ s.	. . .	. . .	. . .	.	.	Ch. de Fer.	9	. .	39	Mennecy	
Villers-en-Arthies	1060	. . .	XIᵉ s.	. . .	575	824	94	21	Ch. G. C. 28	10	14	54	Vétheuil	
Villette	1097	. . .	. . .	. . .	317	459	75	.	R. N. 183.	. .	8	42	Mantes	
Villiers-Adam	XIIᵉ s.	. . .	XIIᵉ s.	. . .	420	976	05	.	Ch. V.	10	13	50	L'Isle-Adam	
Villiers-le-Bâcle	XIVᵉ s.	. . .	XVIIᵉ s.	. . .	250	603	45	44	Ch. G. C. 36	10	. .	12	Gif	
Villiers-le-Bel	1150	. . .	XIIᵉ s.	. . .	1735	729	77	.	Ch. G. C. 10	2	28	34	Villiers-le-Bel	⌧ ⚡
Villiers-le-Mahieu	768	. . .	XIIᵉ s.	. . .	235	677	30	40	Ch. V.	14	31	32	Thoiry	
Villiers-sur-Marne	XIIᵉ s.	. . .	1501	. . .	990	533	53	51	Ch. de Fer.	10	30	36	Villiers-sur-Marne	⌧ ⚡
Villiers-sur-Orge	. . .	. . .	XIIIᵉ s.	. . .	185	177	94	50	Ch. G. C. 25	6	19	25	Montlhéry	
Villiers-le-Sec	XIIᵉ s.	. . .	XIVᵉ s.	. . .	209	325	91	.	R. D. 50.	8	26	41	Moisselles	
Villiers-Saint-Frédéric	1783	. . .	1783	. . .	358	505	52	51	Ch. de Fer.	10	25	20	Neauphle-le-Château	
Viroflay	1546	. . .	1500	. . .	1517	342	50	65	Ch. de Fer.	. .	. .	3	Viroflay	⌧ ⚡
Viry-Châtillon	XIIᵉ s.	. . .	XIIIᵉ s.	. . .	544	606	95	35	Ch. G. C. 31	8	11	27	Viry-Châtillon	⌧ ⚡
Voisius	. . .	. . .	XIIIᵉ s.	. . .	. . .	. . .	.	.	R. N. 10.	.	4	36	Rambouillet	
Voisins-le-Bretonneux	XIVᵉ s.	. . .	XVIᵉ s.	. . .	204	345	38	35	R. D. 39.	10	24	8	Trappes	
Wissous	XIVᵉ s.	. . .	XIIIᵉ s.	. . .	741	903	72	19	Ch. I. C. 97.	6	21	20	Antony (Seine)	
Ws ou Us	XIIIᵉ s.	. . .	XIIIᵉ s.	. . .	460	1067	09	.	Ch. de Fer.	6	15	42	Vigny	
Wy, dit Joli-Village	1025	. . .	XIIᵉ s.	. . .	366	835	61	88	Ch. I. C. 50	7	18	48	Magny	
Yerres	XIᵉ s.	. . .	XIVᵉ s.	. . .	1437	986	51	72	Ch. de Fer.	5	14	36	Yerres	⌧ ⚡

CHAPITRE XVII

Paroisses supprimées dans le Diocèse.

La même autorité qui peut ériger les paroisses peut aussi les supprimer : cette autorité est celle de l'Evêque, ou, le siége vacant, celle du Chapitre.

Le saint concile de Trente, à qui aucune question concernant l'Eglise ne fut étrangère, s'occupa également de celle-ci. Nous lisons : Session 21, Chapitre 5, ces paroles : « *Possint Episcopi, tanquam Apostolicæ sedis delegati, juxta formam juris, sine tamen præjudicio obtinentium, facere uniones perpetuas quarumcumque Ecclesiarum parochialium, et baptismalium, et aliorum beneficiorum curatorum, vel non curatorum, cum curatis, propter earum paupertatem, et in cæteris casibus a jure permissis, etiamsi dictæ Ecclesiæ vel beneficia essent generaliter vel specialiter reservata, aut qualitercumque affecta.* Les Evêques, en qualité de Délégués du Siége Apostolique, pourront, selon la forme du Droit, faire des unions à perpétuité de quelques Eglises que ce soit, paroissiales, où il y a des fonts baptismaux, et autres bénéfices, cures et non cures, avec d'autres cures, à raison de leur pauvreté, et dans les autres cas permis par le Droit, encore que les dites Eglises ou bénéfices fussent généralement ou spécialement réservés, ou affectés de quelque manière que ce soit. »

Pour supprimer une paroisse il faut trois motifs ou raisons :

La première est un juste motif, et la connaissance préalable de la vérité. Ce juste motif est la nécessité de l'Eglise ou son utilité. La nécessité existe lorsqu'une église est privée de revenus suffisants pour l'entretien de son ministre : l'utilité, s'il est impossible à cause de l'exiguité de ses ressources de trouver un ministre convenable.

La seconde est que tous les intéressés soient entendus, et qu'ils donnent leur consentement. Par conséquent si l'Eglise est à la présentation d'une Abbaye, d'un Prieuré ou de patronage laïque, il faut leur avis, à plus forte raison si elle est à une présentation épiscopale, par un évêque étranger au diocèse. Aujourd'hui, ces avis ne sont plus nécessaires parmi nous dans l'état actuel des choses. On ne demande pas le consentement du recteur ou curé, ni celui du peuple.

La troisième est le consentement du Chapitre de l'Eglise Cathédrale. Ces conditions étant remplies, l'Evêque prononcera sans appel.

En France cette suppression doit être approuvée par le Gouvernement, après une enquête dans laquelle le Conseil de Fabrique et le Conseil municipal sont entendus.

Avant 1789, il était assez rare de voir supprimer une paroisse, toutes possédaient des revenus suffisants pour l'entretien du pasteur, on en compte seulement vingt-deux dans le diocèse depuis le XIII° siècle jusqu'à cette époque néfaste, et encore la plupart furent remplacées par d'autres. Mais lorsque l'Eglise fut spoliée par le Gouvernement révolutionnaire, il ne lui resta plus rien. La minime indemnité donnée jusqu'en 1808 était loin de suffire aux plus pressants besoins. A partir de cette époque elle fut un peu plus convenable. En 1802, Nos Seigneurs les Evêques ne proposèrent pas le rétablissement des petites paroisses, le Gouvernement intervenant, elles furent unies à celles dont elles étaient voisines, et un Décret ultérieur attribua aux fabriques des Eglises conservées celles qui leur étaient unies. Après différents essais le tableau des paroisses fut rédigé par Mgr Charrier de la Roche le 12 décembre 1807, signé par le Préfet le 23 du même mois et peu après par le Ministre des Cultes. On fit entrer dans ce tableau les paroisses annexées et nous allons les faire connaître. On voit que leur nombre était un peu plus considérable que de nos jours, plusieurs ont été érigées en succursales, l'Etat ayant consenti à leur donner l'indemnité stipulée entre le Souverain Pontife et le premier Consul; nous ne parlerons pas de ces dernières.

Au nombre des communes actuelles du département, il y en a 9 qui n'ont jamais été paroisses; ces communes sont : Andelu, Arthieul, Auffreville et le Brasseuil, Blamecourt, Charmont, Hodent, Ollainville, Rosay et Vienne.

Paroisses supprimées avant la révolution.

Nogent-sur-Oise en 1147. Jarcy, en 1260. Thiessonville au XIII° siècle. Denisy, au XIV°. Les Bordes au XV°. Ursines en 1546. Corbeil, Saint-Nicolas, en 1554. Villeroy, en 1612. La Marche en 1635. Gros-Bois, en 1642. Bruyères-le-Châtel, Sainte-Madelaine, en 1649. Thionville en 1672. Trianon, en 1670. Versailles, Saint-Julien, 1679. Marly, Saint-Etienne, 1682. Choisy-aux-Bœufs, en 1695. Bercagny; Briis-sous-Forges, Sainte-Croix; Retz et Voisins en 1700. Nonneville en 1770. Enfin Saint-Aubin, près de Neauphle, en 1783.

Ces paroisses furent réunies la même année, ou peu après, avec celles auxquelles elles appartiennent, comme nous l'avons vu au chapitre IX°, ainsi que pour les suivantes.

Paroisses supprimées en 1801 et réunies en 1802.

Bonnevaux. Brétigny, Saint-Filbert. La Briche. Châteaufort, Très-Sainte-Trinité. Corbeil, Notre-Dame et Saint-Jacques. Dourdan, Saint-

Pierre. Etampes, Sainte-Croix et Saint-Pierre. Garennes. Gonesse, Saint-Nicolas. Maisse, Notre-Dame. Mantes, Sainte-Croix en la collégiale, Saint-Maclou et Saint-Pierre. Maule, Saint-Vincent. Meulan, Notre-Dame et Saint-Jacques. Méréville, Saint-Pierre. Le Mesnil-Renard. Monthléry, Saint-Pierre. Orangis. Le Plessis-le-Comte. Pontoise, Saint-André, Saint-Mellon, Saint-Pierre et la Très-Sainte-Trinité en l'Abbaye de Saint-Martin. Portes. Sandrancourt. Saint-Antoine du Buisson. Saint-Germain les Etampes. Saint-Léger-en-Laye. Tremblay, Saint-Pierre. Villarceaux et la Villeneuve.

Paroisses supprimées en 1801 et réunies en 1807.

Aigremont. Attonville. Auvers, Notre-Dame. Banthelu. Baulne. Bernes. Bethemont. Le Blanc-Mesnil. Boissets. Boutervilliers. Brières-les-Scellés. Brignancourt. Champigny. La Chapelle. Chaufour. Clichy-en-Launoy. Condé-sur-Vesgres. Courcouronnes. Courgent. Courson-l'Aunay. Dannemarie. Dannemois. D'huisson. Echarcon. Epiais-les-Louvres. Epinay-Champlâtreux. Epinay-sous-Sénart. Estouches. Favrieux. La Ferté-Alais, Saint-Pierre. Flacourt. Flins-Neuve-Eglise. Fontaine-la-Rivière. Fontenelles. Fosses. Génicourt. Gérocourt. Grand-Champ. Guibeville. Guigneville. Le Heaulme. Haute-Isle. Lanluets. Lassy. Les Layes. Longuesse. Magnanville. Maincourt. Margency. Marolles. Marolles-en-Brie. Mauchamps. Ménerville. Menouville. Mézières. Millemont. Milly, Saint-Jacques. Milon-la-Chapelle. Morsang-sur-Seine. Mory. Moulineux. Mours. Moussy. Mulcent. Nainville. Noiseau. Oncy. Ormoy. Orveau. Osmoy. Paray. Pecqueuse. Le Plessis-Gassot. Le Plessis-Pâté. Port-Villez. Prunay. Rennemoulin. Rocquencourt. Roinvilliers. Souzy. Saint-Aubin, Gif. Saint-Forget. Saint-Germain-de-la-Grange. Saint-Hilaire. Saint-Hubert. Saint-Jean-de-Beauregard. Saint-Pierre-du-Perray. Saint-Witz. Saint-Yon. Tacoignères. Le Tartre-Gaudran. Le Tertre-Saint-Denis. Thionville-sur-Opton. Tigery. Torfou. Les Troux. Vand'herland. Varennes. Vayres. Velisy. La Verrière. Vigneux. Villabé. Villaines. Villemoisson et Villiers-sur-Orge.

Paroisses supprimées en 1801 et réunies postérieurement à des époques différentes.

Gambaiseuil et Hédouville en 1809. Courdimanche en 1836. Arrancourt en 1843. Enfin Hargeville supprimée en 1831 et réunie la même année à Arnouville.

CHAPITRE XVIII

Vicariats du Diocèse.

Les Vicaires sont des prêtres envoyés par l'Evêque dans certaines paroisses, dont la population plus nombreuse ne permet pas aux curés de pourvoir seuls à l'administration des sacrements, à l'instruction des fidèles, à la visite des malades, et à l'accomplissement des fonctions ecclésiastiques. Ces prêtres, presque toujours jeunes, sont sous la direction des curés, et sous leur responsabilité.

Pour l'établissement d'un vicariat, il faut la demande du curé et celle des paroissiens, la concession de l'Evêque et l'acceptation du Gouvernement, s'il doit donner l'indemnité consentie par le concordat.

Avant le Concile de Trente, il n'existait pas de vicaires, suivant l'acception de ce mot. Ce fut ce saint Concile dans la Session VIIe, Chapitre 5, qui les établit en ces termes : « *Ipsi ordinarii etiam per idoneorum vicariorum deputationem et congruæ portionis fructuum assignationem omnino provideant, ut animarum cura nullatenus negligatur.* Les mêmes ordinaires auront soin de pourvoir par tous moyens, même par la députation ou envoi de vicaires capables et par l'assignation d'une partie du revenu suffisante pour leur entretien, afin que le soin des âmes ne soit nullement négligé. »

Avant la révolution, il en existait un grand nombre dans le diocèse, les ressources du clergé étaient plus abondantes et la foi plus vive. Mais, hélas ! il s'est fait un grand vide de ce côté, et ces vicariats qui étaient destinés à donner en même temps de l'expérience aux jeunes prêtres et les former au ministère ecclésiastique n'existant plus qu'en petit nombre, les évêques sont obligés de les placer dans de petites paroisses.

Les vicariats actuels sont établis dans les villes et les autres principaux centres de population, soit dans les cures, soit dans les succursales, et lorsque les besoins l'exigent, le Gouvernement en accorde la reconnaissance. Nous en comptons aujourd'hui 56 dans le diocèse, reconnus par l'Etat dans les paroisses suivantes : Deux à Argenteuil, à Mantes, à Meudon, à Montmorency, à Poissy, à Rambouillet et à Saint-Cloud. Un seul à Arpajon, à Beaumont-sur-Oise, Bougival, Brunoy, Chatou, Chevreuse, Conflans, Corbeil, Croissy, Deuil, Dourdan, Draveil, Ecouen, Enghien, Essonnes, La Ferté-Alais, Gonesse, Houdan, L'Isle-Adam, Jouars-Pontchartrain, Livry, Longjumeau, Louveciennes, Luzarches, Magny-en-Vexin, Maisons, Marines, Meulan, Milly, Montfort, Palaiseau, Le Pecq, Rueil, Saint-Arnoult, Saint-Ouen-l'Aumône, Saint-Vrain, Sannois, Sèvres, Verrières, Ville-d'Avray, Villeneuve-Saint-Georges et Villiers-le-Bel.

Cinq localités moins importantes que les succursales ont des chapelles vicariales, ce sont : Bethemont (1854), Boissets (1825), Epinay-Champlatreux, Villabé et Villemoisson.

Quatre autres possèdent des chapelles de secours, ce sont : Champrosay, Lozère, Mainville et la Villeneuve, près d'Ableiges.

Le Gouvernement n'accorde pas d'indemnité aux vicaires des villes importantes et autres localités dont les fabriques possèdent des revenus suffisants pour l'entretien des prêtres.

CHAPITRE XIX

Chapelles du Diocèse.

Sous le nom de chapelle, nous entendons, canoniquement, une petite Église, un Oratoire, ou lieu consacré au Seigneur.

Mais d'où est venu ce nom de chapelle? Les auteurs ne sont pas d'accord sur ce point. Les uns prétendent que ce nom vient de la chape de saint Martin, que les rois de France portaient à la guerre, conservaient sous leur tente, et dont les gardiens s'appelaient chapelains. Les autres veulent que ce mot chapelle soit un terme français qui signifie un toit, car les rois de France l'élevaient comme une tente dans leur camp, et assistaient au saint sacrifice sous cette tente. D'autres enfin lui donnent des significations différentes.

Les chapelles, dans l'acception propre du terme, étaient des édifices sacrés, construits dans le palais ou auprès du palais des rois et des empereurs. Les prêtres et les clercs chargés du service de ces chapelles portaient le nom de chapelains, et y célébraient l'office divin, auquel assistaient la famille et la maison du roi ou de l'empereur.

Dans le cours des temps, à l'exemple des rois et des princes, de simples fidèles commencèrent à bâtir à la gloire de Dieu et en l'honneur des saints ces modestes édifices ou oratoires en **dehors des églises** paroissiales, et leur constituèrent une dot pour les entretenir. Un peu plus tard, de pieux laïques élevèrent dans les églises des chapelles latérales en l'honneur de Notre-Seigneur, de la sainte Vierge et des Saints, en leur constituant également une dot. Dans tous les cas, il fallait l'assentiment de l'évêque, qui n'en autorisait la construction que pour un motif grave et surtout avec la clause qu'elle ne porterait aucun préjudice à l'église paroissiale.

Les chapelles qui se trouvent dans les maisons, même des établissements religieux, doivent être séparées des chambres et autres lieux où la fréquentation est plus grande, et contenir un espace suffisant où on puisse y entendre la sainte Messe. Les Souverains-Pontifes ont réservé pour les chapelles privées plusieurs fêtes dans lesquelles il n'est pas permis d'y célébrer. L'administration des sacrements et les cérémonies saintes ne sont point non plus autorisées dans ces chapelles, et sont réservées aux églises paroissiales.

Le diocèse possède aujourd'hui un certain nombre d'établissements religieux et de chapelles; mais il en possédait un bien plus grand nombre avant la révolution. Presque toutes en dehors comme à l'intérieur des églises jouissaient de revenus considérables dus à la piété des fidèles. Tout a disparu, entraîné par le flot révolutionnaire. Celles qui se trouvaient à l'intérieur des églises ont été conservées et sont entretenues par les fabriques ou les confréries. Parmi celles qui se trouvaient dans les villes et les campagnes, il en reste bien peu, lesquelles sont généralement assez mal entretenues; les autres ont été détruites, ou transformées en magasins, remises, granges, etc.

Nous ferons connaître d'abord les chapelles des établissements religieux ayant un supérieur, ensuite de ceux qui n'ont qu'un aumônier, avec l'époque de leur fondation, enfin les chapelles anciennes et modernes. Bien qu'il nous ait été donné de découvrir les présentateurs et collateurs à la plupart d'entre elles, ainsi que leurs revenus en 1789, nous les passerons sous le silence. Comme le nombre des chapelles anciennes était fort considérable, malgré nos recherches, nous n'avons pas la certitude de les connaître toutes.

Établissements religieux ayant un supérieur.

Asnières-sur-Oise, Sœurs de la Sainte-Famille, à Royaumont, 1869.
Étampes, Congrégation, vers 1650, et l'Hospice, au xi° ou xii° siècle.
Mantes, Bénédictines, 1816.
Pontoise, Carmélites, 1605.
Sèvres, Dominicaines, 1863.
Saint-Germain-en-Laye, Augustines, 1852. Carmélites, 1863. Nativité de la Très-Sainte-Vierge, 1818. Saint-Thomas-de-Villeneuve, 1726.
Saint-Maurice, Religieux du Très-Saint-Sacrement, 1866.
Versailles, Augustines, 1831. Espérance, 1847, 1854. Grand-Champ, 1816, 1831. Grand-Séminaire, 1833. Petit-Séminaire, 1834. Maison du Refuge, 1804. Révérends Pères Capucins, 1849. Révérends Pères Jésuites, 1866. Sainte-Enfance, 1820.

Établissements religieux ayant un Aumônier.

Argenteuil, Hospice, 1551, et les Sœurs de Marie-Joseph. 1863.
Bezons, Sœurs du Calvaire, 1871.
Bonneuil, Religieuses Conceptionistes, 1869.
Corbeil, Hospice, xii° siècle. Dourdan, Hospice, xvii° siècle.
Écouen, Congrégation de la Mère-Dieu, 1851.
Épinay-sur-Orge, Asile de Vaucluse, 1868.
Évry-sur-Seine, Dames de Sion, 1867.
Garches, Hospice Brézin, 1845. Jouars-Pontchartrain, Hospice, 1698.
Livry, Religieuses de la Vierge fidèle, 1864.
Magny, Hospice, 1585-1666. Mantes, Hôpital, 1087; Prison, 1802.
Montfort, Hospice, 1239. Montmorency, Hospice, vers 1560.
Moulineaux-Meudon, RR. PP. Jésuites, 1861.
Neuilly-sur-Marne, Asile de Ville-Évrard, 1867.

Petits-Prés-Plaisir, Dépôt de mendicité et Asile départemental, 1862.

Poissy, Maison de détention, 1818.

Pontoise, Hospice, xiii° siècle, rendu général en 1654.

La Roche-Guyon, Hospice, 1850. Sèvres, Hospice, 1859.

Sonchamp, Orphelinat, 1872.

Saint-Cloud, Hospice, 1689.

Saint-Cyr, École militaire, 1810.

Saint-Germain-en-Laye, Hospice, 1670, et les Loges, 1811.

Thiverval, École d'agriculture de Grignon, 1827.

Vaujours, Asile Fénelon, 1844.

Versailles, Château, 1710. Clarisses, 1860. Collége, 1806. Dames de la Retraite, 1867. École normale, 1831-1861. Hospice civil, 1636. Hôpital militaire, 1832. Prisons, 1823. Servantes de Marie, 1860. Trianon, 1688. Dames de la Visitation, 1865.

Le Vésinet, Asile, 1853.

Chapelles anciennes et modernes.

Ablis, Sainte-Madeleine. Ambleville, Saint-Pierre. Andrésy, château du Fay. Argenteuil, Sainte-Madeleine-au-Marais. Arnouville M. Saint-Laurent, Saint-Léonard, Saint-Quentin et le château de Binanville. Arronville, Saint-Lubin. Athis-Mons, Brétigny et Mons. Aubergenville, château de la Garenne. Aulnay-lès-Bondy, Notre-Dame-de-la-Consolation, à Savigny. Auteuil, Saint-Santin. Authon, Saint-Louis et Notre-Dame-du-Plessis. Auvers-Saint-Georges, Saint-Fiacre. Auvers-sur-Oise, Saint-Nicolas. Avrainville, Saint-Thomas. Bailly, Notre-Dame-de-Bon-Repos. Ballainvilliers, Saint-Pierre-du-Plessis. Bazoches, Saint-Jacques. Beaumont, Notre-Dame-des-Champs. Le Bellay, Saint-Martin et Notre-Dame-des-Champs. Bellevue, trois chapelles particulières. Bièvres, chapelle particulière. Blaru, Saint-Adjuteur. Boinville, Saint-Jacques. Boissets, Saint-Odon. La Boissière, Sainte-Catherine. Boissy-l'Aillerie,

Saint-Jacques. Boissy-le-Sec, Notre-Dame-de-Bon-Secours. Boissy-Mauvoisin, Saint-Caprais. Boissy-Saint-Léger, château du Piple. Boissy-sans-Avoir, chapelle des Petits-Prés. Bonnières, Sainte-Marguerite. Bougival, Saint-Michel. Bouray, chapelle particulière. Bourdonné, chapelle du château. Brétigny, Saints-Côme et Damien, et chapelle d'Essonville. Breux, Saint-Antoine. Bréval, Notre-Dame-de-Bonne-Nouvelle. Briis-sous-Forges, chapelle de Bligny. Brueil, Sainte-Marguerite. Brunoy, Saint-Odilon et chapelle de Réveillon. Bruyères-le-Châtel, Saint-Louis, Saint-Thomas et la Sainte-Vierge à Ollainville. Buhy, Notre-Dame à Coucy. Bullion, Sainte-Anne et Sainte-Scariberge. La Celle-les-Bordes, Saint-Jean-Baptiste. La Celle-Saint-Cloud, Saint-Michel. Cergy, Sainte-Apolline-du-Hazai. Cernay-la-Ville, Saint-Aubert. Chalou-Moulineux, Sainte-Apolline. Chamarande, chapelle du château. Champcueil, Saint-Thibault. Chanteloup, chapelle de l'Hautel. Chars, Saint-Blaise et Saint-Jean-Évangéliste. Châteaufort, Notre-Dame-des-Boisseaux, château d'Ors et une chapelle particulière. Chatou, chapelle particulière. Chaussy, château de Villarceaux, des Essarts et Saint-Laurent. Chavenay, Saint-Martin et Saint-Fiacre. Chaville, chapelle des Jeunes Apprentis et des Dames de Saint-Thomas. Chennevières, Saint-Antoine-du-Plessis. Chevreuse, Saint-Lubin, chapelle de Méridon et de Sainte-Madeleine. Choisel, Saint-Jacques. Clichy-en-l'Aunoy, Notre-Dame des Anges. Conflans, Saint-Thibault, chapelles de Chennevières et du château. Corbeil, Saint-Léonard, chapelles du château et de la Sainte-Enfance. Cormeilles-en-Vexin, Sainte-Madeleine. Le Coudray-Monceaux, chapelles des Carmes-Billettes, de Rome, du Plessis-Chenet et particulière. Dampierre, chapelle de Mauvière. Dourdan, Saint-Jean-Baptiste et Saint-Laurent. Draveil, deux chapelles particulières. Ecquevilly, Saint-Jacques. Ennery, Saint-Antoine et Saint-Jean. Épône, Saint-Étienne et Saint-Thomas. Éragny, chapelle particulière. Étampes, Saint-Médard et chapelle du château. Évry-sur-Seine, château de Petit-Bourg. Feucherolles, *Ecce Homo* de Sainte-Gemme. Follainville, Sainte-Elisabeth de Dennemont. Fontenay-le-Fleury, Saint-Jean-Baptiste. Fontenay-les-Briis, Saint-Eloi de Soucy. Fontenay-Mauvoisin, Saint-Nicolas. Frouville,

Notre-Dame-de-Bonne-Nouvelle. Gagny, chapelle du Chenay. Gambais, Saint-Côme. Garches, chapelle particulière. Gargenville, Notre-Dame-de-Lorette. Gazeran, chapelle du château. Gommecourt, chapelle de Chacalose. Gonesse, Sainte-Madeleine. Gouzangrez, Sainte-Catherine. Les Granges-le-Roi, l'Ouye-Saint-Martin. Gressey, château de Brunel. Guerville, Saint-Jean-de-Senneville. Guyancourt, Notre-Dame-de-Bouviers. Haravilliers, Sainte-Madeleine. La Haute-Ville, Sainte-Vierge. Hédouville, chapelle des Thuileries. Herblay, chapelle de l'hôpital. Houdan, Saint-Matthieu, et Saint-Sauveur et Saint-Martin. L'Isle-Adam, Saint-Joseph, Sainte-Madeleine-de-Stors et chapelle particulière. Issou, Saint-Pierre. Jambville, chapelle du Hazai. Jeufosse, Notre-Dame-de-la-Mer. Jouars-Pontchartrain, Sainte-Vierge des Mousseaux et chapelle du château. Jouy-en-Josas, Saint-Jacques. Joyenval, Sainte-Clotilde. Juziers, Saint-Gaucher à la Châtre. Limay, ermitage de Saint-Sauveur. Limeil-Brevannes, Sainte-Madeleine et chapelle du château de Brevannes. Linas, Annonciation de la Très-Sainte-Vierge et Sainte-Catherine de Guillerville. Livry, chapelle de Mainferme. Longuesse, Saint-Sauveur. Longpont, Saint-Barthélemy de Guiperreux. Longvilliers, chapelle du Plessis. Louvres, Saint-Rieul et Saint-Jean-Baptiste de Gacourt. Luzarches, Saint-Eterne et Saint-Jacques de l'Hôtel-Dieu. Maffliers, Notre-Dame-des-Champs et chapelle particulière. Maincourt, Saint-Georges. Mantes, Saint-Laurent, Saint-Léonard et chapelle du château. Mantes-la-Ville, Saint-Gilles. Mareil, le Saint-Nom de Jésus. Mareil-sur-Mauldre, Saint-Jacques. Marly-le-Roi, chapelle de l'hospice et du château. Marolles-en-Brie, chapelle particulière. Marolles-en-Hurepoix, château de Beaulieu. Massy, Saint-Germain et château de Villegenis. Mauchamps, Saint-Eloi. Maudetour, Sainte-Vierge. Maule, Saint-Jacques et chapelle de Bois-Henry. Maurepas, Sainte-Marguerite-du-Coudray. Menucourt, chapelle particulière. Méré, château d'Egremont. Méréville, Saint-Nicolas, Très-Sainte-Trinité et chapelle particulière. Méricourt-Fréneuse, Sainte-Vierge. Méry-sur-Oise, Sainte-Vierge à Vaux, chapelle de Sognolles et chapelle particulière. Le Mesnil-Saint-Denis, Saint-Pierre et chapelle de Beaurin. Les Mesnuls, Notre-Dame-du-Chêne et Saint-Nicolas. Meudon, Saint-

Claude au Valfleury et chapelle de Villebon. Meulan, Sainte-Avoie et Saint-Michel. Mézières, chapelle de la Restitute. Milly, Saint-Blaise, Sainte-Anne, Saint-Georges, Saint-Jacques, Saint-Marc, Saint-Nicolas, Saint-Valentin et chapelle particulière. Mittainville, Saint-Michel. Moigny, Sainte-Anne et Saint Marc. Moisselles, Saint-Lubin. Moisson, chapelle de Lavacour. Monnerville, Saint-Barthélemy. Montchauvet, Saint-Fiacre. Montesson, chapelle de la Borde. Montfort, Sainte-Avoie, Saint-Blaise, Saint-Éloi, Saint-Eutrope de Groussay, Saint François au château et chapelle particulière. Montgeron, Saint-Barthélemy. Montlhéry, Saint-Louis, Sainte-Vierge et l'ancien couvent. Montmorency, l'Ermitage, Saint-Michel, Sainte-Vierge. Montsoult, Saint-Eustache. Morangis, chapelle de Contin. Morsang-sur-Orge, Saint-Claude. Morsang-sur-Seine, Saint-Médard. Les Mureaux, Notre-Dame-des-Neiges et chapelle Vicomtesse. Neauphle-le-Château, chapelle des Sablons. Neauphle-le-Vieux, chapelle de Villiers. Neuilly-sur-Marne, Saint-Henri. Neuville, Très-Sainte-Trinité. Nucourt, Saint-Ursin. Orgeval, Saint-Jean de Tessancourt et chapelle particulière. Ormesson, chapelle du château. Ormoy, Saint-Nicolas. Orsay, chapelle du Vivier. Orvilliers, chapelle de Sainte-Beuve. Osmoy, Notre-Dame-de-la-Pitié. Pecqueuse, Saint-Clair. Perdreauville, chapelle d'Apremont. Plaisir, Sainte-Apolline et petite chapelle du prieuré. Le Plessis-Pâté, chapelle des Bordes et du château. Poigny, Saint-Faustin. Poissy, Saint-Jean de la Grange, Saint-Lazare, Saint-Louis et chapelle du château de Villiers. Pontoise, Saint-Marcel au palais archiépiscopal, Saint-Vaast au château, et chapelle de la prison. Presles, chapelle de Courcelles. Prunay-sous-Ablis, Saint-Thibault. Prunay, Saint-Laurent. La Queue-en-Brie, chapelle particulière et chapelle du château. Raizeux, Saint-Laurent et la Sainte-Vierge. Richarville, la Sainte-Vierge de la folie Herbault. Richebourg, chapelle de la Troche et chapelle particulière. Ris-Orangis, chapelle de Grignon. Rochefort, Sainte-Madeleine. La Roche-Guyon, Saint-Leu et Saint-Gilles, Sainte-Vierge et chapelle particulière. Rocquencourt, Saint-Martin de Chevreloup. Rosny, Très-Sainte-Trinité. Rueil, Saint-Cucufat, Saint-Sulpice et chapelle particulière. Sailly, chapelle particulière. Sannois, Saint-Flaive. Santeuil, Saint-Louis.

Savigny-sur-Orge, Notre-Dame-des-Champs, Saint-Martin et château de Grandvaux. Septeuil, chapelle du château. Seraincourt, château de Ruel. Sermaise, chapelles de Blanchefouasse et de Mondétour. Seugy, Sainte-Apolline-du-Hazai et la Visitation. Sèvres, Notre-Dame-des-Flammes et chapelle du pensionnat. Soindres, Saint-Jean-Baptiste. Sonchamp, chapelle des Greffiers. Saint-Brice, chapelle particulière. Saint-Cloud, Saint-Laurent, Saint-Médard, Saint-Cloud et deux chapelles particulières. Saint-Cyr-en-Arthies, chapelle d'Archemont. Sainte-Geneviève-des-Bois, chapelle du château. Saint-Germain-en-Laye, Saint-Michel, Sainte-Radegonde, Saint-Sébastien, chapelle du château vieux et du château neuf, et une chapelle particulière. Saint-Germain-les-Arpajon, Saint-Louis de la Bretonnière. Saint-Germain-les-Corbeil, Saint-Guenault et la Sainte-Vierge. Saint-Gervais, chapelle de Magnitot. Saint-Jean-de-Beauregard, Saint-Vandrille et chapelle du château. Saint Léger-en-Iveline, Saint-Michel. Saint-Martin-de-Bretencourt, Sainte-Madeleine. Saint-Martin-des-Champs, Saint-Prix, châteaux de Corbeville, d'Elleville et collége. Saint-Martin-du-Tertre, chapelle particulière. Saint-Martin-la-Garenne, Notre-Dame-de-la-Désirée et chapelle de Nesmond. Saint-Nom-la-Bretêche, chapelle du Val-Martin et du château. Saint-Ouen-l'Aumône, Sainte-Élisabeth et Saint-Iliers de Mende. Saint-Remy-les-Chevreuse, Notre-Dame de Lacoste et chapelle d'Aigrefoin. Saint-Sulpice-de-Favières, Sainte-Madeleine. Saint-Vrain, Saint-Serge et ses compagnons Martyrs. Saint-Witz, Saint-Jean, Saint-Lazare, Saint-Michel et Saint-Nicolas. Taverny, chapelle de l'*Ecce Homo* et celle de Saint-Christophe. Le Thillay, chapelle particulière. Trappes, chapelle des Sœurs. Le Tremblay, Sainte-Geneviève. Valpuiseaux, Notre-Dame-de-la-Varenne. Vauréal, Sainte-Apolline et chapelle particulière. Les Vaux-de-Cernay, Saint-Thibault. Vaux, Saint-Nigaise. Velisy, chapelle de Jérusalem à Villacoublay. Vémars, Sainte-Geneviève. Vert-le-Grand, Saint-Blanchard de Montaubert. Versailles, chapelle de Glatigny et six autres chapelles particulières. Vetheuil, Saint-Jean de Chaudry. Vicq, Saint-Jacques de Bardelles. Vienne, Sainte-Vierge et Saint-Joseph. Vigny, Notre-Dame, Sainte-Marguerite et la chapelle du château. Villebon, Saint-Jean-Baptiste, Saint-

Denis et Sainte-Anne. Villeconin, chapelle de Fourchainville et du château de Fresne. La Villeneuve-en-Chevrie, Sainte-Vierge. Villeneuve-Saint-Georges, Saint-Simon et Saint-Jude, et chapelle particulière. Villepreux, Saint-Jouin et Saint-Vincent. Villers-en-Arthies, chapelle du Chaudey. Villette, château de Rosay. Villiers-sur-Marne, chapelle particulière. Yerres, Notre-Dame-du-Lierre, chapelles de Concis, de Pampelune et une chapelle particulière.

CHAPITRE XX

Oratoires du Diocèse.

Sous le nom d'*Oratoire*, nous entendons un lieu destiné à la prière, une chapelle privée, autorisée par concession spéciale de Monseigneur, en vertu d'un Indult apostolique.

Les oratoires où l'on célèbre le saint sacrifice sont publics ou particuliers. L'oratoire public est celui qui est bâti avec l'autorisation de l'Évêque Diocésain, consacré perpétuellement au culte du Seigneur, ayant son entrée et sa sortie sur la voie publique. L'oratoire particulier ou privé est celui qui se trouve dans l'intérieur d'une maison, n'ayant ni entrée ni sortie sur la voie publique, destiné pour un temps au culte du Seigneur, conformément au décret de Clément XI, en date du 15 septembre 1703. *Quoniam sancta sancte tractanda sunt, etc.* Les oratoires publics peuvent être accordés pour les villes et les campagnes, les personnes infirmes qui appartiennent à la noblesse, et les voyageurs qui peuvent emporter un autel portatif. Il en est de même des oratoires privés.

La permission accordée par le Souverain-Pontife est rédigée en ces termes :

» Cher fils, salut et bénédiction en Notre-Seigneur Jésus-Christ. Voulant, autant qu'il est en Nous, pourvoir à votre consolation spirituelle, et vous ouvrir le trésor de grâces et faveurs spéciales, recevant favorablement la demande qui Nous a été adressée en votre nom; Nous vous accordons de Notre autorité apostolique, par la teneur des présentes, nonobstant tout autre empêchement, à vous qui, comme vous l'affirmez, êtes issu d'une noble origine, la permission de faire célébrer pour vous, pour votre famille et vos nobles hôtes, le saint sacrifice une fois chaque jour, par un prêtre séculier ou régulier, approuvé par l'Ordinaire, sans préjudice cependant d'aucun des droits paroissiaux, et à la réserve des fêtes de Pâques, de la Pentecôte, de Noël, et autres grandes solennités de l'année, dans l'oratoire privé de votre maison d'habitation située dans le diocèse de N..., lequel est entouré, ou doit l'être, de murailles convenables, et orné, libre de tous usages domestiques, devant être préalablement visité par l'Ordinaire du lieu et approuvé, et suivant sa permission pour le temps qu'il jugera convenable, pourvu que dans cette maison il n'ait pas été accordé semblable faveur, encore existante, à une autre personne. Nous voulons cependant que vos serviteurs qui ne sont pas nécessaires à votre service pendant le temps de cette messe et qui y assistent, ne soient point déchargés de l'obligation d'entendre la messe dans l'église paroissiale les jours de fêtes de précepte. Donné à Rome etc. »

Si la concession est faite pour un malade, l'Indult en fait mention.

Le Règlement le plus complet sur les Oratoires est celui de Benoît XIV en date du 2 juin 1751.

Nos Seigneurs les évêques ne peuvent donner de permissions de chapelles que par concession des Souverains-Pontifes. Voici les règles auxquelles elles sont assujetties dans le diocèse :

1° La chapelle, libre de toute servitude et de tout usage profane, sera éloignée des chambres à coucher et autres lieux affectés au service domestique ;

2° On ne couchera pas dans les pièces immédiatement supérieures ;

3° Elle sera fermée à clef, hors le temps du saint sacrifice et de la prière ;

4° Elle sera décente et pourvue du mobilier nécessaire ;

5° On n'y exercera aucune fonction pastorale et on n'y confessera jamais les personnes du sexe, sans notre permission expresse ;

6° La messe ne s'y dira qu'avant ou après l'heure de la messe paroissiale ;

7° Aucun prêtre inconnu ne sera admis à y célébrer ;

8° On n'y conservera point sans autorisation spéciale la sainte Eucharistie ;

9° Il y aura toujours quelques personnes de la maison au Prône de la messe paroissiale, pour rendre compte de ce qu'on aura annoncé ;

10° On n'y dira aucune messe aux fêtes de Noël, de Pâques, de l'Ascension, de la Pentecôte, du Saint-Sacrement, de l'Assomption, de saint Louis, patron du diocèse, de la Toussaint, et du patron de la paroisse ;

11° La chapelle demeurera sous l'inspection et la surveillance du curé du lieu où elle est située.

La permission de chapelle n'est valable que pour un an, elle s'éteint, même à la mort de la personne à qui elle a été concédée. Enfin ces chapelles n'ont point de patron et ne reçoivent pas de bénédiction, si ce n'est *Benedictio loci*.

Nous allons faire connaître les oratoires concédés dans le diocèse, en passant sous le silence le nom des personnes.

Argenteuil, château du Marais. Arnouville, château d'Arnouville, G. Arnouville, château d'Hargeville. Athis-Mons, chapelle particulière. Auffargis, château des Vaux de Cernay. Aulnay-les-Bondy, château d'Aulnay. Auvers-Saint-Georges, château de Gillevoisin. Baillet, château de Baillet. Ballainvilliers, château de Ballainvilliers. Bellevue, deux chapelles particulières. Bouray, château du Mesnil-Voisin. Boutigny, château de Vayres. Briis-sous-Forges, château de Frileuse. Bruyères-le-Châtel, deux chapelles particulières. Bullion, château de Ronqueux. Bures, château de Montjai. La Celle-les-Bordes, château des Bordes. Châlo-Saint-Mars, château de Châlo. Chamarande, chapelle particulière. Champagne, chapelle particulière. Chars, château de Chars. Chaussy, château de Villarceaux. Chennevières-sur-Marne, château de Retz. Choisel, château de Choisel. Clairefontaine, château de Saint-Remy. Les Clayes, château des Clayes. Crespières, château de Videville. Dampierre, château et une chapelle particulière. Eaubonne, chapelle particulière. Etiolles, chapelle particulière. Evry, château de Grandbourg. Fontenay-le-Vicomte, château de Fontenay. Fontenay-les-Briis, château de Soucy. Fontenay-Saint-Père, château du Mesnil. Gambais, château de Neuville. Gargenville, château d'Hanneucourt. Gometz-la-Ville, château de Belleville. Guerville, chapelle particulière. Herbeville, château de Boulemont. Juziers, château de Juziers. Lévy-Saint-Nom, château de la Cour. Les Loges, chapelle particulière. Limours et Limay, chapelle particulière. Longpont, château de Lormoy. Maffliers, château de Maffliers. Maisons-sur-Seine, chapelle particulière. Mantes, chapelle particulière. Marcoussis, château de Marcoussis. Mareil-le-Guyon, château de Mareil. Marnes, chapelle particulière. Le Mesnil-Saint-Denis, château du Mesnil. Les Mesnuls et Mézy, chapelle particulière. Morigny, château de Joeurs et une chapelle particulière. Les Mureaux, chapelle particulière. Neauphle-le-Vieux, château de Neauphle. Nerville, chapelle particulière. Neuville, chapelle particulière. Noisy-le-Grand, chapelle particulière. Osny, château de Bussagny. Paray-Douaville, château de Paray. Le Pecq, chapelle particulière. Piscop, château du Luat. Ris-Orangis, château de Ris, et une chapelle particulière. Rosny, château de Rosny. Saint-Chéron, château de Basville. Saint-Clair-sur-Epte, château du Héloy. Saint-Cloud, château de Montretout. Saint-Germain-en-Laye, chapelle particulière. Saint-Germain-les-Corbeil, château du Perray, et château de Tigery. Saint-Hilarion, château de Voisins. Saint-Prix, chapelle particulière. Saint-Remy, château de Vosgien. Saint-Vrain, château de Saint-Vrain. Sevran, chapelle particulière. Sèvres, chapelle particulière. Taverny, chapelle particulière. Le Tremblay, château du Tremblay. Us ou Ws, château de Dampont. Le Val-Saint-Germain, château du Marais. Vauréal, château de Vauréal. Verneuil, château de Verneuil. Versailles, Hôtel de la Présidence, et trois chapelles particulières. Villennes, château d'Acqueville. Villers-en-Arthies, château de Villers. Viroflay, chapelle particulière.

CHAPITRE XXI

Maisons d'Éducation Religieuse

Lorsque le Sauveur fut sur le point de quitter ses apôtres, il leur donna cet ordre : Allez, enseignez toutes les nations : *Ite, docete omnes gentes*. Pour eux, ils allèrent prêcher partout : et le Seigneur agissant, confirmait leur parole, par les miracles dont elle était accompagnée. *Illi autem profecti, prædicaverunt ubique, Domino cooperante, et sermonem confirmante, sequentibus signis*. Saint Marc, xvi, 20.

L'apôtre saint Pierre, venant à Rome, ville païenne, y trouva des maîtres qui enseignaient les belles-lettres. Cet enseignement devait être gratuit, obligatoire et laïque. Mais il n'était ni l'un ni l'autre, car à Rome les élèves donnaient comme rétribution, chaque mois, une somme équivalente à 0,50 c. de notre monnaie, 0,40 c. dans les villes de second ordre et 0.30 c. dans les villes de troisième ordre; il n'y avait aucune obligation d'envoyer les enfants à l'école, et enfin c'était souvent les Prêtres des idoles qui instruisaient les enfants. Le jour du congé de chaque semaine était le jeudi, en l'honneur de Jupiter. Nous en avons une réminiscence dans le congé du jeudi qui a traversé les siècles et est arrivé jusqu'à nous.

Les Apôtres enseignèrent aussi, seulement c'était une doctrine admirable qui amena bientôt autour d'eux de nombreux auditeurs et forma des maîtres. L'Église a enregistré le martyre de saint Cassien (13 août), qui, étant venu se retirer à Imola, pour fuir la persécution, y ouvrit une école, et fut mis à mort par ses élèves.

Après la conversion de Constantin, en l'an 312, il s'opéra un grand changement, et l'Eglise put enseigner avec liberté. La décadence de l'empire ne tarda guère à lui livrer la direction complète de l'enseignement. Du reste, par la force des choses, ceux qui désiraient apprendre ne pouvaient le faire qu'auprès des Pontifes et des Prêtres ou des Religieux, seuls dépositaires des sciences. Ce qu'il y avait d'agréable, c'est que cette instruction était entièrement gratuite et nullement obligatoire.

L'empire romain déclinait à vue d'œil. Les empereurs, qui avaient leur résidence à Constantinople, s'occupaient fort peu de l'Occident, et les peuples sentaient le besoin de se rapprocher des Souverains-Pontifes. Ceux-ci, de leur côté, mettaient tout en œuvre pour procurer aux chrétiens autant de bien-être qu'il était possible, et en premier lieu le bienfait de l'instruction. Les conciles firent aussi sur ce point de sages règlements. L'empereur Charlemagne fut un puissant protecteur des études, sans être imité par ses successeurs. Les Evêques, toujours si attentifs à la gloire de l'Eglise, établirent partout des écoles, souvent même dans leurs maisons, où on les vit enseigner à leurs élèves. L'histoire a conservé le souvenir de cet enseignement du moyen-âge qui nous offre le plus grand intérêt. Quelques historiens ont traité cette époque de barbare, mais c'est parce qu'ils ne l'ont pas suffisamment étudiée. Elle a produit de nombreuses œuvres d'intelligence et a successivement formé notre langue. Mais, hélas ! elle n'avait pas l'imprimerie pour lui venir en aide, et, lorsque l'on sait le temps qu'il fallait mettre à la copie d'un manuscrit, on cesse de s'étonner que nous n'en possédions pas un plus grand nombre. Quatre grands hommes ont illustré cette époque : saint Thomas d'Aquin par ses œuvres théologiques, Vincent de Beauvais par ses œuvres historiques, Pierre Comestor par ses œuvres scientifiques et Jacques de Voragine par ses œuvres hagiographiques.

— 298 —

Tout le monde connaît la célébrité des écoles de Paris et de Bologne, les élèves s'y rendaient des contrées les plus lointaines. Les temps modernes ont pu égaler leur éclat, mais non le surpasser.

Pour notre diocèse, les historiens ont enregistré les faits et gestes de Meulan, pendant la seconde moitié du xie siècle. Son école brilla d'un certain éclat, sous la direction d'Humbert, qui eut un illustre disciple dans la personne de saint Gaucher. Il accompagna Humbert à Limoges et devint prieur des chanoines réguliers d'Aurel. L'école de Meulan fut ensuite dirigée par les moines du Bec, qui y firent briller les belles-lettres et les sciences.

Dans nos campagnes, le clergé, assez nombreux jusqu'au xviiie siècle, s'occupait avec zèle de l'enseignement. Lorsqu'il y eut moins de vocations, il s'adjoignit des maîtres laïques qui prirent soin de l'instruction sous leurs yeux. Mais déjà la révolution commençait à gronder sourdement, il était naturel qu'elle enlevât l'instruction au clergé. Le peuple y a-t-il beaucoup gagné? J'en doute très-fort. Il y a certainement parmi les laïques des hommes fort capables, mais ce ne sont pas généralement nos maîtres d'école actuels dans la campagne. Pour bien nous rendre compte de la situation, il n'y a qu'à comparer les connaissances des élèves des maisons religieuses avec celles des maisons laïques, et juger.

Nous allons donner la nomenclature des Établissements Religieux, Institutions Ecclésiastiques et des Frères, Institutions, Pensionnats et Asiles des Sœurs.

ÉTABLISSEMENTS D'ÉDUCATION RELIGIEUSE

Pensionnats Ecclésiastiques

Frères de Saint-Vincent-de-Paul, à Chaville.
Institutions secondaires : A Mantes, M. l'abbé N.... A Saint-Cyr, M. l'abbé Chevalier. A Saint-Germain-en-Laye, M. l'abbé Boussarie. Au Pecq, Institution primaire de M. l'abbé Richard.

Institutions et Pensionnats des Frères

Frères des Ecoles chrétiennes. — A Argenteuil, Corbeil, Etampes, Igny, Mantes, Pontoise, Rambouillet, deux maisons; Saint-Cloud, Saint-Germain-en-Laye, Vaujours et Versailles (Saint-Louis), Ecole communale et Orphelinat, dont l'extension est due à Mgr Mabile; (Notre-Dame), une communauté; Sainte-Elisabeth, Ecole communale et Cercle catholique des Ouvriers.

Frères de Sainte-Croix (du Mans). — A Arpajon, Leudeville et Dampierre.

Frères de la Miséricorde (de Montbourd). — A Bellevue.

Institutions, Pensionnats et Asiles des Sœurs

Sœurs de la Sainte-Enfance (de Versailles). — A Argenteuil, Aulnay-les-Bondy, Ballancourt, Bonnelles et Asile, La Celle-Saint-Cloud, Chatou, Chennevières-sur-Marne, A., Le Chesnay, A., Chilly-Mazarin, Clairefontaine, Corbeil, Coubron, Eaubonne, A., Essonnes, Etampes, Etiolles, La Ferté-Alais, Gagny, Limeil-Brevannes, Livry, Longjumeau, Longpont, A., Maisons-sur-Seine, Marcoussis, Méry-sur-Oise, A., Port-Marly, A., Pussay, Rambouillet, Rosny, Rueil, Savigny-sur-Orge, A., Sucy, Saint-Arnoult, Trappes, Valenton, Vaugrigneuse, A., Versailles et la Ville-du-Bois.

Filles de la Charité de Saint-Vincent-de-Paul (de Paris). — A Avernes, Ballainvilliers, Bellevue, Bouafle, Brunoy, Châteaufort, Corbeil, Cormeilles-en-Parisis, A., Croissy, Dourdan, Elancourt, A., Epinay-sous-Sénard, Epinay-sur-Orge, Ermont, Gonesse, Herblay, Jouars-Pontchartrain, Lévy-Saint-Nom, Louveciennes, Magny-en-Vexin, Maule, A., Meudon, Orsay, Le Pecq, Persan, La Roche-Guyon, Sartrouville, Sèvres, Saint-Cloud, Saint-Cyr-l'Ecole, Saint-Germain-en-Laye, Versailles, (Saint-Louis et Notre-Dame), et Villers-en-Arthies, A.

Sœurs de Saint-Paul (de Chartres). — A Ablis, Angerville, A., Argenteuil, Arpajon, Bourdonné, Dourdan, Gambais, Houdan. A., Mantes, Marly-la-Ville, Marolles-en-Hurepoix, A. Méréville, A.. Meulan, deux maisons; Montfort-l'Amaury, La Norville, Orgeval, Osny, Poissy, Pontoise, A., Soisy-sous-Montmorency, Saint-Cyr-la-Rivière, Saint-Germain-les-Arpajon, Saint-Hilarion et Triel,

Sœurs de la Providence (de Portieux). — A Andrésy, Argenteuil, A., Brétigny, Chalo-Saint-Mars, Chamarande, Chambourcy, Chars, Conflans-Sainte-Honorine, Crosnes, Enghien-les-Bains, Les Essarts-le-Roi, Etampes, Etiolles, Jouy-en-Josas, Soisy-sous-Etiolles, Sonchamp, A., Saint-Germain-les-Corbeil, Saint-Vrain, Le Tremblay, et Ville-d'Avray.

Sœurs de Saint-André de la Croix (de Lapuye) (Vienne). — A Arnouville, G. Bruyères-le-Châtel, Courances, Forges, Gallius, Gironville, Mantes, Mantes-la-Ville et Milly.

Sœurs du Sacré-Cœur (de-Saint-Aubin-les-Elbeuf). — A. Brunoy, Le Coudray, Leudeville, A., Montlhéry, Saint-Michel, Valmondois, Vert-le-Grand, A. Villecresnes, Ville-d'Avray, A. Yerres, A.

Sœurs de la Miséricorde (de Saint-Sauveur-le-Vicomte) (Manche). A Champlan, Maisse, les Mureaux, Saint-Chéron, Saint-Leu-Taverny, A., et Vert-le-Petit.

Sœurs de la Providence (d'Alençon). — A Limay, A. Neauphle-le-Vieux, Seyran, Saint-Illiers-le-Bois et Vaujours.

Sœurs de la Présentation de la Sainte Vierge (de Tours). — A Etampes, deux maisons, A., Juvisy, A., Meudon, Plaisir, Ris-Orangis, A, et Viry-Châtillon, A.

Sœurs de la Providence (de Reuillé-sur-Loir). A Chevreuse, A., Dampierre et au Mesnil-Saint-Denis.

Sœurs de la Charité (de Nevers). — A Beaumont-sur-Oise, A., Epône et Luzarches, A.

Sœurs de Bon-Secours (de Troyes). — A Bougival, au Pecq et Pontoise.

Sœurs de Saint-Charles (de Nancy). — A Baillet.

Sœurs de Notre-Dame du Calvaire. — A Bezons et Franconville.

Sœurs de Saint-Maur (de Paris). — A Marines.

Sœurs de Sainte-Anne (de Saumur). A Marly-le-Roi, A.

Sœurs de la Sainte-Famille (de Bordeaux). — A Asnières-sur-Oise, et à Mériel.

Sœurs de la Sagesse de Saint-Laurent-du-Pont. — A Montmorency, A., et au Vésinet.

Sœurs de Sainte-Marie (de Paris). — A Trappes.

Sœurs de la Compassion (de Saint-Denis). — A Pontoise.

Sœurs de Saint-Joseph (de Bourg). — A Bougival, Groslay, A., Vaucluse et Ville-Evrard.

Sœurs Oblates de Saint-François-de-Sales. — A Morangis.

Sœurs de la Providence (d'Evreux). — A Bréval et à Saint Cyr-en-Arthies.

Sœurs du Sacré-Cœur de Jésus (de Coutances). — A Chanteloup, Garches et Us.

Sœurs de Saint-Thomas de Villeneuve. A Chaville, Draveil, Forges et Saint-Germain-en-Laye.

Sœurs de Bon-Secours (de Chartres). — A Dourdan et Etampes.

Sœurs Fidèles compagnes de Jésus (de Paris). — A Rueil.

Sœurs de la Sagesse (de Saint-Laurent-sur-Sèvres). — Versailles (Saint-Symphorien et Sainte-Elisabeth).

Sœurs de la Miséricorde (de Blon). — A Saint-Brice et Viarmes.

Sœurs de la Miséricorde du Père de la Salle. — A Villeneuve-Saint-Georges.

Sœurs de l'Immaculée-Conception (de Paris). — A Garges.

Sœurs de Saint-Joseph (de Neuilly-sur-Seine). — A Arpajon.

Sœurs de la Charité de la Congrégation d'Evron. — A Laqueue-Gallus.

Sœurs de Sainte-Marthe (de Paris). — A Magny-les-Hameaux.

Sœurs de Marie-Joseph. — A Argenteuil.

Sœurs Conceptionnistes. — A Bonneuil.

Sœurs de l'Espérance. — A Versailles.

Sœurs de la Nativité de la Très-Sainte-Vierge. — A Saint-Germain-en-Laye.

Sœurs de Notre-Dame des Sept-Douleurs (du Mans). — A Forges-les-Bains.

Sœurs de la Sainte-Famille (de Rhodez). A Wissous.

Sœurs de Saint-Joseph. — A la Celle-Saint-Cloud et Aulnay-les-Bondy.

Servantes du Sacré-Cœur (de Saint-Cloud). A Argenteuil, Saint-Cloud et Versailles.

Servantes de Marie. — A Versailles.

Filles de la Croix (de Paris). — A Gressey.

Dames de Sion. — A Evry-sur-Seine.

Dames de la Retraite. — A Versailles.

Religieuses Augustines. — A Versailles et Saint-Germain.

Religieuses Bénédictines. — A Mantes.

Religieuses Carmélites. — A Pontoise et Saint-Germain.

Religieuses de la Retraite. — A Versailles.

Religieuses de la Vierge-Fidèle. — A Livry.

Religieuses Dominicaines. — A Sèvres.

Sœurs de Jésus au Temple. — A Maisons-sur-Seine.

Sœurs du Tiers-Ordre du Carmel d'Avranches (Mantes). — A Auvers-Saint-Georges et à Souzy-la-Briche.

CHAPITRE XXII

Hôpitaux et Hospices du Diocèse.

Hôpital est un mot générique, qui ne doit pas se rapporter uniquement au lieu où l'on ne reçoit que les pauvres malades. Dans le droit canonique et civil, il est fait mention de plusieurs sortes d'hôpitaux, qui, bien que différents par le nom, ont tous pour objet l'exercice de la charité. *Hospitale dicitur ab his qui ibi gratis accipiuntur.*

En Orient, les Hôpitaux ont porté différents noms : *Xenodochium*, était la maison où l'on recevait les pèlerins et les étrangers; *Nosocomium*, celle où l'on recevait les malades; *Brephotrophium*, celle où l'on recevait les petits enfants trouvés; *Procotrophium*, le lieu destiné à l'entretien des pauvres et des mendiants; *Orphanotrophium*, l'hôpital des orphelins; *Gerentozomium*, l'hôpital des pauvres vieillards et des estropiés; *Grotophomium*, le lieu *ubi feminæ debilium sententatrices habitabant*; enfin, les Maladreries ou Léproseries, maisons séparées des villes où habitaient les lépreux.

« Toutes ces maisons étaient sous la direction des Evêques, chargés du soin des pauvres, des malades, des orphelins, des veuves et des étrangers. Lorsque les églises eurent des revenus fixes et assurés, on en affecta le quart au soulagement des pauvres. Ce partage donna lieu à la construction des Hôpitaux, *domus religiosæ*, où les pauvres assemblés pouvaient recevoir plus commodément les secours dont ils avaient besoin. Dans la suite, ces ressources venant à manquer, les hôpitaux ne subsistèrent plus que par les libéralités des fidèles : les uns furent fondés avec exemption de la juridiction des Evêques, les autres, à titre de bénéfices ecclésiastiques, d'où vient que les canons et les canonistes parlent tant des Hôpitaux, sous la distinction de ceux qui formaient de vrais bénéfices avec administration spirituelle et perpétuelle par des ecclésiastiques titulaires, d'avec les Hôpitaux qui n'étaient pas régis par des ecclésiastiques ni fondés par des Evêques, formaient un établissement purement laïque, où l'Evêque n'avait qu'un droit de visite, comme s'agissant d'une œuvre pie.. » *Diction. de Droit canonique*, au mot Hôpital.

Plusieurs Conciles se sont occupés de l'administration des Hôpitaux, en particulier le Concile de Trente, Sess. 25, Chap. 8 *de Refor*. Nous ne rapporterons pas ici les règlements qu'il trace à cause de leur longueur. A cette époque, presque tous les Hôpitaux étaient entre les mains des religieux qui vivaient sous la règle de saint Augustin, et portaient le nom d'hospitaliers. En général, ces maisons sont encore aujourd'hui presque toutes desservies par des religieuses, et ce sont les Sœurs de Saint-Vincent-de-Paul qui en ont le plus grand nombre.

On ne sait trop comment ces maisons ont pu échapper à la spoliation révolutionnaire; il s'est trouvé quelques hommes moins pervers que les autres qui les ont défendues. Mais l'administration en a été enlevée à l'Eglise, et c'est aujourd'hui l'autorité civile qui en dispose. Nous avons cru devoir néanmoins les renfermer dans cet ouvrage, à cause de leur origine et de la part qu'elles ont eues de tout temps dans l'Eglise. Du reste, la direction spirituelle en appartient toujours à l'Evêque diocésain qui nomme les aumôniers.

Dans le diocèse, elles sont confiées aux soins de religieuses dont les noms suivent :

Aux Sœurs de Saint-Vincent-de-Paul, les Hôpitaux-Hospices de Corbeil, Dourdan, Gonesse, Pontchartrain, Louvres, Magny, Orsay,

Rambouillet, la Roche-Guyon, Saint-Germain-en-Laye, Sèvres, Versailles, et les Hospices de Cormeilles-en-Parisis et de Saint-Cloud.

Aux Sœurs de Saint-Paul de Chartres, les Hôpitaux-Hospices d'Argenteuil, Arpajon, Houdan, Mantes, Meulan, Montfort, Pontoise, Triel, et les Hôpitaux d'Ablis, Marly-la-Ville et Poissy.

Aux Sœurs de la Providence de Portieux, les Hôpitaux-Hospices de Jouy-en-Josas, Saint-Vrain, et l'Hôpital de Chars.

Aux Sœurs de la Charité de Nevers, l'Hôpital-Hospice de Beaumont-sur-Oise et l'Hôpital de Luzarches.

Aux Sœurs de la Providence de Reuillé-sur-Loir, l'Hôpital-Hospice de Chevreuse.

Aux Sœurs Hospitalières de Saint-Augustin, l'Hôpital-Hospice d'Étampes.

Aux Sœurs de Saint-Thomas-de-Villeneuve, l'Hôpital-Hospice de Forges.

Aux Sœurs de la Visitation, l'Hospice de Garches.

Aux Sœurs de l'Immaculée-Conception, l'Hospice de Garges.

Aux Sœurs du Sacré-Cœur de Jésus, l'Hôpital de Montlhéry.

Aux Sœurs de la Sagesse de Saint-Laurent-du-Pont, l'Hôpital-Hospice de Montmorency.

Aux Sœurs de la Sainte-Enfance, l'Hôpital de Saint-Arnoult.

Aux Sœurs de la Miséricorde du Bienheureux de la Salle, l'Hôpital-Hospice de Villeneuve-Saint-Georges.

Les Hôpitaux de Chars et de Saint-Arnoult donnent des secours à domicile. L'Hospice Brézin, à Garches, est destiné aux anciens ouvriers à marteaux; celui de la Roche-Guyon aux convalescents. L'Hôpital d'Étampes reçoit 4 enfants, celui de Forges 100, celui de Gonesse 30, celui de Pontoise 36, celui de Versailles 67 et celui de Saint-Germain-en-Laye 50 orphelins pensionnaires. L'Hôpital de Pontchartrain reçoit 10 pensionnaires, et celui de Jouy-en-Josas 4. Enfin, celui de Saint-Germain réunit 46 militaires. Quant à l'Hôpital militaire de Versailles, il est tout entier destiné à ces derniers.

Le tableau suivant fera connaître les paroisses où sont situés les Hôpitaux et Hospices, leurs fondateurs, l'année ou le siècle de la fondation, le nombre de lits pour malades et vieillards, enfin les revenus à l'époque actuelle.

PAROISSES	FONDATEURS	ÉPOQUE	NOMBRE DE LITS	DE MALADES	DE VIEILLARDS	D'ENFANTS ET PENSIONNAIRES	REVENUS
Ablis.	Fondateurs inconnus	titre de 1548	9	6	. . .	. . .	5890
Argenteuil	Succéda à la Leproserie de Franconville. .	1551	33	33	. . .	. . .	16772
Arpajon.	Fondateurs inconnus.	titre de 1327	25	12	13	. . .	9838
Beaumont-sur-Oise. . .	Saint Louis.	XIIIe s.	28	16	12	. . .	22833
Chars.	Pierre d'Aumont.	1396	. . .	. . .	. . .	. . .	4000
Chevreuse.	Un duc de Chevreuse	XVIIe s.	51	27	24	. . .	20467
Corbeil	La reine Adèle, épouse de Louis VII . .	XIIe s.	100	60	30	. . .	10693
Cormeilles-en-Parisis. .	M. Thibault.	1872	24	24	. . .	. . .	24000
Dourdan	La reine Anne d'Autriche	XVIIe s.	48	24	24	. . .	23843
Etampes (¹)	Fondateurs inconnus.	XIe ou XIIe s.	117	69	44	4 E	61116
Forges-les-Bains. . . .	M. Davenne.	1859	100	100	. . .	. . .	. . .
Garches.	Michel Brezin.	1845	300	. . .	. . .	. . .	190000
Garges	M. Duvivier	1857	5	5	. . .	. . .	10179
Gonesse.	Pierre de Thillay et son épouse	1208	85	45	15	30 E	32132
Houdan.	Ollivier, Command. de l'Ordre Apostolique.	XIIIe s.	20	10	10	. . .	12362
Jouars-Pontchartrain. .	Ancien Hôtel-Dieu de Neauphle	1698	37	12	12	13 P	15084
Jouy-en-Josas	M. Adanson	1857	11	5	2	4 P	7020
Louvres.	La reine Blanche	XIIIe s.	18	8	10	. . .	12971
Luzarches.	Fondateurs inconnus.	1700	8	8	. . .	. . .	12594
Magny	Jean-Baptiste Paul, curé du lieu. . . .	1585 1666	29	19	10	. . .	41486
Mantes	Fondateurs inconnus.	1087	119	104	(²)15	. . .	39080
Marly-la-Ville. . . .	Le roi Louis XIV	1697	9	9	. . .	. . .	10793
Meulan.	Les comtes de Meulan	Xe s.	36	20	16	. . .	19270

(1) La lettre E indique le nombre d'Enfants; le lettre P les Pensionnaires.
(2) Quinze Sœurs.

PAROISSES	FONDATEURS	ÉPOQUE	NOMBRE DE LITS	DE MALADES	DE VIEILLARDS	D'ENFANTS ET PENSIONNAIRES	REVENUS
Montfort-l'Amaury...	Amaury VI, comte de Montfort......	1239	19	12	7	...	11125
Montlhéry......	Le roi Louis VII............	Vers 1149	8	8	...	...	7147
Montmorency.....	Le connétable Anne de Montmorency...	Vers 1560	12	6	6	...	13861
Orsay.........	J. L. Archangé............	1836	20	12	8	...	24305
Poissy........	Le roi saint Louis...........	XIIIe s.	37	37	...	...	14950
Pontoise.......	Plusieurs Fondateurs.........	1200 général 1651	166	88	42	36	81322
Rambouillet.....	Le comte de Toulouse.........	1731	56	53	3	...	22781
La Roche-Guyon...	Le comte Georges de la Rochefoucault...	1850	100	...	...	...	...
Saint-Arnoult.....	Fondateurs inconnus............	...	...	...	...	...	23015
Saint-Cloud......	Le duc d'Orléans............	1689	16	16	...	...	25005
Saint-Germain-en-Laye.	Marie-Thérèse et Mme de Montespan....	1670 1678	224	90 (1)46	77	50	141750
Saint-Vrain......	Le comte de Hautefeuille.........	1867	10	10	...	...	10000
Sèvres........	M. Reinert................	1859	28	20	8	...	21531
Triel.........	Fondateurs inconnus et Louis XIV....	XVe s. 1698	6	6	...	...	10636
Versailles, Hôpital civil.	Le roi Louis XIII............	1636	472	220	135	117	205300
Villeneuve-S.-Georges.	M. Gabriel Cottreau...........	1869	3	3	...	...	1500

(1) Ce chiffre indique le nombre de lits militaires.

CHAPITRE XXIII

Établissements de Bienfaisance.

Sous le nom d'établissements de Bienfaisance nous entendons toutes les œuvres inspirées par la Religion, qui ont pour but les soins corporels unis aux soins spirituels des membres souffrants de Jésus-Christ.

Notre Seigneur, en venant sur la terre pour opérer l'œuvre de la rédemption des hommes, prouva sa mission divine par des miracles, et passa en faisant le bien, *pertransiit benefaciendo* (Act. x, 38). Il guérissait les maladies, les infirmités, et ressuscitait les morts par sa puissance divine. Sa réputation avait tellement grandi qu'elle s'étendait jusqu'à Rome. Avant de remonter au ciel, il donna à ses Apôtres l'ordre de prendre soin du prochain et de tous les enfants de Dieu. Du reste, il leur avait appris, comme à nous tous, que nous n'avons qu'un seul père qui est au ciel. Rien de plus fréquent dans ses avertissements que la recommandation de la charité.

Les Apôtres, après avoir fondé l'Eglise, s'occupèrent des bonnes œuvres, constituèrent sept Diacres pour prendre soin des pauvres, des veuves, des orphelins, des malades, des enfants, etc. A mesure que les Eglises se fondaient, les établissements de bienfaisance les suivaient, et souvent même les accompagnaient.

Mais ce fut surtout pendant les persécutions, et à l'invasion des

Barbares qu'on vit le zèle se multiplier. Pasteurs et fidèles rivalisèrent pour le bien. Pendant les guerres du moyen-âge, ces mêmes Pasteurs adoucissaient l'existence des malheureuses victimes, et quelquefois les défendaient personnellement. Il en est qui se constituèrent avocats, comme saint Yves, pour plaider la cause des veuves et des orphelins. S'il nous était donné de dérouler les annales de cette époque et même des temps modernes, on pourrait voir que l'Église a toujours et partout pourvu aux besoins de ses enfants.

Lorsque la révolution éclata en France, elle trouva toutes les bonnes œuvres largement dotées. Ces biens, dons pour la plupart des membres du clergé, fruit de leurs économies, tentèrent la cupidité des ennemis de l'Eglise qui s'en emparèrent, et laissèrent la société sans secours.

Mais l'Eglise est toujours féconde et sa charité inépuisable. Elle a donc créé de nouveaux établissements, et notre Diocèse est un de ceux qui en sont le plus largement doté. Nous devons ce bienfait à nos seigneurs les Evêques, au clergé et aux personnes charitables, dont le nombre est très-grand parmi nous. Puissent-ils s'accroître encore afin de pourvoir à tous les besoins et le Seigneur rendra à chacun de nous au centuple les bonnes œuvres qu'il aura accomplies.

Nous allons faire connaître les principaux établissements de bienfaisance du Diocèse.

Asile de Ville-Évrard, *Villa-Evrardi,* fondé en 1867 sur la paroisse de Neuilly-sur-Marne, pour les aliénés.

Asile d'Epinay-sous-Sénard, succursale de l'hospice Sainte-Eugénie de Paris pour recevoir les jeunes convalescents.

Asile de Vaucluse, fondé à Epinay-sur-Orge, en 1868, par la Ville de Paris pour recevoir des aliénés.

Asile du Vésinet, fondé en 1853, par l'Empereur Napoléon III, pour recevoir les femmes convalescentes des Hospices de Paris.

Asile Fénelon, fondé à Vaujours, en 1844, par l'abbé Dubeau pour recevoir des enfants et des jeunes gens, aujourd'hui dirigé par les Frères des Écoles chrétiennes.

Association catholique de Saint-François-de-Sales, fondée à Versailles en 1857 pour les Retraites paroissiales.

Association charitable fondée à Marines pour l'extinction de la mendicité.

Association des jeunes économes sur les quatre paroisses de Versailles, fondée à Notre-Dame par l'abbé Pinard, en 1839.

Association de Saint-Louis de Gonzague à Saint-Germain-en-Laye.

Caisse de Prévoyance fondée en 1835 par Mgr Blanquart, pour donner des secours aux prêtres âgés et infirmes, qui sont obligés de quitter le saint ministère.

Caisse de Saint-Charles fondée en 1846, par Mgr Gros, pour donner des secours aux prêtres infirmes dans l'exercice de leurs fonctions.

Cercle des militaires, sous la direction des Pères Eudistes, fondé à Versailles, en 1870.

Cercle d'ouvriers catholiques, fondé à Versailles en 1875.

Conférence de Saint-Vincent-de-Paul, du cercle catholique d'ouvriers, fondée à Versailles en 1876.

Congrégation de la Mère-Dieu fondée à Ecouen en 1851 pour l'éducation des jeunes filles des membres de la Légion d'honneur. Autre établissement ayant la même destination, fondé en 1811, aux Loges près de Saint-Germain-en-Laye, par l'empereur Napoléon Ier.

Congrégation de Saint-Joseph fondée à Versailles en 1872, sur la paroisse de Saint-Louis.

Dépôt de mendicité fondé aux Petits-Prés, *ad Pratella*, paroisse de Plaisir, en 1861, par le comte de Saint-Marsault, alors préfet de Seine-et-Oise, pour recevoir les indigents, après condamnation, envoyés par les tribunaux du département, auquel on a uni en 1865 l'asile départemental pour recevoir des pensionnaires et aliénés inoffensifs.

Maison de charité fondée à Versailles en 1815, desservie par les sœurs de la sagesse de Saint-Laurent-sur-Sèvres.

Maison destinée aux Retraites spirituelles, fondée à Gagny par les Pères Jésuites en 1872.

Maison de Providence contre la mendicité fondée à Versailles rue des Chantiers en 1845; notablement agrandie en 1853, destinée à recevoir des vieillards infirmes, et des enfants sans moyens d'existence.

Maisons de retraite pour les vieillards des deux sexes, fondées à Ecouen, Montfermeil et Pontoise.

Maison du Refuge, fondée à Versailles-Montreuil, en 1802, pour soutenir la faiblesse des jeunes personnes, et procurer l'éducation aux enfants du sexe féminin.

Œuvre de la Sainte-Enfance pour le rachat des petits Chinois.

Œuvre des Ecoles d'Orient, fondée à Versailles, en 1842.

Œuvre de Saint-Louis, fondée à Versailles, en 1864.

Œuvre des malades à domicile, fondée par Madame de Maintenon, en 1684, dans la ville de Versailles.

Œuvre des pauvres malades, dont la fondation remonte à Saint-Vincent-de-Paul en 1617, établie à Versailles en 1848.

Œuvre de la Visite de l'hôpital civil, fondée à Versailles en 1864.

Œuvre du Patronage de Saint-Joseph, fondée à Versailles en 1859 sur les paroisses de Notre-Dame et de Saint-Louis.

Œuvre des premières communions, fondée à Versailles, en 1876.

Œuvre des Retraites paroissiales, fondée à Versailles, en 1871, pour évangéliser les campagnes.

Œuvre de Saint-François-Régis, pour faciliter les mariages et les unions civiles entre les pauvres, et procurer la légitimation des enfants nés en dehors du mariage.

Œuvre des Séminaires, fondée par Mgr Gros, en 1847, à Versailles, pour venir en aide à l'éducation des jeunes gens sans fortune, qui se destinent au sacerdoce.

Œuvre des Tabernacles, fondée d'abord à Paris, ensuite à Versailles, en 1854, pour fournir des vases sacrés, ornements et linges aux églises pauvres des campagnes.

Œuvre du Comité catholique, fondée à Versailles, en 1873, et approuvée le 13 avril 1874, par arrêté préfectoral, pour la défense de la religion catholique.

Œuvre des Prisons, fondée par M. l'abbé Chomet, en 1875.

Œuvre du Cercle catholique d'ouvriers, fondée à Saint-Germain-en-Laye.

Orphelinat de Chilly-Mazarin, fondé en 1851, pour recevoir 50 jeunes enfants de 2 à 7 ans.

Orphelinat d'Elancourt, dit de l'Assomption, fondé par M. l'abbé Mequignon, en 1849, pour recevoir les petits garçons sans ressource, reconnu comme établissement public par décret impérial du 7 avril 1866; succursale à Notre-Dame-de-la-Roche, pour les enfants plus âgés qui se livrent aux travaux horticoles et agricoles.

Orphelinat de Gonesse, fondé par les administrateurs de l'hospice, pour les jeunes garçons.

Orphelinat d'Igny, annexe de l'œuvre de Saint-Nicolas de Paris, l'un des plus importants du diocèse par le nombre des enfants qui y sont admis.

Orphelinat de Luzarches, fondé par M. l'abbé Soret, en 1851, pour les jeunes filles de 8 à 18 ans.

Orphelinat de Meudon, fondé en 1865, pour recueillir les enfants orphelins de père et mère.

Orphelinat de la Reverderie, fondé à Sonchamp, en 1872, par M. Alfred Debains de Clairefontaine, en faveur des orphelins de père et mère, pour les former à l'agriculture.

Orphelinat de Rambouillet, fondé en 1822 et approuvé en 1826, en faveur des enfants du sexe féminin, sans ressources. C'est l'un des plus nombreux du Diocèse.

Orphelinat de Persan, précédemment à Mours, fondé par M. Chardin en 1857, pour recevoir des orphelins.

Orphelinat de Trappes, fondé par les Sœurs de Sainte-Marie (de Paris) en 1873, pour recevoir des petites filles.

Orphelinat de Versailles, rue des Tournelles, fondé par l'Empereur Napoléon III, en 1853, pour recevoir des petits garçons, depuis 7 jusqu'à 14 ans. Dirigé par les Frères des Écoles chrétiennes, il a acquis une grande importance, qui s'augmente chaque jour.

Orphelinat de Villers-en-Arthies, fondé par Mme la comtesse de Villers, en 1864, pour recevoir des jeunes filles.

Orphelinat du Pecq, fondé par MM. l'Abbé Lanceleux et de Grancey, en 1872, pour les enfants orphelins de père et mère.

Orphelinats d'Étampes, fondé par l'Abbé Petigny, l'un pour les jeunes filles, en 1849, et l'autre pour les jeunes garçons, en 1852.

Orphelinats de jeunes filles à Versailles, entretenus par la Ville, rue de la Pompe, paroisse de Notre-Dame; rue des Bourdonnais, paroisse Saint-Louis, et rue du Grand-Montreuil, paroisse Saint-Symphorien.

Orphelinats de Saint-Germain-en-Laye, l'un pour les jeunes garçons, et l'autre pour les jeunes filles, fondés par l'Abbé Conygham, Prieur-Curé, le 29 novembre 1741, dans une dépendance de l'hôpital.

Ouvroir de Sainte-Geneviève, fondé à Versailles, rue Sainte-Sophie, par l'Abbé de Lacoste, en 1831, pour former des jeunes filles aux travaux de la couture.

Patronage de la Roche-Guyon, fondé par le comte de la Rochefoucault, en 1852, pour les enfants convalescents des hôpitaux de Paris.

Établissement ayant la même destination, fondé à Forges-les-Bains, canton de Limours, en 1858.

Société Maternelle de Pontoise et de Versailles.

Société de Saint-Vincent-de-Paul, pour secourir les familles indigentes, à Argenteuil, Bellevue, Chatou, Étampes, Herblay, Mantes, Palaiseau, Pontoise, Sèvres, Saint-Cloud, Saint-Germain-en-Laye, Versailles et Villeneuve-Saint-Georges.

Vestiaire de Gonesse, Mantes, Meudon, Presles et Versailles.

En terminant nous reproduirons la prière suivante de saint Éphrem à la Très-Sainte Vierge; elle nous a paru si admirable que nous sommes heureux de la faire connaître à ceux qui n'auraient pas ce bonheur.

O Marie, Mère de mon Dieu, vous êtes la Reine du Ciel et de la terre, l'espérance des affligés. Vous êtes entourée d'une auréole plus radieuse que le soleil; vous êtes couronnée de plus d'honneurs que les chérubins, de plus de sainteté que les séraphins; vous êtes plus élevée que toutes les créatures célestes. Vous avez été l'unique espérance de nos pères, la joie des prophètes, la consolation des apôtres, la gloire des martyrs et l'honneur de tous les saints. O Vierge, qui apportez aux hommes la lumière et la consolation; ô la plus sainte et la plus accomplie des créatures, à qui vous comparerai-je? C'est vous qui êtes cet encensoir d'or d'où s'exhalaient des parfums si doux; vous êtes la lampe qui, nuit et jour, éclairait le sanctuaire; vous êtes l'urne qui renfermait la manne du Ciel, la table sur laquelle était écrite la Loi de Dieu; vous êtes l'arche de la sainte alliance; vous êtes le buisson qui brûlait sans se consumer; vous êtes la tige de Jessé, qui porte la plus belle de toutes les fleurs, et cette fleur, c'est votre Fils. Ce Fils est à la fois Dieu et homme, et vous êtes sa Mère. C'est par vous, ô Vierge Mère, que nous avons été réconciliés avec notre Dieu. Vous êtes l'espérance des pécheurs et la ressource de ceux qui manquent de secours. Vous êtes le port où les malheureux naufragés abordent avec sûreté, la consolation du monde, l'asile des orphelins, la rançon des captifs, le soulagement des malades, le baume des infirmes, le salut de tous. En vous, le solitaire se repose en paix, en vous l'homme du monde retrouve appui et repos. Nous venons donc, ô sainte Mère de Dieu, nous réfugier sous les ailes de votre protection : couvrez-nous de votre miséricorde, ayez pitié de nous. Oui, les yeux baignés de larmes, nous vous supplions d'intercéder pour nous, afin que votre divin Fils, notre clément Sauveur, ne nous rejette point à cause de nos péchés, et ne nous retranche point comme des arbres stériles. Ainsi soit-il.

TABLE DES MATIÈRES

Lettre à Mgr l'Évêque.		V
Approbation de Sa Grandeur.		VII
Avant-Propos.		IX
Chapitre I.	— Population primitive du diocèse de Versailles. État général des paroisses et autres lieux au moyen-âge, avec leurs noms en langues française, latine, celtique et romane. . .	1
Chapitre II.	— Anciens diocèses, leurs limites. Parties qui en ont été détachées pour former celui de Versailles, avec le tableau de leurs paroisses respectives avant 1789.	28
Chapitre III.	— Collégiales.	61
Chapitre IV.	— Abbayes	63
Chapitre V.	— Prieurés.	69
Chapitre VI.	— Commanderies.	78
Chapitre VII.	— Ordres religieux.	83
Chapitre VIII.	— Maladreries	87
Chapitre IX.	— Diocèse.	89
Chapitre X.	— Organisation diocésaine.	121
Chapitre XI.	— Évêques du diocèse.	124
Chapitre XII.	— Saints du diocèse	128
Chapitre XIII.	— Patrons du diocèse.	159

Chapitre XIV.	— Monuments historiques du diocèse.	195
Chapitre XV.	— Cures titulaires du diocèse.	215
Chapitre XVI.	— Paroisses.	247
Chapitre XVII.	— Paroisses supprimées dans le diocèse.	276
Chapitre XVIII.	— Vicariats du diocèse.	281
Chapitre XIX.	— Chapelles du diocèse.	283
Chapitre XX.	— Oratoires du diocèse.	292
Chapitre XXI.	— Maisons d'éducation religieuse.	296
Chapitre XXII.	— Hôpitaux et hospices du diocèse.	303
Chapitre XXIII.	— Établissements de bienfaisance.	308

Versailles. — Imprimerie F. Dax, rue du Potager, 9.

SOCIÉTÉ GÉNÉRALE DE LIBRAIRIE CATHOLIQUE
Ancienne Maison VICTOR PALMÉ, Éditeur des Bollandistes, rue de Grenelle, 25, à Paris
G. LEBROCQUY, DIRECTEUR DE LA SUCCURSALE POUR LA BELGIQUE ET LA HOLLANDE, PLACE LOUVAIN, 5, A BRUXELLES

GALLIA CHRISTIANA

IN PROVINCIAS ECCLESIASTICAS DISTRIBUTA QUA SERIES ET HISTORIA ARCHIEPISCOPORUM, EPISCOPORUM ET ABBATUM FRANCIÆ VICINARUMQUE DITIONUM AB ORIGINE ECCLESIARUM AD NOSTRA TEMPORA DEDUCITUR

opera et studio
DIONYSII SAMMARTHANI
Presbyteri et monachi ordinis sancti Benedicti e congregatione sancti Mauri necnon aliorum monachorum ejusdem congregationis
Editio accuratissime correcta cura DOM. P. PIOLIN, monachi ord. S. Benedicti

Nous lisons dans les Actes de l'Église de Milan que c'est un devoir pour chaque Église d'écrire ainsi son histoire. Aussi, quand les auteurs de cet ouvrage le présentèrent à l'Assemblée du clergé de France, en 1710, et lui dirent : « Voulez-vous nous aider à faire revivre vos prédécesseurs, qui composeront un concile de trente mille prélats? » il y eut unanimité d'enthousiasme et l'on vota, séance tenante, des fonds pour l'entreprise. Nous faisons le même appel à tous les cœurs épris des grandes œuvres : nous ne leur demandons pas d'argent, mais leur souscription.

Après avoir réimprimé les *Acta Sanctorum*, où sont mises en lumière les gloires de l'Église universelle ; l'*Histoire littéraire*, où sont longuement racontées les annales de l'intelligence en France, et les *Historiens de France*, où est retracée la physionomie de tout notre passé, religieux, civil et militaire, il nous restait à réimprimer un autre recueil, vraiment digne de ceux que nous venons d'énumérer et dont les exemplaires sont devenus trop rares.

Il nous restait à donner une nouvelle édition de la *Gallia christiana*.

Les Bénédictins ont divisé leur travail en autant de parties distinctes qu'il y avait de provinces ecclésiastiques dans la Gaule ; sous chaque métropole ils ont placé les évêchés suffragants ; pour chaque diocèse enfin ils ont écrit l'histoire de tous les établissements monastiques.

Les études historiques prennent aujourd'hui un merveilleux développement. Chaque presbytère cache, le plus souvent, un érudit qui approfondit curieusement les origines et le passé de son diocèse ou de sa paroisse. Le jour n'est pas loin où, dans chacun de nos séminaires, on enseignera brièvement l'histoire de chacune de nos Églises. La *Gallia christiana* est l'indispensable auxiliaire de tous ceux qui s'occupent de ces études locales : il doit se trouver sur la table de tous les ecclésiastiques qui aiment l'honneur de leur diocèse et en veulent connaître les annales.

Pour reproduire à la fois exactement l'œuvre des Bénédictins de la congrégation de Saint-Maur et la compléter d'après les nouvelles découvertes de la science, il fallait un homme préparé par des études spéciales. Nous avons été heureux que D. PIOLIN voulût bien se charger de ce soin. Son plan et son travail ont été hautement loués par plusieurs savants dont le nom fait autorité, tels que M. Guérin dans la *Revue des Questions historiques*, M. Léon Aubineau dans *l'Univers*, M. Léon Gautier dans *le Monde*, etc., etc. — Le savant bénédictin se propose d'introduire dans le texte, mais en les indiquant entre crochets, les corrections qui peuvent se faire en quelques mots ; quant à celles qui demandent de longs développements, il les renverra, avec double chiffre, à des *Appendix* destinés à redresser des erreurs, à suppléer les omissions et à conduire l'histoire jusqu'à nos jours.

Comme on le voit, ce sera la réimpression intégrale de la *Gallia christiana*, mais une édition véritablement revue et augmentée, *recensita et aucta*, nous dit dom Piolin, et qui offrira un double avantage : nous y trouverons, d'un côté, indiquées à leur place, les améliorations et les modifications que les premiers auteurs voulaient introduire dans leur travail ; et, d'autre part, nous aurons la continuation de l'œuvre, qui sera conduite jusqu'à notre époque, tout en suivant le plan primitif.

Pour ces additions, corrections, compléments, le savant bénédictin de Solesmes mettra à profit toutes les découvertes récentes et les travaux les plus distingués de notre temps.

Il compte donner trois volumes supplémentaires, ou d'*Appendix*, qui offriront, nous dit-il, une grande quantité de bulles, de chartes, d'inscriptions et autres documents inédits ou peu connus. Ajoutons que ces *Appendix* se rattacheront de la manière la plus claire et la plus simple à chacune des parties de l'ouvrage, dont, répétons-le, l'économie générale et primitive sera toujours respectée, et qu'une *Table générale* couronnera la collection.

La collection formera treize beaux volumes in-folio, sur papier vergé, à grandes marges, au prix de CINQUANTE FRANCS le volume, et trois volumes supplémentaires, contenant les *Appendix* et la TABLE GÉNÉRALE, à SOIXANTE-QUINZE FRANCS, le volume.

Ceux qui désirent le posséder, pour le moment, que le volume contenant l'histoire de leur province ecclésiastique, le payent SOIXANTE-QUINZE FRANCS, en trois versements, de VINGT-CINQ FRANCS chacun par trimestre.

Voici le tableau des volumes parus et ce qu'ils contiennent :

LE TOME PREMIER
Renferme l'histoire des provinces ecclésiastiques du Midi.
— C'est un magnifique volume in-folio de 1,200 pages, avec 5 cartes. Il comprend :
ARCHEVÊCHÉS : *Albi, Aix, Arles, Auch, Avignon.*
ÉVÊCHÉS : *Aire, Apt, Bayonne, Cahors, Carpentras, Castres, Cavaillon, Commenges, Conserans, Dax, Fréjus, Gap, Lectoure, Lescar, Marseille, Mende, Oloron, Orange, Riez, Rodez, Saint-Paul-Trois-Châteaux, Sisteron, Tarbes, Toulon.*
L'histoire des cent quatre abbayes du Midi de la France. Grandes cartes des diocèses de : *Albi, Aix, Arles, Auch, Avignon.*

LE TOME SECOND
Nous donne l'histoire des provinces de *Bourges* et de *Bordeaux*, c'est-à-dire des diocèses suivants :
ARCHEVÊCHÉS : *Bordeaux, Bourges.*
ÉVÊCHÉS : *Agen, Angoulême, Clermont-Ferrand, Condom, la Rochelle, le Puy, Limoges, Luçon, Périgueux, Poitiers, Québec, Saintes, Sarlat, St-Flour, Tulle.*
Un volume in-folio de 1,200 pages, avec 2 cartes.

LE TOME TROISIÈME
Nous donne l'histoire des provinces de *Cambrai, Cologne* et *Embrun.*
ARCHEVÊCHÉS : *Cambrai, Cologne, Embrun.*
ÉVÊCHÉS : *Arras, Boulogne, Liège, Namur, St-Omer, Tournai.*
Un volume in-folio de 1,200 pages avec 3 cartes.

LE TOME ONZIÈME
Contient la province de *Normandie*, ou l'histoire des diocèses suivants :
ARCHEVÊCHÉ : *Rouen.*
ÉVÊCHÉS : *Avranches, Bayeux, Coutances, Evreux, Lisieux, Séez.*
Un volume in-folio de 900 pages avec une carte.

LE TOME TREIZIÈME
Dont l'impression est terminée, est consacré aux provinces de *Toulouse* et de *Trèves.*
ARCHEVÊCHÉS : *Toulouse, Trèves.*
ÉVÊCHÉS : *Saint-Dié, Lombez, Metz, Mirepoix, Montauban, Nancy, Pamiers, Saint-Papoul, Rieux, Toul, Lavaur et Verdun.*
Un volume in-folio de 1,200 pages, accompagné de 2 cartes.

VERSAILLES. — TYP. E. RONCE, RUE DU POTAGER, 9.

www.ingramcontent.com/pod-product-compliance
Lightning Source LLC
Chambersburg PA
CBHW070616160426
43194CB00009B/1283